Existence and
Development of
International Law as Law

国际法：
作为法律的存在和发展

古祖雪◎著

厦门大学出版社　国家一级出版社
XIAMEN UNIVERSITY PRESS　全国百佳图书出版单位

图书在版编目(CIP)数据

国际法:作为法律的存在和发展/古祖雪著.—厦门:厦门大学出版社,2018.9
ISBN 978-7-5615-6976-4

Ⅰ.①国… Ⅱ.①古… Ⅲ.①国际法-研究 Ⅳ.①D99

中国版本图书馆 CIP 数据核字(2018)第 103925 号

出 版 人	郑文礼
责任编辑	李 宁 邓 臻
封面设计	李夏凌
技术编辑	许克华

出版发行	厦门大学出版社
社 址	厦门市软件园二期望海路 39 号
邮政编码	361008
总 编 办	0592-2182177 0592-2181406(传真)
营销中心	0592-2184458 0592-2181365
网 址	http://www.xmupress.com
邮 箱	xmup@xmupress.com
印 刷	厦门集大印刷厂

开本	787 mm×1 092 mm 1/16
印张	31.5
插页	3
字数	398 千字
版次	2018 年 9 月第 1 版
印次	2018 年 9 月第 1 次印刷
定价	198.00 元

本书如有印装质量问题请直接寄承印厂调换

厦门大学出版社
微信二维码

厦门大学出版社
微博二维码

作者简介

古祖雪，男，1958 年 2 月生，湖南省醴陵市人；武汉大学国际法学专业法学博士，德国马克斯·普朗克外国及国际专利、版权和竞争法研究所高级访问学者；二级教授，博士生导师。1991 年 10 月破格晋升教授，1992 年获霍英东教育基金会高校青年教师奖，1993 年获国务院政府特殊津贴专家称号，2002 年被评为湖南省优秀中青年社会科学专家。历任中南工业大学（现中南大学）社会科学系主任、法律系主任、文法学院院长、衡阳师范学院院长，厦门大学法学院教授。现任浙江工商大学"西湖学者"特聘教授、浙江工商大学国际法研究所所长，兼任中国国际法学会理事会常务理事、浙江省哲学社会科学规划专家组成员、《中国社会科学》外审专家。

主要研究领域为国际法基础理论、国际知识产权法和国际通信法。代表性著作有：《国际知识产权法》（法律出版社 2002 年版）、《国际法学专论》（科学出版社 2007 年版）、《国际通信法律制度研究》（法律出版社 2014 年版）。代表性论文有：《现代国际法的多样化、碎片化与有序化》（《法学研究》2007 年第 1 期）、《后 TRIPS 时代的国际知识产权制度变革与国际关系的演变》（《中国社会科学》2007 年第 2 期）、《TRIPS 框架下保护传统知识的制度建构》（《法学研究》2010 年第 1 期）、《国际造法：基本原则及其对国际法的意义》（《中国社会科学》2012 年第 2 期）、《治国之法中的国际法：中国主张和制度实践》（《中国社会科学》2015 年第 10 期）。

前　言

　　国际法以 1648 年《威斯特伐利亚和约》为源头,经过漫长演变后,在 20 世纪获得巨大发展,目前已形成一个庞大的规范体系,其调整范围上至外层空间,下达海床洋底,几乎包括人类生活的各个方面,不仅在国际关系中发挥着越来越重要的作用,而且对人们日常生活的影响也越来越普遍。可见,国际法的存在和发展,是不以人的主观意志为转移的客观事实。国际法学者的重要学术使命之一,就是从这一客观事实出发,探究国际法存在的基础,揭示国际法发展的逻辑,提供推进国际法治的理论资源。对这一学术使命的回应和践行,就是笔者写作本书的动力和初衷。

　　本书由三编十八章组成。

　　第一编(第一章至第五章)是国际法存在的理论阐释,重点讨论事关国际法存在的基础性问题。其中,第一章"国际法的法律性质",通过对哈特国际法思想的评述,确立国际法作为法律而存在的逻辑前提;第二章"国际法的理念",引入哲学上的"理念"概念,探讨国际法作为法律而存在的根据和价值;第三章"国际造法的基本原则",分析国际法作为法律而存在的形成机制;第四章"国际法规范的体系结构",采用现代系统科学的结构分析方法,阐述国际法作为法律而存在的基本样式;第五章"国际法作为治国之法的中国主张和制度实践",以中国的视角,研究作为法律而存在的国际法在国内法律体系中的地位及其制度安排。

第二编(第六章至第十章)是国际法发展的整体解构,着力从历史与现实两个层面探索国际法的发展轨迹、现实演变和未来走向。其中,第六章"国际法发展的轨迹",分析国际法从战争法到和平法、从共存法到合作法、从任意法到强行法、从实体法到程序法的发展轨迹;第七章"联合国与国际法结构的现代变迁",探讨联合国在国际法结构的现代变迁——由传统共存国际法的一元结构发展到由共存国际法、合作国际法和人权国际法构成的现代三元结构——中发挥的重要作用;第八章"现代国际法的多样化、碎片化与有序化",阐述现代国际法多样化与碎片化的两种趋势及其相互关系,探索提高国际法有序化程度的途径和办法;第九章"从伊拉克战争看国际法面临的冲击与命运",分析伊拉克战争违反国际法的本质及对国际法所造成的冲击,讨论革新现行国际法的必要性和可能性;第十章"联合国改革与国际法的发展",阐明联合国改革与国际法发展的关联性,揭示后冷战时代国际法发展的整体走向。

第三编(第十一章至第十八章)是国际法存在和发展的个案分析,主要以分析国际法制度个案的形式,研究国际法作为法律的存在和发展。其中,第十一章"国家知情权的演变和运行",讨论国际法中的国家知情权制度;第十二章"国际通信法的界域、主体及架构",分析国际通信法律制度的基本特征和体系结构;第十三章"国际法上的通信自由及其限制",审视保护和限制通信自由的国际法制度;第十四章"国际知识产权法的形成、特征及体系",阐述国际知识产权制度的形成标志、基本特征和规范体系;第十五章"从体制转换到体制协调:TRIPS的矫正之路",根据国际关系的国际体制理论,剖析 TRIPS 知识产权制度从体制转换到体制协调的变革之路;第十六章"后 TRIPS 时代的国际知识产权法变革与国际关系的演变",考察后 TRIPS 时代国际知识产权法变革与国际关系的互动关系及其特点;第十七章"TRIPS 框架下的传统知识保护",探讨 TRIPS 框架下保护传统知识的法理基础和制度建构;第十八章"TPP 协定的 TRIPS-plus 标准:造法根据、主要内容及实施机制",以 TPP 协定的 TRIPS-plus 标准为样本,探索国际知识产权制度发展的最新动态和前沿趋势。

国际法作为法律的存在和发展,是国际法学的重大课题。本书对此课题的研究,虽倾注了笔者 20 多年的心血,但由于各种主客观原因,难免还存在着不妥甚至谬误,祈请学界同仁及广大读者批评指正。

本书的出版得到了浙江工商大学法学院的经费资助和厦门大学出版社及责任编辑邓臻先生、李宁女士,美术编辑李夏凌女士,责任校对徐远茜女士的鼎力支持。在此一并表示感谢。

古祖雪

2018 年 5 月 20 日

目　录

第一编

国际法存在的
理论阐释

第一章
国际法的法律性质

——哈特国际法思想述评

国际法真的是法律吗？这是法理学中一个古老而新颖的理论问题,也是国际法作为法律而存在的前提性问题。哈特(H. L. A. Hart)作为新分析法学派的主要代表,依据他对法律概念的分析和理解,对此作了很有特色的回答,形成了新分析法学派的国际法学思想。概括和评价哈特的这一思想成果,对于把握国际法的法律性质与地位,无疑具有十分重要的意义。

一、两种形态的疑惑:问题的提出

国际法不同于国内法,它"缺少国际立法机关、有强制管辖权的法院和集中组织起来的制裁等因素"①,这些差别在某些法学家那里,成为给两者下一个统一法律定义的障碍。如果要满足按照国内法的标准理解法律的要求,

---

① 〔英〕哈特:《法律的概念》,张文显等译,中国大百科全书出版社1996年版,第209页。

国际法自然被排除在法律之外。于是,"国际法真的是法律吗?"这一怀疑和否定国际法法律性质的疑问就不可避免了。面对这种情况,哈特"既不打算通过简单地提示一下词的现行习惯用法来消除许多人都感觉到的疑惑,也不打算基于下述理由而简单地承认这个疑惑,这个理由就是:恰当地使用'法律制度'这一表达方式须以存在着第一性规则与第二性规则的结合为充分必要条件"①。相反,他首先想到的是要探索这种疑惑的详细特征与深刻原因,然后依据逻辑实证主义的语言分析方法,对国际法规则进行实际的分析。

在哈特看来,对国际法法律属性的疑惑,是有深刻根源的。根据根源的不同,这种疑惑可区分为两种形态:"第一种形态的疑惑深深植根于基本上是以威胁性作后盾的命令的法律概念之中,它把国际法规则的特点与国内法规则的特点相对比。第二种形态的疑惑产生于一个晦涩的信念,该信念认为国家从根本上没有作为法律义务主体的能力,它把国际法主体的特点与国内法主体的特点相对比。"②在这里,前者所依据的"法律概念"实际上就是约翰·奥斯丁(John Austin)的"法律命令说"。奥斯丁认为,国际法的规则与原则并不是由一个最高政治长官制定的,而且没有任何法律制裁来保证其规定的遵守,因此国际法不具有法律性质。与此不同,后者所依据的"晦涩的信念",则是历史上出现的绝对主权理论。按照这种理论,国家作为国际法的主体,与国内法主体的最大不同,就是它拥有绝对主权,不受国际法的约束。既然没有受法律约束并承担法律义务的主体,那么还有什么理由把国际法称为法律呢? 所以,要消除对国际法法律属性的疑惑,就必

---

① [英]哈特:《法律的概念》,张文显等译,中国大百科全书出版社 1996 年版,第 209 页。

② [英]哈特:《法律的概念》,张文显等译,中国大百科全书出版社 1996 年版,第 211 页。

须首先澄清这两种理论根源。

二、义务与制裁:国际法的约束力

"国际法真的是法律吗?"这一疑惑往往通过另一种提问方式表现出来,那就是:"国际法有约束力吗?"这个疑问不同于"某个法律制度的某项规则有约束力吗?"这类疑问,它所表述的不是关于可适应性的问题,而是关于国际法的总体法律地位的问题。按照哈特的观点,这个疑问还可以更直率地表述如下:"对诸如此类规则,人们能够有意义地和真实地说它们足以产生义务吗?"①显然,这就是哈特所指出的第一种形态的疑惑,其根据只在于国际法缺乏集中组织起来的制裁制度。之所以产生这种疑惑,是因为接受了奥斯丁"法律命令说"对义务的分析。据此分析,义务的产生与有组织的制裁有着必然的联系,制裁是任何法律具有约束力的必要条件。

针对这种观点,哈特明确指出,这种以威胁性制裁为主要特征的法律规则,并不是普遍的。即使在国内法中,也只有像刑法这样的法律规则才具有此类特征,而大量的法律规则是一些无须附设制裁的授权规则。不仅如此,一个法律规则并不总是因为人们惧怕制裁才具有约束力。任何规则都存在着意义不同的两种陈述,即外在的预测性陈述——"我很可能会因为不服从而受罚",及内在的规范性陈述——"我有一项如此行为的义务"。后者把规则作为行为的指导标准而加以接受,并以此标准去评价他人的处境与行为。这就是我们通常所说的内在的法的信念。这种信念为社会大多数人所具有,是自觉遵守法

---

① [英]哈特:《法律的概念》,张文显等译,中国大百科全书出版社1996年版,第212页。

律的义务产生的源泉,是法律具有约束力的首要保证。事实的确如此。一个法律制度,或者一项法律规则,如果它不是内在地被社会所广泛接受,人们服从它只是外在地出于对威胁性制裁的害怕,那么这种制度或这项规则的存在也就不可能维持多久。因为将一个不被真正接受的法律制度强加于社会是颇为困难的。"产生义务或责任的规则通常号召对个人利益作出某些牺牲,并且通常被谨守规则的严肃要求和对离轨的非难所支持。"[①]奥斯丁基于国际法缺乏有组织的制裁而否定国际法的约束力,显然是把"有义务"或"受约束"与"不服从就可能遭受威胁性制裁或惩罚"当作一回事。这种等同曲解了义务与制裁的关系,片面夸大了制裁对于法律约束力的作用。哈特认为,"一旦我们摆脱了这种预测性的分析及其赖以产生的那个法律概念(即认为法律在本质上是一个以威胁为后盾的命令的概念),就再没有什么理由去把规范性义务概念限制于靠有组织的制裁来支持的那些规则之中了"[②]。因此,国际法缺乏有组织的制裁,在哈特看来,就不再是否定国际法法律性质的根据了。

不仅如此,哈特还认为,即使国内法中存在着威胁性制裁这一使法律具有约束力的手段,也不能将这一手段适用于国际法。因为二者有着完全不同的精神和物质背景。由体力和脆弱性大体相等的个人所组成的社会中,惩罚既是必需的,又是可能的。需要惩罚是为了使那些自愿服从法律约束的人们不至于沦为某些违法者的牺牲品,如果没有这种制裁的话,违法者就会获取由于他人尊重法律而产生的利益,而他们自己则不尊重法律。同时,由于服从一个限制性制度有明

---

① [英]哈特:《法律的概念》,张文显等译,中国大百科全书出版社1996年版,第213页。

② [英]哈特:《法律的概念》,张文显等译,中国大百科全书出版社1996年版,第213页。

显的利益,这就使得违法者的联合在力量上不可能胜过自愿遵守法律的人们。因此,制裁在国内法中既可以成功地被用来对付不遵守法律的少数人,同时又不会引起太大的风险。与国内法的这种背景不同,在国际社会中不存在国内法中那种侵犯者与受害者之间的情形,一国违反国际法规则,也可能会暂时获得一些利益,但从长远来看,则会由于受害国乃至第三国援引这种非法先例,更多地损害它自己的利益。哈特的分析,实际上就是我们常说的国际社会所特有的"相互原则"的作用。同时,由于国家之间强弱有别,大小不同,也就无法持久地保证那些联合起来以维护国际秩序的国家总是在力量对比上胜过那些企图侵略的国家。因此,组织和使用制裁就可能要冒令人忧虑的风险。正因为国际法的背景是如此不同于国内法,所以在国际法中既不存在采用同国内法一样的制裁之必要性,也不存在完全安全并有效地使用制裁的充分条件。但是,这并不是说国际法作为一个整体不具有法律约束力,而是说,它是以不同的方式发展起来的。哈特认为,决定国际法具有约束力的,不是制裁,而是一些内在的因素:国际法规则是各国为了自己的利益而为自己创立的,因而为国际社会所广泛接受;而且,这些规则构成了主张利益和认可利益的根据,对它们的违反不仅可以用于提出赔偿的要求,而且可以用于采取报复行为和反对措施。因此,尽管这些规则与国内法规则有所不同,即没有任何中央机构来强制实施它们,但它们所提出的要求仍然具有约束力。

　　综上可知,哈特通过引入一种"内在观点"弱化了制裁的作用,从而强化了国际法的法律性质。这种关于"内在观点"和"内在陈述"的理论,克服了奥斯丁"法律命令说"的片面性,与"社会合意理论"和"权威理论"一起在法律特征理论中形成了当代西方法学对法律"强制力"

观念的弱化趋势。① 这种趋势不仅反映了西方法律价值观念的变化，也表现了西方法律实践中对法律制度及其社会功能所提出的多样化要求。正是在这种趋势中，怀疑和否定国际法法律性质的人变得越来越少了。

然而，应当指出的是，哈特在弱化制裁的作用和强化国际法的法律性质的同时，却忽视了制裁在国际法中已客观存在而且起着作用的事实。自从 20 世纪初第二次海牙和会关于陆战法规惯例的第四公约规定交战国违反陆战法规者应负赔偿责任之后，国际上出现了有关"制裁"的规则。1945 年的《联合国宪章》第 7 章各条规定了对侵略行为的强制行动，以实施集体制裁。二战结束后纽伦堡和远东两个军事法庭分别对德日战争罪犯进行的国际审判，联合国 1990 年对伊拉克的制裁，都在国际社会中产生了重要影响。事实表明，"现代国际法的效力和国内法近似，在一定程度上，也是以对违法者实行某种制裁作为保证的"②。

三、义务与主权：国际法的约束力

对国际法法律属性的疑惑，还来源于另一种观念，这就是：既然国家是有主权的，它们就不可能受国际法的支配和约束，或者说，它们就不可能负担国际法上的义务。哈特认为，与"制裁等于义务"模式相比，这一观念是一个影响更大的混乱之源。之所以如此，是因为它包含着两个错误的假设：(1)各国拥有绝对主权；(2)各国只受自我施加义务的约束。

---

① 刘星：《法律"强制力"观念的弱化——当代西方法理学的本体论变革》，载《外国法译评》1995 年第 3 期。

② 梁西主编：《国际法》，武汉大学出版社 2000 年修订第 2 版，第 11 页。

　　对于第一个假设，哈特认为是与下述观念一致的："有一个居于法律之上的人，他的话对于其下属和臣民来说就是法律。"①沿此思路去想象某个国家，就宛如它是一个超人——生来无法无天而对别国则可发号施令。哈特强调，为了理解国际法，就必须抛弃这种观念。"实际上，'一个国家'这种表达方式，并不是用以指称某个内在地或'本质上'处于法律之外的人或事务；而是用来称谓两个事实的一种方式。事实之一是，一块领土之内的居民生活于某种有秩序的政府形式之下，这种政府形式由一个拥有立法机关、法院结构和第一性规则法律制度所安排；事实之二是，该政府享有一种其程度未加明确界定的独立性。"②与此相联系，国家拥有主权，则意味着一个国家享有对内方面的最高统治权和对外方面的独立权。那些"在非常之显著的程度上独立于其境外任何当局和任何人的法律的或实际的控制"③的国家，就是国际法上的"主权国家"。但是，哈特认为，这种独立性并不是不受限制的。除开殖民地、被保护国、附庸国、托管地这些领土实体的独立性会受到较大限制的情况之外，主权国家的独立性还要受"一种对彼此同样独立的各实体施加影响的国际权威"④的限制。这种"国际权威"可能有许多不同的形式。它们包括：(1)一个仿照英国议会的世界立法机关；或(2)一个类似于美国国会的联邦立法机关；(3)由被普遍地接受为适用于所有领土实体的规则所组成的唯一的法律控制形式；或

---

　　①　［英］哈特：《法律的概念》，张文显等译，中国大百科全书出版社 1996 年版，第 216 页。

　　②　［英］哈特：《法律的概念》，张文显等译，中国大百科全书出版社 1996 年版，第 217 页。

　　③　［英］哈特：《法律的概念》，张文显等译，中国大百科全书出版社 1996 年版，第 217 页。

　　④　［英］哈特：《法律的概念》，张文显等译，中国大百科全书出版社 1996 年版，第 218 页。

（4）一种仅由契约来确认义务的体制。"假如我们实际上发现国家之间存在着一个特定形式的国际权威,那么国家主权在那种程度上将会受到限制,并且只存在于规则所允许的那一程度之内。由此可以说,只有当我们了解何为规则之时,才能了解何种国家是主权的以及其主权的范围。"①因此,按照哈特的观点,是国际法规则确定着国家的主权及其主权的范围,而不是国家的主权派生出国际法的一般属性。

在这里,如果哈特所讲的"国际权威"就是在国际关系中形成的国际法规则,那么他关于国家主权、关于国家主权要受国际法制约的观点,是有一定道理的。但是,有两点应该指出:第一,哈特所设想的一些"国际权威"形式,如英国议会式的世界立法机关和类似于美国国会的联邦立法机关,是很值得怀疑的。因为如果有这种"国际权威"的存在,那就不是对国家主权的限制,而是对国家主权因而也是对国际法的取消。第二,哈特把国家主权视为国际法规则授予的权利,颇有颠倒主权与国际法关系之嫌。国家主权的存在和承认,是国际法规则形成和发生效力的前提。在一定意义上说,国际法对各国主权的平等限制,实际上也是国家行使主权的一种表现。二者存在着一种显而易见的辩证关系。

对于第二个假设,哈特认为,那是"颠倒了思考问题所必需的顺序"②,说到底,还是"绝对主权"观念在作祟。因为,既然国家是拥有绝对主权的,那么国家就只能受制于自我施加的义务。按照这种观点,服从国际法规则的义务只产生于受约束的国家相互订立的条约之中,或者说,承担国际义务必须以各国的同意(包括默许或推定)为基础,

---

①　[英]哈特:《法律的概念》,张文显等译,中国大百科全书出版社1996年版,第219页。

②　[英]哈特:《法律的概念》,张文显等译,中国大百科全书出版社1996年版,第219页。

不经各国预先同意的国际法规则,就不具有对各国的约束力。这种关于国际法约束力来源的"同意说"或"自我限制论",很难解释下面两个特例:(1)一个新的独立国家一经诞生,就同时受到国际法普遍义务的约束,其中也包括赋予条约以约束力之规则的约束;(2)某国由于获得一片领土或者经历了其他一些变化而使自己首次置身于某些规则设定的义务的范围内,对于那些规则该国先前既没有机会去遵守或违反,也没有时机去表示同意或不同意。因此,哈特指出,这种主张"过分地依赖于抽象的教条,而对事实的关注则远远不够"①,因而是一种应该抛弃的"居先主张"。

在哈特看来,事实上往往是这样的:"为了使所说所写的言词在确定的情况下真正起到承诺、协议或条约的作用,因而为了产生义务并赋予其他国家日后可能会主张的权利,那么某些规则必须已经存在才行。正是这些规则规定一个国家应该去做它以相应言词所承担的任何事情。"②例如,条约之所以具有约束力,是因为"条约必须遵守"早已成为国际法的一条基本原则。按照哈特的论述,这些已经存在的规则:(1)是任何社会都存在的;(2)是被普遍接受的;(3)是对承诺、协议或条约中的言词的约束力加以规定并指明自我约束操作程序的规则;因此(4)不管当事者甘愿与否,对有意地利用这些程序的个人或国家都具有约束力。可见,在自我施加的义务背后,还存在着一些共同的规则,这些规则不以同意为基础,却使自我施加的义务具有普遍的约束力。很显然,这种在条约之前就已经存在并被社会普遍接受的共同规则,实际上就是哈特所讲的"最低限度内容的自然法"。它们既是人

①　[英]哈特:《法律的概念》,张文显等译,中国大百科全书出版社1996年版,第222页。
②　[英]哈特:《法律的概念》,张文显等译,中国大百科全书出版社1996年版,第220～221页。

类社会必须遵循的道德规则,也是所有社会法律的共同因素;它们既是国内法效力的来源,也是国际法约束力的来源。在这里,哈特新分析法学的特征表现出来了:他在坚持法律实证主义基本立场的同时,也在向自然法学说靠拢。

四、国际法:是道德还是法律?

在哈特看来,国际法与国内法的真正区别只在于:后者是一种实现了第一性的义务规则与第二性的授权规则结合的发达制度,而前者则仍然类似于由第一性规则所组成的简单体制。据此,有的法学家认为,这种形式上的差别可以通过把前者归属于"道德"而最恰当地显示出来。然而,哈特认为,"以此种方式来标识二者的区别,显然会引起混乱"[①]。究其根源,它实际上还是奥斯丁的"法律命令说"在作祟:把任何不能归入威胁性命令的社会结构形式,都一律视为道德。于是,"道德"一词在这里变成了一个概念的废纸篓,游戏规则、俱乐部规则、礼仪规则、宪法和国际法都可以投入其中。对此,哈特特别不满,认为这是一种粗野的分类,既无助于实践目的的实现,也没有任何理论价值。

事实上,"根据国际法的特殊情况,可以有不少理由来反对把国际法作为'道德'来归类"[②]:

第一,道德压力的形式不是诉诸报复或要求赔偿的威胁,而是诉诸良知以造成一种期待。与此不同,国际法上的主张则主要是通过引

---

① [英]哈特:《法律的概念》,张文显等译,中国大百科全书出版社 1996 年版,第 223 页。

② [英]哈特:《法律的概念》,张文显等译,中国大百科全书出版社 1996 年版,第 223 页。

证惯例、条约和法学著作的方式提出,而不涉及道德上的善恶。

第二,国际法的有些规则,像国内法规则一样,常常包含一些与道德毫无关系的高度专门化规定。如果把这些规则作为道德规则的要素,则是令人难以理解的。

第三,虽然要求或禁止某些行为的法律所产生的影响可能最终导致群体道德的改变,但却不存在制定或废除道德规则的立法活动。然而,国际法则不同,它可以通过一种造法活动来制定或改变其规则。

第四,虽然国际法规则从终极意义上要依赖于各国的确信,即确信有一种服从国际法规则的道德义务,但这种道德义务绝不是国际法存在的必要条件。

因此,哈特认为,国际法与道德是两种完全不同的社会控制形式,无论在内容和形式上,还是在社会功能上,二者都有着重大的差别。国际法虽然不同于国内法,但仍然是法,不能把它与道德等同。可见,在国际法与道德的关系上,哈特坚持的仍然是法与道德分离的法律实证主义立场。

五、结论:国际法与国内法的相似性

综上所述,哈特拨开了笼罩在国际法上的怀疑迷雾,使之呈现出了法的本来面目。然而,国际法与国内法之间客观存在的巨大差别,令人不能不提出这样的问题:国际法究竟是一种什么样的法?国际法与国内法之间是否具有相似性?对此,不同的法学家有不同的回答。

一些坚持把国际法称为"法"的法学家,因为着重于反对怀疑论者,曾经企图缩小国际法与国内法之间的差别,并寻找二者之间的相似性。他们把国际法中的条约缔结视为类似于国内法中的立法行为;把国际法院及其前身——国际常设法院的判决视为类似于国内法中的审判活动;把由一个声称依照国际法其权利受到侵犯的国家所采取的战争和武力报复视为类似于国内法中的强制制裁。然而在哈特看来,这些类似只是一些被夸大了外观特征的相似性,它们根本没有反映国际法与国内法在本质上的相似性。在国际法与国内法之间,还有一个曾被提出的相似性,引起了哈特的特别重视,这就是汉斯·凯尔森(Hans Kelsen)对国际法的评价。凯尔森认为,像国内法一样,国际法实际上具有也必然具有一个"基本规范"或哈特所说的那种"承认规则",它是评价制度中其他规则的效力之依据,也正是借助于它,各种规则才构成了一个统一的制度。凯尔森的观点虽然对哈特具有启发意义,但却是对国际法与国内法之间的相似性所作的一种过早判断,因而他不能苟同。

哈特认为,由法律作为控制手段的社会结构形式,可以区分为简单的和高级的或发达的两种。两者的区别在于:"在一个较为简单的社会形式中,我们必须等待和观察一条规则是否被作为一条规则而接受;在一个具有基本的承认规则的制度中,我们则可以在一条规则被真正制定出来之前就说:它将是有效的规则,假如它与承认规则的要求相符合的话。"①很显然,在简单的社会结构形式中,承认规则还不是使各项规则具有约束力或效力的普遍必要条件。严格说来,因为没有承认规则的存在,这种结构形式还没有构成一个制度,而只是由孤立的第一性的义务规则所组成的一个系列。与此不同,在高级的社会制度中,承认规则是将各项规则结合起来的基础,存在于其中的规则也不是孤立的,而是制度化了的规则。根据这样的标准来评价国际法,哈特得出了以下明确的结论:

1. 现行的国际法不是借助于承认规则结合而成的,因而"它只不

① 　[英]哈特:《法律的概念》,张文显等译,中国大百科全书出版社1996年版,第231页。

过是孤立的第一性的义务规则所组成的一个系列而已"①，在形式上仍然类似于由第一性规则构成的简单体制。凯尔森关于国际法具有一个"基本规范"或"承认规则"的看法，是对国际法规则的实际特性所进行的先入为主的判断。"对于并不存在一个基本规则的那种极为简单的社会结构形式，硬要弄出一个基本规则，这确实有点滑稽可笑。"②

2.尽管现行的国际法不能引证任何更为基本的规则来证明各种规则的效力，但并不意味着这些规则不是法律规则。"像更高级的制度中的基本规则一样，只要它们被接受并因此而起到作用，也就具有了约束力。"③

3.一旦一个基本的承认规则被系统地概括出来，国际法的各项规则就会因此而结合成制度。也许，国际法目前正处于这样的过渡阶段。如果这种过渡阶段得以完成，那么国际法与国内法之间的相似性，就不再是"形式上"的，而是"功能上"和"内容上"的了。"功能上"的相似，将使国际法同国内法一样，与道德根本区别开来；而"内容上"的相似，则会使国际法与国内法共同拥有一批原则、概念和方法，从而使法律专家的技术能够轻而易举地在二者之间转换使用。"于是，怀疑论者对国际法的法律'性质'的最后怀疑也将成为过眼烟云。"④

不能否认，哈特对国际法的评价和认识，是有启发性的，在一定程度上反映了国际法的实际状况和发展趋势。随着国家之间相互作用

---

① ［英］哈特：《法律的概念》，张文显等译，中国大百科全书出版社1996年版，第229～230页。

② ［英］哈特：《法律的概念》，张文显等译，中国大百科全书出版社1996年版，第232页。

③ ［英］哈特：《法律的概念》，张文显等译，中国大百科全书出版社1996年版，第232页。

④ ［英］哈特：《法律的概念》，张文显等译，中国大百科全书出版社1996年版，第233页。

的加强和国际社会的日益组织化,国际法正在由较"弱"的法变为较"硬"的法,从比较松散的状态朝着较为集中的方向发展。在这种背景下,国际法与国内法之间的相似性可能会日益显著,而差别则可能会日益缩小,甚至在内容和功能上可能达到相互接近。当然,这种接近不是等同。在国际社会以独立国家为主轴的基本结构发生根本变化之前,国际法仍将是有别于国内法的一种法的特殊体系。

　　显然,在国际法与国内法的关系上,哈特坚持的是二元论观点:国际法是法,但只是约束力不及国内法的原始法或弱法。哈特的这一立场,既不同于奥斯丁的国内法"样板"论,也有别于凯尔森的国际法优先论:奥斯丁基于国际法与国内法的不同而否定国际法的法律性质;凯尔森则基于对国际法与国内法的基本规范分析,将国际法凌驾于国内法之上。二者虽然坚持的都是一元论,但却是相反的两个极端。哈特的高明之处,就在于他在这两者之间保持了必要的张力:既没有因为国际法与国内法的差别而否定国际法的法律性质,也没有因为国际法与国内法的法律属性类似而夸大国际法的地位。在分析法学派中,如果说凯尔森的观点是对奥斯丁观点的否定,那么哈特的观点则是对凯尔森观点的否定之否定。这种否定之否定由于克服了奥斯丁和凯尔森的片面性,肯定了他们各自思想的合理部分,因而从整体上是对分析法学派观点的发展,与奥斯丁的分析法学和凯尔森的纯粹法学相比,更能反映法律现象的实际。因此,在分析法学受到来自自然法学和现代法学理论与实践的挑战而面临衰落时,正是哈特的创造性工作,使分析法学"起死回生",重新成为现代西方法学中一个具有重大影响的法学学派。

第二章
国际法的理念

理念,作为一个哲学概念,是指"一种理想的、永恒的、精神性的普遍范型"①。它作为人的理性认识事物的最终结果,凝聚着人对事物的全部知识。在黑格尔那里,理念既是认识事物的最高形式,又是改造事物的最高价值目标。因此,理念不仅具有本体论的意义,而且还具有认识论和价值论的意义。把哲学上的理念概念引入国际法,是从经院哲学的集大成者圣托马斯·阿奎那(Saint Thomas Aquinas)开始的。"圣托马斯·阿奎那所发展的这个基督教国际法学说的萌芽,以后在 16 世纪西班牙国际法学说中得到了完全的展开,西班牙国际法学说不仅把以前已经发展的现代国际法概念继续予以发展,而且还超越这个概念,详细地陈述了普遍国际社会的理念以及从它发生的普遍国际法的理念。"②奥地利国际法学家阿尔弗雷德·菲德罗斯(Alfred Verdross)在前人工作的

---

① 《中国大百科全书·哲学》(I),中国大百科全书出版社 1987 年版,第 465 页。
② 〔奥〕阿·菲德罗斯等:《国际法》(上册),李浩培译,商务印书馆 1981 年版,第22 页。

基础上,明确提出了"国际法的理念"这一概念,并在其《国际法》一书中,讨论了和平、正义等国际法的理念及其作用。根据菲德罗斯的观点,国际法理念具有三个基本特征。

(1)国际法的理念是国际社会的结构及其规律的反映,它是国际法最真实的存在或存在的最深层的原因和根据。

(2)国际法的理念是国际法的意义、功能和价值目标,它凝聚着人类对国际法的全部知识和终极寄托。

(3)国际法的理念对国际法具有构成和调整作用,它不仅是国际法的行动指南,而且是国际法的评价标准。

可见,国际法的理念既是对国际法过去的反思结果,又是国际法未来的价值目标。它为国际法确定的恒定标准,提示着对现行国际法进行批判的尺度和对未来国际法的美好期盼。因此,从现有的国际法律文件中提炼出为国际社会所普遍接受的国际法理念,不仅有助于认识和把握国际法作为法律而存在的根据和价值,而且可以提供对未来国际法进行理性选择的思路。

一、和平:国际法的基本理念

和平是一个关系概念,它所表现的是国际社会的一种稳定、和谐状态,是国家之间基于相互性而进行互动的结果。和平也是一种交往范型,它是国家之间的一种恰当结合方式。在这种结合方式中,国家与国家之间、国家与国际社会整体之间达到了一般性、确定性和适用于每一个国家的平等性。和平是与安全相联系的,但安全只是国家的一种主观状态和心理需求,它的实现有赖于人类和平秩序的建立,而和平则是国际社会的整体安全。和平之所以受到人们珍视,是因为它能够给每个国家提供以下便利:首先,便于国家对自我行为进行理性控制,从而使其在既定秩序、规则中享有某种形式上的自由;其次,便于国家对其他国家的行为进行预测，趋利避害，获得自身的安全；再次，确保规则的普遍适用，在形式上满足每一个国家的平等要求；最后，为国家的行为选择节约了时间和精力，提高了国家的行为效率。因此，追求和平，乃是人类的天性。"人类的这个天性指示着我们在和平的秩序中生活，因为只有这样，人类的本质才能得到完全的发展。我们的社会天性把我们导向着这个目的，人们称为法律的理念。"①

　　但是，和平并非人类的本性。西格蒙德·弗洛伊德（Sigmund Freud）认为，人所具有的社交冲动和创造冲动完全受着一种否定性力量的抗衡。这种否定性力量便是"死亡本能"，其发泄点就寓于人的侵略性和毁灭性欲望之中。在弗洛伊德看来，这种强大的欲望构成了人类消除战争的障碍，但他并不排除这样一种希望，即文化的进步以及人类对未来战争所产生的正当恐惧，会在一定时间内消除战争。正如伊曼纽尔·康德（Immanuel Kant）所说，人类"如果不和平相处就一事无成，然而又难免互相冲突。因此，他们感到本性要求他们自行立法，规定彼此的义务，并据此创造一个联合体。这些法则源于自身，而这一联合体在解散的不断威胁下趋于整体上的进步"②。可以说，法律就是人类为消除自身的冲突而进行自我约束的工具。因此，"实定法不仅有着社会学上的立脚地，而且也有着规范的基础，这种规范的基础是同人类的关于追求目的和社会的天性具有紧密的关系的"③。

　　国际社会是一个由主权国家构成的平行式社会，主权独立使人格化的国家表现出自我中心主义，其行为以维护和实现自身最大利益为

---

　　①　［奥］阿·菲德罗斯等：《国际法》（上册），李浩培译，商务印书馆 1981 年版，第 19 页。
　　②　转引自［英］韦恩·莫里森：《法理学》，李桂林等译，武汉大学出版社 2003 年版，第 156 页。
　　③　［奥］阿·菲德罗斯等：《国际法》（上册），李浩培译，商务印书馆 1981 年版，第 19 页。

最高原则。但是,人类所共处的地球是有限的,国家之间是相互依存的。如果每个主权国家将自身的安全绝对化,对存在空间提出无限要求,就只能导致国际社会处于丛林状态,战争就不可避免。结果,自身反而处于不安全的状态。于是,国家基于对自身安全的需要,不得不与其他国家合作,达成协议,和平相处,形成支配国家间关系的原则、规则和制度,由此,国际法应运而生。可以说,国际法是从战争中产生的,国际法是为和平而存在的,国际法就是和平的法律秩序。

国际法作为和平的法律秩序,是在战争法的基础上发展起来的。中世纪的战争非常残酷,战争法规随之发展。到 19 世纪末,在列强疯狂争夺世界的战争威胁下,世界和平运动兴起,1899 年和 1907 年两次海牙和平会议形成的条约体系,对战争程序、作战手段和伤员待遇作出严格规定。由此形成的战争法虽然使战争更有"秩序"和比较"人道",但却为主权国家保留了诉诸战争的绝对权利,从而使战争成为国家推行其政策、争夺势力范围的工具。第一次和第二次世界大战暴露了传统国际法的严重缺陷,使人类看到了保留国家战争权利所带来的深重灾难。废弃战争权,禁止使用武力,成为当时国际社会的迫切需要,也成为从传统国际法向现代国际法发展的重大转折。这一转折的开始,是《国际联盟盟约》的缔结,它规定国际争端在提交程序解决之前不得诉诸战争。显然,盟约的规定很不彻底,只是对战争作了时间上的限制。此后,1928 年的《巴黎非战公约》宣布"废弃战争作为实行国家政策之工具"。这比国联限制战争权的体制前进了一步。最后,在第二次世界大战废墟上孕育起来的《联合国宪章》规定:所有成员国在其国际关系中,不得以武力相威胁或使用武力来侵害任何国家的领土完整或政治独立,并不得以任何其他同联合国宗旨不符的方式以武力相威胁或使用武力。《宪章》关于禁止使用武力的规定,比《巴黎非战公约》关于禁止战争的规定更为广泛。至此,限制战争权的努力,进一步扩展到了"以武力自助"的一切措施。其法律效果是:除宪章所规定的严格的自卫外,从主权范围内排除了国家使用武力之权。缘此,国际法的重心开始从规范战争的秩序转向规范和平的秩序,并以和平作为基本理念,形成了以和平原则、和平制度、和平行动为主要内容的法律与实践。

国际法上的和平原则,包括禁止非法使用武力与和平解决国际争端两项基本原则。国际社会由主权国家组成,由于各国在政治、经济、文化方面存在差异,其意见分歧和利益冲突不可避免。国际实践反复证明,国际争端,不论是政治的、经济的,还是法律或事实的,如果长期得不到解决,均有可能发展成为武装冲突,甚至国际战争。国际争端只有通过和平解决,才能真正促进国际和平及安全;战争、武力或以武力相威胁等强制方法,不仅不能从根本上解决争端,反而会激化有关国家之间的矛盾,甚至导致争端扩大和升级,成为冲突和战争的祸根。因此,禁止非法使用武力是和平解决国际争端的必然要求,而和平解决国际争端则是禁止非法使用武力的直接引申,二者互相联系,互相补充,共同构成维护人类和平秩序的强行法规范和国际和平制度的基础。

现代国际法中的和平制度,主要有联合国集体安全制度、军备控制和裁军制度以及包括惩治战争和侵略罪行在内的国际刑罚制度。

联合国集体安全制度是在总结第二次世界大战的惨重教训的基础上建立起来的,是现代国际法发展的最重要成果之一。《联合国宪章》将维持国际和平及安全之主要责任授予安理会,且确认安理会在履行此项责任时,系代表各成员国行事,其决定对各成员国均具有拘束力。根据宪章的规定,联合国集体安全制度主要包括以下几个方面的内容:

(1)安理会是联合国内唯一有权对"任何和平之威胁、和平之破坏或侵略行为之是否存在"作出判断的机构。安理会的这种"国际裁判官"的地位,任何国家均无权取代。

(2)安理会是联合国内唯一有权采取包括军事行动在内的一切必要措施来"防止且消除对于和平之威胁,制止侵略行为或其他和平之破坏"的机构。而对于国家来说,只有在受到武力攻击,且安理会尚未采取行动之时,被侵害国才有权进行单独或集体自卫。

(3)在联合国安理会决定的集体措施中,军事手段只是最后的制裁措施。这种措施是以合法使用的集体武力来对付个别国家非法使用武力的行为,目的在于消除对和平之威胁和制止侵略。但是,如果能以"必要或合宜之临时办法"以及武力以外之其他办法(包括经济关系、铁路、海运、航空、邮、电、无线电及其他交通工具之局部或全部停止,以及外交关系之断绝)达到上述目的,则应尽量避免"空海陆军行动"。这是联合国的宗旨要求,也是禁止使用武力原则在集体安全制度中的具体体现。

(4)以上事项属程序事项以外的事项。根据联合国安理会的表决程序,关于程序事项以外的一切事项的决定,应以 9 个理事国的可决票决定之,其中应包括 5 个常任理事国的同意票在内。

如果说集体安全制度是对战争和冲突之"流"的拦截,那么,军备控制和裁军制度则是对战争和冲突之"源"的控制。虽然限制军备的思想早已萌芽,但是,与集体安全制度联系起来的普遍裁军,则是从国际联盟开始的。《国际联盟盟约》规定,"为维持和平起见,必须减缩各本国军备至适足保卫国家安全及履行国际义务之最小限度"。此后的《联合国宪章》授权联大及安理会处理裁军问题。几十年来,联合国在解决诸如全面禁止核试验、不扩散核武器和禁止生化武器等问题方面发挥了积极的作用,先后建立了众多的裁军机构,缔结了《国际原子能机构规约》(1956 年)、《不扩散核武器条约》(1968 年)、《禁止生物武器公约》(1972 年)、《禁止化学武器公约》(1993 年),确定了无核国家放弃获得核能力的努力,并接受国际检查,有核国家承诺与无核国家分享核能用于和平之技术成果,并承诺裁军以及向无核国家提供核安全保证义务，以及禁止使用、研制、生产和储存进攻性的生物和化学武器等原则，并为此建立了国际监督机构和制度。此外，国际社会还缔结了一些地区性的核不扩散与无核区条约，如《罗马条约》（1957年）、《拉丁美洲禁止核武器条约》（1967年）、《南太平洋无核区条约》（1985年）、《东南亚无核区条约》（1995年）、《非洲无核区条约》（1996年），以及禁止在一些国际共有区域进行任何军事活动或部署大规模杀伤性武器的条约，如《南极条约》（1959年）、《外空条约》（1967年）和《海底条约》（1972年）。另外，在军备控制制度中，还有大量的双边条约和单边承诺，其中，冷战时期美、苏两国签订的条约，如《限制反弹道导弹系统条约》（1972年）、《关于限制进攻性战略武器的某些措施的临时协议》（1972年）、《防止核战争协定》（1973年）、《限制地下核武器试验条约》（1974年）、《和平利用地下核爆炸条约》（1976年）、《限制进攻性战略武器条约》（1979年）等，不仅对美、苏（今天的美、俄）两国具有重要意义，也关系到世界各国的安全利益和人类的整体和平。

包括惩治战争和侵略罪行在内的国际刑罚制度，是在纽伦堡审判和东京审判的基础上发展起来的。第二次世界大战的惨痛教训告诉人们，要维护人类和平和促进社会进步，就必须对破坏和平的侵略罪行予以有效的惩治。因此，第二次世界大战结束后，国际社会立即组织了欧洲国际军事法庭和远东国际军事法庭，分别对法西斯德国和日本的主要战犯进行审判，并形成了著名的"纽伦堡原则"：（1）从事构成违反国际法犯罪行为的人承担个人责任，并因此应受惩罚；（2）不违反所在国的国内法不能作为免除国际法责任的理由；（3）被告的地位不能作为免除国际法责任的理由；（4）政府或上级的命令不能作为免除国际法责任的理由；（5）被控有违反国际法罪行的人有权得到公平审判；（6）违反国际法的罪行是：反和平罪，战争罪，反人道罪；（7）共谋上述罪行是违反国际法的罪行。

联合国成立后，国际法委员会开始按照上述原则准备《危害人类和平与安全罪法典草案》,并推动联合国大会于 1974 年 12 月 14 日通过了《关于侵略定义的决议》。不仅如此,国际社会还相继缔结了一批关于防止和惩治其他破坏和平与安全的国际犯罪行为的国际刑法公约。特别值得一提的是,1998 年 7 月 17 日,联合国设立国际刑事法院规约全权代表外交会议,在罗马通过了《国际刑事法院规约》,2002 年 7 月 1 日,经 67 个国家批准后,规约生效,国际刑事法院正式成立,这标志着惩治国际严重犯罪的国际刑罚制度进入了一个新的阶段。《国际刑事法院规约》把国际社会关注的最严重犯罪分为四类:灭绝种族罪、危害人类罪、战争罪和侵略罪。根据规约规定,国际刑事法院有权就上述严重罪行对个人行使管辖权,并对国内刑事管辖权起补充作用。应当说,《国际刑事法院规约》所建立的国际调查和审判机制,对控制国际犯罪、维护人类和平与安全会有一定威慑作用。

如上所述,国际社会的争端和冲突在所难免,时有出现。这些争端和冲突如果得不到及时解决,就有可能危及国际社会的和平与安全。为此,联合国根据宪章的宗旨原则,在实践中曾多次采取所谓"维持和平行动"。这种维和行动与联合国安理会根据宪章第 41 条或第 42 条所采取的强制行动有原则性的区别,它一般是经安理会决定并经当事国同意的一种减轻及遏制冲突局势的缓冲手段,是维持地区性和平与安全的一种临时措施。从 1948 年 6 月为阿以冲突而建立的停战监督组织开始,截至 2018 年 3 月,联合国采取的维和行动已达 71 次,[1]并为此建立了专门执行维和任务、直接由联合国指挥的维持和平部队。这支执行过许多次半警察任务的维持和平部队,起到了减轻和遏制冲突局势的"冷却"作用,于 1988 年获得了诺贝尔和平奖。

---

① http://www. un. org/zh/peacekeeping/resources/statistics/factsheet. shtml,访问日期:2018 年 4 月 25 日。

然而,现代国际法建立人类和平秩序的努力,并没有消除战争和武装冲突。虽然联合国体制的建立和运作避免了第三次世界大战,维护了人类半个多世纪的整体和平,但局部战争和冲突却从未停止过,朝鲜战争、中东战争、两伊战争、海湾战争、阿富汗战争、伊拉克战争以及"9·11"恐怖主义袭击,使人类遭受了巨大的灾难。特别是冷战结束以后,随着科学技术的发展和国际力量对比的变化,禁止非法使用武力、和平解决国际争端、不干涉内政等国际法的基本原则以及联合国集体安全制度不断受到冲击,国际社会的和平理想不断受到单边主义、强权政治、民族主义和恐怖主义的破坏。所有这一切均表明,一方面,"以法律代替战争"的努力是有限度的,因为战争的根源还存在;另一方面,国际法的和平机制和法则与发展着的国际社会现实相比,已严重滞后。在人类已经制造出各种大规模杀伤性武器而足以使自己毁于一旦的时代里,怎样才能获得和平与发展,怎样才能发挥国际法的应有功能与作用,这是摆在国际社会面前的严重问题。世界需要和平,国家需要发展。建立人类的和平秩序,犹任重道远!

二、人权:国际法的终极理念

和平是国际法的根本目的,但不是国际法的最终目的。国际法的最终目的是保障人的基本权利,促进人的全面发展。因为和平秩序的建立实际上也是为了人的本质获得完全的发展。因此,如果和平是国际法的基本理念,那么,人权则是国际法的终极理念,实际上也是一切法律甚至是一切社会规范的终极理念。

然而,人权是什么?国际社会尚未形成统一的定义。现有的国际法律文件列举了人权的内容,但没有对人权概念进行界定。不同的学者基于其研究的视角,有的注重人权的道德意义,有的则强调人权的法律内涵;不同的国家基于其利益的考虑,有的强调人的集体权利,有的则注重人的个体权利。但一般来说,人权是指人按其本质所具有的权利,实际上也是人的全面发展的权利。在这里,本质是在关系中展开的,权利是与义务相联系的。所以,人权不仅是人作为自然人所具有的权利,而且也是作为社会人所具有的权利。它的内容由社会历史结构决定,它的实现要有社会历史条件。因此,人权追根究底是人的本质在一定历史条件下的张扬和展开,是人类社会包括法律在内的一切活动所追求的最高价值。

人权本是国内法律管辖的事项,因为它原则上只能在一国的条件下才能实现。人权之所以被纳入国际法的管辖范围,不仅是因为一国的人权状况可能溢出边界,影响国际和平与秩序,更是因为人权作为法律的终极理念,是国内法与国际法所共同追求的普遍价值。为了这个普遍价值,主权国家不惜限制自身的主权,通过国际条约的形式,建立人权保护的国际标准,开展人权领域的国际合作,以达到在世界范围内有效保护人权的目的。在这里,人权通过国家履行国际义务的形式而具有高于主权的意义。一国的人权法律和制度要依其参加的国际人权条约来制定或修改,使之达到该条约所确定的国际标准,否则,就是违反国际义务的不法行为。因此,"人权高于主权"其实是国家行使主权的结果,在某种意义上说,是主权国家的"心甘情愿"和"自作自受"。所谓国际人权法,实际上就是以国际人权条约为主要渊源,用以协调各国人权制度,促进各国在人权领域进行国际合作,达到在世界范围内尊重、促进和保护人权目的的法律制度。

人权问题从国内法领域进入国际法的调整范围,是从第一次世界大战以后开始的。在国际联盟的主持下,国际社会缔结了几项有关人权的国际公约,如1926年的《禁奴公约》和1930年的《强迫劳动公约》等。第二次世界大战大规模践踏人权的悲惨事实,进一步激起了国际社会用国际法保护人权与自由的强烈愿望。因此,1945年的《联合国宪章》第一次将人权规定在一个普遍性国际组织的章程中。宪章在序言中"重申基本人权、人格尊严与价值，以及男女与大小各国平等权利之信念"，并把"促成国际合作，以解决国际间属于经济、社会、文化及人类福利性质之国际问题，且不分种族、性别、语言或宗教，增进并激励对于全体人类之人权及基本自由之尊重"作为联合国的宗旨之一。为此，联合国专设"经济暨社会理事会"，承担"增进全体人类之人权及基本自由之尊重及维护"的主要职权。在联合国的推动下，包括 1948 年联合国大会通过的《世界人权宣言》和 1966 年的《经济、社会和文化权利国际公约》与《公民权利和政治权利国际公约》在内的"国际人权宪章"问世。这标志着人权保护在国际上从无法状态进入了有组织、有法的状态，也标志着实现人权理念的一个新的国际法部门——国际人权法的初步形成。

国际人权法的渊源，除一些国际习惯外，主要是国际条约。除了上述普遍性的国际人权条约，还有专门性国际人权条约和区域性国际人权条约。专门性国际人权条约是指由联合国系统主持缔结的关于尊重和保护某类个人或某类权利的特殊性国际条约和议定书。这方面的国际条约有 30 多个，其中，比较重要的有：《防止及惩治灭绝种族罪公约》(1948 年)、《关于难民地位的公约》(1951 年)、《关于修订 1926 年国际禁奴公约的议定书》(1953 年)、《关于无国籍人地位的公约》(1954 年)、《废止奴隶制、奴隶贩卖及类似奴隶制之制度与习俗补充公约》(1956 年)、《消除一切形式种族歧视国际公约》(1965 年)、《禁止并惩治种族隔离罪行国际公约》(1973 年)、《消除对妇女一切形式歧视公约》(1979 年)、《禁止酷刑和其他残忍、不人道或有辱人格的待遇或处罚公约》(1984 年)、《儿童权利公约》(1989 年)等。区域性国际人权条约是指区域性国际组织通过或主持缔结的有关普遍性或专门性的人权公约，如《欧洲人权公约》《美洲人权公约》《非洲人权和人民权利宪章》。上述三个方面的国际条约以及其他有关的国际文件，分别确定了受国际法保护的人权内容、条约当事国必须履行的国际义务以及条约实施的监督和惩治制度,从而形成了既有强行法规范又有任意法规范的国际人权法律体系。

按照联合国人权与和平司司长卡雷尔·瓦沙克(Karel Vasak)的观点,依照国际人权宪章和其他国际人权文件所确立的人权内容可以分为"三代"。

第一代是公民与政治权利,主要由《公民及政治权利国际公约》确认,它们是:生命权;禁止酷刑和不人道的待遇或惩罚;人身自由及安全权;公正审判权;个人私生活、家庭、住宅、通信不受无理侵扰的权利;思想、信念及宗教的自由;言论和接受信息自由;禁止战争宣传和仇恨的鼓动;和平集会与自由结社的权利;参与公共事务的权利、选举和被选举权以及平等接受公共服务的权利等。

第二代是经济、社会、文化权利,主要由《经济、社会和文化权利国际公约》确认,它们是:工作权;享受公平与良好的工作条件的权利;组织工会和罢工的权利;享受社会保障的权利;享受适当生活水准的权利;健康权;受教育的权利;参加文化生活、享受科学进步及其应用所产生的利益的权利等。

第三代人权包括自决权、发展权、环境权、和平权以及人类共同继承财产权等。自决权主要是指一切处于外国殖民统治、外国占领和外国奴役下的民族,具有自己决定自己命运、政治地位和自主处理其内外事务的权利。《联合国宪章》是第一个正式规定民族自决权的条约,它在第 1 条中规定,联合国的宗旨之一是"发展国家间以尊重人民平等权利及自决原则为根据之友好关系,并采取其他适当办法,以增强普遍和平",从而使民族自决原则成为具有约束力的国际法规范。《经济、社会和文化权利国际公约》与《公民权利和政治权利国际公约》这两个国际人权公约的第 1 条均规定:"一、所有民族均享有自决权,根据此种权利,自由决定其政治地位及自由从事其经济、社会及文化之发展;二、所有民族得为本身之目的,自由处置其天然财富及资源,但不得妨碍因基于互惠原则之国际经济合作及因国际法而生之任何义务。无论在何种情形下,民族之生计,不容剥夺;本公约缔约国,包括负责管理非自治及托管领土之国家在内,均应遵照联合国宪章规定,促进自决权之实现,并尊重此种权利",从而使民族自决权成为人权的组成部分,受到国际人权法的保护。发展权是由 1986 年联合国大会通过的《发展权宣言》确立起来的,并得到了 1993 年《世界人权大会维也纳宣言》的确认。根据这两个宣言,发展权也是一项独立的人权,平等的发展机会既是各个国家的特权,也是各国国内个人的特权。由于这种权利,每个人和世界各国人民均有权参与、促进并享受经济、社会、文化和政治发展,在这种发展中,所有人权和自由都能获得充分实现。发展权是一项综合权利,它不仅意味着"充分实现民族自决权",而且还意味着"对所有自然资源和财富行使不可剥夺的完全主权",因此,发展以民族自决权和对自然资源的主权为基础,同时又是实现其他人权的前提。

以上依条约或宣言确立或宣示的人权内容,不论是人的个人权利,还是人的集体权利,概括起来,只有人的生命权(生存权)、人格权和平等权才是《联合国宪章》所说的基本人权[1],其他权利都是这些基本人权派生出来的人权。这些基本人权和派生人权的统一,为各国提供了尊重、促进和保护人权的标准,按照这些标准制定有关人权的国内法律和制度,成为有关条约当事国必须履行的国际义务。为了保证这种国际义务的履行,国际社会依有关国际人权条约设立国际监督机构,规定国际监督程序,从而建立了国际人权条约的准司法监督机制。联合国大会,经社理事会,联合国人权委员会,联合国人权事务高级专

---

① 万鄂湘:《论人权的整体概念》,载《武汉大学学报(社会科学版)》1993 年第 5 期。

员公署,人权事务委员会,经济、社会、文化权利委员会,反对酷刑委员会,消除种族歧视委员会,儿童权利委员会,消除对妇女歧视委员会以及欧洲人权委员会,美洲国家间人权委员会和非洲人权与民族权委员会等,是负责监督有关人权公约实施的一些主要国际机构。这些机构的监督程序一般有:

1.报告制度。这是国际人权条约广泛采用的监督缔约国履行义务的强制性程序。它无须缔约国的特别批准而自动适用于缔约国。根据这一程序,缔约国有义务向监督机构递交报告,说明其在履行条约义务方面所采取的措施、取得的进展和遇到的困难。有关人权机构对此类报告进行审议,并就报告的内容发表无法律约束力的评论或建议,以便缔约国更好地履行条约义务,保障并实现条约所规定的权利。

2.国家间指控制度。它也称政府间的指控程序,是国际人权条约规定的一项任意性监督程序,只适用于那些声明接受此种程序的缔约国。有关监督机构在确认已用尽国内救济措施后,有权处理已接受此种程序的缔约国之间的指控,进行斡旋或和解,以便争议得以友好解决。

3.个人申诉制度。这是个人对国家侵犯其人权而向有关国际监督机构投诉的制度。在个人申诉符合条件的情况下,有关监督机构根据有关人权公约的规定,对个人和有关缔约国提出的一切书面资料进行审查,提出结论性意见。如果有关缔约国违反了条约义务,监督机构在结论性意见中还将附有该缔约国应采取的措施,其中不仅包括对受害者的救济,而且包括按照有关人权条约的规定对国内法应做的修改。

应当说,上述监督机制的建立和运行,对于实施国际人权条约、改进世界人权状况起到了一定的作用。但是,由于这种监督机制本身的弱法性质,加上缔约国的主权"盾牌",它的作用是非常有限的。为了尊重和保障基本人权,国际社会把"对一切义务"引入人权领域,先后缔结了《禁奴公约》(1926年)、《防止及惩治灭绝种族罪公约》(1948年)、《消除一切形式种族歧视国际公约》(1965年)、《禁止并惩治种族隔离罪行国际公约》(1973年)及其《关于修订1926年国际禁奴公约的议定书》(1953年)和《废止奴隶制、奴隶贩卖及类似奴隶制之制度与习俗补充公约》(1956年)，以及《禁止酷刑和其他残忍、不人道或有辱人格的待遇或处罚公约》(1984年)等国际刑法公约，将灭绝种族罪、种族隔离罪、酷刑罪、奴隶制以及与奴隶制有关的犯罪等侵犯和践踏基本人权的罪行列入国际犯罪，并建立了相应的惩治制度。2002年生效的《国际刑事法院规约》，把灭绝种族罪、危害人类罪、战争罪等人权领域的犯罪作为最严重的国际罪行，列入国际刑事法院的管辖范围，更显示了国际社会保障人权的协调意志。另外，国际社会还针对恐怖主义给人类生命与财产安全带来的威胁，先后制定了《东京公约》(1963年)、《海牙公约》(1970年)、《蒙特利尔公约》(1971年)及其《补充议定书》(1988年)、《关于防止和惩处侵害应受国际保护人员包括外交代表的罪行的公约》(1973年)、《反对劫持人质的国际公约》(1979年)，以及《制止恐怖主义爆炸事件的国际公约》(1997年)和《制止向恐怖主义提供资助的国际公约》(1999年)等反恐怖主义的国际文件，将恐怖主义作为一种国际罪行予以谴责，并为缔约国设定国际义务，以确保制造或帮助制造恐怖主义罪行的罪犯能够被绳之以法。

从上文可知，对人权的尊重与促进和对侵犯人权的防止与惩治构成了国际人权法的两翼，二者互为补充，表现了现代国际法抑恶扬善的价值取向和对人的终极关怀。这种以人的全面发展作为终极价值追求的法律，超越了特定的社会与经济结构，是现在和未来国际法发展的方向。

三、正义:国际法的工具理念

如果说,人权作为人类一切规范的最高理念,落实到国际社会的规范层面,体现为和平的理念,那么,和平作为国际法的基本理念落实到具体的国际法层面上,就体现为正义的理念。由于正义是确保和平并最终促进人的全面发展的条件和手段,因此,它是国际法的工具理念。

正义作为国际法的理念,被《联合国宪章》和许多国际法律文件所确认,被国际社会所普遍追求。《宪章》在序言中宣告:"我联合国人民同兹决心……创造适当环境,俾克维持正义,尊重由条约与国际法其他渊源而起之义务,久而弗懈,促成大自由中之社会进步及较善之民生。"在这里,宪章将"正义"与"和平""人权"放在一起,同时作为联合国决心达到的目的,表达了国际社会的共同理念。因此,在国际法上,宪章不仅是和平与人权理念的渊源,而且也是正义理念的渊源。

但是,正义是什么,至今在学理上还没有统一的说法。"为了正义问题,不知有多少人流了宝贵的鲜血和痛苦的眼泪,不知有多少杰出思想家,从柏拉图到康德,绞尽脑汁;可是现在和过去一样,问题依然未获得解决。"①正因为如此,自古以来关于正义的定义不计其数。但归纳起来,主要有:(1)正义就是每个社会成员做与其地位和身份相匹配的事;(2)正义就是每个社会成员得到应得的东西;(3)正义就是尊重每个社会成员的法定权利;(4)正义就是遵守承诺,尽自己应尽的义务;(5)正义就是平等地对待每个社会成员;(6)正义就是守法。这些

---

① ［奥］凯尔逊:《什么是正义?》,耿淡如摘译,载《现代外国哲学社会科学文摘》1961 年第 8 期。

正义概念虽然有不同的内涵和特点，但它们都是建立在应有权利观念基础之上的。社会成员的应有权利作为"应该的法"构成正义概念的核心，正义作为法律的理念，不过是在现实条件下对这种"应该的法"的趋近和把握。

历史上人们对正义有各种不同的分类，其中最经典的是亚里士多德所做的关于"分配正义"和"矫正正义"的分类。分配正义就是权利分配中的平等、公平、合理，矫正正义就是对权利分配中的不平等、不公平、不合理所进行的矫正和补救，矫正后的平等、公平、合理亦为正义。侵略是对应有权利的掠夺和强占，因此是非正义的战争，用战争手段制止和惩治侵略是对非正义的矫正，因而是正义的。亚里士多德对正义的这种分类对后世的影响非常深远，现在为法学论著所广泛采用的实体正义和形式正义即分别由分配正义和矫正正义演变而来，它们分别适用于立法领域和司法领域。除此以外，罗尔斯后来还提出了一个"契约正义"的概念，它适用于个人间、群体间或国家间的合同安排领域。根据社会契约论，宪法和法律不过是社会成员订立的契约，守法就是守约，守约就是正义。因此，根据正义贯穿于法律运行的过程和环节，可以将其分为立法正义、司法正义和守法正义。

正义总是社会的正义，离开社会的正义是不存在的。因此，正义作为国际法的理念，首先反映的是国际社会的正义；国际法的正义首先是"国家间的法"的正义。虽然国际法也在一定的情况下反映着国内社会的正义，但那是在终极意义上的反映。在国际社会以主权国家为基本要素的结构尚未改变之前，国际法的正义主要表现为下述三项原则：

1. 主权平等原则。主权平等既是国际法的正义要求，又是正义的国际法的核心。它不仅体现了国际法的立法正义，而且表现为国际法的司法正义，是《联合国宪章》和其他许多国际法律文件确认的最基本的国际法原则。宪章"重申……大小各国平等权利之信念"，确认联合国"系基于各会员国主权平等之原则"。《国际法原则宣言》重申了宪章的上述原则,强调"各国一律享有主权平等。各国不问经济、社会、政治或其他性质有何不同,均有平等权利与责任,并为国际社会之平等会员国",认为主权平等包括下列要素:"(1)各国法律地位平等;(2)每一国均享有充分主权之固有权利;(3)每一国均有义务尊重其他国家之人格;(4)国家之领土完整及政治独立不得侵犯;(5)每一国均有权利自由选择并发展其政治、社会、经济及文化制度;(6)每一国均有责任充分并一秉诚意履行其国际义务,并与其他国家和平相处。"按照宣言的这种解释,主权平等原则作为国际法的正义原则,是在以下两个方面展开的:

第一,实体正义。具体内容包括:国家不分大小、强弱,都是国际社会的平等成员,都有独立处理其对内对外事务和与其他国家平等相处的固有权利;其他国家有义务尊重这种权利,不得干涉其内政,不得侵犯其领土完整和政治独立;在处理国家之间的事务和争端时,应平等协商,友好解决,不能以大压小、以强欺弱,不能因为种族、语言和制度的不同而歧视他国;国民待遇原则、最惠国待遇原则和主权豁免原则是国家在国际交往中应遵循的基本原则;对于和平与安全、贫困与环境、恐怖主义与国际犯罪等全球性问题,国家有责任在平等的基础上进行合作,杜绝单边主义和利己主义;对于外层空间、海底、南极和北极等国际共同财产,大小、强弱国家均享有共同主权,应在平等、和平的基础上进行合作开发与利用;等等。

第二,程序正义。这里的程序包括立法程序与司法程序两个方面。在国际立法方面,主权平等意味着每一国均有表达本国意志的自由,均有参与制定国际法的权利;国际条约作为国际法的主要渊源,应是主权国家在平等的基础上进行协调所达成的共同意志。在国际组织和国际会议的议事规则方面,"一国一票"的表决权和协商一致的表决程序,应是主权平等的基本要求,也是国际社会民主化的具体体现。正因为如此,联合国安理会决策制度的"大国一致"原则,由于违背了这种民主化的精神而受到国际社会的非议,要求改革安理会的呼声此起彼伏。改革联合国及其安理会,成为决定联合国命运和国际社会走向的大事。在国际司法方面,主权平等意味着每一个国家在法律面前平等,既享受国际法的同等保护,又接受国际法的同等约束。包括国际法院和国际刑事法院在内的国际组织,必须对其成员平等地适用国际法,做到国际法面前各国平等;其工作人员和官员应代表国际组织行事,具有公正无私的品格;如果适用的国际法空缺或有失公允,应依正义原则进行裁决。总之,从国际法的制定到国际法的适用,都体现了主权平等的原则,都反映了国际社会平行结构的特点。这种国际法的程序正义既是国际法实体正义的要求,又是落实国际法实体正义的基础和保证。二者的统一,构成了主权平等原则的全部内涵。

2.公平互利原则。公平互利原则是主权平等原则在经济领域的延伸与补充,是建立新的国际经济秩序的重要原则,是国际正义在国际经济关系中的具体体现。早在 20 世纪的 50 年代,中国与印度、缅甸就共同倡导了包括平等互利在内的和平共处五项原则,并得到中国周边国家和其他许多亚、非、拉国家及一些发达国家的承认和接受。1974 年 5 月,联合国大会通过《建立新的国际经济秩序宣言》,强调联合国的一切成员国应在公平的基础上进行合作,消除国家之间的差距,促进世界共同富裕。1974 年 12 月,联合国大会通过《各国经济权利和义务宪章》,明确提出了指导各国间经济关系的 15 项原则,公平互利作为其中的核心原则,获得了国际社会的普遍认可。

公平互利与平等互利相比,虽然都强调了互利这一共同目的,但由于公平是对事实上和法律上的不平等的纠正,是在纠正不平等以后的平等,因而它更体现了正义的要求。以公平互利原则建立新的国际经济秩序,就是要纠正国际社会的不平等和现存的非正义,消除发达国家与发展中国家之间日益扩大的鸿沟,达到国际社会的共同繁荣。众所周知,第二次世界大战以后,一批民族和国家摆脱外来殖民者的统治而独立,成为国际社会大家庭的平等成员,但是,外国殖民统治的残余痕迹、外国占领、种族歧视、种族隔离和各种形式的新殖民主义仍然是阻挠发展中国家和相关各民族彻底解放和进步的最大障碍之一。技术进步带来的好处没有为国际大家庭的所有成员公平分享。占世界人口百分之七十的发展中国家只享有世界收入的百分之三十。因此,现有的国际经济秩序是一种不平等的秩序。要改变这种秩序,就必须给予发展中国家不平等的特殊待遇。马克思曾经指出,用同一尺度衡量先天禀赋各异、后天负担不同的劳动者,势必造成各种不平等的弊病,因此,"要避免所有这些弊病,权利就不应当是平等的,而应当是不平等的"①。这种权利的不平等,是对先前不平等的纠正,目的是达到新的实质上的平等。目前,联合国系统以及在联合国推动下的发达国家对发展中国家的经济技术援助,世界贸易组织给发展中国家的差别待遇,以及在公平基础上的南北对话与合作,均反映了国际社会改变旧的经济秩序、促进国际社会正义的愿望和要求,是公平互利原则在国际经济生活中的具体实践。

3. 有约必守原则。"条约必须遵守",是古代罗马民法的"契约必须遵守"原则在国际法中的扩展,是守法正义在国际法中的具体体现。根据《维也纳条约法公约》的规定,"条约必须遵守"是指,凡有效之条约对其各当事方均有约束力,必须由各当事方善意履行。所谓有效条约,是依国际法的规定,在实体法和程序法上都合法有效的条约。只有合法有效的条约,才对当事方具有法律约束力。一切不平等和非法的条约不在"条约必须遵守"之列,对它的违反,不仅不具有国际不法性,相反还是正义的行为。当事方对有效条约的善意履行,最根本的

---

① ［德］马克思:《哥达纲领批判》,载《马克思恩格斯选集》第 3 卷,人民出版社1972 年版,第 12 页。

是要使其行为符合条约的规定。依法行使条约赋予的权利，依法承担条约规定的义务，这是条约必须遵守原则的两个不可分割的方面，也是维护法律公平与正义的必然要求。

条约必须遵守作为国际法的基本原则，是在国际实践中得到确认并不断发展的。1910 年海牙常设仲裁法庭在对"北大西洋渔业仲裁案"的判决中声明，每个国家都应诚实地履行条约义务。国际常设法院和国际法院在一系列判例中，也一再强调国家应诚实履行其承担的条约义务，违反条约义务将引起国际法律责任。《联合国宪章》在序言中要求其会员国"尊重由条约与国际法其他渊源而起之义务"，并将善意履行国际义务规定为国际法的基本原则。1969 年的《维也纳条约法公约》作为条约法的系统编纂，对条约必须遵守原则进行了专门的规定："凡有效之条约对其各当事国有拘束力，必须由各该国善意履行"，而且，"一当事国不得援引其国内法规定为理由而不履行条约"。随着国际组织和其他缔约主体的增加，条约必须遵守原则的适用范围也从"当事国"扩大到"当事方"。因此，1986 年的《维也纳条约法公约》对上述规定进行了修改，把"当事国"改成了"当事方"，并增加了一款："为一条约当事方的国际组织不得援引该组织的规则作为不履行条约的理由。"至此，条约必须遵守原则获得了完整的表达。

条约必须遵守作为国际法的正义原则，之所以受到国际社会的普遍认同和高度重视，不仅因为它是维持和发展正常国际关系、维护国际和平与安全的保证，而且还是每一个国际社会成员基于自身利益而作出的一种明智选择。在一个没有最高权力机关可以强制执行条约的国际社会里，如果条约不能为当事方遵守，不仅正常的国际关系不能维持和发展，而且当事方自身的利益也会受到损害。因为任何一个当事方不遵守条约的行为都可能作为一种先例，而被其他当事方仿效。这种基于相互原则的利害关系，是条约必须遵守原则的社会心理基础和道德源泉。

但是,正如国内社会有人明知违约将损害自身利益还要违约一样,在国际社会里,也经常发生违反条约义务的情况。为此,编纂和逐渐发展国家责任法,就成为国际社会一直努力的方向。早在1930年国际联盟主持召开的海牙国际法编纂会议上,就开始了对国家责任法的编纂工作,但由于分歧太大,会议未取得成果。联合国成立后,设立了国际法委员会,立即着手编纂和逐渐发展国家责任法。到2001年,已完成《国家对国际不法行为的责任条款草案》的二读。可以相信,作为制裁包括违反条约义务在内的国际不法行为的法律制度,国际法上的国家责任制度的建立和实施,将有助于条约必须遵守这一守法正义在国际社会中的实现。

综上所述,主权平等、公平互利、有约必守作为国际法的三项基本原则,既体现了国际法的实体正义,也表现了国际法的程序正义。它们的有机统一,构成了国际法正义理念的基本内容。因此,从这个意义上说,也可以将它们称为国际法的三项正义原则。

四、结语

著名法理学家埃德加·博登海默(Edgar Bodenheimer)指出:"我以为,任何值得被称之为法律制度的制度,必须关注某些超越特定社会结构和经济结构相对性的基本价值。"[①]和平、人权、正义,就是这样的"基本价值"。它们作为国际法律社会的基础,既是国际法所以为法的根据,又是国际法所以不为法的原因。因为正如菲德罗斯所说的,

---

① [美]E.博登海默:《法理学——法哲学及其方法》,邓正来、姬敬武译,华夏出版社1987年版,第1页。

法律的理念与实定法之间的不一致是不可避免的。[1] 追求和平、人权、正义等基本价值在国际法中的不断实现,将成为智慧人类和谐、健康、稳定发展的不竭动力!

---

[1] ［奥］阿·菲德罗斯等:《国际法》(上册),李浩培译,商务印书馆 1981 年版,第 25 页。

第三章
国际造法的基本原则

　　国际社会没有集中统一的立法机关,主权国家既是国际法的主体,又是国际法的造法主体。虽然有些政府间国际组织也参与国际造法活动,但这些政府间国际组织只不过是依某种协定建立起来的国家联合体,它们创立的国际法仍需国家的批准或同意才能生效。因此,从根本上说,所谓"国际造法"(international law-making),是指国家通过条约或习惯等方式,制定、承认、修改和废止国际法规范的活动;所谓国际造法原则,是指国家在国际造法中所遵循的行为准则,它是国家据以进行国际造法的重要准绳,反映着国际造法的内在要求和精神品格。

　　国际造法原则可分为基本原则和具体原则。并非任何国际造法的原则都是国际造法的基本原则,作为国际造法的基本原则,必须具备以下条件或特征:(1)普遍性,即它不为某一具体的国际造法活动所特有,适用于所有的国际造法活动;(2)稳定性,即它不为某一特定时期的国际造法活动所特有,它贯穿国际法产生和发展的始终;(3)基础性,即它在国际造法原则体系中起着支柱性的作用，其他国际造法的原则都是它的具体化。通过考察和分析国际造法的相关法律和实践，笔者认为，国际造法的基本原则主要有：客观性原则、国际民主原则、国际合作原则和国际法治原则。

国际造法原则属于立法原则的范畴。目前学术界关于立法原则的讨论多局限于国内法的领域，对国际造法的原则鲜有论及。这种状况既是立法原则研究的重要缺陷，也是国际法学研究的不足，更不符合我国争取国际规则制定话语权的现实诉求。因此，加强对国际造法原则的研究非常必要。

一、客观性原则

客观性原则是一项普遍的立法原则，不仅适用于国内立法，也适用于国际造法。这项原则的基本要求，可用马克思在《论离婚法草案》中的一段话来表述："立法者应该把自己看作一个自然科学家。他不是在创造法律，不是在发明法律，而仅仅是在表述法律。……如果一个立法者用自己的臆想来代替事情的本质，那么人们就应该责备他极端任性。"①这段论述表明，法律是立法者对客观存在的一种反映，立法者只能从客观实际出发，将客观事物的本质及规律表现在现行法律之中。因此，国际造法的客观性原则应包括以下三方面的要求。

（一）国际造法应反映国际社会发展的客观规律

拉丁谚语云："有社会，必有法。"国内社会是如此，国际社会亦然。这里的"法"不是人们通常所指的法律，而是指先于法律并独立于法律

---

① 《马克思恩格斯全集》第 1 卷，人民出版社 1995 年版，第 347 页。

的规律,法律只是这种"法的表现"①。国际社会的客观规律即是国际社会的"法",实际上就是国际社会的一种必然的或道德化了的利益关系。这种国际的"法",在作为法律的国际法,即作为实在法的国际法②产生之前就已存在,无论它是否已被后者所确认与固定下来,都是不以立法者的意志为转移的客观存在,是国际造法所要"表述"而不是"制造、发明"出来的东西。承认国际社会发展规律的客观存在,并以这种客观存在作为认识和表述的对象,这是国际造法的本体论前提。正如马克思所说的,法律"是事物的法理本质的普遍和真正的表达者。因此,事物的法理本质不能按法律行事,而法律倒必须按事物的法理本质行事"③。所以,作为法律的国际法只是国际社会规律的一种反映,它与国际社会发展规律之间的关系是一种表达与被表达的关系。

但是,也应该看到,作为国际造法者的国家又总是试图用法律的形式在反映国际社会规律的同时,把国际法律秩序纳入自身需要的轨道,以实现自身利益的最大化。由此,这个过程便不可避免地出现了合规律性与合目的性之间的矛盾。这一矛盾意味着,国际造法不一定符合国际社会"法"的要求,以条约或习惯的方式形成的国际法也不一定反映国际社会发展的客观规律。只有当国际法反映国际社会"法的本质"时,它才具有正当性。

(二)国际造法应适应国际社会需要的客观变化

"国际社会,就像国内社会是基于共同物质生产活动的'人们交互作用的产物'一样,它是'众多国家交互作用的产物'。"④在这样的国际

---

① 《马克思恩格斯全集》第 1 卷,人民出版社 1995 年版,第 176 页。

② 下文所论及的"国际法",如无特别说明,均指作为"法律"的国际法,即实在国际法。

③ 《马克思恩格斯全集》第 1 卷,人民出版社 1995 年版,第 244 页。

④ 梁西主编:《国际法》,武汉大学出版社 2000 年修订第 2 版,第 6 页。

社会里,每个国家只有以一定方式联合起来,才能获得自身生存和发展的必要条件。从这个意义上说,国家是只有在国际社会中才能独立存在的实体,按照康德的说法,它具有"非群性的群性"①。在这里,独立是以必要的制约为前提的,它内在地包含了国家对自身的否定。这正是国家存在和发展的社会必然性的实质内容,也正是这种社会必然性导致了国家利益之间、国家利益与国际社会整体利益之间以及国际社会整体利益之间的矛盾。这种矛盾作为国家自身存在和发展的根据,引发了国家对于处理这种关系的需求。对这种客观需求的意识,形成了国家建立国际法律秩序的动机。因此,国际社会的需要,也就是国家间相互作用、相互依赖的需要,是国际造法的一般前提。

国家间相互作用的形式和内容是具体的、多方面的,也是发展变化的。因此,国际造法必须从国家间相互作用的客观需要出发,为调整国际社会关系适时地提供可资利用的工具或手段。国际法的发展历史已经表明,国际造法过程是一个不断满足国际社会需要的过程。为了建立、维持和发展平等互利的国际关系,产生了国家间相互承认、互派使节、外交特权和豁免的规定;为了便利各国人民之间的来往,形成了有关外国人待遇的一般原则和外交保护制度;为了促进国际交通和通信,建立了海洋、陆地和空间的各种通行与通信制度;为了进行国家间的合作、共同参加国际会议、解决争端、缔结条约,创制了国际议事规则、国际争端法、条约法等等。② 随着科学技术的飞速发展和社会生产力的巨大进步,今天国家之间的交往领域已上至外层空间,下达海床洋底,几乎涉及人类生活的各个方面。与此相适应,国际造法的

---

① [奥]阿·菲德罗斯等:《国际法》(上册),李浩培译,商务印书馆1981年版,第17页。

② 梁西主编:《国际法》,武汉大学出版社2000年修订第2版,第7页。

范围也从原来一般国际法管辖的事项,拓展到空间法、极地法、原子能法、环境法、人权法、知识产权法、贸易法、金融法、投资法、产品责任法、劳工法、旅游法、组织法、发展法、刑法等诸多高度专门化的法律领域。可见,国际造法是以一定的国际社会需要为根据而展开的。适应国际社会需要的客观变化,是在国际造法中坚持客观性原则的必然要求。

(三)国际造法应经受国际社会实践的客观检验

国际社会实践(简称"国际实践")是指国际社会成员之间,主要是国家之间,为建立和调整彼此关系而进行的交往活动,是国家这一拟人化的主体与国际社会这一客体之间的相互作用过程。国际实践不仅是国际造法的基础和源泉,也是检验国际造法及其结果是否符合国际社会的规律和需要的唯一标准。如果说,国际法与国际社会之间的认识与被认识的关系要求国际造法反映国际社会发展的客观规律,国际法与国际社会之间的调控与被调控的关系要求国际造法适应国际社会需要的客观变化,那么,国际法作为在国际社会实践基础上取得的对国际社会规律的一种认识结果和构建的对国际社会关系的一种调控手段,则要求国际造法接受国际社会实践的客观检验。如果实践的结果达到了预期的效果,则表明它符合国际社会的规律和需要,可以继续适用;反之,则予以修订、废止或制定新的国际法规范。正因为如此,作为国际造法方式之一的条约,一般都作了关于在适当时机和一定条件下按法定程序进行修订的规定。例如,根据《建立世界贸易组织协定》第 10 条和《与贸易有关的知识产权协定》第 71 条的规定:与贸易有关的知识产权理事会可根据任何可能导致该协定改变或修正的新发展进行审议,并在该理事会协商一致的基础上,将修正该协定的提案提交世界贸易组织部长级会议,部长级会议在规定的期限内经协商一致作出有关将拟议的修正提交各成员接受的决定。作为条约法法典的《维也纳条约法公约》也专门就条约之修正与修改作出规定。

在国际法发展的历史中,通过国际实践的检验而推动国际造法的例子不胜枚举。例如,在战争法领域,虽然传统国际法对战争程序、作战手段和伤员待遇均有严格规定,使战争更有"秩序"和比较"人道",但却为主权国家保留了诉诸战争的绝对权利,从而使战争成为国家推行其政策、争夺势力范围的工具。第一次和第二次世界大战的国际实践暴露了传统国际法的严重不足和缺陷,使人类看到了保留国家战争权利所带来的深重灾难。废止战争权、禁止使用武力,成为当时国际造法的重要课题。作为这种努力的结果,首先,《国际联盟盟约》规定了国际争端在提交程序解决之前不得诉诸战争,对战争作了时间上的限制。此后,1928年的《巴黎非战公约》宣布"废弃战争作为实行国家政策之工具",这比国联限制战争权的体制前进了一步。最后,在第二次世界大战废墟上孕育起来的《联合国宪章》规定:所有成员国在其国际关系中,不得以武力相威胁或使用武力来侵害任何国家的领土完整或政治独立,并不得以任何其他同联合国宗旨不符的方式以武力相威胁或使用武力。至此,废止战争权的努力,进一步扩展到了以武力自助的一切措施,其法律效果是:除宪章所规定的严格的自卫外,从主权范围内排除了国家的使用武力之权。战争法的上述发展表明:接受国际实践的检验,既是国际法发展的客观需要,更是国际造法自身的必要环节。

总之,在国际造法中坚持客观性原则,就是要求国际造法者把握国际社会发展的客观规律,认识国际社会发展的客观需要,并在国际社会实践检验的基础上坚持守成与创新的统一。只有这样,才能使国际法成为真正的法律,并获得不断发展。

二、国际民主原则

国际法的效力根据是它在内容上的合法性与它在形式上的合意性的辩证统一。[①]在国际造法中坚持客观性原则,虽然可以使国际法符合国际社会发展的规律和需要,但不能满足国际法在形式上的合意性要求。因为正如美国学者路易斯·亨金(Louis Henkin)所指出的,"国家的同意是国际法的基础"[②],国际法只有在国际社会发展的规律和需要变成"国家的同意"时才起法律的真正作用。要使国际法在形式上具有合意性,国际造法必须遵循另一项重要原则,即国际法必须是国家意志的自觉表现,它必须与国家的意志一同产生并由国家的意志所创立。这就是国际民主原则,其具体要求包括但不限于以下三个方面。

(一)国际造法主体应具有普遍性

"国际法律秩序适用于整个由国家组成的国际社会,并在这个意义上具有普遍的性质。"[③]因此,国际法应当依国际社会各成员的共同同意而产生。在这里,"共同同意""当然不能意味着所有国家必须都对构成国际法的规则总体的各部分都明示同意。因为这种共同同意

---

①　从这个意义上说,无论是自然法学派关于国际法的效力根据是国际法在内容上的合法性(符合自然理性)的观点,还是实在法学派关于国际法的效力根据是国际法在形式上的有效性(基于国家同意)的主张,都具有片面性。

②　[美]路易斯·亨金:《国际法:政治与价值》,张乃根等译,张乃根校,中国政法大学出版社 2005 年版,第 36 页。

③　[英]詹宁斯、瓦茨修订:《奥本海国际法》(第九版)第 1 卷第 1 分册,王铁崖等译,中国大百科全书出版社 1995 年版,第 50 页。

在实践上是永远不能确立的"[1]，即使像《联合国宪章》这样的普遍性国际公约，也不能涵盖世界上所有的国家，证明任何一项一般习惯国际法规则的存在，最多也只能寻找到几十个先例。[2] 它只意味着：既然国际法是具有普遍约束力的法律规范，是对所有国家的权利和自由的限制，那么，这种法律规范的创制过程就应当充分体现所有国家的意志。也就是说，作为受国际法约束的代价，每一个国家都享有对国际法发展做出贡献的自由和进行国际造法的权利；除非国家自愿放弃，否则，其他国家或国际组织均无权剥夺它的这种自由和权利。任何试图把某些特定国家排斥在国际造法主体范围之外的做法，都不符合国际造法主体的普遍性要求。

作为国际造法民主原则的重要内容，国际造法主体的普遍性要求是在国际法发展过程中逐步被确立的。以《威斯特伐利亚和约》的缔结为标志所产生的近代国际法，主要是 16、17 世纪西欧基督教文明的产物，其创制主体只限于欧洲的基督教国家，美、亚、非各洲的非基督教国家均被视为所谓的"野蛮"国家，被排除在这个国际造法主体范围之外。随着国际社会范围的扩大和现代国际法的产生，这种基督教文明的狭隘做法开始失去其必要的社会基础和法律根据，美、亚、非各洲的非基督教国家逐渐成为国际造法的主体。国际联盟会员资格不受文化、宗教或地理方面的限制；《国际常设法院规约》第 9 条明文承认"世界各大文化及各主要法系"的贡献；《联合国宪章》规定其会员资格对一切国家开放；《维也纳条约法公约》承认"每一国家皆有缔结条约之能力"。所有这些均表明，国际造法主体必须具有普遍性，已经成为现代国际造法的基本要求。

---

[1] ［英］詹宁斯、瓦茨修订：《奥本海国际法》(第九版)第 1 卷第 1 分册，王铁崖等译，中国大百科全书出版社 1995 年版，第 8～9 页。

[2] 李浩培：《国际法的概念和渊源》，贵州人民出版社 1994 年版，第 90 页。

（二）国际造法权利应具有平等性

主权平等原则是国际法的基本原则。这项原则不仅得到了《联合国宪章》的确认,而且在诸如《美洲国家组织宪章》《非洲统一组织宪章》等其他国际法律文件中也得到了确认。根据主权平等原则,各国都是国际社会的平等成员,享有平等的国际造法权利。由此在国际造法中产生的法律后果是:"第一,无论何时,如果发生一个问题必须根据同意来解决,每一个国家都有一个投票权,而且除另有约定外,也就只能有一个投票权。第二,在法律上,除另有约定外,最弱小国家的投票和最强大国家的投票是具有同等分量的。"①

随着主权平等原则在国际法上的确立,国际造法权利的平等性要求在今天已经不是一个法律问题,而只是一个事实问题。而且,随着国际力量对比的变化和国际关系民主化进程的加快,各国在制定国际规则的话语权方面的不平等状况也在逐步得到改变。正因为如此,"霸权稳定论"的观点,受到了越来越多的国际关系理论学者的批判。在霸权稳定论看来,国际造法的权利是由国际权力结构决定的,国际法只是由在国际权力结构中居于支配地位的霸权国创造出来提供给其他国家使用的一种"全球公共物品"。因此,只要霸权国有自己的利益和愿望,国际造法就可由其定于一尊。然而,事实并非如此。霸权国的存在对推动国际法律秩序的建立和完善具有一定的意义,但它绝不是国际造法的一个必要条件,更谈不上是一个充分的条件。② 过分夸大霸权国在国际造法中的作用,不仅有违国际法上的主权平等原

---

① ［英］詹宁斯、瓦茨修订:《奥本海国际法》(第九版)第 1 卷第 1 分册,王铁崖等译,中国大百科全书出版社 1995 年版,第 276 页。

② ［美］罗伯特·基欧汉:《霸权之后:世界政治经济中的合作与纷争》,苏长和等译,上海人民出版社 2001 年版,第 53 页。

则,也不符合国际关系民主化的现实要求,其结果只能助长国际社会中霸权主义的横行。

(三)国际造法意志应具有自治性

国际造法权利不仅是平等的,而且是自治的:约束国家自己的国际法不仅需要国家的同意,而且这种同意必须是国家真实意志的自由表达。也就是说,国家的同意自由是一项不受干涉的权利,属于一国的"内政"。对国家这项权利的保护,适用国际法上的不干涉内政原则。根据这项原则,任何影响或妨碍国家同意自由的行为,均构成对国家内政的干涉,违反了不干涉内政的国际法义务,由此产生的法律后果是:受干涉的国家有权援引此种行为为理由撤销其对国际法的同意。

在条约国际法领域,同意自由是条约的实质有效要件之一,对同意自由的损害构成同意的瑕疵,影响条约的法律效力。按照1969年《维也纳条约法公约》第49至52条的规定,构成这种同意瑕疵的行为主要有:(1)诈欺;(2)对一国代表之贿赂;(3)对一国代表之强迫;(4)以威胁或使用武力对一国施行强迫。因此,《维也纳条约法公约》规定:当事国得援引(1)和(2)为理由撤销其承受条约拘束之同意;对一国代表之强迫所取得的同意应无法律效果;违反《联合国宪章》所含国际法原则、以威胁或使用武力而获缔结的条约无效。按照现代国际法,只有一种情况可以作为上述规定的例外,那就是:战胜国"强迫"战败的侵略国缔结的条约,作为一项针对违反禁止使用武力原则的行为而采取的措施,是有效的。此外,对于在缔约中使用或威胁使用政治或经济压力的行为,虽然没有被《维也纳条约法公约》列入同意瑕疵的范围,但维也纳条约法会议最后一致通过的宣言还是严肃谴责了这种行为,并要求各国不得在条约缔结中使用任何形式的压力。①

在习惯国际法领域,按照《国际法院规约》第 38 条的规定,一般习惯国际法规则是指"作为通例之证明而经接受为法律者"。因此,要确认一项习惯国际法规则的形成,必须证明它已经获得在其适用范围内的国家的默示同意,在这种证明未完成之前,任何国家均不得将自身的实践强加于其他国家。即使对于一项公认的一般习惯国际法规则,一个国家,特别是那些新产生而被接纳于国际社会之中的国家,也保有选择是同意还是反对的权利。尽管反对并不影响该项规则在其改变之前仍然对该国所具有的约束力,因为按照《奥本海国际法》的观点,"国际法规则总体只能通过一般同意的程序而不能由一个国家用单方面声明加以变更"②,而且,对于新产生的国家来说,它加入国际社会就意味着它同意承受国际社会已经形成的一切有效规则的拘束,但反对所表明的该国改变该项规则的意愿,却可能对国际法的发展产生重大影响,因为该国可以在一个时期内与具有同样意愿的其他国家一起使该项规则发生变动。

可见,国际民主原则的核心是承认和尊重每个国家国际造法的平等权利,保护和实现所有国家表达其意志的独立和自由,从而使约束国家的国际法真正成为国家意志的自觉体现。它与国内社会的民主原则不同:国际民主原则以调整权力的平行关系为目的,主要防止和遏制国际社会的强权政治和霸权主义,而国内社会的民主原则主要是调整权力的纵向关系,其目的是约束和限制国家及其政府的公权力。实践已经并将继续证明:只有坚持国际造法的国际民主原则,国际法才能获得发展的动力;反之,如果任由国际社会的强权政治和霸权主

---

① 李浩培:《条约法概论》,法律出版社 2003 年版,第 232～234 页。

② [英]詹宁斯、瓦茨修订:《奥本海国际法》(第九版)第 1 卷第 1 分册,王铁崖等译,中国大百科全书出版社 1995 年版,第 9 页。

义横行,则可能扼杀国际法的生机。

三、国际合作原则

法律总是从许多单个意志的相互冲突中产生出来的。国内法是这样,国际法亦然。因为无论是在国内社会还是在国际社会,进行活动的全是具有独立意志并追求某种目的的社会关系行为体。不同的只是:在国内社会,这种相互冲突的单个意志是人民的意志,它们可以通过统一的立法机关进行协调,并使之转化为国内法律;而在国际社会,这种相互冲突的单个意志是国家的意志,它们只能通过国家间的彼此合作,才能在相互协议的基础上形成国际法规范。这是因为:国际社会是一个平权社会,在国家之上不存在一个统一的立法机关来协调国家意志之间的冲突。没有国家间的合作,就没有国际法;国际造法过程其实就是一个国际合作的过程。因此,由国际社会的平权结构所决定,国际造法不仅需要遵循国际民主原则,还需要遵循国际合作原则。如果说,国际民主原则要求承认国家意志之间的差异,那么,国际合作原则强调的则是国家意志之间的协调。二者相互区别,彼此补充,才能使国际法在形式上满足合意性的要求。

国际造法的国际合作原则,体现了国际社会的结构特点,也是作为现代国际法基本原则的国际合作原则的必然要求。按照 1970 年联合国大会通过的《关于各国依联合国宪章建立友好关系及合作之国际法原则宣言》(简称《国际法原则宣言》)的规定,在《联合国宪章》基础上形成的国际合作原则,是指:"各国不问在政治、经济及社会制度上有何差异均有义务在国际关系之各方面彼此合作,以期维持国际和平与安全,并增进国际经济安定与进步、各国之一般福利及不受此种差异所生歧视之国际合作。"在这里,国际造法对于构成国际法基本原则的国际合作来说具有双重意义:它既是为各种国际合作提供法律基础的国际立法活动，又是国际合作的重要内容和领域，属于"国际关系之各方面"的范围。因此，作为现代国际法基本原则的国际合作原则，同样适用于国际造法领域。

但是，国际造法的国际合作毕竟不同于其他领域的国际合作，作为各国基于建立和完善国际法律秩序的共同需要而进行的一种协调和联合，其具体内容和要求具有特殊性。

（一）承认国际法存在的必要性：履行国际造法合作义务的前提

人类的一切活动都是有动机的，而这种动机产生的基础是人类已有的某种心理预设。例如，人类为揭示自然界规律而对自然界进行孜孜不倦的探索，是因为人类相信自然界是有规律的。与此同理，各国为国际造法而进行彼此合作，是因为"国际社会成员的共同同意认为应该有一组法律规则——国际法——以支配它们作为该社会成员的行为"①。如果没有这种"共同同意"，国家是不可能进行国际造法合作的。可见，承认国际法存在的必要性，是产生国家国际造法合作意愿的心理前提。

今天，国际法存在的必要性问题已在理论上基本解决，因为即使在崇尚国家权力的新现实主义国际关系理论那里，也承认国际法是限制国家权力的重要因素之一。但是，在历史上，国际法存在的必要性却受到各方的质疑和否定。以托马斯·霍布斯（Thomas Hobbes）为代表的现实主义者认为，国际社会是一个无政府的丛林社会，处于这个社会中的每一个国家，都是利己主义者，面对地球上有限的资源，它们奉行"弱肉强食"的行为法则，除此以外，它们不受任何道义和法律

---

① ［英］詹宁斯、瓦茨修订：《奥本海国际法》（第九版）第 1 卷第 1 分册，王铁崖等译，中国大百科全书出版社 1995 年版，第 8 页。

的限制。因此,从现实主义的观点看来,国际法既没有产生的条件,更无存在的必要。以奥斯汀为代表的分析法学家认为,法律是一系列由主权者发出并以制裁的威胁保证其遵守的命令或指示。而国际法既不是出自主权者的命令,因为国际社会根本就没有这样的主权者;又缺乏外力的制裁威胁,因为国际社会不存在拥有这种制裁权力的权威机关。因此,他们断言,国际法根本不是实在法,而只是一种有价值的道德。按照分析法学的观点,既然国际法不具有法律的性质和功效,那么,国际法作为法律存在的必要性就是一个虚假的命题。

虽然上述观点揭示了国际社会与国内社会、国际法与国内法之间的区别,具有一定的合理因素,但是,它们从这种区别得到的否定国际法存在必要性的结论,却具有相当的片面性。因为,事实上,国际法不仅作为法律在国际社会发挥着作用,而且国际社会作为无政府的社会更需要国际法的存在。实践已经证明,国际法作为一种国家间的交往范型和恰当的结合方式,可以给处于无政府状态下的国家提供以下满足:其一,便于国家对自我行为进行理性控制,从而使其在既定秩序、规则中享有某种形式上的自由;其二,便于国家对其他国家的行为进行预测,趋利避害,获得自身的利益和安全;其三,规则的普遍适用,在形式上满足了每一个国家的平等要求;其四,为国家的行为选择节约了时间和精力,提高了国家的行为效率。因此,国家一般都承认国际法存在的必要性,而且在实践中通常把国际法作为法律予以遵守。

正因为如此,上述否定国际法存在必要性的极端观点,遭到了其他派别理论家的反对,甚至在它们的后继者那里,这种观点也被修正。例如,凯尔森和哈特,虽然也是分析法学的代表人物,但他们却不同意奥斯汀否定国际法是法律的观点,认为国际法是法律,只不过是不同于国内法的法律,凯尔森甚至认为,国际法具有优先于国内法的效力。又如,虽然新现实主义继承了霍布斯现实主义崇尚国家权力的传统,但在对待国际法的问题上,态度却发生了变化,承认了国际法在一定程度上所起的作用。可见,从国际主流趋势来看,国际法存在的必要性已获得了广泛承认。正是这种广泛承认,极大地激发了国家参与国际造法合作的意愿,从而推动了现代国际法的快速发展。

当然,承认国际法存在的必要性只是国际造法合作的必要条件之一,不能说它是国际造法合作的充分条件。例如,国家对自身利益的考量,就可能在国际造法合作中起着比承认国际法存在的必要性这个因素更大的作用。而且,国家对国际法存在必要性的承认,也并非是十分坚定的,特别是在实践中,当国际法遭到违反而不能受到依国际法的处置时,这种承认往往容易动摇,一些国家甚至因此拒绝参与国际造法的合作。因此,对国际法存在必要性的承认,仍然是国际造法合作中必须解决的问题。

(二)遵守"预约谈判原则":履行国际造法合作义务的关键

按照国际法院 1969 年对"北海大陆架案"的判决,"预约谈判原则"(apactum de negotiando)是指,对于有关事项的处理,"当事方负有义务以达成一个协议为目的而进行谈判,而不是仅仅为了完成一个正式的谈判程序……它们负有义务有所作为,使谈判具有意义,而不会沦为各方固执己见、不愿考虑对方立场以作出任何调整的情形"[①]。依该原则,国家不仅要有进行国际造法合作的意愿,而且还要在合作中善意地做出有法律意义的努力,争取达成产生国际法规范的相互协议。也就是说,在国际造法合作中,各国必须本着求同存异的态度,善于相互妥协,注意兼顾各方诉求。只有这样,国际造法合作才能取得应有的成效。

无论是条约的缔结还是习惯的形成,国际造法的过程都是一个对

---

① I. C. J. Reports,1969,p. 47.

国际社会的利益关系进行制度安排的过程。在主权国家合作进行这种制度安排的时候,各国基于对国际社会利益关系的认识和对自身利益的考量,必然会提出各自的利益主张,并审慎地考虑这样的制度安排对自己的利弊得失,而在得不偿失的情况下,必然会拒绝合作。因此,协调各国的利益主张,使合作建立的国际法规则能够满足利益平衡的要求,便是各国在国际造法合作中需要做出的具有法律意义的努力。

国际社会的利益关系是复杂多样的,但从总体上说,主权国家进行国际造法合作需要协调的利益关系,主要有:

(1)国家利益与国家利益之间的关系。这是一种平等主体之间的利益关系,按照"平等者之间无管辖权"的法律格言,主权国家合作对这种利益关系进行制度安排时,必须充分考虑相互的因素,遵守平等互利的原则,并使合作建立的国际法规则符合互惠的要求。如果在合作时,一国提出的利益主张不考虑相互这一因素,漠视其他国家的利益诉求,那么,这样的利益主张是不会被其他国家所接受的,当然也就不可能达成任何的制度安排。因此,在对国家间利益关系进行制度安排时,参与合作的国家一般都会在考虑相互这一因素的基础上,提出能够被其他国家所接受的利益主张。例如,在大陆架制度形成的过程中,1945年9月28日时任美国总统杜鲁门《关于大陆架的公告》所提出的对大陆架的权利主张,就兼顾了其他沿海国的利益。"该公告以谨慎的和有节制的字句主张:在公海之下但邻接美国大陆而上覆水深不超过600英尺的土地即大陆架的自然资源属于美国,并在其管辖和控制之下;在美国的大陆架达到另一个国家的海岸或与相邻国共享的情形下,其界线应由两国依'衡平'的原则决定;大陆架上的水域的公海性质以及公海上航行自由的权利不受影响。杜鲁门公告的这种沿海国对大陆架资源的比较合理和有节制的权利主张,得到了很多其他沿海国的赞同。这些国家纷纷仿效美国的先例,作出类似的公告或制定类似的法律。这样,关于大陆架的习惯国际法没有经过几年就确立了。"①可见,在主权国家合作建立调整国家间利益关系的国际法规则时,都是以相互为主导原则的。

(2)国家利益与国际社会整体利益之间的关系。对国际社会整体利益的承认和保护,是现代国际法发展的重要趋势之一,由此,国际法从"私法"领域开始拓展到"公法"领域,在调整国家间利益关系的现有互惠规则之外,增加了另一类调整国家利益与国际社会整体利益关系的普遍义务规则。在这里,国际社会的整体利益亦为国际社会的公共利益,是国家共同利益(以国家为维度)和人类共同利益(以人为维度)的统称。因此,国家利益与国际社会整体利益之间的关系,其实质是个体利益与公共利益之间的关系。如果说,国家与国家之间的利益关系是一种水平的利益关系,那么,国家利益与国际社会整体利益之间的关系则是一种垂直的利益关系。对这种垂直关系的制度安排,不同于对水平关系的制度安排,主权国家在提出自己的利益主张时,首先考虑的不应是相互的因素,而是国际社会的整体利益。也就是说,各国在合作建立调整这种垂直关系的国际法规则时,应将国际社会的整体利益置于国家的个体利益之上,当国家的个体利益与国际社会的整体利益发生冲突时,应使前者服从于后者。之所以应该这样,是因为国家个体利益的总量不可能大于或等于国际社会整体利益的总量,相反,国际社会的整体利益永远大于国家的个体利益,只有在国际社会整体利益实现的条件下,国家个体利益的实现才有保障。因此,正如有学者所指出的,在国际造法中,"国家不可为自身主权的完整而无视人类整体利益,因为此等'无视'有可能导致危及地区甚至整个国际社会的安全。国家不可为自身的经济发展而不顾甚至破坏环境,因为一

---

① 李浩培:《国际法的概念和渊源》,贵州人民出版社 1994 年版,第 36～37 页。

国的生态失衡和环境污染会殃及邻国和全球。国家更不可凭借其技术和经济优势在极地、国际海底和外空主张主权,因为这些地区或区域是人类共同的继承财产"[1]。当然,国际社会的整体利益必须是一种实质性的整体利益,即源于全体或绝大多数国际社会成员而又在全体或绝大多数国际社会成员中公平分配的集合利益,而不是那种虚幻的、以国际社会整体利益为幌子,其实只是少数甚至个别强权国家自身利益的形式上的整体利益。只有在国际社会的整体利益是一种实质性的整体利益时,它才具有相对于国家个体利益的优越性。

(3)国际社会整体利益与国际社会整体利益之间的关系。国际社会的整体利益并非一个抽象的概念,而是一个有着具体内容的集合名词。也就是说,它包含着各种不同的国际社会整体利益。因此,国际造法合作不仅需要协调国家个体利益与国际社会整体利益之间的关系,还需要协调国际社会整体利益与国际社会整体利益之间的关系。由于国际社会整体利益本身就是超越或置于国家个体利益之上的利益,因此,主权国家对其与国家个体利益之间关系的处理,可以适用自古罗马法以来形成的"公益优先"原则。但是,国际社会整体利益之间并不存在一种普遍有效的权威性的位序安排。当一种国际社会整体利益与另一种国际社会整体利益发生冲突时,究竟何种利益应当被视为值得优先保护的利益,完全取决于主权国家在国际造法合作中的"法益衡量"——对相关利益重要性的评价及在此基础上进行的位序安排。不过,值得注意的是,在现代国际法承认和保护国际社会整体利益的普遍义务规则中,国际社会已经承认其中的一些规则具有强行法的性质。根据《维也纳条约法公约》第 53 条和第 64 条的规定,这类规则具有最高的绝对效力,"任何违反这类规则的行为不能用同意、默

---

[1]　曾令良:《论冷战后时代的国家主权》,载《中国法学》1998 年第 1 期。

认或承认的方法加以合法化;对其所影响的权利,也不需要用抗议来维护;更不能作为对先前非法行为实行报复的理由"①。虽然到目前为止,对于哪些规则具有强行法的性质还没有一致的意见,但国际社会对强行法规则的承认本身已足以表明:那些受强行法规则承认和保护的国际社会整体利益,在国际社会整体利益的位序中居于最高的地位。

(三)选择适当的国际合作形式:履行国际造法合作义务的保证

国际造法的国际合作过程,是一个内容与形式相互联系、相互作用的过程。国际合作的形式由国际合作的内容决定,反过来又服务于国际合作的内容。在这里,国际合作的内容是指主权国家合作建立的国际法规则,国际合作的形式是指主权国家为建立国际法规则而进行协调和联合的方式。因此,在国际造法过程中,主权国家选择与国际法规则相适应的合作形式,对于它们履行国际合作的义务,具有十分重要的意义。

国际法是一个庞大的法律体系,其中,仅就它的渊源来说,就包括习惯国际法与条约国际法两个相互区别的部分,而在这两个部分中,又分别可以区分为一般习惯国际法和特殊习惯国际法、普通条约国际法和特殊条约国际法。与这个法律体系的形成和发展相适应,主权国家合作建立国际法规则的形式也在不断变化,并表现出多样化的趋势。根据国家在合作中的角色定位,我们可以将国际造法的各种合作分为以下三个类型:

(1)国家与国家之间的合作。这种国家以独立的个体身份参与的

---

① ［英］詹宁斯、瓦茨修订:《奥本海国际法》(第九版)第1卷第1分册,王铁崖等译,中国大百科全书出版社1995年版,第5页。

合作,又可以根据合作方的数目,分为双边合作与多边合作两种形式。

双边合作是合作方仅为两个国家的合作。它是历史上出现最早,而且今天还在普遍采用的国际造法合作方式。采用这种合作方式,既可以缔结国家间的双边条约,也可以形成合作双方共同适用的"地方习惯"①。就双边条约或地方习惯所约束的当事方数目而言,这种合作方式所形成的规范,一般只规定参与合作的两个国家间的权利和义务,具有特殊的性质,但如果其调整的事项是一般性的,那么,它又可能构成一般国际法规范。例如,两国间通过谈判缔结的睦邻友好条约,虽然仅适用于两国间的特别关系,但在其主题事项上却具有一般性的特点。

多边合作是合作方为两个以上国家的合作,它包括有限性多边合作和开放性多边合作两种形式。所谓有限性多边合作,是指只有数目有限的国家可以参加且处理的事项只与这些国家有关的合作,其代表主要有区域合作和集团合作,由这种合作创制的国际法一般被称为区域国际法(例如欧盟法)或集团国际法(例如冷战时期的所谓"社会主义国际法");所谓开放性多边合作,是指所有国家可以参加且处理的事项与所有国家有关的合作,即通常所说的全球合作,由这种合作创制的国际法一般被称为普遍国际法。但是,无论是有限性多边合作还是开放性多边合作,它们都是通过一定的载体而展开的,因此,二者具有共通性。

国际造法的多边合作有两个载体:一是政府间会议,二是政府间组织。在政府间组织正式产生之前,国际造法的多边合作主要以政府间会议为载体。17世纪中叶召开的威斯特伐利亚会议,是世界近代史

---

① 国际法院在"印度领土通过权案"的判决中指出:两国间已经双方接受为规定其关系的"地方习惯",可以"构成双方相互权利义务的基础"。参见 I. C. J. Reports,1960,p. 44.

上为处理国际问题而召开的一次非常重要的会议,会议缔结的《威斯特伐利亚和约》,标志着作为独立体系的近代国际法的产生。缘此,这次会议开创了国家间通过大规模国际会议进行国际造法的先例。19世纪,特别是 1815 年的维也纳会议之后,国际会议日益频繁,其范围也不断扩大,通过国际会议进行国际造法成为这一世纪的基本特征。20 世纪,特别是第二次世界大战之后,政府间组织急剧增加,其管辖事项不断扩展,即使是国际会议,也大多是由国际组织召开。因此,国际社会步入了国际组织主导国际造法的时代,国际组织开始取代国际会议成为国际造法多边合作的主要载体。

相对于政府间会议这种临时性的议事机构,国际组织因为设有某种常设机构而成为国际造法多边合作的一种制度性安排。通过这种制度性安排,国家一方面可以合作进行国际组织的具有法律约束力的立法,包括:通过有关组织内部运作的决定,其内容可能涉及会议议事规则、财政决定、辅助机构的设立等;通过直接创设或影响各成员权利或义务的决定,如联合国安理会依《宪章》第 7 章规定做出的决定,世界贸易组织部长级会议通过的豁免某成员所承担义务的决定,等等。另一方面,可以在国际组织主持下谈判缔结和修订有关国际条约,例如,通过联合国国际法委员会展开"国际法的逐渐发展"和"国际法的编纂"活动。

(2)国家与国家联合体之间的合作。这里的国家联合体既可以是若干国家基于某种共同的意识形态或为了某种共同的利益而临时建立的松散联盟,例如,1947 年 2 月 10 日缔结的《对意大利和约》,一个缔约方是由包括苏联在内的 20 个国家构成的国家联合体,而另一个缔约方则只有意大利一个国家[①];也可以是若干国家依相互间协定而

---

①　《国际条约集(1950—1952)》,世界知识出版社 1959 年版,第 194 页。

建立的紧密联盟，即国际法上的国际组织。因此，在后者的意义上，国家与国家联合体的合作，实际上就是国家与国际组织之间的合作。随着国际社会组织化进程的加快，这种合作越来越成为国际造法合作的重要形式，由此形成的国际法规则，不仅可以用来调整国家与国际组织之间的关系，而且有助于国际法作为普遍性法律的总体发展。例如，中国与欧盟于 2007 年 1 月启动的《中欧伙伴与合作协定》的谈判就是这种国际造法合作的典型。由于该协定涉及的范围十分广泛，包括政治、经济、文化、科技、教育、人权、法治、环境等诸多领域，因此，它的成功谈判和缔结，必将为"中欧全面的伙伴战略关系的发展奠定一个系统、稳定和持久的条约法基础"[①]，并提供国家与国际组织（特别是区域性国际组织）间合作制度的范例。

（3）国家联合体与国家联合体之间的合作。这种合作又分为两种：一是作为松散联盟的国家联合体之间的合作，例如，冷战期间的社会主义国家与资本主义国家之间的"东西"合作，二战后的发展中国家（如 77 国集团）与发达国家（如 8 国集团）之间的"南北"合作；二是作为紧密联盟的国家联合体，即国际组织之间的合作，例如，世界贸易组织与世界知识产权组织在知识产权领域的合作，世界贸易组织与国际货币基金组织在金融领域的合作，等等。对于前者，不论是过去的"东西"合作还是今天仍然存在的"南北"合作，它对于国际法律秩序的建立和完善都具有重要的影响，因此，这种合作是一种不容忽视的国际造法合作形式。对于后者，由于 20 世纪，特别是二战后，国际社会已经步入了国际组织主导国际立法的时代，因此，它对于国际造法，特别是对于防止和消除国际组织主持制定的国际法规则之间的冲突，尤其

---

　　① 曾令良：《〈中欧伙伴与合作协定〉谈判：问题、建议与展望》，载《中国社会科学》2009 年第 2 期。

重要。这是因为,在国际组织主导国际立法的时代,一方面,国际组织的职能分工越来越精细,使得国际法"沿着各种功能方向逐渐分化"①,另一方面,国际组织的职能交叉现象越来越凸显,使得国际法领域和部门之间的关联度不断增加。因此,在缺乏协调和合作的情况下,国际组织主持制定的国际法规则之间难免产生冲突,从而损害国际法的权威性和可预见性,给国际关系增加不稳定的因素。为了预防和消除这种冲突,国际组织之间必须进行以信息共享为中心内容的合作,以便进行自我约束——尽量避免就其他国际组织管辖范围内的事项制定规则;作出适当安排——对交叉议题所引起的可预见和不可预见的规则冲突制定相应的解决办法;采取联合行动——就共同的管辖事项协商制定统一规则。

总之,国际造法的过程,是一个各国意志相互协调的过程。这一过程的前提是承认国际法存在的必要性,核心是通过一定的协调机制和场所对国际社会的利益关系做出相应的制度安排。因此,在国际造法中,各国只有本着国际合作的精神,履行国际合作的义务,才能建立客观反映国际社会利益关系的行为规则。

四、国际法治原则

国际社会成员之间,主要是国家之间的交往需要国际法进行有效的协调和规制。这是国际造法得以展开的社会前提。但就其实质来说,国际造法本身也是国际社会成员之间,主要是国家之间的一种交往活动。因此,无论是国家意志的自由表达(国际民主)还是国家意志

---

① 〔比〕约斯特·鲍威林:《WTO"对外开放"——谋求贸易(经济)与其他国际法(政治)之间的平衡及其对中国的影响》,唐旗译,http://www.whuwto.com/Index-detail-pid-1-cpid-77-cid-1230,访问日期:2006 年 10 月 10 日。

的相互协调（国际合作），国际造法都需要在国际法的框架内展开，需要坚持国际法治原则。

国际法治原则是一项国际治理原则。关于这项原则的具体内容和要求，学术界至今没有形成一致的看法。但就国际造法来说，我认为，它是指国际造法接受国际法规制和治理的一种要求。这种形式上的法治要求，至少包括以下三方面的具体内容。

（一）国际造法应有比较完备的规则体系，做到"有法可依"。这是国际造法接受国际法规制和治理的前提

国际造法的规则是国际法的次级规则，按照哈特的观点，它是制定、修改和废止"第一性的义务规则"的规则，因此，属于第二性的规则。哈特认为，一个发达的法律制度应当是"第一性的义务规则和第二性规则的结合"[1]。如果第一性规则没有与第二性规则"结合"，那么，这样的第一性规则，只是一种简单的、低级的社会结构形式，它不足以构成一个完全的法律制度。从这种观点来考察，可以发现，传统国际法就是属于国际法发展的这样一个简单或初级阶段。它既不规范习惯国际法的形成程序，也没有详细规定条约国际法的生成过程，[2]国际造法作为国家主权的保留范围，任由国家自由处理，两个或两个以上的国家可以通过彼此间的协定，任意变更或完全取消任何一般国际法规则。因此，传统国际造法基本上处于一种"无法可依"的状态。

与传统国际法不同，现代国际法开始将国际造法纳入其调整范围，国际造法的"无法可依"状态逐步得到改变。

---

① ［英］哈特：《法律的概念》，张文显等译，中国大百科全书出版社 1996 年版，第 95 页。

② Antonio Cassese，*International Law*，2nd edition，Oxford University Press，2005，p. 154.

（1）从第二次世界大战的废墟上孕育出来的《联合国宪章》第一次明确和系统地规定了七项国际法基本原则，它们是：会员国主权平等、善意履行宪章义务、和平解决国际争端、禁止武力相威胁或使用武力、集体协助、确保非会员国遵守宪章原则和不干涉内政。以此为基础，联合国大会先后通过了一系列载有国际法基本原则的决议，其中，1970年《关于各国依联合国宪章建立友好关系及合作之国际法原则宣言》郑重明确地宣布了七项国际法基本原则，要求"所有国家在其国际行为上"予以"严格遵守"。这七项原则是：不使用武力威胁或使用武力、和平解决国际争端、不干涉任何国家内政、各国依宪章彼此合作、各民族权利平等与自决、各国主权平等、善意履行宪章义务。至此，一个由若干原则构成的国际法基本原则的体系，初步形成。由于国际法基本原则是被作为整体的国际社会认定为指导国际关系的一般准则，因此，这个体系的形成，无疑也为国际造法提供了一般国际法的根据。

（2）《国际法院规约》第38条规定："国际习惯，作为通例之证明而经接受为法律者。"此后，国际法院在1950年的"庇护权案"、1960年的"印度领土通过权案"、1969年的"北海大陆架案"等多个案件的判决中，对《国际法院规约》关于习惯的上述权威界定进行了详细的阐释。缘此，习惯的形成，便有了法定的程序：先有作为物质要件的通例，然后，通例被接受为法律。

（3）在联合国国际法委员会的主持下，国际社会先后于1969年和1986年缔结了《维也纳条约法公约》（简称《1969年公约》）和《关于国家和国际组织间或国际组织相互间的条约法的维也纳公约》（简称《1986年公约》），对条约的缔结和生效、适用和解释、修订和终止等事项作出全面的规定，从而使国际造法的条约方式有了自己的"法典"，国家和国际组织的缔约自由受到了国际法的约束和限制。

（4）以1928年《巴黎非战公约》为标志，现代国际法的造法实践出现了向国际强行法发展的势头，一些基于人性的基本考虑而为"国际社会全体接受并公认为不许损抑"①的强行法规则得以产生。《维也纳条约法公约》正式使用了"一般国际法强制规范"的概念,并规定条约在缔结时与一般国际法强制规范抵触者无效,且遇有新的一般国际法强制规范产生时,任何与之相抵触的现有条约即成为无效而终止,从而进一步限制了国家的同意自由。

(5)20 世纪是国际组织的世纪。迅速发展起来的国际组织,不仅依其组织章程具有相应的缔约能力,②其行为也可构成国际习惯的先例,③从而成为与国家相区别的另一个重要的国际造法主体。更加重要的是,各国际组织为了在其管辖范围内有效展开国际立法活动,一般都在其组织章程和有关组织内部运作的决定中规定了其成员国必须遵守的决策程序和议事规则。从一定意义上说,这些程序和规则构成了一个国际组织内部的"立法法"。因此,20 世纪以来政府间组织的急剧增加,其意义不仅在于扩大了国际造法主体的范围,更重要的是,它在国际组织的范围内使国际造法走向了法治化的道路。

因此,国际法的发展正在从简单或初级的阶段向高级或发达的阶段过渡。在这种过渡中形成的国际造法规则,虽然与国内法上的立法法相比,还远没有达到完备的程度,但对于国际造法来说,它却具有非同寻常的意义。首先,它使国际造法权利的存在有了国际法的根据,确认了国家所具有的国际造法权利;其次,它使国际造法权利的行使有了国际法的限制,规定了国家在国际造法中应承担的国际义务;最后,它使国际造法程序的展开有了国际法的规范,构建了国家需遵循

---

① 《维也纳条约法公约》第 53 条。
② 《国家和国际组织间或国际组织相互间的条约法的维也纳公约》第 6 条规定:"国际组织缔结条约的能力依该组织有关规则的规定。"
③ [韩]柳炳华:《国际法》(上卷),朴国哲等译,中国政法大学出版社 1997 年版,第 207 页。

的国际造法机制。概而言之,现代国际造法规则的初步形成,标志着国际造法已经开始接受国际法的规制和治理。

(二)国际造法的规则应得到普遍遵守,做到"有法必依"。这是国际造法接受国际法规制和治理的关键

国际造法的规则是国际法的重要内容,遵守国际造法的规则是遵守国际法的必然要求。按照这种必然要求,首先,作为国际造法基本主体的国家,必须确立两种基本的法治理念:(1)每个国家在国际造法规则面前一律平等,既平等地行使国际法赋予的权利,又平等地履行国际法规定的义务,在国际造法过程中不搞双重标准和例外主义,更要抵制强权政治和霸权主义。(2)国际法高于国内法,当国际造法的规则与国内法上的立法规则发生抵触时,明确前者的优先地位。例如,当一个国家的缔约机关逾越其国内法关于缔约权的限制而与其他国际法主体缔结条约时,国家原则上不得援引此项违反国内法的事实撤销其对该条约的同意,除非该违反之情事显明且涉及具有基本重要性的国内法规则。

其次,作为国家联合体的国际组织,其国际造法行为必须遵守两种不同的国际法规则:

一是以其组织章程为核心的包括该组织内部运作决定在内的内部法。国际组织是国家依条约(组织章程)授权设立的,其创制国际法的权利来自其成员的明示或默示授予。因此,国际组织及其机构必须按照其组织章程所授权利的范围及行使这些权利的条件和限制在职权范围内活动,缺乏相应授权或超越授权范围创制的国际法规范在其内部法的意义上都是无效的。①

二是国际组织内部法之外的其他国际法规则。国际组织及其机构作为国际法主体，其行为并非只受其组织章程的约束，它还应该遵守一般习惯法的相关规则和该组织建立时其成员国已加入的所有国际条约。因此，当国际组织的行为与已经适用于国际组织的这些法律发生冲突时，即使该行为符合国际组织的内部法，但根据这些法律，国际组织的行为也是"非法的"。相反，当国际组织的行为与已经适用于国际组织的这些法律一致时，即使该行为违反了国际组织的内部法，但根据这些法律，国际组织的行为也并非是"无效的"。在这里，欧洲法院关于法国诉委员会（France v. Commission）一案的判决具有启发性意义。在该判决中，法院根据 1969 年和 1986 年两个《维也纳条约法公约》的规定，虽然认为欧洲共同体（简称"欧共体"）与美国缔结的一项条约违反了欧共体内部规则中有关欧共体不同机构缔约权限的规定，但并没有声明该条约在国际法上对欧共体没有拘束力。② 可见，当国际组织的机构逾越其内部法有关缔约权的限制而与其他国际法主体缔结一项条约时，国际组织原则上也不得援引此项违反其内部法的情势而撤销其对该条约的同意。

（三）违反国际造法规则的行为应承担相应的法律后果，做到"违法必究"。这是国际造法接受国际法规制和治理的保证

既然国际造法的规则是国际法的重要内容，那么，违反国际造法

---

① J. Pauwelyn, *Conflict of Norms in Public International Law: How WTO Law Relates to Other Rules of International Law*, Cambridge University Press, 2003, pp. 286-291.

② 尽管欧共体不是 1969 年《维也纳条约法公约》的缔约方，但欧洲法院认为，该公约在其反映习惯国际法的范围内适用于欧共体。参见安托尼·奥斯特：《现代条约法与实践》，江国青译，中国人民大学出版社 2005 年版，第 246 页。

规则的行为,无疑也是一种违反国际义务的行为,应按照国际责任法承担相应的法律后果,从而使受损害的有关当事方获得救济。就国际造法的条约方式而言,《维也纳条约法公约》(以下简称《公约》)规定了违反条约法规则应承担法律后果的诸多情形,例如:

(1)违反缔约自由原则而缔结的条约,例如,通过"诈欺""对一国代表之贿赂""对一国代表之强迫""以威胁或使用武力对一国施行强迫"等方式缔结的条约,按照《公约》第49条、第50条、第51条、第52条和第69条的规定,是无效的条约,其规定无法律效力,如已有信赖此种条约而实施之行为,每一当事方得要求任何其他当事方在彼此关系上尽可能恢复未实施此项行为前的原状。

(2)条约在缔结时与国际强行法抵触者无效,当事方应尽量消除依据与任何国际强行法相抵触之规定所实施行为之后果,并使彼此关系符合国际强行法。遇有新的国际强行法产生时,任何与之相抵触的现有条约即成为无效而终止,解除当事方继续履行该条约之义务;虽然此项终止不具有溯及效力,即不影响当事方在条约终止前经由实施条约而产生的任何权利、义务或法律情势,但嗣后此等权利、义务或情势的保持必须以与新的国际法强行法不相抵触者为限。[①]

(3)一项多边条约的部分当事方彼此缔结"修改"或"停止施行"该多边条约的协定,如果该"修改"或"停止""为该多边条约所禁止",或"影响其他当事方享有该多边条约上的权利或履行其义务",或"与该多边条约的目的及宗旨不合",则按照《公约》第41条和第58条的规定,此种协定是"非法"的。虽然此种"非法"协定在其当事方之间是"有效"的,但其当事方对该协定义务的履行势必导致其违反该多边条约义务的结果,由此,按照《公约》第30条第5款的规定,必须对该多

---

① 《维也纳条约法公约》第53条、第64条、第71条。

边条约其他受影响的当事方承担国际责任。

可见，通过对违反国际造法规则的行为追究国际责任的方式而促使国家遵守国际造法的规则，是有习惯国际法为根据的。这种根据表明，与国内法一样，国际法也具有法律所应有的可预见性。正是这种可预见性，使人们认识到，国家意志的表达自由并非一种无限制的自由，它是来自国际法的一项法律权利，必须在国际法的框架内受到制约；国家意志之间的协调，并非一种无秩序的协调，它是来自国际法的一项法律义务，必须依国际法善意履行。因此，国际法既是国际造法权利的根据，又是国际造法权利的限制。这种根据和限制的统一，正是国际造法接受国际法规制和治理的法理基础。

五、结语

上述国际造法的四项基本原则，体现了国际造法不同的内在要求和精神品格。这些内在要求和精神品格，与国际法作为法律体系的基本特征相呼应，构成了一个国际造法基本原则的体系。首先，国际法是国际社会发展规律的反映，因此，坚持国际造法的客观性原则，是国际法在内容上应具有合法性（合规律性）的必然要求。其次，国际法是相互冲突的国家意志经过协调后达成的一种共同同意，因此，在国际造法中，既坚持国际民主原则又坚持国际合作原则，是国际法在形式上应具有合意性的必然要求。再次，国际法是具有普遍约束力的行为规范，因此，在国际造法中坚持国际法治原则，是国际法在适用上应具有普遍性的必然要求。国际法产生和发展的历史已经并将继续证明：在国际造法中，只有坚持客观性原则，才能使国际法成为国际社会真正的法律；只有坚持国际民主原则和国际合作原则的统一，才能使国际法在国际社会起到法律的真正作用；只有坚持国际法治原则，才能使国际法稳定、可持续地发展。

第四章
国际法规范的体系结构

　　凯尔森说:"法律秩序是一个规范体系。"①
国内法是这样,国际法亦然。自《威斯特伐利
亚和约》缔结以来,国际法经过三个多世纪的
演变和扩展,已形成一个区别于国内法的庞大
法律体系。构成这个体系的国际法规范,作为
以权利义务关系为内容的国际法主体的具体
行为规则,具有不同的形态,分属众多的部门,
归于若干的板块,由此形成了国际法规范的三
种体系结构,即形态结构、部门结构和板块结
构。对这些结构进行分析,有助于从整体上把
握国际法存在与发展的特点,认识国际法规范
之间协调的规律,从而为国际法体系的结构有
序化提供理论支持。

一、国际法规范的形态结构

　　国际法是由多种多样、千差万别的规范构

---

　　① [奥]凯尔森:《法与国家的一般理论》,沈宗灵译,中国大百科全书出版社
1996年版,第110页。

成的法律体系。根据规范的性质与特点，可以将多种多样的国际法规范划分为不同的形态。每一种规范形态的分类，事实上都构成了国际法规范之间的一种形态结构。

1. 条约规范与习惯规范。国际法规范依国家同意而产生，条约与习惯作为国家意思表示的两种不同方式，成为严格法律意义上的国际法渊源。缘此，国际法规范可以区分为习惯规范和条约规范两种形态。前者是指通过国际习惯而成立的国际法，即以习惯为形式确立的国际法主体的行为规则，因此被称为习惯国际法；后者是指通过国际条约而成立的国际法，即以条约为形式确立的国际法主体的行为规则，因此被称为条约国际法。二者作为构成国际法体系的两种规范形态，相互区别，彼此联系，形成了国际法体系的一种规范形态结构——渊源结构。

首先，与条约规范相比，习惯规范是国际法体系最古老的规范形态。所有社会在出现成文法之前便已有习惯法。国际社会亦然。在条约规范成为国际法的规范形态之前，习惯规范早已是国际法的规范形态。因此，在历史上，条约规范是国际法的第二个规范形态。它不仅产生在习惯规范之后，而且其效力也是"以条约对缔约国有拘束力这个国际习惯法规则为依据的"①。

其次，条约规范与习惯规范在效力上是彼此平等的。国际社会不存在集中的具有等级结构的立法体制，习惯规范和条约规范都是基于国家同意而产生的，具有同等的法律拘束力。习惯规范与条约规范之间的区分，只是当事方意思表示方式的不同，二者并无效力高低之分，都是独立的国际法规范形态。习惯规范可能从条约规范演变而来，但

---

① ［奥］凯尔森：《法与国家的一般理论》，沈宗灵译，中国大百科全书出版社1996年版，第19页。

并不依赖条约的宣示;条约规范可能是对习惯规范的编纂,但并不一定受既存习惯规范的制约。

再次,条约规范与习惯规范在一定条件下是可以相互转化的。习惯规范在通过条约的编纂后,可以发展为条约规范;条约规范在通过各国不断实践并获得公认后,可以转化为习惯规范。从习惯规范发展为条约规范,可以实现规范的精确化和具体化,但并不使习惯规范丧失效力,一个国家不能以未参加或退出某一条约为由而规避包含于该条约中的习惯规范的约束。因为正如国际法院在"针对尼加拉瓜的军事和准军事行动案"的判决中所指出的那样,将习惯规范纳入条约法,并没有使习惯规范失去其与条约规范有别的适用性,即使习惯规范与条约规范具有完全相同的内容,后者也没有代替前者,习惯规范依然保持其独立身份。[①] 从条约规范演变为习惯规范,可以扩大规范的适用范围,使该规范对从来没有而现在也没有成为条约当事方的国家产生拘束力,正如《维也纳条约法公约》第 38 条所规定的那样,条约所载规则由于成为国际法习惯规则而对第三国有拘束力。不过,这种拘束力并不是条约本身所具有的,它只能从相关国家的行为实践中推出。

最后,条约规范与习惯规范在一定条件下是可以互相补充的。相对于习惯规范,条约规范所提供的行为规则更具特殊性,更能准确地反映当事方的意志和利益诉求,因此,二者构成一般法与特别法的关系:(1)当条约规范是一般习惯规范在特定情况下的适用时,它可以实现习惯规范未具体规定的功能;(2)在条约规范缺位或者不能发挥作用时,一般习惯规范继续起着作用;(3)当一般习惯规范被条约规范所更改或偏离时,按照《国际法院规约》第 38 条的规定,条约规范作为特别法具有优先于一般习惯规范的适用效力,但习惯规范并不因此而失

---

① I. C. J. Reports,1986,pp. 92-96.

去效力，而是仍然提供着解释和适用条约规范的背景，除非该条约规范发展为一项新的习惯规范；（4）当条约规范被习惯规范所更改时，按照《维也纳条约法公约》第 30 条规定的后法原则，原则上习惯规范作为后法具有优先于条约规范的适用效力，除非能够证明条约规范一直作为特别法而适用；（5）最后，当习惯规范是强行法规范或包含着强行法规范时，与之相抵触的条约规范归于无效。

2. 一般规范与特殊规范。以法的效力（适用）范围为标准，国内法上有一般规范与特殊规范两种规范形态的划分。同样，以此为根据，国际法规范也可以划分为一般规范（一般法）与特殊规范（特别法）两种形态。就规范的对"人"（国际法主体）效力来说，一般规范是指那些适用于所有国际法主体的国际法规范，特殊规范则是指那些只适用于特定国际法主体的国际法规范；就规范的对"事"（国际法客体）效力来说，一般规范是指那些适用于一般事项的国际法规范，特殊规范则是指那些只适用于特定事项的国际法规范；就规范的对"时"效力来说，一般规范是指那些适用于平常时期的国际法规范，如平时国际法，特殊规范则是指那些只适用于非常时期的国际法规范，如战时国际法。不过，在实践中严格划分一般规范与特殊规范，有时是很困难的。因为一项规范是一般还是特殊，可能与其主题事项有关，也可能与受其约束的当事方的多少有关。有的规范，例如睦邻友好条约，可能在主题事项上是一般性的，但仅适用于数目有限的（两个）国家之间的特别关系。

《奥本海国际法》根据规范的效力范围，对国际法规范作了较详细的划分。它将其中对一切国家有拘束力的规范称为普遍国际法；将对很多国家有拘束力的规范归为一般国际法；将只对两国或者少数国家有拘束力的规范则称为特殊国际法。① 不过,多数国际法著作倾向于只对国际法规范作一般性与特殊性的划分。事实上,这种划分已足以揭示国际法规范在效力范围上的差异。而且严格界定普遍国际法规范和狭义上的一般国际法规范实际上是难以做到的,因为即使像《联合国宪章》这样的普遍性国际公约,也不能涵盖世界上所有的国家,证明任何一项习惯国际法规则的存在,最多也只能寻找到几十个先例。②

　　一般规范与特殊规范之间的关系包括两种情况:其一,特殊规范是对一般规范的阐释、更新或技术上的具体说明,二者不存在冲突,可以同时适用。在这种情况下,特殊规范是一种释法准则,是对一般法的加强或补充。其二,一般规范与特殊规范同时有效且适用,并且没有明确的等级关系,但就同一事项所提供的处理方法却相互抵触。在这种情况下,特殊规范是一种解决冲突的手段,是对一般规范的取代或终止。不过,严格区分这两种情况,有时是很难的,对它们的处理通常受到其法律系统环境的限制。例如,《联合国宪章》第51条关于自卫权的规定,作为相对于宪章第2条第4款关于禁止使用武力原则的特殊规范,可以在符合其条件的情况下予以适用,成为使用武力的"合法例外"。从这种意义上讲,第51条"取代"了第2条第4款的规定。但是,也可以将第51条视为第2条第4款的应用,因为自卫是一种针对违反第2条第4款规定的国家采取的行动。在这种情况下,第51条加强了第2条第4款的规定,指示如果发生违反第2条第4款规定的情势,即在受到武力攻击时应采取何种行动。因此,第51条与其说是第2条第4款的一种例外规定,不如说是对它的补充。

---

　　① 　[英]詹宁斯、瓦茨修订:《奥本海国际法》(第九版)第1卷第1分册,王铁崖等译,中国大百科全书出版社1995年版,第3页。

　　② 　李浩培:《国际法的概念和渊源》,贵州人民出版社1994年版,第90页。

但是,特殊规范不能离开一般规范而存在。不仅在立法时特殊规范要以一般规范为指导,而且对特殊规范的解释也必须参照一般规范来进行。当特殊规范不适用或缺位时,可以继续适用一般规范。特别是当一般规范为强制法或包含着强制法时,特殊规范不能偏离一般规范,否则,它会因为这种偏离而归于无效。

3.强行规范与任意规范。由于国际社会不存在具有等级特征的立法体制,所以国际法的渊源之间并不存在效力上的等级关系。但是,《维也纳条约法公约》对国际法强行规范的承认,表明,国际法规范可以因其实质内容(关于什么)而具有效力上的等级差异。以这种等级关系为根据,国际法规范可以区分为强行规范和任意规范。二者的结合构成国际法规范的等级结构。

国际法上的强行规范是指"国家之国际社会全体接受并公认为不许损抑且仅有以后具有同等性质"之一般国际法规范"始得更改"之规范。[①] 与任意规范相比,其特征有四:一是接受的整体性(或广泛性),它是"国家之国际社会全体接受"的规范;二是所涉利益的根本性,它所调整的事项,基本上都是有关国际社会根本利益的重大问题,关系到国际法的基础;三是规范层次的最高性,它可以使一切与之抵触的国际法和国内法规范归于无效;四是适用上的强制性,即无条件地对国际社会每一成员强行加予义务而无须得到它的同意。

与强行规范相对应的任意规范,是指国家可以通过它们之间的协定变更或完全取消的规范。它又可以分为两类:一是绝对任意规范。它的当事方可以自由决定是否适用此类规范,有权自由减损其效力并且不为此承担任何责任。例如,按照《联合国国际货物销售合同公约》第 6 条的规定,该公约即属此类规范。二是强制性任意规范。对于这

---

① 《维也纳条约法公约》第 53 条。

类规范,国家有是否接受其约束的自由,但一旦同意接受它的约束,则不得单方面予以废除或违反。例如,按照《国际法院规约》第 36 条的规定,国际法院的"任意强制管辖"即属此类规范。该条第 1 款规定:"法院之管辖包括各当事国提交之一切案件……"这表明法院对案件的管辖权取决于当事国提交案件的任意性行为。但是,按照该条第 2 款规定,一旦当事国声明接受法院的管辖,则法院对于本款所列各种性质的争端具有"当然"和"强制性"的管辖权,当事国不须另订特别协定。目前,国际法上的大部分规范均属于此类规范。

强行规范与任意规范的区分首先起源于罗马法中关于"私人协议不能改变公法"的古训,它意味着所有与强行规范相抵触的私人契约都归于无效。在国际法中,虽然近代自然法学说所讲的高于任何协定规范或习惯规则的自然法,已经包含了我们今天所说的国际强行法思想,但强行法作为一项对不受约束的国家缔约自由施以限制的法律制度,则是比较晚近的发展。在近代,由于战争被保留为国家权利,是推行国家政策和解决国际争端的工具,一切国际法规范都是任意性的。直到 1928 年,以《巴黎非战公约》为标志,现代国际法出现了向国际强行法发展的势头,一些含有强行法性质的国际公约得以编纂。1969 年《维也纳条约法公约》第 53 条正式使用了"国际强行法"的概念,并规定:条约在缔结时与一般国际法强制规范抵触者无效。虽然公约并未规定强行规范的具体范围,也没有设定明确的识别强行规范的标准,但其关于强行法的规定表明,国际社会不仅承认强行规范的存在,而且承认此等规范具有高于其他规范的绝对效力。

于是,我们看到了国际法规范结构的一种重大变化:在第一次世界大战以前,国际法几乎完全由任意规范组成,国家可以通过彼此之间的协定任意变更或完全取消任何一般国际法规则。但是,第二次世界大战之后,国际社会已承认某些规范具有强行法的性质,从而缩小了任意规范的适用范围。现在,虽然国际法的绝大部分规范仍为任意规范,但强行规范的确立和增加却使国际法体系出现了类似于国内宪法体制的等级结构:某些规范因为具有强行法的性质而居于最高的地位,任何与此类规范相抵触的规范,都是无效的规范。这无疑是国际法史上一项具有里程碑意义的发展,它标志着国际法正在不断地通过改进自身的不足而走向成熟。

4.实体规范与程序规范。以规范规定的内容为根据,法律规范可以区分为实体规范和程序规范。二者的区分与结合,是法律从低级形式走向高级形式的重要标志。①

实体规范,又称初级规则,是指以规定主体权利义务关系为主要内容的规范;程序规范,又称次级规则,是指以确认、更改、实现主体权利义务关系的程序为主要内容的规范。在二者的关系中,实体规范居于基础地位,属于哈特所说的“第一性”规范;程序规范依附于实体规范,它相对于后者来说,是“第二性”规范。因此,没有实体规范就不可能有程序规范。但是,由于程序规范具体规定着实体规范得以决定性地确定、引入、取消、改变以及违反实体规范的事实得以最终决定的方式②,因此,程序规范又居于主导的地位,它决定着实体规范的作用范围,控制着实体规范的运作方式。没有程序规范,实体规范就不可能结合为一种完全的法律制度。

近代国际法上一般没有实体规范和程序规范的区分,或者说,近代国际法基本上没有什么程序规范。与此不同,现代国际法不仅在实

①　哈特认为,由法律作为控制手段的社会结构形式,可以区分为低级的与高级的两种。二者的区别在于:前者因为没有程序规范的存在,还只是由孤立的实体规范所组成的一个系列,不能被称之为一种制度;而后者则因为有了程序规范,实体规范就成了制度化的规范。参见[英]哈特:《法律的概念》,张文显等译,中国大百科全书出版社1996年版,第229~232页。

②　[英]哈特:《法律的概念》,张文显等译,中国大百科全书出版社1996年版,第95页。

体规范方面呈现不断扩展的趋势,而且在程序规范方面也有了长足的发展,并表现出加速发展的势头。二者的平衡发展,使现代国际法形成了大量的诸如欧盟法、人权法、国际环境法、世界贸易组织法这样的次级法律体系。按照 W. 里伐良(W. Riphagen)的说法,这些次级体系有"一整套有序的行为规则、程序规则和定位规则,它为事实关系的特定领域构成了一个自我封闭的法律圈子"①,因此也被称为国际法上的"自足制度"(self-contained regimes)。自足制度的概念最早来自国际法院 1980 年对"美伊人质案"的判决。在该判决中,国际法院指出:"外交法规则构成了一个自足的制度。该制度一方面提出了接受国应当给予外交使团便利、特权和豁免的义务,另一方面预见到外交使团滥用这种便利、特权和豁免的可能性,并且指明了接受国在应对这种滥用时的处理手段。"②可见,国际法上的自足制度不仅包括了高度专门化的初级规则,即特别领域的实体规范,而且在法的制定、解释和适用方面具备了自己的次级规则,即程序规范。因此,有的国际法学者认为,"国际法现在可以正当地被视为一个完全的体系"③。

上述四种关于国际法规范形态的划分并非国际法规范形态的全部分类,基于其他的一些理由,还可以对国际法的规范形态作出另外的分类。不过,从理论与实践的需要出发,上述四种规范形态的划分已足以说明和揭示国际法发展的特点与趋势。

---

① United Nations, *Yearbook of International Law Commission* 1982, Vol. 1, New York, 1983, p. 202.

② *I. C. J. Reports*, 1980, p. 41.

③ [英]詹宁斯、瓦茨修订:《奥本海国际法》(第九版)第 1 卷第 1 分册,王铁崖等译,中国大百科全书出版社 1995 年版,第 7 页。

二、国际法规范的部门结构

在国际法体系中,国际法规范不仅表现为各种不同的形态,而且从属于众多的法律部门。所谓国际法部门或部门国际法,是指按照国际法规范调整国际关系的不同领域和不同方法所划分出的同类国际法规范的总和。因此,以国际法规范的调整对象和方法为根据,可以将国际法体系中的众多规范归为诸多不同的法律部门。如果说以规范形态为要素形成了国际法规范的形态结构,那么,以国际法部门(或部门国际法)为要素,则形成了国际法规范的部门结构。

国际法规范的部门结构是在国际法的产生与发展过程中逐步形成并扩展开来的。古代是国际法的萌芽阶段。这个时期出现的一些原始国际习惯和规则,如尊重使节、信守约定、保护俘虏等,是在相距遥远的世界各地(包括东方和西方诸文明古国)各自发展起来的,十分零散,处于一种游离状态,而且多与宗教、道德和国内法等联系在一起,没有形成自己独立的体系,因此谈不上有国际法部门结构的存在。1648年《威斯特伐利亚和约》的缔结,标志着具有独立体系的近代国际法的产生。到20世纪初,近代国际法已经形成了一个包括战争法、海洋法等传统国际法部门在内的比较完整的独立体系。但近代国际法主要以国家间的政治关系为调整对象,其规范主要涉及领土主权、外交关系、战争与和平法等问题,国际法部门非常有限,由这些有限的国际法部门构成的国际法体系相对简单。人类进入20世纪后,科学技术迅速发展,人类活动领域不断扩展,国家间交往更加频繁,国际关系的内容变得十分广泛。与此同时,过去旨在调整国家间政治关系的国际法,其调整范围迅速向国家间的经济关系、文化关系、法律关系等国际关系的其他领域扩展,其规范所及上至外层空间,下达海床洋底,几乎包括人类生活的各个方面,国际法的规则、规章和制度呈现出部门化或领域化的发展趋势,空间法、极地法、原子能法、环境法、人权法、知识产权法、贸易法、金融法、投资法、产品责任法、劳工法、旅游法、组织法、发展法、刑法等一批新的国际法部门相继产生并发展起来。这些新兴的国际法部门与传统的国际法部门一起构成了现代国际法的庞大体系,它们之间的联系与结合形成了现代国际法规范的部门结构。

国际法规范的部门结构是国际法部门之间的一种相对稳定的结合方式。它表明不同的国际法部门在国际法体系中居于什么地位,以何种方式相联结,以及它们是怎样决定国际法体系的整体性质和功能的。分析国际法规范的部门结构,可以发现:

第一,各个国际法部门是相互独立的。这种相对独立性体现在:

(1)不同的国际法部门具有不同的调整事项,代表着国际社会不同的利益诉求,有着不同的立法目的,在不与强制法相抵触的情况下,它们一般都排除其他国际法部门在其领域内的适用,表现出"专题自主"(topic autonomy)的"部门主义"倾向。

(2)不同的国际法部门,作为国际法的次级体系,均有"一整套有序的行为规则、程序规则和定位规则,它为事实关系的特定领域构成了一个自我封闭的法律圈子"①,从而成为国际法上自成体系的一种自足制度。

第二,各个国际法部门是彼此平等的。不同的国际法部门都是在分权和独立的基础上形成并发展起来的。由于国家是主权平等的,这些不同的国际法部门之间并不存在严格的效力等级,一个国际法部门

---

① United Nations, *Yearbook of International Law Commission* 1982, Vol. 1, New York, 1983, p. 202.

并不具有优先于另一个国际法部门的固有效力。正如联合国国际法委员会所指出的那样,"国际法中不存在经过认真制定并具有权威性的价值等级,例如不存在人权与环境孰重孰轻的问题。此外,也不存在一个能够解决冲突的代表体系上等级的最终机构"①。在国际法体系中,一个国际法部门比另一个国际法部门更重要或更不重要,并不是预先能够确定的,而且也没有权威机构对之做出终局裁定,它只能在衡量不同部门所承认与保护的利益的重要性的基础上,根据当事国的协调意志作出安排。因此,国际法规范的部门结构是一种由平等法律构成的横向结构,我们可以将这种横向结构称之为"水平"结构。

第三,各个国际法部门是互相联系的。这种联系表现在:

(1)各国际法部门作为具有特定调整事项的特别国际法,具有共同的规范性背景,即国际法的基本原则。在国际法体系形成与发展的过程中,不仅分化出了大量的国际法部门,而且也形成了国际社会所公认的适用于一切国际法领域的基本原则。这些国际法的基本原则,作为一般国际法,不仅在立法时为部门国际法提供指导,而且也是解释和适用部门国际法的规范背景。作为联系的纽带,国际法的基本原则将不同的国际法部门结合在一个完整的国际法体系之中。因此,作为自足制度的国际法部门,其实并非是自足的,从特别法与一般法之间的关系来考察,现有的国际法部门中没有一个是可以被称为自足制度。

(2)国际法部门所调整的特定事项并非是孤立的事项,国际法不同领域的分离只不过是人为造成的结果,客观上,它们彼此关联,相互

---

① ILC,*Report of the Study Group on Fragmentation of International Law*, A/CN.4/L.628,1 August 2002,p.4.

制约,存在着大量的"交叉议题"。世界贸易组织法是调整国际贸易关系的国际法部门,但却对其他国际法部门具有重大影响,成为几乎横贯其他所有国际法部门的一种法律体系。因为它所规制的贸易事项,客观上与发展、环境、人权、劳工标准、公共卫生、竞争和投资,甚至反腐败、传统文化、反恐怖主义、自然风光或灾害、国际移民和传染病控制等都存在这样或那样的关联。因此,国际法部门的所谓专题自主其实也是相对的。如果各个国际法部门过分强调各自的自主性而不顾与其他国际法部门的关联,那势必引起国际法部门之间的规范冲突,导致国际法体系的"碎片化"(fragmentation)现象。当前,世界贸易组织法与国际环境法、国际人权法等国际法部门之间存在的冲突,从一定意义上来说就是这种专题自主与议题交叉之间矛盾的产物。

三、国际法规范的板块结构

法律作为一种社会控制形式,是为满足社会成员的利益需要服务的,具有很强的目的性和功利性。基于法的目的和价值,不同的法律规范和不同的法律部门还可以划分为不同的法律板块。罗马法根据法所保护的是国家公益还是私人利益,将法律规范和法律部门划分为公法与私法两大板块,就是这种分类的一种最好注释。同样,今天的国际法也可以根据其价值和功能将不同的规范形态和法律部门归入三个不同的板块:(1)共存国际法;(2)合作国际法;(3)人权国际法。

以这些板块为要素,便形成了国际法规范的板块结构。①

共存国际法是近代国际法的特征。它以《威斯特伐利亚和约》所形成的国家间体制为基础,只承认国家是国际法上唯一的法律人格者,关心的主要是国家间的管辖权划分与和平共存,通过作为国家间关系产物的习惯、条约和仲裁裁决等,形成调整国家间权利义务关系的法律规范。这种国际法以国家间的共存、独立与平等为价值,主要规定国家对国家的义务,强调维护国家行使主权的权利,因此,它本质上是一种国家间互惠的法律。

合作国际法是国际社会组织化的产物。现代国际社会经过两次世界大战的剧烈震荡,增强了国际合作的意识与愿望;20 世纪科技革命推进的全球化进程,彰显了国际合作的必要与可能。由此,政府间组织作为国家对世界事务进行多边协调与管理的有效形式迅速发展起来,并在实践中作为权利义务主体参与各种法律关系,成为与其成员国相区别的国际法律人格者。据国际协会联盟统计,政府间组织的数量在 1909 年是 37 个,到 2016 年已发展为 7658 个,增长了 200 多倍,②其中,90% 以上是在二战以后新建立的。于是,国家与国际组织之间以及国际组织彼此之间的关系开始进入国际法的调整范围,并由此形成了"致力于

---

① G. Hafner,Risks Ensuing from Fragmentation of International Law,accessed 16 May 2007,http://www. un. org/law/ilc/reports/2000.另外,对于国际法规范板块的划分,学术界还存在着其他的看法。例如,弗里德曼(Wolfgang Friedmann)将国际法分为共存国际法与合作国际法;施瓦曾伯格(Georg Schwarzenberger)把国际法分为权力的法律(主要用于处理冲突的利益)、互惠的法律(主要用于处理相互兼容的利益)和协调的法律(主要用于处理相同的利益);霍夫曼(Marci Hoffman)将一个稳定的国际法体系分为三个板块,即关于政治架构的国际法,关于互惠的国际法和关于共同体的国际法;等等。这些学者的分类虽然都有其一定的根据和合理性,但从国际法整体发展的历史来看,又都具有局限性。

② http://uia. org/sites/uia. org/files/misc_pdfs/pubs/yb_2017_vol5_lookinside. pdf,访问日期:2018 年 3 月 30 日。

集体性地提供诸如国际和平、法律安全、相互受益的经济合作、人权、社会和劳工标准、去殖民化等国际公共物品的'合作国际法'"。① 与传统的共存国际法不同,合作国际法以国际社会的稳定、安全与发展为目标,主要规定国家对国际社会的义务,要求让渡国家行使主权的权利,因此,它代表了对传统的共存国际法所信奉的国家价值的重大背离。

人权国际法的产生与发展是现代国际法人本化发展趋势的表征。由于两次世界大战和其后南非种族隔离、前南斯拉夫种族清洗、卢旺达种族灭绝等一系列严重侵犯人权事件的发生,国际社会日益重视对个人权利和人类利益的保护,国家与个人、国际组织与个人之间的权利义务关系逐渐被纳入国际法的调整范围,并由此形成了国际法上的"人权法"。人权国际法原本属于合作国际法的范畴,但它一开始就显示出既不同于共存国际法,又不同于合作国际法的特性:它以人的存在与全面发展为诉求,主要规定国家对个人、国际组织对个人的义务,主张约束国家行使主权的权利。正如亨金教授所指出的,"'人权运动'代表着国家间体系的各种假设发生了剧烈变革,预示着国际法的巨大变化。它反映了对人的价值而不是国家价值的崇尚,即使两者相冲突之时也是如此。它渗透到整体单一的国家内部,摧毁了近乎定律性质的传统,即:发生在一国内部的事务,以及一国政府在自身领土内如何对待自己的国民,一概与其他国家、国际体系或国际法无关"②。

应当指出的是,国际法三个规范板块的先后形成,并不意味着它

---

① Ernst-Ulrich Petersmann, *The GATT/WTO Dispute Settlement System: International Law, International Organizations and Dispute Settlement*, Kluwer Law International, 1997, p. 7.

② [美]路易斯·亨金:《国际法:政治与价值》,张乃根等译,张乃根校,中国政法大学出版社2005年版,第254页。

们的历史更迭,合作国际法与人权国际法等现代国际法的新发展并没有使传统的共存国际法退出历史的舞台。相反,它在当今国际法体系中取得了类似公理的地位,是其他国际法规范板块产生与发展的基础。"这些准则不管各个国家是否同意,对它们都有约束力。因为若没有这类准则,就根本无法律秩序可言,或至少没有调节多国体系的法律秩序。"①可见,国际法发展到今天,虽然其调整对象已扩展到国家与国际组织、国家与个人等纵向关系,但调整主权国家之间的横向关系,仍然是它的基本任务。以国家为界面,上至国家组成的国际社会,下达构成国内社会的个人,今天的国际法体系实际上是一个三个规范板块同时并存的结构体系。

事实上,《联合国宪章》作为现代国际法最重要的渊源,就是三个国际法规范板块体系性存在的最权威说明。首先,《宪章》几乎原封不动地保留了威斯特伐利亚体制,重申了国家主权平等、不干涉内政等传统国际法的基本原则,从而延续了共存国际法的存在。"国际社会是由传统的国家间外交关系,即'共存'关系体制所代表的。联合国,至少是就其主要的政治机构即大会和秘书处来说,本质上是这种传统'国际'社会的制度化延伸。"②其次,《宪章》确立了和平、安全、发展等新的国际法理念,规定了禁止使用武力、促进国际合作等新的国际法基本原则,从而为合作国际法的产生与发展奠定了基础。第三,《宪章》"重申基本人权,人格尊严与价值,以及男女与大小各国平等权利之信念",并将"增进并激励对于全体人类之人权及基本自由之尊重"作为联合国的宗旨之一,无疑为人权国际法的诞生准备了条件。可

---

① ［美］汉斯·摩根索:《国际纵横策论——争强权、求和平》,卢明华等译,上海译文出版社 1995 年版,第 352 页。

② Wolfgang Friedmann, *The Changing Structure of International Law*, Columbia University Press,1962,p. 37.

见,《宪章》的独特架构"不仅仅是对第二次世界大战进行总清算,而且在整个国际社会和成员国间创建了一种持续进行的、不断发展的关系"①,为三个国际法规范板块的体系性存在与发展提供了依据。

但是,由于历史的原因,《宪章》虽证实了国际法三个规范板块的体系性存在,却没有确立协调三个板块之间关系的原则与方法。因此,依《宪章》形成的国际法规范板块体系,并不是很严密。在这个体系中,不仅在传统的共存国际法与包括合作国际法和人权国际法在内的现代国际法的新发展之间存在着冲突,而且在现代国际法的新发展之间,即在合作国际法与人权国际法之间也存在着冲突。随着国际法体系的进一步扩展和在国际社会的同时适用,这些冲突必然凸显出来,并成为影响国际关系稳定发展的消极因素。近些年来,国际社会存在的维护主权与保护人权之间的制度困境,关于人道主义干涉合法性的激烈争论,以及世界贸易组织法与国际环境法、国际人权法之间的冲突等,都是国际法规范板块体系不和谐的反映。

当然,国际法三个规范板块之间的矛盾并不是不可调和的,关键在于国际法的制定者,即主权国家在特定领域和事项上的价值取向与善意合作。虽然国际法的三个规范板块所承认与保护的利益不同,但它们归根结底都是依国家同意而产生的;合作国际法与人权国际法的发展及其地位的提高虽然给国际法带来了结构与功能的重大变化,但却没有改变国际法依国家同意而产生的本质属性。就国际法与国家主权的关系来说,不论是强调维护国家行使主权权利的共存国际法,还是要求让渡国家行使主权权利的合作国际法,抑或是主张约束国家行使主权权利的人权国际法,归根到底都是国家行使主权的结果,都

---

① Constance Jean Schwindt, Interpreting the United Nations Charter: From Treaty to World Constitution, *U. C. Davis Journal of International Law & Policy*, Vol. 6, 2000, p. 209.

是国家之间基于各自利益考量而进行意志协调的产物。因此，只要国家以善意的态度作出具有法律意义的努力，国际法三个规范板块之间的冲突就一定能够得到缓解。

四、结论

综上可以得出以下几点认识：

1. 国际法体系是一个开放的动态体系。国际法与国内法一样，"虽然也具有一定的稳定性，但稳定是相对的，而其发展则是绝对的"①。因此，现存的国际法体系不仅是国际法历史演变的结果，而且还是国际法未来发展的起点。当然，相对于国内法体系来说，这个体系还不够完善，也不够严密。但正因为这样，它为国际法的未来发展留下了广阔的空间。

2. 国际法的体系结构是有层次的。以国际法规范作为结构单元，国际法的体系结构包括国际法规范的形态结构、部门结构和板块结构等三个层次。它们依次递进又相互联系，前一层次的结构是后一层次结构的微观基础，后一层次的结构又构成前一层次结构的宏观背景，由此，便形成了国际法规范的立体结构网络。

3. 不同形态、不同部门、不同板块的规范只有结合成为一个功能协调、结构优化的规范体系，才能最大限度地提高其适用效率。就现实情况而言，国际法显然还不是这样一个理想完善的规范体系。由国际社会的结构特点所决定，国际法的体系结构相对分散，规范间的冲突难以避免，不同规范之间的关系由于缺乏权威界定而处于不确定状态。从纯法律技术角度努力提高国际社会的造法水平，国际法的上述

---

① 梁西：《国际组织法（总论）》，武汉大学出版社 2001 年修订第 5 版，第 335 页。

缺陷固然可以得到一定补救,但从根本上讲,这是一个国家协调的问题,而不是国际法自身所能解决的。国际法规范之间的相互协调,国际法体系的结构优化,只有通过国家间的协调才能真正实现。从这一意义上来说,国际法体系的结构问题并非是单纯的理论问题,而是具有重要实用性和政治意义的课题。

第五章
国际法作为治国之法的中国
主张和制度实践

　　"依法治国"中的"法"是否包括国际法？或者，国际法是否是治国之法？这是法学界，特别是国际法学界讨论的热门话题，也是当下法治中国建设实践中的重大理论问题。在全面推进依法治国的进程中，对这个问题作出肯定的法理回答和适当的制度安排，不仅有利于提升中国在国际法治中的话语权和影响力，也是建设社会主义法治体系的题中应有之义。

一、国际法作为治国之法的中国主张

　　党的十八届四中全会于 2014 年 10 月 23 日通过的《中共中央关于全面推进依法治国若干重大问题的决定》（以下简称《决定》）指出："法律是治国之重器，良法是善治之前提。"从解释论的角度分析，这里的"法律"，不仅是指国内法，还包括国际法，它们都是当今世界被称为法律的规则体系，二者同是国家意志的产物。从这个意义上说，国际法实际上已被《决定》纳入治国之法的范围。正因为如此，《决定》要求"积极参与国际规则制定，推动依法处理涉外经济、社会事务,增强我国在国际法律事务中的话语权和影响力,运用法律手段维护我国主权、安全、发展利益";习近平总书记也在2014年11月28日至29日召开的中央外事工作会议上指出,我们观察和规划改革发展,必须统筹考虑和综合运用国际国内两个市场、国际国内两种资源、国际国内两类规则。① 可见,将国际法作为治国之法,已成为中国党和政府治国理政的重要主张。这种主张作为全面推进依法治国方略的重要内容,体现了建设法治中国的开放思维和国际视野,具有深远的实践意义。

第一,将国际法作为治国之法,是善意履行国际义务的诚信表现。

"善意履行国际义务"是国际法上的"诚信原则",也是国际社会公认的国际法基本原则。根据这一原则,国家对其依习惯和条约承担的有效的国际义务,必须诚信履行。缘此,国家不仅不能以国内法改变国际法,更不能援引国内法作为不遵守国际法的理由;相反,它必须将国家同意受其拘束的国际法作为治国之法,使其在对内和对外活动中得到有效实施。

国际社会是一个以平权为基础的水平结构社会,在国家之上不存在国内社会那种具有强制管辖权的执行机关和司法机关来保证国际法的遵守和执行。国际法律秩序的有效性和稳定性,在很大程度上取决于各国,特别是作为国际社会成员的大国,对国际法的遵守和国际义务的善意履行。因此,"约定必须遵守"很早就是习惯国际法的一项重要原则,《联合国宪章》重申了这一原则,不仅在序言中明确强调各会员国应"尊重由条约及国际法其他渊源而起之义务",而且在第2条第2款中特别规定:"各会员国应一秉善意,履行其依本宪章所担负之义务,以保证全体会员国由加入本组织而发生之权益。"继《宪章》之

---

① 《中央外事工作会议在京举行》,载《人民日报》2014年11月30日第1版。

后,一些重要的国际条约和国际组织的决议也强调这一国际法基本原则。例如,1969 年《维也纳条约法公约》第 26 条规定:"凡有效之条约对其各当事国有拘束力,必须由各该国善意履行。"1970 年联合国大会通过的《国际法原则宣言》规定:"每一国均有责任一秉诚意履行其依联合国宪章所负之义务。每一国均有责任一秉诚意履行其依公认之国际法原则与规则所负之义务。每一国均有责任一秉诚意履行其在依公认国际法原则与规则系属有效之国际协定下所负之义务。"此外,这项原则还得到了一系列国际司法判例的认可。

中国是联合国安理会常任理事国,也是最大的发展中国家,对维护国际法律秩序的有效性和稳定性负有重要的责任。因此,在处理国内国际事务时遵循国际法和国际关系准则,诚信履行依国际法承担的国际义务,这是我国作为负责任大国所应有的国家形象,也是法治中国在国际关系中的必然体现。

第二,将国际法作为治国之法,是顺应现代国际法发展要求的重要举措。

传统国际法以规范各国管辖权为重点,主要调整国家间的政治关系,在主权原则下,国家的行动自由事实上是不受限制的。国家不仅可以完全自由地决定其国内立法的进程与范围,甚至可以通过彼此之间的协定随时更改一般国际法的规则。

与传统国际法不同,经过两次世界大战发展起来的现代国际法使国家原本不受限制的行动自由日益受到了限制。

首先,随着国际关系的不断发展,现代国际法的客体出现了迅速扩大的趋势,过去属于国内法调整的一国内部社会关系越来越多地被纳入国际法的管辖范围,产生了数量众多的对国内法律制度具有约束力的条约。国家通过习惯和条约不仅为自己也为国际组织、法人及个人等非国家行为体设立权利和义务,从而使国际法"成为国家规范和调整任何社会关系包括传统上不属于国家间范畴的关系的手段"[1]。

其次,强行法概念的确立和国际强行法规范的不断增加,使国际法过去那种完全由任意规范组成的结构得到改变,国家的缔约自由受到了极大的限制。根据 1969 年《维也纳条约法公约》第 53 条和 64 条的规定,国际强行法规范是"国际社会全体接受并公认为不许损抑且仅有以后具有同等性质之一般国际法规律始得更改之规范",具有最高的绝对效力,任何与之相抵触的条约都归于无效。违反这类规范的行为是一种严重的国际不法行为,应依国际责任法承担相应的法律后果。

最后,国际责任制度的完善和国际法实施机制的逐步建立,使国际不法行为的确认和制裁成为可能,从而增强了国际法的有效性。自 1900 年常设国际仲裁法院成立以来,国际性的司法机关大量出现,迄今已有包括国际法院、世界贸易组织争端解决机构在内的 90 多个国际机构通过条约或者特别程序被国家授予解释和适用国际法的职权。[2] 与此同时,现代国际法中的条约监督机制也得到了相当的发展。这类监督机制一般根据多边条约建立,并有常设机构根据条约规定的程序开展连续性活动,其目的是监督和保证条约的实施,促使缔约国有效地履行其条约义务和遵守条约规则。所有这些都表明,"通过违反义务的国家之外而代表国际社会的一个机构来强制执行国际法,是有一项公认的国际法原则为根据的"[3]。因此,尽管国际法至今仍然在广泛领域给予国家以很大程度的行动自由,但这种自由已不都是无限

---

[1]　孙世彦:《中国的国际法学:问题与思考》,载《政法论坛》2006 年第 4 期。

[2]　Shane Spelliscy,The Proliferation of International Tribunals:A Chink in the Armor,*Columbia Journal of Transnational Law*,Vol. 40,2001,p. 146.

[3]　[英]詹宁斯、瓦茨修订:《奥本海国际法》(第九版)第 1 卷第 1 分册,王铁崖等译,中国大百科全书出版社 1995 年版,第 7 页。

制的自由，它们源自国际法上的法律权利，必须在国际法的框架内受到制约。

现代国际法在限制国家行动自由方面所取得的上述进展，为国家处理对内对外事务提供了制度框架。因此，我国在制定和实施本国的治国之法时，须考虑我国接受的国际法对国家行动自由的限制。尽管理论上我国可以基于主权原则排除国际法的适用，但在实践中，如果这样做了，则可能在政治、经济、外交、军事等方面构成国家发展的障碍，并对国家形象产生负面影响。

第三，将国际法作为治国之法，是坚持走和平发展道路的理性选择。

和平与发展是当代世界的两大主题，也是国际法追求的两种基本价值。二者互为目的和手段。没有世界和平，不可能有各国的发展；没有各国的发展，不可能有世界持久的和平。因此，在二战废墟上建立起来的联合国和以《联合国宪章》为基础发展起来的现代国际法，非常注意二者之间的平衡：一方面，以维持国际和平与安全为首要宗旨，强调在主权平等基础上发展各国间友好关系，将和平解决国际争端、禁止非法使用武力确立为各国必须遵守的国际关系准则，建立了集体安全、军备控制和裁军以及惩治战争和侵略罪行等和平制度，从而在主权范围内排除了国家通过非法使用武力获得发展的权利；另一方面，以增进国际合作，促进各国的经济、社会、文化和人的全面发展为重要目的，强调通过平等基础上的国际合作和对基本人权的尊重，消除引起战争的经济及其他因素，形成了国际发展法、国际经济法、国际人权法等一系列新的国际法部门，从而在广泛领域内赋予了国家通过合作获得发展的权利，其结果是以共存法、合作法和人权法为主要元素的现代国际法体系得以形成和发展。

二战后国际社会"以法律代替战争"的上述努力，虽然没有消除局部战争，但却保持了世界近70年的整体和平，进而为各国的发展提供了重要的机遇和制度资源。一些原来欠发达国家正是因为把握了这种机遇,利用了这种资源,很快就进入了发达或中等发达国家的行列。历史已经证明:国际法作为一种国家间的交往范型,不仅有利于国家对自我行为进行理性控制,而且有助于国家对他国行为进行合理预测,从而使每个国家在既定秩序和规则中获得平等和自由、安全和发展。因此,尽管威胁和平的因素至今仍然存在,但人类用鲜血和生命换来的世界整体和平,却在不断地提醒着人们:只有各国共同遵守国际法和《联合国宪章》确立的国际关系准则,才能实现世界和平,促进各国共同发展。

中国人民对战争带来的苦难有着刻骨铭心的记忆。消除战争,实现和平,是近代以后中国人民最迫切、最深厚的愿望。因此,新中国成立不久,中国政府即提出了和平共处五项原则。改革开放后,面对国际社会对中国崛起所产生的猜忌和疑虑,中国又提出了和平发展战略,向世界作出永远不称霸、永远不搞扩张的庄严承诺。可以说,走和平发展道路,既是中国人民从近代以后苦难遭遇中得出的必然结论,也是中国政府顺应当今世界潮流的理性选择。中国将以符合国际法的和平方式实现自身的发展,同时也将以自身的发展成为促进和维护世界和平、推动国际法律秩序变革的重要力量。正因为如此,《决定》强调:在全面推进依法治国的进程中,既要运用包括国际法在内的法律手段处理涉外经济、社会事务,维护我国的主权、安全和发展利益,维护我国公民、法人在海外及外国公民、法人在我国的正当权益;又要积极参与国际规则的制定,增强我国在国际法律事务中的话语权和影响力。可见,我国的和平发展战略,从根本上说,是与我国的依法治国方略相一致的。这种一致性表明,将国际法作为治国之法,既是共创和谐世界的外在需要,也是建设法治中国的内在要求。这种外在需要和内在要求的统一,正是国际法作为治国之法的现实基础。

总之,将国际法作为治国之法的中国主张表明,我国既是国际法

律秩序的建设者和维护者,也是推动国际法律秩序朝着公平正义方向
变革的重要力量。因此,将这一主张变为具体的制度实践,不仅可以
完善中国特色社会主义法治体系,更可为推动国际法治、促进世界和
平作出中国应有的贡献。

二、国际法作为治国之法的国内接受

国际法是国际社会的行为准则,虽然与国内法一样,同是国家意
志的产物,但毕竟是两个不同的法律体系,其效力原则上只及于作为
国际法主体的国家,一般不能直接及于国家内部的机关和个人。根据
国家主权原则,国家机关所适用的是国内法,而不是国际法。因此,将
国际法作为治国之法,前提是将国家同意受其拘束的国际法接受为国
内法,使其成为国内法的组成部分。

从世界各国的实践看,习惯国际法的国内接受,一般采用并入的
方法,即通过宪法或法律或司法判决,将习惯国际法自动、长期地纳入
国内法律体系。但是,对于条约国际法,则有两种不同的接受方法:①

一是转化。这种方法不承认条约在国内法上的直接效力,条约规
定须经国家立法机关按法定程序将其转变为国内法后方能在国内适
用。按照这种方法,条约国际法的国内接受一般是以个案的形式实现
的,它虽然具有条约适用的针对性,有利于维护国家立法机关的权威,
但稳定性不足,具有临时性的特点,而且不利于维护条约在国际法上
的权威性。采用这种方法的国家以意大利和英国最为典型。然而,两
国据以采用这种方式的理由并不相同:前者受国际法与国内法关系的

---

① Antonio Cassese, *International Law*, 2nd edition, Oxford University Press, 2005, pp. 220-221.

二元论影响,将"议会授权总统批准条约"与"议会命令执行条约"分为两种不同的立法行为,经议会授权总统批准的条约,只发生国际法上的效力,必须经议会命令执行后,才被接受为意大利的国内法;后者则是为了防止行政机关在未得到国会同意的情况下通过缔结条约代替国会立法,以加重国内公民的义务,因此,按照英国判例法,条约即使已由政府缔结或批准,仍须国会就该项条约通过一项特定法案后,才能在英国法院适用。

二是并入。这种方法承认条约在国内法上的效力,条约规定无须转变为国内法,即可作为国内法的一部分而在国内机关予以适用。例如,《美国宪法》第 6 条第 2 款规定:在美国的权力下缔结的一切条约,与美国宪法和根据宪法制定的法律一样,都是美国的最高法律,它们由总统公告后,有关机关必须予以执行。与转化法相比,这种方法是以一种整体的形式将条约接受为国内法的,它虽然弱化了条约国内适用的针对性,但降低了国家的立法成本,具有长期性、稳定性等特点,有利于维护条约在国际法上的权威性。

从我国现有的法律和实践来判断,凡是我国缔结或参加的国际条约,均无须另外通过立法机关将其转化为国内法即可成为我国法律体系的组成部分,也就是说,我国将条约接受为国内法的方法是并入法。

根据我国《宪法》第 62 条、第 67 条、第 80 条、第 81 条和《立法法》《缔结条约程序法》两个宪法性法律的规定,我国国内法的立法权限和程序与我国的缔约权限和程序是统一的,[①]不存在立法权与缔约权相分离的制度安排,也没有将"批准条约"和"命令执行条约"视为两种不

---

① 　根据《中华人民共和国宪法》第 62 条、第 67 条、第 80 条、第 81 条的规定,全国人民代表大会及其常务委员会统一行使制定法律和决定批准或废除条约的权力,国家主席根据全国人民代表大会及其常务委员会的决定公布法律和批准或废除条约。

同的立法行为。据此可以推定：我国缔结或者参加的国际条约在我国具有与国内法同等的效力，是国内法的一部分。

我国许多法律有关适用条约的规定，都包含着根据国际法对我国生效的国际条约"已被并入我国法律体系"的前提和假定。例如，《民法通则》第 142 条规定："中华人民共和国缔结或者参加的国际条约同本法有不同规定的，适用该国际条约的规定，但中华人民共和国声明保留的条款除外。"根据上述规定，中国缔结或参加的国际条约，除"声明保留的条款"外，都应当在我国适用。

我国的一系列司法解释表明，中国缔结或参加的国际条约无须立法机关的转化即可由法院予以适用。例如，1987 年 4 月 10 日《最高人民法院关于执行我国加入的〈承认及执行外国仲裁裁决公约〉的通知》指出："第六届全国人民代表大会常务委员会第十八次会议于 1986 年 12 月 2 日决定我国加入 1958 年在纽约通过的《承认及执行外国仲裁裁决公约》，该公约将于 1987 年 4 月 22 日对我国生效。各高、中级人民法院都应立即组织经济、民事审判人员、执行人员以及其他有关人员认真学习这一重要的国际公约，并且切实依照执行。"

我国一系列行政机关的文件和外交声明，表明对中国生效的条约，是中国法律体系的一部分，不需要立法机关的转化程序。例如，国务院《归侨侨眷权益保护法实施办法》（2004）第 26 条规定："我国驻外国的外交（领事）机构根据我国缔结或者参加的国际条约或者国际惯例，保护归侨、侨眷在境外的合法权益。"1990 年 4 月，中国代表在联合国禁止酷刑委员会上，就中国政府提交的《执行〈禁止酷刑和其他残忍、不人道或有辱人格的待遇或处罚公约〉的报告》作出声明："根据中国的法律制度，中国缔结或者参加的国际条约，要经过立法机关批准或国务院核准程序，该条约一经对中国生效，即对中国具有法律效力，我国即依公约承担相应义务。"

但是，从上述法律和实践中归纳出的"我国将国际法接受为国内法的方法为并入法"的结论,在我国的宪法和法律中并没有明确规定,它在大多数情况下只是一种推定,而且这种推定本身也只具有个案的意义,不具有普遍性、权威性和可预见性,难以满足建设社会主义法治体系的统一性要求。此外,对于如何将习惯国际法接受为国内法的问题,我国的现有宪法、法律和司法解释至今没有明确规定和说明。因此,我国学者早就呼吁:"在依法治国的制度建设中,应当在宪法里对国际习惯和我国缔结或者参加的国际条约在中国法律体系中的地位作出明确的规定。"①

宪法是国家的根本大法,体现着主权者的最高意志,在国家的整个法律体系中居于主导和核心地位,具有最高的法律权威和法律效力。通过宪法将国际习惯和对中国生效的国际条约整体地接受为国内法,明确规定它们是中国法律的一部分,无论在理论上还是在实践上都是必要的。首先,这有利于尊重和维护国家的主权者地位。国际法虽然是依国家同意产生的,但与国内法相比,它体现的不是单一主权者的意志,而是众多主权者的协调意志,其内容具有限制主权的意义。如果国际法不经体现主权者最高意志的宪法的授权即可由国内机关适用的话,那就意味着国内机关对国家主权者地位的超越,是对国家最高统治权的损害。其次,这不仅是对我国现有法律和实践的承认和尊重,更体现了依法治国首先是依宪治国的基本要求,可以为国际法作为治国之法提供最权威和最根本的保障,从而增强法律体系的完备性和法治体系的统一性。再次,在中国共产党已经主张将国际法作为治国之法的条件下,这可以使党的主张通过法定程序成为国家的最高意志,从而为改革与开放的统一、内政与外交的协调提供以宪法

---

①　刘楠来:《国际法:依法治国中不可或缺的部分》,载《学习时报》2007 年 10 月 8 日第 5 版。

为核心的制度保障。因此，在修改宪法时，增加将国际法整体接受为国内法的规定，对于完善中国特色社会主义法治体系，无疑具有重要的意义。

三、国际法作为治国之法的补充立法

国际法通过宪法被统一接受为国内法后，是否还需要补充立法，才能由国内司法或行政机关予以适用，这是将国际法作为治国之法必须解决的重要问题。在习惯国际法被国家视为本国法律的一部分并可直接适用的情况下，这个问题在很大程度上其实就是条约的国内适用是否需要补充立法的问题。

条约的国内适用是否需要补充立法，各国有不同的做法。美国的判例法形成了"自动执行条约"和"非自动执行条约"的条约分类。所谓自动执行条约，是指条约经国内接受后，无须用国内立法予以补充规定，即可由国内司法或行政机关予以适用的那类条约；所谓非自动执行条约，是指条约经国内接受后，尚须国内立法予以补充规定，才能由国内司法或行政机关予以适用的那类条约。继美国之后，除了采取转化法接受条约为国内法的国家外，①荷兰、法国、德国、瑞士、墨西哥等采用并入法接受条约为国内法的国家，几乎都接受了这种区分自动执行条约和非自动执行条约的做法。因此，就条约而言，只有需要补充立法的条约，才被视为非自动执行的条约。

但是，条约在什么情况下需要补充立法，或者说，在什么情况下确定条约为非自动执行条约，目前国际社会尚无一致标准，从一些国家

---

① 因为在这些国家，凡已转化为国内法的条约都可以由司法或行政机关适用，而未转化为国内法的条约则都不能适用，所以无须作出自动执行条约和非自动执行条约的区分。

的实践看,对条约是否需要补充立法的确定,一般取决于以下两个方面的因素:

一是条约自身的适用属性。条约作为国家间的一种契约,客观上具有可直接适用和不可直接适用两种属性。对于可直接适用的条约或条约规定,原则上都应将其纳入自动执行的范围,无须补充立法即可由国内司法或行政机关予以适用。但是,对于不可直接适用的条约或条约规定,则只能将其纳入非自动执行的范围,在司法或行政机关执行之前,必须先由立法机关执行。在条约实践中,这类具有不可直接适用性的条约或条约规定,大致有以下几种情况:(1)有些条约明文规定缔约国须以立法执行该条约,因此,补充立法成为缔约国必须承担的条约义务。例如,《防止及惩办灭种罪公约》第 5 条规定:"缔约国承允各依本国宪法制定必要之法律以实施本公约各项规定。"(2)有些条约虽然没有明文规定缔约国以补充立法执行该条约,但从条约规定中可以推定缔约国有补充立法的意思表示。(3)有些条约规定的权利义务只涉及缔约国政府本身,而与自然人或法人无关,例如《中苏友好同盟互助条约》。要把这些条约的效力扩及自然人和法人,就需要补充立法予以规定。(4)有些条约,例如世界贸易组织的《与贸易有关的知识产权协定》,虽然规定了自然人或法人的权利或义务,但其中有些规定只是原则性的,不够精细和具体,所以需要立法作补充规定。(5)有些涉及外国国民待遇的条约,只是规定了最低待遇标准。如果缔约国意图给予外国国民高于这个最低标准的待遇,或者在缔约国现有法律对外国国民提供的待遇低于这个最低标准的情况下,为了执行条约规定的最低标准,就需要补充立法。(6)有些条约的作准文本不是本国语文的文本,还须译成本国语文,并以法律予以公布。可见,"条约必须通过补充立法才能由国内机关适用",与"条约必须转化为国内法才能由国内机关适用",是两个不同的命题,应予区别清楚。如果说,条约的转化立法是从国际法到国内法的"跨界挪移",那么,条约的补充立法则是从国内法到国内法的"拾遗补阙"。

二是国家自身的利益考量。条约，特别是多边条约，往往是缔约各方利益博弈而达成妥协的结果，其达成的规定在有些情况下可能超越缔约国的经济、政治与社会发展水平，甚至导致对缔约方重大利益的损害。在这种情形下，即使条约自身具有可直接适用性，缔约国也需要补充立法加以变通，以缓解条约的国内实施可能带来的负面影响。因此，美国对自动执行条约和非自动执行条约的区分，虽然原则上是以条约自身的适用属性为根据的，但在实践中，"如果执行一项条约规定将挫败美国政府的外交政策目标，这项条约规定就不予执行"，即使是"联合国安全理事会的决议也被认为不是自动执行的协定"。[①] 所以，在美国，那些需要政府支付金钱的条约、规定关税的条约、需要改变现行国内法的条约、处分国家财产的条约、任命政府委员会的条约，都是非自动执行条约，需要国内的补充立法。[②] 可见，条约的直接适用性与条约的自动执行性是两个不同的概念："前者不过是条约自身所具有的客观品质，而后者则已融入了主权者意志的主观性，由此，前者只是使后者成为可能的前提和基础。"[③]

由于条约国内适用的补充立法，可在很大程度上体现条约当事国追求利益最大化的要求，实践中存在着滥用非自动执行条约概念的可能性。所以，这里必须指出，虽然非自动执行条约的概念在国际法上有其存在的合理性，但滥用这个概念以规避条约义务的履行，显然是对善意履行国际义务原则的违反，由此必须承担国际责任。

---

① ［英］詹宁斯、瓦茨修订：《奥本海国际法》(第九版)第 1 卷第 1 分册，王铁崖等译，中国大百科全书出版社 1995 年版，第 82 页。

② 李浩培：《条约法概论》，法律出版社 2003 年版，第 325 页。

③ 肖冰：《论我国条约适用法律制度的构建》，载陈安主编：《国际经济法论丛》第 5 卷，法律出版社 2002 年版，第 35 页。

　　我国虽然在法律上尚无自动执行条约和非自动执行条约的概念，但在适用条约的实践中事实上接受了自动执行条约和非自动执行条约这种区分。从我国立法和司法的实践来判断，条约在我国的适用方式，可以分为"直接适用"和"间接适用"两种。

　　(1)直接适用。按照这种方式，条约规定不需经过补充立法即可由国内机关予以适用。例如，1980年《中华人民共和国中外合资经营企业所得税法》第16条第2款规定："中华人民共和国政府和外国政府之间订有避免双重征税协定的，所得税的抵免，应当按照各该协定的规定办理。"又如，1985年《中华人民共和国继承法》第36条第3款规定："中华人民共和国与外国订有条约、协定的，按照条约、协定办理。"再如，1987年12月10日，最高人民法院转发并要求各级人民法院认真研究的对外经济贸易部《关于执行联合国国际货物销售合同公约应注意的几个问题》指出："目前已经参加公约的国家除中国外，还有美国、意大利、赞比亚、南斯拉夫、阿根廷、匈牙利、埃及、叙利亚、法国和莱索托等国家。…我国政府既已加入公约，也就承担了执行公约的义务，因此，根据公约第一条(1)款的规定，自1988年1月1日起我各公司与上述国家(匈牙利除外)的公司达成的货物买卖合同如不另做法律选择，则合同规定事项将自动适用公约的有关规定，发生纠纷或诉讼亦须依据公约处理。"因此，在上述规定的范围内，有关条约或协定无须补充立法即可直接在我国适用。

　　(2)间接适用。按照这种方式，条约规定须经补充立法后才能由国内机关予以适用。例如，我国于1975年和1979年分别加入《维也纳外交关系公约》和《维也纳领事关系公约》之后，先后于1986年和1990年分别制定了《外交特权与豁免条例》和《领事特权与豁免条例》。两条例在保持与两公约主要规定相一致的基础上，结合我国的实际情况，给予了外交官或领事高于公约相应规定的某些特权与豁免。又如，我国在加入世界贸易组织前后在相关领域所进行的大量立法(立、改、废、释)活动,虽然主要目的是保证我国的相关法律、法规和行政程序与世界贸易组织各协定所规定的义务相一致,但在很大程度上也具有补充立法的性质。因为在这些立法中,包含了对世界贸易组织各项协定中许多原则性、模糊性的弹性条款的补充规定。相对于各项协定中的刚性条款,这些弹性条款在我国的适用是经过补充立法后的适用。

改革开放以来,我国缔结或加入的双边和多边条约迅速增加。据外交部网站"政务公开与政府信息公开目录"栏目条约法律类资料的统计:从 1949 年至 1977 年,中国缔结和加入的多边条约仅为 32 项,而从 1978 年至 2012 年,则达到了 335 项;缔结的主要双边条约已超过 2170 多项。这些条约的缔结和加入,一方面"为我国改革开放的顺利进行和不断深化,加强和扩大与他国的友好合作关系以及推进国际和平与发展,实现人类福祉,提供了重要的国际法工具和保障"①,另一方面也增加了条约在我国适用的复杂性。如何在制度上明确区分自动执行条约和非自动执行条约,已成为建设社会主义法治体系的紧迫课题。实践已经表明,虽然条约国内适用的补充立法具有客观必要性,并且在一定范围内可以缓解条约实施对国家带来的不利影响,但如果不适当地扩大这种补充立法的范围,可能产生违反条约义务的后果,损害国家诚实信用的形象,而且可能导致对国家立法资源的浪费。因此,在依法治国的制度建设中,应当在适当的时候将自动执行条约和非自动执行条约的区分纳入《立法法》的规制范围,并在此基础上明确规定对条约进行补充立法的条件、权限和程序。

---

① 曾令良:《我国缔结条约法的理论与实践完善》,载《政治与法律》2014 年第 9 期。

四、国际法作为治国之法的效力位阶

国际法一旦被接受为国内法,它的国际法性质即得到改变而成为国内法的一部分。当把它作为治国之法而在国内予以适用时,可能发生国际法与同一事项的其他国内法之间的冲突。如何解决这种冲突,即在成为国内法的国际法与其他国内法之间如何确定它们的效力位阶,这是将国际法作为治国之法必须解决的又一重要问题。如果说,国际法作为治国之法的补充立法,是从内容方面解决国际法成为国内法后是否可以直接适用的问题,那么,国际法作为治国之法的效力位阶,则是在形式上解决国际法成为国内法后是否可以优先适用的问题。

按照国家主权原则,当国际法被一国接受为国内法后,它在该国法律体系内的效力位阶,原则上是该国按照自己的宪法实践自行决定的事项。正因为如此,各国对解决国际法与国内法冲突所实行的原则,各不相同。(1)就条约与国内法的关系而言,大多数国家采用条约的效力高于法律但低于宪法的原则。少数国家,例如美国,确认条约的效力低于宪法但与法律相同。还有个别国家,例如阿根廷,规定条约的效力不仅低于宪法还低于法律。但是,也有个别国家的宪法,例如荷兰,规定条约的效力不仅高于法律还高于宪法。(2)就国际习惯与国内法的关系而言,除很多国家对此未作规定外,有些国家的宪法明文规定国际习惯的效力高于国内法,例如,德国基本法第 25 条规定:习惯国际法是德国法律的一部分,其效力位于各项法律之上。另有不少实行成文法优先于不成文法的国家,规定国际习惯在国内适用中的效力低于国内法,例如,按照英国的判例法,如果国际习惯与议会制定的法律相抵触,议会制定的法律应居于优先适用的地位。

但是,根据善意履行国际义务原则,无论一国国内法如何规定国际法在其国内法律体系的效力位阶,各国都不得以宪法和其他国内法为理由而不履行国际法对其设定的义务。1949 年联合国国际法委员会根据联合国大会决议拟订的《国家权利和义务宣言草案》第 13 条规定:"各国应诚实地履行由条约和国际法其他渊源所起之义务,不得借口其宪法或法律之规定而不履行此种义务。"《维也纳条约法公约》第 27 条明确规定:"一当事国不得援引其国内法规定为由而不履行条约。"在"希保少数民族'社团'问题"的咨询意见中,常设国际法院确认:"在同为一条约缔约方的大国间关系中,国内法的规定不能优于条约的规定,这是一项普遍承认的国际法原则。"①因此,根据国际法,国家负有使其包括宪法在内的国内法符合国际法所规定义务的一般性义务。如果一国对国际法效力位阶的规定妨碍了该国履行这种一般性义务,使该国的司法或行政机关不能适用该国接受的国际法,或者适用了与该国接受的国际法相冲突的任何国内法,该国都必须为此在国际法上承担责任。正是在这个意义上,李浩培说:"《荷兰宪法》在条约与国内法的关系上规定了最先进的制度,如果在实践上得到贯彻,将积极影响国际法的发展。"②因为,按照 1983 年《荷兰宪法》第 94 条的规定,条约的效力不仅优于荷兰的法律,而且也优于荷兰的宪法。

中国是联合国的创始成员国和联合国安理会的常任理事国,也是 1969 年《维也纳条约法公约》的当事国。中国有义务按照《联合国宪章》和《维也纳条约法公约》所确立的善意履行国际义务原则来处理国际法在中国法律体系中的效力位阶问题。就现有法律和实践看,中国对这个问题的处理在总体上保证了国际法在中国的有效实施。

首先,中国一系列法律、法规、行政决定和司法解释有关适用条约

---

① P. C. I. J. ,Ser. B. No. 17,1930,p. 32.

② 李浩培:《条约法概论》,法律出版社 2003 年版,第 331 页。

的规定表明,"我国在条约与国内法关系问题上采取的是'优先适用条约规定'的一般立场"①。例如,中国《民法通则》《民事诉讼法》《行政诉讼法》等许多单行法律,都有这样的规定:"中华人民共和国缔结或者参加的国际条约同本法有不同规定的,适用该国际条约的规定,但中华人民共和国声明保留的条款除外。"1995年6月20日《外交部、最高人民法院、最高人民检察院、公安部、安全部、司法部关于处理涉外案件若干问题的规定》指出:"处理涉外案件,在对等互惠原则的基础上,严格履行我国所承担的国际条约义务。当国内法或者我内部规定同我国所承担的国际条约义务发生冲突时,应当适用国际条约的有关规定(我国声明保留的条款除外)。各主管部门不应当以国内法或者内部规定为由拒绝履行我国所承担的国际条约规定的义务。"最高人民法院在2000年4月17日发布的《关于审理和执行涉外民商事案件应当注意的几个问题的通知》中指出:"对我国参加的国际条约,除我国声明保留的条款外,应予优先适用。"因此,虽然我国宪法还缺乏条约优先的规定,但是,如此多的法律、法规规定条约优先的原则,如此多的司法解释坚持条约优先的立场,而且从未有过相反的立法和司法解释,这就足以表明,我国实行的是"条约优于法律"的一般原则。②

其次,虽然中国的宪法和法律至今未对习惯国际法在中国法律体系中的效力位阶作出明文规定,但从中国有关坚持按照公认的一般国际法和国际关系准则处理国际问题的一系列声明以及中国宪法有关坚持和平共处五项原则的规定来看,中国遵守习惯国际法的立场是明确而坚定的。1982年《中华人民共和国宪法》在序言中规定:"中国坚持独立自主的外交政策,坚持互相尊重主权和领土完整、互不侵犯、互

---

① 万鄂湘等:《国际条约法》,武汉大学出版社1998年版,第192页。
② 赵建文:《国际条约在中国法律体系中的地位》,载《法学研究》2010年第6期。

不干涉内政、平等互利、和平共处的五项原则,发展同各国的外交关系和经济、文化的交流。"由于和平共处五项原则已被国际社会公认为处理国际关系的基本准则,具有习惯国际法的性质,因此,中国宪法对它们的承认,意味着这些习惯国际法规则在中国处于被宪法服从的地位。[①]

　　但是,正如前述所及,我国对国际法在国内法律体系中的效力位阶问题的处理,还有一些不足,同一些法治化程度较高的国家相比,存在着一定的差距。因此,在全面推进依法治国的制度建设中,应当在承认现有法律实践的基础上,建立健全我国有关国际法与国内法关系的宪法制度。(1)《民法通则》等单行法律的条约优先条款,只适用于各法律所涉及的领域,不具有普遍适用意义。因此,需要在《宪法》或宪法性法律中对条约优于法律原则予以明文确认。(2)虽然我国《民法通则》等民商事领域的法律法规有"中华人民共和国法律和中华人民共和国缔结或者参加的国际条约没有规定的,可以适用国际惯例"的规定,但这里的"国际惯例"主要是指国际商业通行做法,而不是指作为国际法形式渊源之一的国际习惯,而且其"可以适用"的表述意味着这种国际惯例的效力既低于国际条约也低于国内法律,只在国际条约和国内法律没有规定的领域或事项上起着补充或补缺的作用。如果将其等同于国际习惯,那就意味着我国同一些实行成文法优于不成文法原则的国家一样,在这些领域实行了国内法律优于国际习惯的原则。而适用这种原则的结果可能使我国处于违反习惯国际法的境地。因此,宪法应当在承认国际习惯是我国法律体系一部分的基础上,明文规定国际习惯具有高于我国法律的效力。(3)国际法(包括条约和

---

　　① ［奥］阿·菲德罗斯等:《国际法》(上册),李浩培译,商务印书馆 1981 年版,第 146 页。

国际习惯)与宪法的效力关系,是将国际法作为治国之法必须解决的重大而敏感的问题。在国际法不断强化协调各国宪法功能的今天,我国宪法应当在适当时候将国际法优于国内法原则的适用范围,从法律扩展至宪法本身。

五、结语

国际法依国家同意而产生,它只对已经同意的国家具有约束力。这是"国际政治体系的公理"①。根据这一公理,一国将其同意的国际法作为治国之法,往往是该国在国际关系中遵守诚信原则的体现,是该国基于自身利益考量而行使主权的结果。因此,是否构成对国家主权和国家利益的损害,不在于是否将国际法作为治国之法,而取决于国家对国际法的同意是否反映了本国人民的意志、得到了本国人民的拥护。为了防止作为治国之法的国际法对我国主权、安全和发展利益的损害,我国必须按照健全立法体制机制的要求,进一步完善我国的缔约体制机制。

---

① 〔美〕路易斯·亨金:《国际法:政治与价值》,张乃根等译,张乃根校,中国政法大学出版社 2005 年版,第 36 页。

第二编

国际法发展的整体解构

第六章
国际法发展的轨迹

　　国际法不仅存在着，而且形成并发展着。存在是发展的结果，发展是存在的继续。存在与发展的统一，形成了国际法发展的轨迹。这种轨迹反映了国际社会的结构及其变化，不以人们的主观意志为转移，是国际法自身发展的不可逆转的趋势。认识和把握国际法发展的这种趋势，对于现代国际法的完善与发展无疑具有理性的指导作用。

一、从战争法到和平法：国际法管制重心的转移

　　国际法是从战争中产生的。可以说，20世纪以前的国际法主要就是战争法，所建立的国际秩序主要是关于战争的法律秩序。在这种法律秩序中，战争是解决国际争端的主要手段，国家拥有诉诸战争的绝对权利。因此，对战争本身的规制，成为国际法的重心。虽然1899年和1907年的两次海牙和平会议，名义上是为和平而召开的，但其成就却只是发展了中世纪以来形成的战争法规，完善了关于战争

程序、作战手段和战时人道主义保护的规定,形成了比较完整的战中之法。从 1856 年的巴黎会议到 1907 年的海牙会议,国际社会先后缔结了《关于海战的巴黎宣言》(1856 年)、《改善战地陆军伤病员待遇的日内瓦公约》(1864 年)、《禁止在战争中使用某些爆炸性或装有易燃物质的投射物的圣彼得堡宣言》(1968 年)、《陆战法规惯例公约》(1899 年)、《禁止从气球上投放爆炸物海牙宣言》(1899 年)、《禁止使用以散布窒息性或有毒气质为唯一目的之投射物的海牙宣言》(1899 年)、《禁止使用膨胀(达姆)弹的海牙宣言》(1899 年)、《日内瓦公约原则推行于海战公约》(1899 年)、《关于战争开始的公约》(1907 年)、《陆战和海战时中立国及中立人民的权利与义务公约》(1907 年)、《战时敌国商船地位公约》(1907 年)、《商船改充战舰公约》(1907 年)、《敷设自动水雷公约》(1907 年)、《战时海军轰击公约》(1907 年)、《海战时限制捕获权公约》(1907 年)、《设立国际捕获物法庭公约》(1907 年)、《日内瓦公约原则推行于海战公约》(1907 年)等有关作战规则、限制作战方法和作战武器,以及战时人道主义保护规则的一系列国际公约。这些国际公约所确立的原则和制度,以承认国家的战争权为前提,目的是使战争更有"秩序"和比较"人道"。

　　然而,战争本身就是不"人道"的。保留国家的战争权利,给人类带来的必然是深重的灾难。只有限制并废弃国家的战争权利,才能真正建立国际社会的人道主义秩序。在国际法上,对国家的战争权利第一次进行限制的是 1899 年缔结并经 1907 年修订的《海牙国际争端和平解决公约》。该公约要求各国尽量用和平方法解决争端,并约定在请求有关国家斡旋或调停重大争端以前,不发动战争。第一次世界大战结束以后缔结的《国际联盟盟约》进一步规定,国际争端在提交程序解决之前不得诉诸战争。然而,《海牙国际争端和平解决公约》和《国际联盟盟约》并没有全面禁止战争或废弃战争,只是对战争权的行使施加了一些条件限制。历史上第一个明确规定废弃战争权的国际条约,是 1928 年缔结的《巴黎非战公约》。该公约宣布"废弃战争作为实行国家政策之工具",并在第 2 条中规定:"缔约各方同意,它们之间可能发生的一切争端或冲突,不论其性质或起因如何,只能用和平方法加以处理和解决。"

但是,从现代国际法的观点来看,该公约并不是没有缺陷的。该公约虽然废弃了战争权,但却没有把非法使用武力的行为包括在内,从而给侵略国以一般使用武力为借口逃避公约制裁开了方便之门,这是一方面;另一方面,该公约没有规定侵略战争为国际罪行,无法对违约国追究战争责任。此外,由于公约不具有强行效力,非缔约国不受公约的约束,使公约的适用范围受到了较大的限制。①

在第二次世界大战废墟上孕育起来的《联合国宪章》把全面禁止战争的规定扩大到全面禁止非法使用武力。《宪章》第 1 条把"防止且消除对于和平之威胁,制止侵略行为或其他和平之破坏"列为联合国的第一宗旨,并在第 2 条中把"各会员国在其国际关系上不得使用威胁或武力,或以与联合国宗旨不符之任何其他方法,侵害任何会员国或国家之领土完整或政治独立"列为联合国及其会员国应该遵行的重要原则之一。至此,废弃战争权的努力,进一步扩展到了"以武力自助"的一切措施。其法律效果是,除《宪章》所规定的严格的自卫外,从主权范围内排除了使用武力之权。于是,以《宪章》为核心,国际法的重心由对战争本身的规制转向了对和平秩序的制度设计,"维持国际和平与安全"成为联合国与国际社会的第一要务。据统计,在《宪章》的 111 条规定中,"战争"一词没有出现过,而"和平"一词则反复出现了 45 次。这一方面说明,《宪章》已把战争包括在非法使用武力之内,列为当然禁止的范围;另一方面也表明,《宪章》的重点已不是对战争

---

① 梁西主编:《国际法》,武汉大学出版社 2000 年版,第 502 页。

本身的规制,而是基于两次世界大战的惨重灾难,对和平秩序的诉求。可以说,《宪章》就是一部"和平大法",在此基础上确立的原则与制度,构成了现代国际法中的和平机制。

1.主权平等与不干涉内政原则。主权平等是和平的基础与前提,没有国家之间的主权平等,就没有国际社会的和平。因此,为和平之目的,《宪章》"重申……大小各国平等权利之信念",把"发展国际间以尊重人民平等权利及自决原则为根据之友好关系,并采取其他适当办法,以增强普遍和平"列为联合国的宗旨之一,规定"各会员国主权平等"与"不干涉会员国内政"是联合国及其会员国应该遵守的基本原则。

2.和平解决国际争端原则。国际社会由主权国家组成,由于各国在政治、经济、文化方面存在差异,其意见分歧和利益冲突不可避免。国际实践反复证明,国际争端,不论是政治的、经济的,还是法律的、事实的,如果长期得不到解决均有可能发展成为武装冲突,甚至国际战争。国际争端只有通过和平解决,才能真正促进国际和平与安全;以战争、武力或武力相威胁等强制方法,不仅不能从根本上解决争端,反而会激化有关国家之间的矛盾,甚至导致争端扩大和升级,成为冲突和战争的祸根。因此,《宪章》第1条第1款规定,联合国的宗旨之一是"以和平方法且依正义及国际法的原则,调整或解决足以破坏和平之国际争端或情势",并在第2条中把"各会员国应以和平方法解决其国际争端,避免危及国际和平、安全及正义"规定为联合国及其会员国均应遵守的原则。根据这一原则,《宪章》专门规定了和平解决国际争端的程序和方法(第6章),并为此设立国际法院(第14章),从而完善并发展了包括外交方法与法律方法在内的一系列和平解决国际争端的方法和程序。

3.集体安全制度。《宪章》宣布:"欲免后世再遭今代人类两度身历惨不堪言之战祸",应"集中力量,以维持国际和平及安全"。为此,把"采取有效集体办法,以防止且消除对于和平之威胁,制止侵略行为或其他和平之破坏"列为联合国的第一宗旨。根据这一宗旨,《宪章》把维持国际和平及安全的责任赋予联合国安全理事会,并规定,安理会为履行该职责所作成的决定,不仅对联合国会员国,而且对非联合国会员国均有拘束力,对于安理会采取的集体行动,各会员国和非会员国均应予以协助。按照《宪章》的规定,安理会是联合国内唯一有权对"任何和平之威胁、和平之破坏或侵略行为之是否存在"作出判断,并决定采取包括军事行动在内的一切必要措施来"防止且消除对于和平之威胁,制止侵略行为或其他和平之破坏"的机构。在联合国安理会决定的集体措施中,如果能以"必要或合宜之临时办法"以及武力以外之其他办法(包括经济关系、铁路、海运、航空、邮、电、无线电及其他交通工具之局部或全部停止,以及外交关系之断绝)达到上述目的,则应尽量避免"空海陆军行动"。因此,联合国集体安全制度是禁止使用武力与和平解决国际争端两项原则的具体设计,它的立法意旨,不是"以牙还牙"的一般"报复",而是安理会在用尽和平方法以后,以合法使用的集体武力来对付个别国家非法使用武力的行为,以消除对和平之威胁和制止侵略。

4. 自卫权的法律规制。在习惯国际法中,自卫权是国家主权范围内的一项自然权利。但由于武力被禁止,这项权利在《宪章》中也受到了严格限制。解读《宪章》第 51 条的规定可以发现,国家自卫权的行使受到三个方面的限制:(1)自卫权行使的前提必须是受到了实际的武力攻击,如果只是受到了武力威胁或迫近的武力攻击,则应提请安理会注意,由安理会作出判断并采取行动;(2)作为自卫前提的武力攻击,必须是国家或由国家直接指示和控制的行为,非国家行为体自身实施的武力攻击行为,不能成为对一国行使自卫权的理由(《宪章》的隐含解释);(3)自卫只能在安理会采取集体行动之前进行,并应立即报告安理会,会员国因行使自卫权而采取的办法于任何方面均不得影响安理会依《宪章》采取的必要行动。因此,在《宪章》中,自卫只是禁止使用武力的例外,必须具有武力攻击这一合法前提;自卫只是集体安全制度的补救措施,必须接受集体安全制度的规制。任何违反上述三个方面限制的自卫,其合法性都是值得怀疑的。

5.裁减与控制军备制度。如果说集体安全制度是对战争和冲突之"流"的拦截,那么,军备控制和裁军制度则是对战争和冲突之"源"的控制。战争不能制止,国家安全没有保障,军备自然难以裁减;军备不能裁减,人们在弹药库下生活,又何谈安全与和平。裁减军备,可谓是为战争釜底抽薪,是维护人类和平的一个重要侧翼。在传统国际法中,由于战争是国家的绝对权利,因此军备是自由的。虽然限制军备的思想早已萌芽,但是依国际协议来限制军备的行动,则几乎到19世纪才开始,而且在相当一段时期内,多表现为双边条约的形式。与集体安全制度联系起来的普遍裁军,是从国际联盟开始的。《国际联盟盟约》规定,"为维持和平起见,必须减缩各本国军备至适足保卫国家安全及履行国际义务之最小限度"。此后的《联合国宪章》授权联大及安理会处理裁军问题。《宪章》第11条规定:"大会得考虑关于维持国际和平及安全之合作之普通原则,包括军缩及军备管制之原则;并得向会员国或安全理事会或兼向两者提出对于该项原则之建议。"第26条规定:"为促进国际和平及安全之建立及维持,以尽量减少世界人力及经济资源之消耗于军备起见,安全理事会……应负责拟具方案,提交联合国会员国,以建立军备管制制度。"几十年来,联合国在解决诸如全面禁止核试验、不扩散核武器和禁止生化武器等问题方面,发挥了积极的作用,先后建立了众多的裁军机构,缔结了《国际原子能机构规约》(1956年)、《不扩散核武器条约》(1968年)、《禁止生物武器公约》(1972年)、《禁止化学武器公约》(1993年),确定了无核国家放弃获得核能力的努力并接受国际检查,有核国家承诺与无核国家分享核能用于和平之技术成果并承诺裁军以及向无核国家提供核安全保证义务,以及禁止使用、研制、生产和储存进攻性的生物和化学武器等原则,并为此建立了国际监督机构和制度。

6.侵略定义与侵略罪行。根据联合国"维持国际和平及安全,并采取有效的集体办法,以防止并消除对于和平之威胁,制止侵略行为或其他和平之破坏"的宗旨,1974 年 12 月 14 日,联合国大会通过了《关于侵略定义的决议》。依据通过的侵略定义,侵略是指一个国家使用武力侵犯另一个国家的主权、领土完整或政治独立,或以定义所宣示的与《联合国宪章》不符的任何其他方式使用武力;侵略战争是破坏国际和平的罪行;侵略行为引起国际责任。这一虽不具有约束力但却具有宣示性的定义,在 1998 年缔结、2002 年生效的《国际刑事法院规约》中获得了法律上的确认。在该规约所列的四种严重国际罪行中,侵略罪就是其中之一。

以上原则和制度,不同于战争法的规则体系,它们不是关于战争的法律,而是有关和平的法律。从战争法向和平法的发展,这是传统国际法向现代国际法转变的一条重要轨迹,也是国际法发展的必然趋势。这种趋势反映了国际社会对战争残酷性的认识和对和平理想的期盼,是现代国际社会和平特征的法律表达。当然,和平法的形成与发展,并不意味着战争法的消失或退出,因为战争并没有因为和平法律秩序的形成而在世界上消失,毕竟,"以法律代替战争"的努力是有限度的。事实上,继前述战争法的编纂之后,1929 年、1949 年和 1977 年的三次日内瓦会议又进一步完善和发展了战争行为规则和战时人道主义法,缔结了《关于改善战时伤病员待遇的日内瓦公约》(1929 年)、《关于战俘待遇的日内瓦公约》(1929 年)、《改善战地武装部队伤病员待遇的日内瓦公约》(1949 年)、《改善海上武装部队伤病员及遇船难者待遇的日内瓦公约》(1949 年)、《关于战俘待遇的日内瓦公约》(1949 年)、《关于战时保护平民的日内瓦公约》(1949 年)以及《日内瓦四公约关于保护国际性武装冲突受难者的附加议定书》(1977 年)、《日内瓦四公约关于保护非国际性武装冲突受难者的附加议定书》(1977年),从而使战争法体系更加完备。

但是,应当指出,在战争权,特别是使用武力之权被废弃之后,战争法的继续发展是在和平秩序的诉求中实现的。战争权的废弃既是战争秩序的逻辑终点,又是和平秩序的逻辑起点。国际法从规制战争秩序的"战中之法"到维持和平秩序的"和平之法"的重心调整,实际上是一种限制和废弃战争权的法律进程。这一进程是国际法发展的一种客观趋势,是任何力量都改变不了的历史进程。

和平法作为现代国际法的最重要成果,是由两次世界大战中成千上万的生命与鲜血换来的。它的形成与实施,虽然没有消除战争,但却维持了世界半个多世纪的整体和平,避免了第三次世界大战的爆发。然而,在当代国际社会,由于国际政治力量的变化,这种用生命和鲜血换来的法律成果,却在受到不断的冲击和挑战。用武力强迫别国接受其本国的制度和价值观的霸权主义,奉行"先发制人"战略的强权政治,绕过联合国集体安全制度的单边主义,都是对国际关系和平法则的背道而驰。这些倒行逆施已经遭到并将继续遭到国际社会的普遍反对,并随着国际法治的完善而最终会受到惩罚。因为在战争与和平的政治决策中,选择和平已经是不可逆转的世界潮流。中国和平崛起战略的提出及其实践,正是对这一世界潮流的积极响应和智慧决策。

二、从共存法到合作法:国际法调整范围的扩大

"国际法的发展,往往是在侧重国家主权为一极与侧重国际秩序为另一极的矛盾天平上运行的。"[①]从共存国际法到合作国际法的转

[①]　邵沙平、余敏友主编:《国际法问题专论》,武汉大学出版社2002年版,第12页。

化,就是这一矛盾运动的结果。

　　传统的国际法是以规范各国管辖权为重点的共存法。它开始于近代国际法对国家间体制的法律化。中世纪后,国际社会经历了文艺复兴、宗教分裂、地理发现、产业革命等多种变革,封建制度逐渐崩溃,现代意义上的国家开始出现。新产生的国家为了加强势力,确保独立,特别强调主权,并确立了一种国家间的体制。与此同时,让·博丹(Jean Bodin)从理论上确立了国家主权学说,为这种国家间体制提供了思想基础。按照博丹的国家理论,主权是国家的绝对权力,不受法的制约。主权意味着对外独立,排除干涉,对内则是最高权力的象征。在此基础上,1648 年 10 月 14 日至 24 日缔结的《威斯特伐利亚条约》,从法律上确认并巩固了称为国家间体制的主权国家间的并存体制,并成为近代成文国际法发展的起点。按照该条约确立的国际法,国家相互独立并拥有绝对主权,在国家之间的关系上,未经国家同意,不承担任何义务,在主权的"保留范围"内权力行使不受任何限制,推至极端,战争权也在不受任何限制的国家权力之列。基于这种绝对主权的行使,两个国家甚至可以相互间随时协议更改一般国际法的规则及所规定的权利与义务。显然,传统国际法的这种法律秩序是一种"小范围的秩序",这种秩序常常因为"大范围的无秩序"而遭到严重破坏。[1]

　　经过两次惨不堪言的世界大战,国际社会普遍认识到:主权国家不仅并存着,而且相互联系着;国际社会不仅存在着分散的国家利益,而且还存在着整体的共同利益和基本价值,过分强调主权的绝对性,最终只能带来主权的破坏与人类的灾难。在这种认识的基础上,以《联合国宪章》为契机,国际法的触角逐渐伸入国家主权的保留范围,

---

　　[1]　[韩]柳炳华:《国际法》(上卷),朴永哲等译,中国政法大学出版社 1997 年版,第 32 页。

并随着科学技术的发展和国际社会的组织化,不断扩大着其规范调整的范围。于是,天平开始向另一极倾斜:由主权任意决定的保留范围在减轻分量,而由国际法加以规范的客体则有所增加。在主权平等基础上开展国际合作,成为国际社会成员必须遵循的国际法原则和必须履行的国际义务。过去以规范各国管辖权为重点的共存国际法,正在转化为进一步促进各国协调发展的合作国际法。[①]

国际法的上述发展态势,主要表现在以下三个方面:

首先,国际法基本原则的演变。国际法的基本原则是国际法的核心。它的演变,在很大程度上可以反映国际法发展的方向。[②] 近代国际法以主权独立国家的并存体制为特征,其基本原则主要强调国家主权、国家平等和内政不得干涉等内容。现代国际法在承继并发展这些基本原则的基础上,从保护国际社会整体利益和人类普遍价值出发,更加强调国家在共存基础上的合作,更加强调国际秩序对国家行为的约束与规范,提出并确立了禁止使用武力、和平解决国际争端、国际合作、善意履行国际义务等体现合作法色彩的一系列原则。

其次,国际法的调整范围向主权管辖范围延伸。人权、环境,甚至国籍与贸易,原本都是主权国家自由管辖的事项,现在都在不同程度上受到了各种条约及国际实践的制约。国际人权法、国际环境法、国际发展法、国际贸易法、国际知识产权法、国际旅游法等许多新的国际法部门的形成与发展,使过去主要以调整国家间政治关系为任务的国际法迅速向人类活动的其他领域扩展,从而对国家的对内对外政策产生了重大影响。各国在进行国内立法和制定有关政策时,不仅需要从

① 邵沙平、余敏友主编:《国际法问题专论》,武汉大学出版社 2002 年版,第14 页。

② 曾令良:《国际法学》,人民法院出版社、中国社会科学出版社 2003 年版,第39 页。

本国的国情出发,还得考虑其承担的有关国际义务。

最后,国际组织作为各国多边合作的法律形态,在第二次世界大战后的加速发展,实际上也就是合作国际法本身的形成与发展。在整个 20 世纪,各种全球性与区域性的、综合性与专门性的政府间组织以加速度逐年增加,其总数已在 7000 个以上。其中非常重要的组织已超过 500 个。它们所管辖的事项涉及人类生活的各个方面,上至外空,下达海底,包罗万象,现在已形成一个以联合国为协调中心的国际组织网络,越来越多的国内管辖事项被纳入这个网络的管辖范围。这种国际社会的组织化使现代国际法发生了深刻的变化:国际组织数量的日益增加,使适用国际法的国际社会逐渐由高度分裂状态向更多合作的方向过渡;国际组织职能的日益扩大,使早先强调"疆场"的国际法迅速向国际"市场"延伸;国际组织造法功能的发挥,使松散的国际法体系进一步向协调的方向发展。[①]

总之,"国际法发展的一个重要迹象,是其客体的迅速扩大与国家'保留范围'的相对缩小"[②]。

但是应当指出,上述发展迹象并不是绝对的。在科学技术迅速发展与各国相互依存关系日益加深的情况下,国家管辖范围的变化并非只是单向演进,也有双向发展的表现:既在许多方面"缩小"了,也在若干方面"扩大"了。所以,缩小只是"相对缩小"。例如,在海洋权方面,由于专属经济区、大陆架和深海海底资源开发等诸项制度的出现,各沿岸国的海洋管辖范围就在原有领海之外大为扩展了。即使是远离海洋的内陆国,通过广泛的国际合作和在海洋法方面关于"内陆国出入海洋的权利和过境自由"的规定,其权利也有所增加。此外,在南

---

①　梁西主编:《国际法》,武汉大学出版社 2000 年版,第 15 页。
②　邵沙平、余敏友主编:《国际法问题专论》,武汉大学出版社 2002 年版,第 13 页。

极、北极地区和外层空间,由于极地法与空间法的形成和发展,国家也拥有"共同主权",享有共同考察研究与和平开发利用的权利。不过,从全面来考察,国际法调整范围的扩大似已成为一种趋势①。

这种趋势的形成是由多方面的因素决定的。其中主要有:

第一,两次世界大战的教训。第一次和第二次世界大战是两次史无前例的惨不堪言之战祸。两次世界大战相隔仅 20 年,死亡人数(包括士兵与平民)达到 8000 万以上(一战约 2000 万人,二战约 6000 万人),相当于墨西哥(6000 多万人)和智利(2000 多万人)两国的人口总数。对人类财富的破坏,更是不计其数!虽然这两次世界大战的爆发是与国际政治分不开的,但从国际法角度来看,它们也暴露了传统国际法的许多缺陷,留给了国际法和世人不少的教训:(1)主权是绝对性与相对性的统一,国家之间既相互独立又互相依存。没有国际秩序约束的主权,是没有保障的主权,最终必然使主权本身遭到破坏。(2)防止战争的违法不如从根本上废弃战争,因此,需要禁止使用武力,用和平方法解决国际争端,从根本上消除导致战争的因素。(3)为"维持国际和平及安全",必须建立国际组织和集体安全保障机制,加强国家之间的合作。对于违反国际法,特别是犯下侵略罪行的国家,必须由国际组织以集体的力量加以制止与制裁。(4)改善国际法律制度,规范国家的国际行为,依正义和国际法建立国家利益与国际社会共同利益协调发展的机制和秩序。因此,国际社会的一个重要任务就是编纂和发展国际法。从两次世界大战中获得的这些认识,是国际社会的一笔宝贵财富,它们不仅为国际联盟与联合国的建立奠定了思想基础,而且也为战后国际法客体扩大,并从共存国际法发展到合作国际法提供了理论前提。

---

① 梁西主编:《国际法》,武汉大学出版社 2000 年版,第 332 页。

第二,科学技术的发展。科学技术不仅是推动社会与经济发展的革命力量,而且也是促进国际法发展的重要因素。战后发生的全球科技革命,既带来了人类生产力的空前发展和人类生活方式的巨大变化,也提供了国际法发展的强大动力。电子与信息技术的产生与发展,不仅消除了国家之间联系的空间障碍,同时也缩短了国家之间联系的时间间隔,整个世界被数字化网络变成了一个具有紧密联系的"地球村"。在这种情况下,国家的国内管辖事项势必溢出国界,对世界其他部分产生影响,同时世界其他部分的情势也势必突破国界,对一国的内部事务形成冲击。于是,在诸多国内管辖事项上进行双边或多边合作,以建立共同的国家行为规则,实现"双赢"或"共赢"的目的,便成为各个国家的共同需要。因此,国际法和国际组织向国内管辖事项上的延伸,并不是由某些政治家人为造成的,而是整个国际社会基于现代科学技术发展所产生的客观需要。

不仅如此,科学技术的发展还像一把双刃剑,既是"第一生产力",同时又可能是"第一破坏力"。原子能科学技术的产生与发展,给人类提供了一种新的能源,但又对国际社会形成了安全威胁,制造了具有巨大杀伤性的核武器。于是,控制与裁减核军备,防止核扩散和核威胁,便作为国际社会的共同需要,成为国际法调整的新领域。空间科学技术的产生与发展,使人类的活动领域扩展到外层空间,大大地提高了人类对自然界的认识,并增强了世界各国的联系,但如果将外层空间"据为己有",并用于非和平目的,那么,外层空间将成为人类的"第二战场"。因此,确定外层空间的法律地位,促进并维持外层空间的和平开发与利用,便成为国际合作的新领域,进而形成了国际法的一个新部门——外空法。科学技术的广泛和深入应用,大大提高了人类改造自然界的能力,为人类带来了巨大的物质财富,但同时也造成了对整个人类生活与生存环境的破坏。于是,控制环境污染,保护地球环境,提高环境质量,便成为国际环境法产生与发展的动力。特别值得指出的是,克隆技术是 20 世纪生物科学技术领域最重大的成果之一,但如果将这一新技术用于人的繁殖和复制,那将损害人的尊严,引发许多社会和伦理问题。为此,1997 年 11 月,联合国教科文组织第 29 届大会在巴黎通过了《世界人类基因组与人权宣言》,强调利用生物学、遗传学及医学在人类基因组方面的研究成果应以维护和改善公众健康状况为目的,为维护人类尊严,必须禁止克隆技术用于人的繁殖。之后的 1998 年 1 月,19 个欧洲国家出于对克隆人的恐惧,正式缔结了一项具有约束力的禁止克隆人的条约,缔约国同意颁布法律禁止人的克隆。2001 年 12 月 12 日,联合国大会通过决议,决定设立禁止人的生殖性克隆国际公约特设委员会,起草并谈判达成一项禁止人的生殖性克隆国际公约,并建议第六委员会设立一个工作组开展这项工作。该工作组于 2003 年 9 月 29 日至 10 月 3 日在联合国大会第 58 届会议期间举行了 5 次会议,并向第六委员会提交了一份报告供审议。根据大会决定,2004 年的第 59 届联大继续审议了这一议题,但《禁止人的生殖性克隆国际公约》却由于分歧过大而没有达成。

可见,20 世纪,特别是 20 世纪中叶以后科学技术的迅速发展,不仅促进了传统国际法部门的革新与完善(例如海洋法),而且加速了国际法的造法进程,形成了一批新的国际法部门和领域,从而推动了主权国家在更广泛领域的国际合作和这些领域国际秩序的形成。

第三,全球化的影响。随着科学技术,特别是信息科学技术的发展,人类在 20 世纪 80 年代末 90 年代初迎来了全球化时代。所谓全球化是指在全球范围内展现的涉及政治、经济、文化、社会等各个领域的人类社会整体化、关联化的客观历史进程和趋势。它具有如下本质特征①:其一,全球化是以科技进步和经济发展为根本动力的。不仅如此,科技进步和经济发展本身也在成为全球化的主要标志。其二,全球化不是单一化和同质化,而是单一化与多样化、国际化与本土化、一体化与分散化的统一。其三,全球合作与协调是全球化进程的主要手段。虽然全球化包含着矛盾与冲突,但人类相互依存、和谐发展的目标与特征决定了全球合作与协调应该是全球化发展的主要方式。其四,全球化超越了民族国家之间的利益之争,所追求的目标是人类整体的共同利益,当然,在可预见的未来相当长的时间内,国家仍将作为行为主体发挥主要作用。其五,全球化强调国际秩序的作用和优先地位,因此,国际法与国际组织的作用与地位比以往任何时候都重要和突出。其六,全球化的影响是双重的。一方面,它为国家,特别是发展中国家提供了发展的机遇,有可能促进国际社会的平衡发展,另一方面,它又充满了弱肉强食、适者生存的残酷竞争,有可能促使两极分化的扩大。因此,减少其负面影响,增加其正面效应,应是参与全球化进程的每一个国家所必须考虑的问题。

具有上述特征的全球化进程对国际法发展的影响是深刻而广泛的。其中最为重要的影响可能是:随着全球化的深入,国际法将出现一个新的主体——人类本身②;在以调整国家之间关系为主要任务的现有国际法规则体系之外,国际法将增加另一类规则体系,即调整人类整体利益与国家主权利益之间关系的规则体系。在这种规则体系中,当国家的主权利益与人类的整体利益发生冲突时,前者无疑应服从后者,"国家不可为自身主权的完整而无视人类整体利益,因为此等

---

① 李惠斌主编:《全球化与公民社会》,广西师范大学出版社 2003 年版,第 41~42 页。

② Mohammed Bedjaoui (ed.), *International Law: Achievements and Prospects*, Martinus Nijhoff Publishers,1991,p. 13.

'无视'有可能导致危及地区甚至整个国际社会的安全。国家不可为自身的经济发展而不顾甚至破坏环境,因为一国的生态失衡和环境污染会殃及邻国和全球气候的恶化。国家更不可凭借其技术和经济优势在极地、国际海底和外空主张主权,因为这些地区或区域是人类共同的继承财产"①。因此,面对全球性问题和国际社会的整体利益,各个国家只有在尊重彼此主权的基础上开展真诚的合作,才能分享全球化带来的进步和成果,并获得自身的安全与发展。

三、从任意法到强行法:国际法规范等级的形成

强行法概念在现代国际法中的确立和国际强行法规范的不断增加,是传统国际法向现代国际法发展的又一重要标志。如果说从战争法到和平法的发展表明了国际法管制重心的转移,从共存法到合作法的转化表明了国际法调整范围的扩大,那么,从任意法到强行法的变化,则表明了国际法规范等级的形成。由于具有普遍和绝对效力的国际强行法规范的出现和增加,国际法过去那种完全由任意法组成的规范结构得到改变,发展的天平进一步向国际公共秩序的一端倾斜。

强行法的概念首先是一个国内法上的概念。罗马法中的"私人协议不能改变公法"的古训常被引证为国内强行法的起源。虽然不同的法系对强行法概念的理解各异,但是各国立法和司法实践都承认强行法的存在,并且其强行法的规定具有以下共同特点:(1)不承认个人有绝对的自由缔约权。所有私人契约均不得与强行法规范相抵触,否则契约无效。(2)社会公共利益是强行法维护的共同目标。但是,除了

---

① 曾令良:《论冷战后时代的国家主权》,载《中国法学》1998年第1期。

大陆法系中的立法性公共政策和普通法系中的反不正当竞争规则外，各法律体系并没有给"公共利益"作明确的界说。也就是说，究竟哪一类公共利益是强行法保护的对象，是各法律体系并没有解决的问题，①实际上也是国际强行法所面临的问题。

有关国际强行法的理论起源于近代自然法学说。根据这种学说，国际法上的自然法高于任何明示的协定规范和默示的习惯规则，国家既不能通过协议改变它和在行动中规避它，也不能相互解除履行它的义务的责任。这些高于制定法的自然法，其实就是我们今天重新冠名的强行法。虽然自然法学说为国际强行法理论的形成起了奠基作用，但"强行法"这个概念被正式引入国际法，以作为一项对不受约束的国家缔约自由施以限制的法律制度，则是第二次世界大战之后的事情。②1969年《维也纳条约法公约》在条约法领域第一次正式使用了国际强行法的概念。公约第53条规定，"一般国际法强制规律指国家之国际社会全体接受并公认为不许损抑且仅有以后具有同等性质之一般国际法规律始得更改之规律"，而且"条约在缔结时与一般国际法强制规律抵触者无效"。第64条还规定："遇有新一般国际法强制规律产生时，任何现有条约之与该项规律抵触者即成为无效而终止。"这些规定是强行法概念在现代国际法中确立的标志，是国际法上对于国际法存在强行法的一致意见的法律表达。但是，对于国际法上哪些规范属于强行法规范，公约并没有作出明文规定，也未设定明确的识别标准。虽然联合国国际法委员会曾经把《联合国宪章》关于禁止使用武力或以武力相威胁的原则，以及对国际法上犯罪行为的禁止，对奴隶买卖、海盗行为或灭绝种族行为的禁止，对人权的尊重，国家平等和自决原

---

① 万鄂湘：《国际强行法与国际公共政策》，武汉大学出版社1991年版，第3～4页。

② 张潇剑：《国际强行法论》，北京大学出版社1995年版，第14页。

则等视为国际强行法规则的明显例子,但也不是详尽无遗的。正因为如此,《维也纳条约法公约》之后,国际社会和国际法学界围绕着该公约没有解决的上述两个问题开展了进一步的研究与讨论,从而推动了国际强行法理论的发展。

关于国际强行法的识别标准,认识不一,归纳起来,主要有"一点论""二点论"和"三点论"三种观点。一点论又可以分为"目的论"和"效力论"。目的论认为,国际强行法的目的在于维护国际社会的整体利益和人类的共同价值标准,因此,衡量一项国际法规则的强行性,主要看它是否达到了上述目的。而效力论则认为,国际强行法对全体国际社会成员具有普遍约束力,对任何其他法律规范具有绝对效力,与之相抵触者无效。只有既有普遍效力又有绝对效力的国际法规范,才是国际强行法规范。但是,在二点论看来,目的论与效力论只是一个问题的两个方面,二者相互联系,相互依从,不可分割。正是因为一项国际强行法规则的目的在于维护国际社会的整体利益和人类的共同价值标准,所以任何与之相背离的条约或行为应归于无效。因此,只有将这两种识别标准结合起来才完整和妥当。[①]

与二点论不同,三点论认为,仅有上述两种识别标准是不够的,还应该加上第三个标准,那就是:国际强行法规范必须是经国际社会作为整体接受与承认的法律规范。只有经包括有代表性的大国在内的绝大多数国际社会成员的接受与承认,国际强行法规范才能正式确立,其目的与效力也才能实现。因为"国际社会整体接受与承认"的这种"法律确信",恰恰是国际强行法规范存在与发生效力的社会基础,没有这种基础,国际强行法规范就是"无源之水""无本之木"。因此,按照三点论的观点,国际强行法是指国际社会整体接受的不得以任何

---

① 　周忠海等:《国际法学述评》,法律出版社2001年版,第29页。

行为背离并以维护国际社会整体利益和人类共同价值标准为目的的具有普遍约束力的最高行为规范。①

在上述三种观点中,我们同意三点论的观点,因为这种观点更能全面反映国际强行法的本质特征,也比较符合《维也纳条约法公约》第53条的规定。当然,这种三点论的识别标准也不是最后的规则,因为有关"强行法概念的各种具体推论仍处于研究中"②。

关于国际强行法规范的内容,更是没有一致意见。伊恩·布朗利(Ian Brownlie)认为,禁止使用武力、禁止种族灭绝、种族非歧视原则、反人道罪以及禁止贩卖奴隶和禁止海盗行为的各种规则,是"最少争议"的国际强行法规则。③

M. 维拉利(M. Virally)把强行法规范分为三类:(1)国家对个人的义务;(2)国家主权在集体人权方面所受的限制,如民族自决权原则;(3)国家对国际社会的义务,如禁止使用武力原则。④

特别值得提到的是马乔里·M. 怀特曼(Marjorie M. Whiteman)提出的"国际法的强制规范(强制法)的拟议表",其中包括20个她认为在国际法上为世界所一致认为的强制法项目:(1)灭种;(2)奴隶制和奴隶贸易;(3)海盗;(4)在国外的恐怖主义;(5)空中交通的劫持;(6)除自卫外的诉诸战争;(7)对其他国家领土完整或政治独立的武力威胁或使用武力;(8)武装侵略;(9)对以武力引起的包括侵略战果在

---

① 万鄂湘:《国际强行法与国际公共政策》,武汉大学出版社1991年版,第27~39页。

② [英]伊恩·布朗利:《国际公法原理》,曾令良、余敏友等译,法律出版社2003年版,第569页。

③ [英]伊恩·布朗利:《国际公法原理》,曾令良、余敏友等译,法律出版社2003年版,第569页。

④ 万鄂湘:《国际强行法与国际公共政策》,武汉大学出版社1991年版,第26页。

内的情况的承认;(10)以武力强加的条约规定;(11)战争罪行;(12)破坏和平和人道的罪行;(13)破坏和平或人类安全的罪行;(14)散布细菌以伤害或消灭人的生命;(15)用于和平以外的目的的所有大规模破坏的方法(包括核武器);(16)污染空气、海洋或陆地以至有害或无用于人类;(17)具有敌意地改变气候;(18)占有外层空间或天体;(19)扰乱国际交通以搅乱和平;(20)经济战,其目的的在于推翻世界银行体系、世界货币、世界能源供应或世界粮食供应。①

　　我国学者万鄂湘教授在其《国际强行法与国际公共政策》的著作中,根据他对国际强行法本质特征的分析,也列出了四大类(国际法的基本原则、国际人权法规则、合作惩治国际犯罪的规则、人类共同继承财产原则)共计 26 项国际强行法的候选规则,并对每一类规则进行了分析。②

　　类似的分类还有不少,但从上面的列举中可以看出,要确定国际强行法规则的范围,的确是一件十分困难的事情。因为"这样一类的强制法规则是比较新近的发展",它的"全部内容仍然还要在国家实践和国际法庭判例中产生出来"③。不过,有一点是国际社会公认的,那就是在当代国际法体系中,的确存在着两类不同的规则:一类是关于"国家对另一国的义务",另一类是关于"国家对'国际社会整体'的义务"④,或者说是"对一切"的义务。对前者,"国家可以通过它们之间的协定并在协定范围内变更或完全取消",具有任意性。但是后者则是

----

①　王铁崖主编:《国际法》,法律出版社 1995 年版,第 48～49 页。

②　万鄂湘:《国际强行法与国际公共政策》,武汉大学出版社 1991 年版,第 40～41 页。

③　[英]詹宁斯、瓦茨修订:《奥本海国际法》(第九版)第 1 卷第 1 分册,王铁崖等译,中国大百科全书出版社 1995 年版,第 5 页。

④　[英]伊恩·布朗利:《国际公法原理》,曾令良、余敏友等译,法律出版社 2003 年版,第 568 页。

"不许损抑的"强行法规则，"任何违反这类规则的行为不能用同意、默认或承认的方法加以合法化；对其所影响的权利，也不需要用抗议来维护；更不能作为对先前非法行为实行报复的理由"①。

事实上，这类国际强行法规则已经存在于许多国际条约之中。《联合国宪章》作为全世界国家实践的法律总结，它在序言中所宣示的实际上是会员国及其人民对国际社会整体的国际义务，它在第 2 条中规定的基本原则，大多数也是成员国应当承担的国际义务，而且该条第 6 款还规定，在为维护国际和平与安全所必要的情况下，非会员国也要遵守《联合国宪章》的原则，似乎为非成员国也规定了义务。因此，这些原则实际上已成为国际社会整体接受的"不许损抑的"强行法规则。另外，在许多重要的国际公约中，通常都规定有禁止性条款，它们不仅要求各缔约国不得在将来订立与该公约所含义务相抵触的协议，而且还决定了在该公约生效之时，所有与之相抵触的既存协议同时归于无效。在这种情况下，公约内容所具有的强行法特征是毋庸置疑的。②

不仅如此，国际强行法规则还获得了不少国际司法判例的证成。国际法院 1949 年对"科孚海峡案"、1970 年对"巴塞罗那牵引案"以及 1986 年对"尼加拉瓜案"的判决，均表明：国际法上关于人道主义的考虑和维护人类整体利益的原则是一些绝对的原则，它们的适用不因具体情况的不同而改变。

于是，我们看到了国际法效力结构的一种重大变化：在第一次世界大战以前，国际法几乎完全由任意法组成，国家之间的协定可以任意不适用甚至可以变更任何一般国际法规则。但是，到第二次世界大

---

① ［英］詹宁斯、瓦茨修订：《奥本海国际法》（第九版）第 1 卷第 1 分册，王铁崖等译，中国大百科全书出版社 1995 年版，第 5 页。

② 周忠海等：《国际法学述评》，法律出版社 2001 年版，第 29 页。

战之后,国际社会出现了强行法理论,国际强行法规范也通过《维也纳条约法公约》获得了法律确认,而且随着国际社会整体利益的日益凸现,这种强行法规范呈现出增加的趋势。"现在,虽然国际法的绝大部分规则仍为任意法,但国际社会已公认有若干强行法规则的存在。这无疑是国际法史上一项具有里程碑意义的发展。"①

四、从实体法到程序法:国际法制度结构的完善

一个完整的法律制度是由实体法与程序法两个部分构成的。按照新分析法学派的主要代表哈特的观点,实体法是"第一性的义务规则",程序法则是将"孤立的第一性的义务规则"结合为制度的"承认规则"。没有"承认规则"作基础的义务规则,是一种"简单的社会结构形式",是没有制度化的规则。只有将二者结合起来,"第一性的义务规则"才是一种制度化了的规则,才是"高级的或发达的社会结构形式"。根据哈特的评价标准,可以发现,从传统国际法向现代国际法的发展,实际上也是这样一个从"简单的社会结构形式"向比较"发达的社会结构形式"变化的历史过程。

"传统国际法上一般没有实体法和程序法的区分"②,或者说,传统国际法中基本上没有什么程序法。它的实施主要依靠的是建立在相互原则基础上的国家互动机制,它的争端解决虽然偶尔也包括仲裁这种由第三方介入解决的法律方法,但更多、更经常的则是由争端当事方直接采取措施,包括诉诸战争等一些强制性的非和平方法。在 1922

---

① 梁西:《国际组织法(总论)》,武汉大学出版社 2001 年修订第 5 版,第 332～333 页。

② 江国青:《略论国际法实施机制与程序法制度的发展》,载《法学评论》2004 年第 1 期。

年常设国际法院成立以前,国际社会对国际不法行为的确认和制裁,既没有一个国际司法机构的存在,更没有权威的、独立于利害关系当事国以外的执行机关。每个国家都把法律握在自己的手中。正因为传统国际法具有这种实施机制或程序上的缺陷,历史上有人对国际法的法律性质提出了质疑,以奥斯丁为代表的分析法学派甚至把这种缺陷推至极端,完全否认国际法的法律性质,将其划入道德的范畴。

国际法比较正式和系统地在程序法方面的发展开始于 19 世纪末 20 世纪初,至今大体经历了以下三个不同的发展阶段[①]:

第一阶段是 19 世纪末至 20 世纪初。其标志是 1899 年和 1907 年的两次海牙和会对斡旋与调停、国际调查委员会和国际仲裁等和平解决国际争端的程序与方法所进行的正式而系统的编纂,所取得的成果主要是《和平解决国际争端公约》的签订和修订,以及在此基础上于 1899 年成立的第一个常设国际仲裁法院。这个阶段的意义在于:仲裁制度突破了双边条约的法律安排,开始走向有第三方介入的多边仲裁机制,并由此启动了程序法制度的正式发展。

第二阶段是第一次世界大战后至冷战结束的时期。这一阶段可以说是国际司法制度初步形成并获得缓慢发展的阶段,其主要标志是两次世界大战后两个国际性法院的分别成立和二战结束后两个战犯国际审判法庭的设立与实践。

两次惨不堪言的世界大战,不仅改变了世界结构,影响了国际政治经济关系的发展,而且也给国际法提供了发展契机。两次大战后分别制定的一系列国际法律文件,如 1920 年的《国际联盟盟约》、1925 年的《洛迦诺公约》、1928 年的《巴黎非战公约》和《和平解决国际争端总

[①] 关于三个发展阶段的观点,笔者参考了江国青的论述(参见江国青:《略论国际法实施机制与程序法制度的发展》,载《法学评论》2004 年第 1 期),但对于发展阶段的具体划分,笔者所持观点略有不同。

议定书》，以及 1945 年的《联合国宪章》等，不仅从实体法上对国家的战争权和使用武力之权进行了不同程度的限制，并最终在国家的主权范围内排除了使用武力之权，从而使和平解决国际争端成为重要的国际法原则，而且在程序法方面形成了一套比较系统的解决国际争端和保证国际法实施的司法程序机制，先后于 1922 年和 1945 年设立了常设国际法院和国际法院这两个国际性司法机构，并建立了相应的程序法律制度。但国际法院作为联合国的主要司法机关设立后，常设国际法院就随着国联时代的结束而退出了历史舞台，其地位和职能被国际法院所取代。"上述两个存在于不同时期的国际法院是在已有的国际仲裁制度的基础上演变和发展而来的。但它们并不是代替或取消了常设仲裁法院，而是两者同时并存，在和平解决国际争端和加强国际法的实施方面尽可能发挥互补作用。"①然而，遗憾的是，战后所建立的东西方对立的国际体制，却限制了它们所应该发挥的作用。国际法院自正式成立到 1991 年苏联解体的 40 多年时间里，总共只审理了 27 个案件。与此同时，将国家之间的争端提交国际仲裁解决的则更少。普遍性的国际司法机制一度陷入所谓的"信任危机"。这种情况直到冷战结束以后才有所改变。

特别值得一提的是，二战结束后设立的纽伦堡国际军事法庭和远东国际军事法庭分别对德国和日本战争罪犯的审判，不仅开了国际司法实践的先例，而且其形成的国际法原则与国际刑事审判模式，为日后其他临时国际刑事审判法庭的设立和国际刑事法院的成立起到了先导作用。

第三阶段是冷战结束以后。这一阶段是国际司法与仲裁制度迅

---

① 江国青：《略论国际法实施机制与程序法制度的发展》，载《法学评论》2004 年第 1 期。

速发展与走向多样化的时期,其标志性的事件和成果主要有:

(1)20 世纪 90 年代初期,联合国安理会先后通过决议建立了三个具有司法职权的机构,它们是:1991 年根据第 687 号和第 692 号决议建立的联合国赔偿委员会;1991 年根据第 827 号决议建立的前南斯拉夫国际法庭;1994 年根据第 958 号决议建立的卢旺达国际法庭。这是联合国安理会在冷战结束后,为行使维护国际和平与安全的主要职责而采取的重要司法措施,表现了国际社会维护国际法权威、加强国际法实施的共同愿望。

(2)1998 年 7 月,联合国在意大利罗马召开外交大会,通过了《国际刑事法院规约》,2002 年 7 月 1 日,该规约生效,国际刑事法院正式建立。这是人类历史上建立的第一个常设性的国际刑事司法机构,它标志着"人类向长期以来的崇高理想——通过实现司法正义维护永久和平——又迈出了坚实的一步"①。

(3)根据《联合国海洋法公约》第十五部分"争端的解决"和附件 6 的有关规定,1996 年 10 月,总部设在德国汉堡的国际海洋法庭正式宣告成立。这是《国际海洋法公约》规定设立的四种"导致有拘束力裁判的强制程序"之一。另外三种可供选择的程序是:国际法院、按照附件 7 组成的仲裁法庭和按照附件 8 组成的特别仲裁法庭。缔约国可在任何时候以书面方式选择上述一个或一个以上的方法,以解决有关公约的解释或适用的争端。

(4)1995 年 1 月 1 日,世界贸易组织的争端解决机构(DSB)随着世界贸易组织的建立而正式建立,并开始履行管理世界贸易组织争端解决程序与规则的职能,②从而形成了世界贸易组织特有的争端解决

---

① 江国青:《略论国际法实施机制与程序法制度的发展》,载《法学评论》2004 年第 1 期。

② WTO《关于争端解决规则与程序的谅解》第 2 条第 1 款。

机制。由于这一机制包括协商,斡旋,调解和调停,仲裁,专家小组,上诉审查,争端解决机构的建议、裁决及其实施的监督、制裁与报复(补偿和中止减让)等程序和方法,因而它既有解决争端的外交方法特征,又有很强的司法裁判色彩,是集外交方法与法律方法于一身的准司法制度。从 1995 年 1 月 1 日正式开始运作以来,争端解决机构受理并处理了大量的成员间争端,不仅促进了 WTO 实体法在各成员中的实施,而且进一步明确了机制本身的许多程序和规则并发展了 WTO 的实体法,起到了为多边贸易体制提供保障和可预见性的作用。可以说,世界贸易组织的争端解决机制是目前国际上所有多边争端解决程序中最成功的例子。[①]

(5)随着冷战结束和国际关系的变化,不仅产生了上述一些新的国际司法或准司法机构,使国际司法制度呈现多样化的趋势,而且国际法院作为联合国常设的国际司法机构,也重新活跃起来。据统计,从 1946 年至 1996 年的 50 年间,国际法院共审理案件 74 个,其中,从 1992 年至 1996 年的 5 年间审理的案件就达 47 个,比冷战结束前的 40 多年总共审理的案件(27 个)还多 20 个。[②] 不仅如此,近来国际法院受理的案件还在不断增多。20 世纪 70 年代时,在国际法院的案件一般保持在一个或者两个。但是,现在等待国际法院审理的案件已经有 23 个。[③] 这种情况一方面说明随着冷战的结束,国际社会对国际法院的信任日益恢复,国际法院的权威被越来越多的国家所认识;但另一方面也表明,国际法院自身的审理规则和方法已不能适应日益增加的

---

① 余敏友等:《WTO 争端解决机制概论》,上海人民出版社 2001 年版,第 281～282 页。

② http://www.icj-cij.org/,访问日期:2002 年 7 月 1 日。

③ 截止时间为 2002 年 6 月。参见 http://www.icj-cij.org/,访问日期:2002 年 7 月 1 日。

解决国际争端的需要，它的办案效率有待进一步提高。正因为如此，国际法院从 2000 年开始，着手对自己的审理规则进行了一系列的修改：2000 年 12 月，法院修改了审理规则第 79 条有关初步反对和第 80 条有关反诉的规定；2001 年 10 月，法院通过了当事国出庭实践指导（Practice Directions），对当事国出庭的诉讼规则进行了修改。国际法院所做的这一切，目的是改变自己的形象，提高法院的办案效率，以便处理日益增多的案件，但能否达到目的，还有待实践的检验。

除了上述各种国际司法与仲裁制度外，当代国际程序法律制度中还有一类条约的监督机制。目前，这种监督机制被普遍应用于有关安全、军备控制、人权和环境保护等领域。

在安全领域，根据《联合国宪章》建立的集体安全机制，可以说是目前国际法上最具强制性的条约实施机制。为了监督和保证《宪章》宗旨在各会员国中的实施，维持国际和平与安全，《宪章》设立安全理事会，并赋予其广泛的调查建议权、事实判断权和执行行动权。按照《宪章》规定，安理会作为联合国的权威执行机构，有权依据《宪章》规定的"大国一致"原则，对"和平之威胁、和平之破坏或侵略行为是否存在"进行判断和确认，并有权决定对其采取包括军事行动在内的制裁措施，而且，此等决定不仅对联合国会员国，而且对非联合国会员国均有拘束力。可以说，联合国集体安全机制的建立与发展，也是国际法在程序法律制度方面所取得的最重要的成果之一。

核查机制是裁军和军控领域中的一种常用程序。国际原子能机构（以下简称 IAEA）使用这种程序，不仅监督有核国家的核武器的裁减和核材料的管理安全，而且还监督无核国家是否将核技术严格限定在民用领域。为了履行这些监督职能，促使有关国家履行核保障协议的承诺，IAEA 在当事国提交报告的基础上，采取定期核查、临时核查和特别核查三种形式，核实其获得的信息，进而判断当事国的履约情况。对于违反承诺并影响国际和平与安全的情势，IAEA 可以向联合国安理会报告,以引起安理会的关注并及时采取行动。IAEA 与联合国安理会的这一合作机制,大大地提高了 IAEA 核查机制的权威性和调控国际核活动的能力。因此,除了普遍性的核不扩散条约,如《不扩散核武器条约》(NPT),还有一些区域性的安排,如《非洲无核区条约》,也将保障监督任务委托给了 IAEA。此外,1993 年缔结、1997 年生效的《关于禁止研制、生产、储存和使用化学武器以及销毁此种武器的公约》(简称《化学武器公约》)也规定了一种与 IAEA 核查机制相类似的化学武器核查制度。[①]

　　在人权领域,国际社会先后缔结了一系列规定有国际监督制度的国际条约,其中主要的有:《经济、社会和文化权利国际公约》(1966年)、《公民权利和政治权利国际公约》(1966 年)、《消除一切形式种族歧视国际公约》(1966 年)、《消除对妇女一切形式歧视公约》(1979年)、《禁止酷刑和其他残忍、不人道或有辱人格的待遇或处罚公约》(1984 年)、《儿童权利公约》(1989 年)。为了保证条约义务的履行,这些国际人权公约均设立了国际监督机构,并规定了国际监督程序。联合国大会,经社理事会,联合国人权委员会,联合国人权事务高级专员办事处,人权事务委员会,经济、社会、文化权利委员会、反对酷刑委员会,消除种族歧视委员会,儿童权利委员会,消除对妇女歧视委员会等是负责监督有关人权公约实施的一些主要国际机构。

　　在环境保护方面,1987 年通过的《关于消耗臭氧层物质的蒙特利尔议定书》不仅在 1985 年《保护臭氧层维也纳公约》的基础上,首次对消耗臭氧层物质的消费和生产作出限制,而且还在第 8 条规定了一项用来裁定对议定书的不遵守情形及处理不遵守议定书的缔约方的程

---

　　① 　江国青:《略论国际法实施机制与程序法制度的发展》,载《法学评论》2004 年第 1 期。

序和机制。这项被称为"不遵守程序"（non-compliance procedure）的议定书内部实施机制，经议定书第一次缔约方会议审议后，在1992年的议定书第四次缔约方会议上被正式采纳。议定书设有秘书处和一个咨询性质的实施委员会负责"不遵守程序"的执行。如果一个或多个缔约方对另一缔约方的履约情况不满意，它或它们可以书面形式向秘书处提出"表示保留"意见和相应的佐证资料。被质疑的缔约方应在收到秘书处呈交的书面意见副本之日起3个月内或在有关具体案件的特殊情况所要求的更长期限内，向秘书处提交对意见书的答复以及相关的佐证资料。议定书实施委员会根据秘书处提交的意见书、对意见书的答复和所有的佐证资料，对不遵守情形作出裁定，并有权针对不遵守情形向缔约方大会提出下列建议：（1）提供适当援助；（2）发布警告；（3）终止缔约方依议定书所享有的权利和特权。

综上可见，当代国际法中的程序法律制度已有较大的发展。虽然这种发展是在一种分权的和相互独立的基础上实现的，各种机制和制度之间并没有一种结构上的联系，它们在实际中的运作也并不是那么有效，有的甚至还可能导致管辖权的冲突和矛盾，但是，这种发展本身却表明国际社会比以往任何时候都更加希望利用这些机制和程序来解决国家间的争端和加强国际法的实施。"过去人们往往批评国际法是一种'不完全'的法律体系，而当代国际法似乎已经越来越注意到国际实体法与程序法之间的平衡。"①

五、结语

国际法发展的上述四种趋势，构成了从传统国际法向当代国际法

---

① 　江国青：《略论国际法实施机制与程序法制度的发展》，载《法学评论》2004年第1期。

发展的一幅宏观画卷。这幅画卷的一个显著特征是：国际法各种规范从不平衡发展逐步走向比较平衡的发展。过去主要以战争法、共存法、任意法、实体法为内容的国际法，现在越来越注意战争法与和平法、共存法与合作法、任意法与强行法、实体法与程序法之间的平衡发展。

但是，这种平衡发展的结果具有两面性：一方面，它导致国际法规范大量增加，调整范围不断扩大，法律效力有所增强；另一方面，由于国际社会的无政府状态，它也加剧了各种规范之间的冲突与矛盾，损害了国际法的稳定性和可预见性。因此，在国际法的领域不断扩展的今天，如何解决国际法规范相互冲突的问题，已经成为当代国际社会的一个重大课题。2002 年，联合国国际法委员会开展了一项新的课题研究，题目是"国际法的碎片化：国际法的多样化和扩展引起的困难"（Fragmentation of International Law and Difficulties Arising from the Diversification and Expansion of International Law），目的就是为解决这个问题提供一种思路和方案。

第七章
联合国与国际法结构的现代变迁

　　以《威斯特伐利亚和约》的缔结为标志而产生的具有独立体系的国际法,经过20世纪,特别是最近70多年的快速发展,已由共存国际法(international law of coexistence)的传统一元结构发展为由共存国际法、合作国际法(international law of co-operation)和人权国际法(international law of human rights)构成的现代三元结构。[①] 联合国作为国际法的形成与实施可资依附的最权威的普遍性国际组织,在国际法结构的这种现代变迁中发挥了极其重要的作用。对这种作用进行考察和分析,不仅有助于认识和把握国际法发展的特点与规律,也有利于树立和维护联合国在维护国际和平与安全、促进国际法治与进步方面的权威。

---

　　①　G. Hafner, Risks Ensuing from Fragmentation of International Law, accessed 16 May 2007, http://www.un.org/law/ilc/reports/2000.

一、共存国际法的延续:联合国的首要使命

共存国际法是近代国际法的基本特征。它以《威斯特伐利亚和约》所形成的国家间体制为基础,只承认国家是国际法上的法律人格者,关心的主要是国家间的管辖权划分与和平共存,通过作为国家间关系产物的习惯、条约和仲裁裁决等,形成调整国家间权利义务关系的法律规范。这种国际法以国家主义为价值导向,以国家的独立与共存为根本诉求,在主权原则指引下,主要规定国家对国家的义务,强调维护国家行使主权的权利,因此,它本质上是一种国家间互惠(对等)的法律,属于私法意义上的国际法范畴。在国际社会以主权国家作为基本成员的结构没有改变以前,这种共存国际法表现着国际法作为"国家间法"的本质属性,从产生之日起就在国际法体系中取得了类似公理的地位,是日后国际法发展的基础和前提。正如美国学者汉斯·摩根索所说,这些共存国际法的"准则不管各个国家是否同意,对它们都有约束力。因为若没有这类准则,就根本无法律秩序可言,或至少没有调节多国体系的法律秩序"①。

联合国是当今世界最权威的普遍性国际组织,虽然具有与其成员国相区别的国际法律人格,但毕竟不是世界政府,只是依《联合国宪章》建立起来的国家间组织,从本质上说仍然是威斯特伐利亚体制的一种制度化延伸,不具有超国家的地位。因此,联合国自其成立起,一直将延续和发展传统的共存国际法作为自己的首要使命,从而为自身的存在和发展不断地奠定合法性基础。回顾联合国成立以来的历史,

---

① ［美］汉斯·摩根索:《国际纵横策论——争强权,求和平》,卢明华等译,上海译文出版社1995年版,第352页。

它对共存国际法的延续和发展，概括起来主要表现在以下三个方面：

1.共存国际法基本原则的确认和重申。国家主权平等、尊重国家领土完整或政治独立、不干涉国家内政，是传统共存国际法的基本原则，也是构建国家间体制的基石。联合国在其宪法性文件——《联合国宪章》中确认和重申了这些原则。《宪章》第 2 条规定："本组织系基于各会员国主权平等之原则"；"各会员国在其国际关系上不得使用威胁或武力，或以与联合国宗旨不符之任何其他方法，侵害任何会员国之领土完整或政治独立"；"本宪章不得认为授权联合国干涉在本质上属于任何国内管辖之事件，且并不要求会员国将该项事件依本宪章提请解决"。此后，联合国大会于 1946 年、1965 年和 1970 年先后通过了《国家权利义务宣言草案》《关于各国内政不容干涉及其独立与主权之保护宣言》和《关于各国依联合国宪章建立友好关系及合作之国际法原则之宣言》（以下简称《国际法原则宣言》）等决议，对上述各项原则进行了补充和具体阐释。例如，对于国家主权平等原则，《国际法原则宣言》强调，"各国不问经济、社会、政治或其他性质有何不同，均有平等权利与责任，并为国际社会之平等成员。主权平等特别包括下列要素：(a)各国法律地位平等；(b)每一国均享有充分主权之固有权利；(c)每一国均有义务尊重其他国家之人格；(d)国家的领土完整及政治独立不得侵犯；(e)每一国均有权利自由选择并发展其政治、社会、经济及文化制度；(f)每一国均有责任充分并一秉诚意履行其国际义务，并与其他国家和平相处"。对于不干涉内政原则，《国际法原则宣言》声明："任何国家或国家集团均无权以任何理由直接或间接干涉任何其他国家的内政或外交事务。因此，武装干涉及对国家人格或其政治、经济及文化要素之一切其他形式之干预或试图威胁，均系违反国际法。任何国家均不得使用或鼓励使用经济、政治或任何他种措施强迫另一国家，以取得该国主权权利行使上之屈从，并自该国获取任何种类之利益。任何国家均不得组织、协助、煽动、资助、鼓动或容许目的在于以暴力推翻另一国政权之颠覆、恐怖或武装活动,或干预另一国之内争。"此外,联合国安理会的一系列决议和国际法院的一系列判决,也都重申或援引了上述各项原则。例如,2015 年 2 月 17 日,安理会就解决乌克兰危机通过的第 2202(2015)号决议强调:"安理会充分尊重乌克兰的主权、独立和领土完整。"

2.共存国际法体制机制的继承和延伸。"国际社会是由传统的国家间外交关系,即'共存'关系体制所代表的。"①联合国作为国际社会最权威的组织化形式,从组织体制的设置到决策机制的安排,无不体现了国家间的这种传统的"共存"关系。大会是联合国最具代表性及职能和权限最为广泛的审议机关,按照《宪章》第 9 条、第 18 条的规定,每一个加入联合国的国家,不论大小强弱,都是大会的平等成员,享有平等参与大会决策的权利。安全理事会是联合国的执行机关,在联合国的 6 个主要机关中,占有首要的政治地位,按照《宪章》第 27 条的规定,安理会常任理事国对于程序事项以外事项的决议享有否决权,但是,这种否决权的享有和行使,只是表明作为安理会常任理事国的大国在维持国际和平与安全方面负有主要责任,并不意味着这些大国可以在国际关系中不尊重甚至侵犯其他国家的主权,牺牲其他国家的利益,何况这种否决权还要受到安理会非常任理事国集体否决权的限制。经济及社会理事会及托管理事会虽然也是联合国的主要机关,但它们是在联合国大会的权力之下履行职务、开展活动,其权限主要依赖于大会的授权,因此,它们与大会、安理会、国际法院和秘书处不具有同等的地位,在很大程度上被认为是联合国的附属机构。国际法院是联合国的主要司法机关,在以法律手段解决国际争端方面具有崇

---

① Wolfgang Friedmann, *The Changing Structure of International Law*, Stevens & Sons, 1964, p. 37.

高的地位。按照《宪章》第 92 条、第 93 条的规定,《国际法院规约》作为《宪章》的组成部分,是国际法院执行其职务的根据,联合国会员国作为《国际法院规约》的当然当事国,依其同意接受国际法院的诉讼管辖。秘书处是联合国的行政机关,其行政首长即秘书长由大会根据安全理事会的推荐予以委派。根据《宪章》第 100 条的规定,秘书长及秘书处的其他工作人员在执行职务时只对联合国负责,不得寻求或接受联合国之外的任何政府或当局的指示。可见,联合国的组织体制和决策机制是建立在国家主权平等原则基础之上的,是联合国"国家间"属性的具体体现。因此,正如弗里德曼所说,联合国本质上仍然是传统"共存"关系所代表的国际社会的"制度化延伸"①。

　　3.共存国际法的编纂和发展。共存国际法作为一种国家间互惠的法律,在联合国成立前,已在国际关系中以习惯方式形成了大量的国际法规则,从而为国家间的交往和管辖权划分提供了重要的规范基础。联合国将这些习惯规则编纂成条约,对共存国际法的延续和发展具有重要意义。《联合国宪章》除以显著地位确认国家主权平等、尊重国家领土完整及政治独立、不干涉国家内政等共存国际法的基本原则外,还以第 13 条第 1 款特别规定:联合国大会应发动研究并作出建议,以提倡"国际法之逐渐发展与编纂"。依此规定,1947 年联合国大会第二次会议决定正式成立负责"国际法的逐渐发展与编纂"的"国际法委员会",并通过了《国际法委员会章程》。70 多年来,国际法委员会按其特定的工作程序,完成了一系列条款的起草工作;在此基础上,通过联合国大会或其主持召开的各种国际会议,缔结了一批国际条约。其中,涉及共存国际法的条约主要有:1958 年日内瓦海洋法四公约,

---

　　①　Wolfgang Friedmann, *The Changing Structure of International Law*, Stevens & Sons,1964,p. 37.

即：《领海与毗连区公约》《公海公约》《捕鱼与养护公海生物资源公约》和《大陆架公约》；1961 年《减少无国籍状态公约》；1961 年《维也纳外交关系公约》；1963 年《维也纳领事关系公约》；1969 年《维也纳条约法公约》；1973 年《防止和惩处侵害应受国际保护人员包括外交代表的罪行公约》；1978 年《关于国家在条约方面的继承的维也纳公约》；另外还有 1961 年和 1963 年的《关于取得国籍之任择议定书》。此外，联合国大会第六委员会、国际贸易法委员会以及各专门机构、特设委员会、专门外交委员会等，也主持起草并缔结了许多条约，例如，现行十分重要的《联合国海洋法公约》《联合国国家及其财产管辖豁免公约》《联合国国际货物销售合同公约》《不扩散核武器条约》等，都是与联合国在"国际法的逐渐发展和编纂"方面的工作分不开的。

综合上述分析，可以得出以下两个结论：(1)《联合国宪章》本身是联合国延续传统共存国际法的最权威根据；(2)联合国在"国际法的逐渐发展和编纂"方面所取得的成就，是联合国延续共存国际法的最生动体现。

不过，应当指出的是，联合国对传统共存国际法的延续，并不等于对近代国际法的全盘接受，它实际上是对近代国际法的一种扬弃。例如，在战争法领域，近代国际法虽然对战争程序、作战手段和伤员待遇均有严格规定，使战争更有"秩序"和比较"人道"，但却为主权国家保留了诉诸战争的绝对权利，从而使战争成为国家推行其政策、争夺势力范围的工具。第一次和第二次世界大战的国际实践暴露了传统国际法的严重不足和缺陷，使人类看到了保留国家战争权利所带来的深重灾难。废止战争权、禁止使用武力，成为联合国的缔造者们必须作出的法律努力。缘此，《联合国宪章》第 2 条第 4 款将禁止使用武力确立为现代国际法的基本原则，从而在主权范围内排除了国家非法使用武力的权利。又如，在第一次世界大战以前，国际法规范几乎都是任意性规范，国家可以通过彼此之间的协定随时更改甚至废止一般国际法的规则。但是,第二次世界大战之后,国际强行法作为一项对不受约束的国家缔约自由施以限制的法律制度,在联合国的努力下开始确立并发展起来。根据 1969 年《维也纳条约法公约》第 53 条和第 64 条的规定,国际强行法规范是国际社会全体接受并公认为不许损抑且仅有以后具有同等性质之一般国际法规范始得更改之规范,具有最高的绝对效力,任何与之相抵触的条约都归于无效。"任何违反这类规则的行为不能用同意、默认或承认的方法加以合法化;对其所影响的权利,也不需要用抗议来维护;更不能作为对先前非法行为实行报复的理由。"①可见,联合国对传统共存国际法的延续是一种在继承基础上的发展、守成前提下的创新。这种继承与发展、守成与创新的统一,正是现代合作国际法与人权国际法形成的基础和前提。

二、合作国际法的形成:联合国的重要贡献

现代国际社会经过两次世界大战的剧烈震荡,增强了国际合作的意识与愿望;20 世纪科技革命推进的全球化进程,彰显了国际合作的必要与可能。由此,政府间组织作为国家间合作的有效形式迅速发展起来,并在实践中作为权利义务主体参与各种法律关系,成为与其成员国相区别的国际法律人格者。于是,国家与国际组织之间以及国际组织彼此之间的关系开始进入国际法的调整范围,并由此形成了"致力于集体性地提供诸如国际和平、法律安全、相互受益的经济合作、人

①　[英]詹宁斯、瓦茨修订:《奥本海国际法》(第九版)第 1 卷第 1 分册,王铁崖等译,中国大百科全书出版社 1995 年版,第 5 页。

权、社会和劳工标准、去殖民化等国际公共物品的'合作'国际法"①。
与传统的共存国际法不同,合作国际法以国际主义为价值导向,以国
际社会的稳定、安全与发展为主要诉求,在承认和保护国际社会整体
利益的原则下,主要规定国家对国际社会的普遍义务,要求让渡国家
行使主权的权利,因此,它本质上是一种规定"对一切"义务的法律,属
于具有公法性质的国际法规则体系。

合作国际法的形成与发展,为现代国际法增添了新的内容和结构
要素,是近代国际法向现代国际法转变的重要标志。联合国作为当今
世界最权威、最普遍的国家间合作形式,为合作国际法的形成与发展
作出重要贡献。

1. 联合国在《宪章》基础上确立起来的国际合作原则,为合作国际
法的形成奠定了基础。《联合国宪章》第 1 条规定:"促进国际合作,以
解决国际间属于经济、社会、文化及人类福利性质之国际问题,且不分
种族、性别、语言或宗教,增进并激励对于全体人类之人权及基本自由
之尊重",是联合国的宗旨之一。在此基础上,1970 年联合国大会通过
的《国际法原则宣言》明确规定,"各国依宪章彼此合作""构成国际法
之基本原则",是所有国家必须"严格遵守"的一项国际义务。根据宣
言规定,这种"构成国际法之基本原则"的合作包括以下方面:维持国
际和平与安全;促进对于一切人的人权及基本自由的普遍尊重与遵
行,并消除一切形式的种族歧视和宗教上的不容忍;依照主权平等和
不干涉内政原则处理经济、社会、文化、技术和贸易领域的国际关系;
依照《宪章》有关规定采取共同及个别行动与联合国合作。该宣言还
特别指出,各国应在促进全世界,尤其是发展中国家的经济增长方面

---

① 　Ernst-Ulrich Petersmann, *The GATT/WTO Dispute Settlement System : International Law, International Organizations and Dispute Settlement*, Kluwer Law International, 1997, p. 7.

彼此合作。此后，联合国通过一系列决议、宣言或计划强调和重申了国际合作原则的重要性，尤其在建立国际经济新秩序方面，更是贯彻了"促进国际合作以谋发展"的主旨。例如，1974 年通过的《建立新的国际经济秩序宣言》《建立新的国际经济秩序的行动纲领》和《各国经济权利和义务宪章》、2000 年通过的《联合国千年宣言》和《联合国千年发展目标》、2005 年通过的《世界首脑会议成果文件》等，无不体现了联合国对国际合作原则的重视。

2. 联合国作为协调中心的国际组织网络的形成，是合作国际法形成与发展的重要标志。政府间国际组织是国家间合作的一种法律形态，是国家行使主权权利的让渡对象，它的发展就是合作国际法的发展。从这个意义上说，联合国不仅以其自身的存在和活动构成了合作国际法的重要内容，而且通过协调在经济、社会、文化、教育、卫生及其他有关领域负有广泛国际责任的各种政府间组织的行动，极大地推动了合作国际法的发展。根据《宪章》第 57 条、第 58 条及第 63 条的规定，联合国应通过其经社理事会与各种政府间专门机构订立的关系协定，使它们与联合国建立关系，并作成建议以协调它们的政策及行动。《宪章》第 59 条还规定，联合国应在适当情形下，发动会员国之间的谈判，以创设旨在促进国际合作的新的专门机构。目前，与联合国签订关系协定而成为联合国专门机构的政府间组织有 19 个，它们是：联合国粮食及农业组织、国际民用航空组织、国际农业发展基金、国际劳工组织、国际货币基金组织、国际海事组织、国际电信联盟、联合国教科文组织、联合国工业发展组织、世界旅游组织、万国邮政联盟、世界卫生组织、世界知识产权组织、世界气象组织、世界银行、解决投资争端国际中心、国际开发协会、国际金融公司、多边投资担保机构；与联合国建立关系的相关组织有 4 个，它们是：国际原子能机构、世界贸易组织、禁止化学武器组织、全面禁止核试验条约组织筹备委员会。上述各专门机构、国际原子能机构、世界贸易组织和联合国各基金、方案均为联合国系统行政首长协调理事会成员,接受该理事会的协调和指导。此外,各种区域性政府间组织也依《宪章》第 8 章规定,与联合国建立了密切的法律关系,被《宪章》纳入联合国维持国际和平与安全的世界体制。总之,在联合国的协调下,各种全球性和区域性的政府间组织已经形成一个巨大的国际组织网络,其管辖范围"上至外层空间,下达海床洋底,包括政治、经济、文化、科技、教育、卫生等在内的各个领域"[①],涉及人类生活各个方面。这个国际组织网络的形成,极大地推动了战后国际秩序的建立和国家间的合作,有力地保障了国际公共物品的集体供给。

3.联合国主导建立和实施的一系列国际合作制度,是合作国际法的重要组成部分。合作国际法对国际社会整体利益的承认和保护,目的是为全体或绝大多数国家集体性地提供可资公平分享的国际公共物品。联合国成立 70 多年的历史表明,它在"国际法的逐渐发展与编纂"、集体安全、民族自决、人权保护、环境治理及国际区域等方面主导建立和实施的一系列国际合作制度,就是致力于提供这种"国际公共物品"(如稳定的国际法律秩序、有效的集体安全保障、非殖民化、统一的人权保护标准、普遍的环境治理规则及可资分享的国际区域利益)的法律制度。联合国的集体安全制度和国际海底制度作为联合国一系列国际合作制度的代表,在很大程度上体现了此类制度的合作国际法性质。

联合国的集体安全制度,是在武力被《宪章》禁止的条件下,联合国为实现其"维持国际和平及安全"的宗旨而采取的组织化措施,其具体目的,一是"防止且消除对于和平之威胁",二是"制止侵略行为或其他和平之破坏"。这种组织化措施主要由《宪章》第 5 章、第 7 章和第 8

---

① 梁西:《国际组织法(总论)》,武汉大学出版社 2001 年修订第 5 版,第 328 页。

章所规定,其主要内容包括:(1)各会员国将维持国际和平及安全的主要责任授予安理会,并同意安理会为履行该职责所作成的决定系代表各会员国,不仅对联合国会员国,而且对非联合国会员国均有拘束力;对于安理会采取的集体行动,各会员国和非会员国均应予以协助。(2)在联合国系统内,安理会享有对"任何和平之威胁、和平之破坏或侵略行为之是否存在"作出判断,并决定采取包括军事行动在内的一切必要措施来"防止且消除对于和平之威胁,制止侵略行为或其他和平之破坏"的专属权力。(3)联合国会员国依《宪章》第51条采取的自卫行动只能在安理会采取集体行动之前进行,并应立即报告安理会,会员国因行使自卫权而采取的办法于任何方面均不得影响安理会依《宪章》采取的必要行动。(4)区域机构协助安理会而采取的强制行动以安理会的授权为限,如未经授权,不得采取任何强制行动;区域机构为维持国际和平及安全所实施的或正在考虑实施的行动,无论何时,均应向安理会作出充分报告。可见,联合国的集体安全制度是一种以"天下一家"的整体意识为基础,以合法使用的集体武力控制和制止个别国家非法使用武力的国际制度。根据这种制度,国家虽然向集体安全组织让渡了自身合法使用武力的权利,并承担了协助集体行动的义务,但换来的是集体安全组织为它们提供的集体安全保障。因此,这一制度具有明显的合作国际法特征。

国际海底是现代海洋法上的新概念,按照《联合国海洋法公约》第1条的规定,它是指国家管辖范围以外的海床、洋底及其底土。随着发达国家对这一国际区域丰富矿物资源的勘探和发现,发展中国家强烈要求确立该区域的法律地位,并建立相应的国际管理制度。作为对这种要求的回应,联合国大会先后于1969年和1970年通过了有关这一国际区域的决议。其中,1969年第24届联合国大会通过的关于国际海底的第2574号决议规定,对国际海底资源的开发应在包括适当的国际机构在内的国际管制制度下进行,在该制度尚未建立之前,各国不得将国际海底及其资源据为己有,而 1970 年《关于各国管辖范围以外海洋底床与下层土壤之原则宣言》则明确了该区域及其资源"为全人类共同继承财产"的法律地位。在此基础上,1982 年《联合国海洋法公约》(以下简称《公约》)第 11 部分重申国际海底及其资源"是人类的共同继承财产",并明确规定:(1)任何国家不应对国际海底区域的任何部分及其资源主张或行使主权权利,且任何国家或自然人或法人均不得将该区域及其资源的任何部分据为己有。(2)国际海底区域的所有资源属于全人类,由《公约》设立的国际海底管理局代表全人类行使有关的权利。(3)国际海底区域的开发应为全人类谋福利,由此所获得的利益应由各国公平分享,并应特别考虑到发展中国家的利益和需要。(4)国际海底管理局是组织和控制国际海底区域活动,特别是管理国际海底区域资源的专门机构,所有《公约》的缔约国都是管理局的当然成员。根据上述规定,《公约》建立了国际海底的"平行开发"制度。依该制度,各国要开发国际海底,首先应与国际海底管理局订立合同,提出两块具有同等价值的可开发的国际海底,其中一块由管理局负责开发,另一块由申请者开发;申请者在经营中取得的利润应按一定比例向国际海底管理局提成,国际海底管理局应将申请者的利润提成和自己开发所获得的利润按公平原则分给《公约》的全体成员国。可见,联合国主导建立的国际海底制度是以承认和保护国际社会整体利益为原则的一种国际制度,《公约》成员国依该制度承担的国际义务,是一种国家对国际社会的义务,《公约》成员国对这种义务的信实履行,目的是确保《公约》全体成员国享有该制度规定的权利和利益。因此,同联合国的集体安全制度一样,联合国的国际海底制度也是具有合作国际法性质的国际制度。

　　以上分析表明,联合国不仅以其宪章为合作国际法的形成与发展奠定了基础,而且通过其职能的持续有效履行,为合作国际法的形成与发展提供了动力。当然,联合国对合作国际法形成与发展所作出的贡献，并不意味着联合国对传统共存国际法的绝对否定，相反，这些贡献是在延续共存国际法的基础上实现的，并没有动摇共存国际法的公理地位。因为在联合国这里，"构成国际法基本原则"的国际合作，本质上仍然是以主权平等和不干涉内政原则为根据的国家间合作；国家对其行使主权权利的让渡，从根本上说是国家同意的结果，是国家行使其主权权利的一种形式。

三、人权国际法的分化：联合国的法律努力

人权国际法是一个庞大的规范体系。就其时间效力而言，它包括平常时期的人权国际法，即通常意义上的国际人权法，和非常时期（战争或武装冲突时期）的人权国际法，即国际人道法；就其适用对象而言，它包括普遍人权国际法（适用于所有人）和特殊人权国际法（适用于少数人）；就其价值取向而言，它包括"以个人为本"的人权国际法和"以人类为本"的人权国际法；就其功能定位而言，它包括尊重人权的国际法、促进人权的国际法和保护人权的国际法。因此，在现代国际法体系中，人权国际法是一个包括国际人权法、国际人道法、国际发展（权）法、国际环境（权）法、国际反恐法和防止及惩治严重侵犯人权行为的国际刑法等众多国际法部门的规范板块。

人权国际法原本属于合作国际法的范畴，因为按照《联合国宪章》和《国际法原则宣言》的规定，"构成国际法基本原则"的国际合作包括人权领域的合作。人权国际法从合作国际法中分化出来，成为现代国际法体系中一个相对独立的结构要素，是因为它一开始就显示出既不同于共存国际法，又不同于合作国际法的特征。它以人本主义为价值导向，以人的存在与全面发展为基本诉求，在人权这一终极理念的指引下，主要规定国家对人的义务，主张限制国家行使主权的权利。因此，尽管人权国际法同合作国际法一样，都是规定"对一切"义务的法

律,属于公法意义上的国际法范畴,但其价值取向、法律诉求、权利主体及与国家主权权利的关系,都发生了根本性的变化。正如亨金教授所指出的,"'人权运动'代表着国家间体系中各种假设发生了剧烈变革,预示着国际法的巨大变化。它反映了对人的价值而不是国家价值的崇尚,即使两者相冲突之时也是如此。它渗透到整体单一的国家内部,摧毁了近乎定律性质的传统,即:发生在一国内部的事务,以及一国政府在自身领土内如何对待自己的国民,一概与其他国家、国际体系或国际法无关"①。

人权国际法是现代国际法人本化发展的结果。它的分化和独立,使现代国际法由弗里德曼描述的"二元"(共存国际法和合作国际法)结构变成了由共存国际法、合作国际法和人权国际法构成的"三元"结构。联合国作为在二战废墟上建立起来的普遍性国际组织,70余年来为这种国际法的形成与发展作出不懈的法律努力。

1.《联合国宪章》的人权条款,建立了人权国际法的基础。《宪章》作为联合国的宪法性文件和现代国际法的最重要渊源,除在序言中开宗明义地"重申基本人权,人格尊严与价值,以及男女与大小各国平等权利之信念"外,另有涉及人权的6个条款,分别规定了联合国保护人权的宗旨及大会、经社理事会、托管理事会在人权领域的职权。其中第1条规定:联合国的宗旨之一,是促进国际合作以增进并激励对于全体人类之人权及基本自由之尊重;第13条要求大会应发动研究,并作成建议,以助成全体人类之基本人权及基本自由的实现;第55条强调为造成国际间以尊重人民平等权利及自决原则为根据之和平友好关系所必要之安定及福利条件起见,联合国应促进全体人类之人权及

---

① ［美］路易斯·亨金:《国际法:政治与价值》,张乃根等译,张乃根校,中国政法大学出版社2005年版,第254页。

基本自由之普遍尊重与遵守;第 62 条和第 68 条要求经济及社会理事会就增进全体人类之人权及基本自由之尊重维护作成建议案,并设立以提倡人权为目的之各种委员会;第 76 条规定提倡全体人类之人权及基本自由之尊重,并激发世界人民互相维系之意识,是联合国国际托管制度的基本目的之一。在联合国这样一个普遍性国际组织的章程中有如此多的人权条款,这在国际法发展的历史上还是第一次,它"体现了国际法在当时的新发展,是一项伟大的进步"①,其意义正如国际法学家伊恩·布朗利所指出的,"《联合国宪章》中关于人权的条款为人权的保护建立了基础,也是人权保护进一步发展的原动力"②。

《联合国宪章》是在二战废墟上孕育起来的,它对人权的高度重视主要源于第二次世界大战的惨痛教训。德、意、日法西斯发动的侵略战争,不仅侵犯了欧洲和亚洲大部分国家的主权和领土完整,而且制造了奥斯维辛集中营和中国南京大屠杀等一系列骇人听闻的大规模人权惨案,是对人权的一次前所未有的大践踏。因此,盟军进行的反法西斯战争"不仅仅是一场维护国家主权和领土完整的正义战争,更是一场捍卫人权的正义战争"③。随着战争进入尾声,联合国的缔造者们深刻地认识到,"在国际上承认和保护人权,不但与国际法的目标的进步概念相符合,而且是与国际和平的基本需要相符合的"④。可以说,《联合国宪章》对人权的声张,正是这种认识的结果。

2.联合国主持制定的一系列国际人权文书,确立了人权的国际标

---

① 许光建主编:《联合国宪章诠释》,山西教育出版社 1999 年版,第 10 页。

② 转引自国际人权法教程项目组编写:《国际人权法教程》(第一卷),中国政法大学出版社 2002 年版,第 67 页。

③ 曾令良:《现代国际法的人本化发展趋势》,载《中国社会科学》2007 年第 1 期。

④ [英]詹宁斯、瓦茨修订:《奥本海国际法》(第九版)第 1 卷第 1 分册,王铁崖等译,中国大百科全书出版社 1995 年版,第 357 页。

准。根据《宪章》规定,联合国在人权领域设立的职司机构,主要有大会第三委员会、经社理事会人权委员会和隶属于秘书处的人权事务高级专员。这些机构在人权领域的主要活动是制定公约和宣言,以确定国际人权标准。1948 年 12 月 10 日,联合国大会以 48 票赞成、0 票反对、8 票弃权的表决结果通过的《世界人权宣言》(以下简称《宣言》),首次以普遍性国际文件的形式对《联合国宪章》所称的"人权及基本自由"作出系统而详细的阐释。《宣言》在序言中重申,承认"人人固有尊严及其平等的和不移的权利",是"世界自由、正义与和平的基础"。根据《宣言》第 1 条、第 2 条和第 29 条的规定,人权具有如下性质:(1)固有性,即人人生而自由,在尊严和权利上一律平等;(2)平等性,即对各项权利与自由的享受,不能因"种族、肤色、性别、语言、宗教、政治或其他见解、国籍或社会出身、财产、出生或他种身份"的不同而受到影响,也不得因所属国家或地区之政治、行政或国际地位的不同而有所区别;(3)相对性,即个人在行使权利时应承担必要的社会义务,并受法律和《联合国宪章》宗旨与原则的限制。《宣言》规定的人权分为两类:一是公民及政治权利,包括生命、自由和人身安全,免受酷刑,得到司法救济,免受任意逮捕、拘禁或放逐,享受公正审判,私生活、家庭、住宅和通信不受任意干涉,迁徙和居住自由,寻求和享受庇护,享有国籍,结婚和成家,拥有财产,思想、良心和宗教自由,主张和表达自由,和平集会结社自由,选举权与被选举权;二是经济、社会及文化权利,包括享受社会保障,工作权,同工同酬,参加工会,享受休息及闲暇,享受健康和福利,接受教育,参与社会文化生活,获得科学、文学或美术作品的精神与物质利益。尽管《宣言》只是联大的一项决议,不具有条约那样的法律约束力,但 70 多年来,它所确立的人权标准已获得各国的普遍接受,并被联合国大会和经社理事会通过的大量重要决议和决定及《欧洲人权公约》《美洲人权公约》等区域性人权公约所援引,因此,从一定意义上来说,《宣言》的规定已具有习惯国际法的性质。

在《世界人权宣言》的基础上,联合国大会于 1966 年通过了《公民权利和政治权利国际公约》和《经济、社会和文化权利国际公约》两个综合性的国际人权公约,使《宣言》的内容成为具有法律约束力的条款。此外,截至 2014 年年底,在大会或大会决定召开的国际会议上还通过了 46 个条约(含议定书)和 52 个宣言,①内容涉自决权、发展权、和平权、土著人民和少数群体的权利、防止和消除歧视、妇女权利、儿童权利、老年人权利、残疾人权利、司法中的人权、增进和促进人权、健康权利、婚姻和家庭、结社自由、工作权、禁止奴隶制及类似制度和习俗、移民权利、国籍和无国籍、庇护和难民、战争罪与反人类罪、战俘待遇、战时平民保护等。其中,被联合国称为"核心国际人权文书"的专门性条约主要有:《消除一切形式种族歧视国际公约》(1965 年)、《消除对妇女一切形式歧视公约》(1979 年)、《禁止酷刑和其他残忍、不人道或有辱人格的待遇或处罚公约》(1984 年)、《儿童权利公约》(1989 年)、《保护所有移徙工人及其家庭成员权利国际公约》(1990 年)、《保护所有人免遭强迫失踪国际公约》(2006 年)、《残疾人权利公约》(2006 年)。上述综合性和专门性的国际人权条约,构成了联合国系统有关人权标准的国际条约体系,从而为尊重、促进和保护人权提供了实体法基础。

3.联合国的人权监督机制,促进了国际人权标准的实施。这种监督机制包括两类:

一是根据《宪章》和联合国决议建立的监督机制,主要有:(1)根据联合国经社理事会第 1235 号决议于 1967 年建立的处理个人或团体有关指控大规模侵犯人权的来文程序,即"1235 号程序";(2)根据联合

---

① http://www.ohchr.org/CH/Issues/Pages/UniversalHumanRightsInstruments.aspx,访问日期:2015 年 6 月 30 日。

国经社理事会第 1503 号决议于 1970 年建立并于 2000 年修改的审查有关指控大规模侵犯人权的来文程序,即"1503 号程序";(3)20 世纪 90 年代由经社理事会人权委员会逐步建立起来的国别或专题性特别报告员制度;(4)根据 1993 年联合国第 48/141 号决议任命的联合国人权高级专员。

　　二是根据人权条约建立的监督机制。这类监督机制一般由多边人权条约建立,并有常设机构根据条约规定的程序开展连续性活动,其目的是监督和保证人权条约的实施。目前,这样的人权监督机构有 9 个,它们是:人权事务委员会,经济、社会、文化权利委员会,消除种族歧视委员会,儿童权利委员会,消除对妇女歧视委员会,禁止酷刑委员会,迁徙工人委员会,强迫失踪问题委员会及残疾人权利委员会。这些机构依各公约建立的监督程序一般包括:(1)缔约国报告程序。这是国际人权条约广泛采用的监督缔约国履行义务的强制性程序,它无须缔约国的特别批准而自动适用于缔约国。根据这一程序,缔约国有义务向监督机构递交报告,说明其在履行条约义务方面所采取的措施、取得的进展和遇到的困难。有关人权机构对此类报告进行审议,并就报告的内容发表无法律约束力的评论或建议,以便缔约国更好地履行条约义务,保障并实现条约所规定的权利。(2)国家间指控程序。这是国际人权条约规定的一项任意性监督程序,只适用于那些声明接受此种程序的缔约国。有关监督机构在确认已用尽国内救济措施后,有权处理已接受此种程序的缔约国之间的指控,进行斡旋或调解,以便争议得以友好解决。(3)个人或团体来文来电程序。此程序依公约的"任择条款"建立,是个人或团体对国家侵犯其人权而向有关国际监督机构投诉的程序。根据这一程序,在个人申诉符合条件的情况下,有关监督机构可依有关人权公约的规定,对个人和有关缔约国提出的一切书面资料进行审查,提出结论性意见。如果有关缔约国违反了条约义务,监督机构在结论性意见中还附有该缔约国应采取的措施,其中不仅包括对受害者的救济,而且包括按照有关人权条约的规定对国内法应做的修改。

冷战结束以后,世界人权状况日益恶化,发生了前南斯拉夫种族清洗、卢旺达种族大屠杀等一系列严重侵犯人权的事件。针对这种状况,联合国进一步加强了对人权标准实施的监督,其采取的突出措施主要有两项:

(1)联合国安理会对一国内部严重侵犯人权行为的集体干预。根据《宪章》的规定,尽管联合国负有"促进全体人类之人权及基本自由之普遍尊重与遵守"的职权,但在联合国的原有制度设计中,这种职权主要属于联合国大会和经社理事会,而不属于联合国安理会;在联合国系统内,集体安全体制与人权保护体制过去是互不相干、彼此独立的两种制度安排。这在实践上给联合国的集体安全体制带来了严重困境:面对一国内部的人道主义灾难,要么因为制度设计上的"画地为牢"而行动迟缓,致使灾难扩大,例如在卢旺达;①要么迫于西方大国的压力,对灾难发生国进行不经东道国的同意或邀请的人道主义干预,导致其合法性受到广泛质疑,例如在索马里。针对这种困境,联合国安理会开始将"人的安全"纳入国际安全的范围,认为"一国内部冲突的大规模侵犯人权或危害人类生命的行为也构成世界和平之威胁,可成为安理会采取行动的理由"②。基于这种理由,安理会可依《宪章》第7章赋予的权力采取集体强制行动。事实上,冷战结束以来,联合国安

---

　　① 联合国在卢旺达种族大屠杀事件中表现消极。大屠杀发生的第四天,联合国安理会通过投票,决定象征性地在卢旺达保留 260 名维和人员,职责仅仅是调停停火和提供人道主义援助。在卢旺达种族大屠杀持续了近一个半月后,联合国安理会才决定将联合国驻卢旺达援助团人数增加到 5500 人,扩大其行动授权,并说服其他国家参与救援。

　　② [德]马蒂亚斯·海尔德根:《联合国与国际法的未来》,肖君译,载《世界经济与政治》2004 年第 5 期。

理会在伊拉克、索马里、萨尔瓦多、安哥拉、莫桑比克、利比里亚、海地、卢旺达、布隆迪、塞拉利昂、刚果（金）、前南斯拉夫、东帝汶等众多国家或地区进行"人道主义干涉"的实践已经表明："不得干涉基本上属于国家内部管辖事务的原则，不能被用来庇护大规模地、系统地、不受惩罚地违反人权的行为"①，已经成为安理会处理一国内部大规模严重侵犯人权行为的基本原则。

（2）联合国人权理事会的成立。2006 年 3 月 15 日，第 60 届联合国大会根据《2005 年世界首脑会议成果文件》的要求通过第 60/251 号决议（以下简称"联大决议"），决定成立作为大会附属机构的人权理事会，以取代原来经社理事会管辖下的人权委员会。根据"联大决议"的规定，人权理事会由 47 个成员国组成，其职权主要包括：促进对所有人人权与基本自由的普遍尊重；处理侵犯人权情况并提出建议；推动各国全面履行人权义务；推动联合国系统人权主流化；在与会员国协商同意后，帮助会员国加强人权能力建设，促进人权教育并提供技术援助；提供人权问题专题对话论坛；向联大提出进一步发展国际人权法的建议；向联大提交年度报告等。人权理事会的成立是联合国人权监督机制的重要发展，具体说来，主要表现在两个方面：

一是人权监督机构地位的提升。相比于原来的人权委员会，人权理事会作为联合国大会的附属机构，其级别明显提升，权威性、代表性和执行能力明显增强，说明人权的尊重、促进和保护在联合国的活动中占据比过去更为重要的地位。需要指出的是，虽然联合国大会的决议没有明确提及人权理事会是联合国的主要机关，但鉴于《2005 年世界首脑会议成果文件》已将安全、发展和人权确认为联合国的三大支

---

①　1991 年，时任联合国秘书长德奎利亚尔宣称："目前一个日益上升的认识是，不得干涉基本上属于国家内部管辖事务的原则，不能被用来庇护大规模地、系统地、不受惩罚地违反人权的行为。"

柱,因此,从这个层面上说,"作为理事会(council)级别的人权理事会实际上具有与安全理事会、经社理事会相同的法律地位,可能成为联合国一个事实上的'主要机关'"①。

二是"普遍定期审议"(universal periodical review)机制的创立。根据"联大决议",人权理事会将承担原有人权委员会的所有职能和职责,并对人权委员会的监督机制作出审查和改进。因此,"联大决议"决定创立一种不同于上述两类监督机制的新的普遍定期审议机制。该决议明确规定:人权理事会"应根据客观和可靠的信息,以确保普遍、平等地对待并尊重所有国家的方式,对每个国家履行人权义务和承诺的情况进行普遍定期审议";审议应是一种基于互动对话的合作机制,由相关国家充分参与,并考虑其能力建设的需要;这个机制应补充而不是重复条约机构的工作;理事会应在举行首届会议一年后,拟定普遍定期审议的方法并作出必要的时间安排。根据上述规定,人权理事会的普遍定期审议机制具有以下几个明显特征:其一,普遍定期审议机制以"普遍、平等地对待并尊重所有国家"为原则,改变了人权委员会选择性审议的做法;其二,普遍定期审议机制规定理事会成员国应在其任期内首先接受审议,改变了人权委员会体制下有些国家只做"法官"而自己却不接受审查的情况;其三,普遍定期审议机制以受审议国家的充分参与为基础和前提,其审议结果是审议工作组与受审议国家之间对话、协商的产物,从而改变了人权委员会体制下关门审议和不与所涉国家协商而直接拿出审议结果的做法。② 因此,与上述两类人权监督机制相比,这种审议机制更具有普遍性、平等性、公正性

---

① 江国青、熊志强:《联合国人权理事会法律制度探析》,载《外交评论》2006 年第 4 期。

② 江国青:《普遍定期审议:联合国人权监督机制的新发展》,载《人权》2008 年第 4 期。

和开放性,更有利于在世界范围内促进对人权的普遍尊重、遵守和保护。目前,人权理事会已完成第一轮普遍定期审议(2008 年 4 月至2011 年 10 月),并于 2012 年 5 月启动了为期四年半的第二轮普遍定期审议。

4.联合国建立的惩治严重侵犯人权罪行的国际刑法制度,使人权国际法的"弱法"性质得到了较大改变。联合国人权监督机制的建立和运行,对于国际人权标准的实施、世界人权状况的改进起到了一定的作用。但这种监督机制主要针对的是国家及其政府,而应承担严重侵犯人权责任的个人却难以因此受到应有的惩处。为了改变人权国际法这种"有罪不罚"的困境,联合国从以下两个方面加强了制止和惩治侵犯人权罪行的制度建设:

一是把强行法概念引入人权领域,将生命权(包括免受任意屠杀的权利和免受种族灭绝的权利)、免受种族隔离的权利、免受酷刑和其他有辱人格待遇的权利、免为奴隶的权利、免受奴役或强迫劳动的权利及妇女和儿童免受贩运的权利等人权纳入国际强行法保护的范围,先后主持缔结了一系列具有强行法性质的国际公约,从而为制止和惩治侵犯人权罪行提供了国际刑法的实体法基础。这些公约包括:1948年《防止及惩治灭绝种族罪公约》、1953 年《关于修正 1926 年 9 月 25日在日内瓦签订的禁奴公约的议定书》和 1956 年《废止奴隶制、奴隶贩卖及类似奴隶制的制度与习俗补充公约》、1963 年《关于在航空器内的犯罪和其他某些行为的公约》(简称《东京公约》)、1965 年《消除一切形式种族歧视国际公约》、1970 年《关于制止非法劫持航空器的公约》(简称《海牙公约》)、1971 年《关于制止危害民用航空安全的非法行为的公约》(简称《蒙特利尔公约》)、1973 年《禁止并惩治种族隔离罪行国际公约》、1973 年《关于防止和惩处侵害应受国际保护人员包括外交代表的罪行的公约》、1979 年《反对劫持人质国际公约》、1997 年《制止恐怖主义爆炸事件的国际公约》、1999 年《制止向恐怖主义提供资助的国际公约》、2005 年《制止核恐怖主义行为国际公约》等。依上述各公约确认的灭种罪、贩运和使用奴隶罪、种族隔离罪、种族歧视罪、侵害外交人员罪、劫持人质罪、空中劫持罪及恐怖主义罪等，都是严重侵犯人权的国际罪行，按其性质可以分别归入 1998 年《国际刑事法院规约》所规定的灭绝种族罪、危害人类罪、战争罪和侵略罪的范围。因此，这些公约的缔结，既是国际人权法的重大突破，也是国际刑法的重要发展。通过这些公约所形成的国际共识——"个人应对严重侵犯人权的行为承担国际刑事责任"，为联合国利用最具强制力的刑事手段实现保护人权的目标提供了政治基础。

二是设立国际刑事司法机构，为惩治大规模侵犯人权的行为提供可资依附的制度平台。国际社会通过刑事审判来惩治危害人类罪、战争罪等国际罪行的重要实践，开始于二战结束后的"纽伦堡审判"和"东京审判"。自此之后，联合国一直致力于设立一个常设的国际刑事司法机构来审判被控犯有严重侵犯人权罪行的人，但由于东西方两大阵营的对立和"冷战"，这种努力在二战后的半个世纪中并没有取得实质性的进展。直到冷战结束后，这种状况才得到改变。1989 年 12 月，联合国大会应特立尼达和多巴哥共和国政府的请求，决定重新启动国际刑事法院的筹建工作，并要求国际法委员会开始起草《国际刑事法院规约》。1994 年，国际法委员会完成了该规约草案的起草工作。经过多年谈判，1998 年 7 月，联合国在意大利罗马召开外交全权代表会议，《国际刑事法院规约》以 120 票赞成、7 票反对和 21 票弃权的结果获得通过。2002 年 7 月 1 日，《国际刑事法院规约》生效，国际刑事法院正式建立。从此，当规约当事国没有能力或意愿对灭绝种族罪、反人类罪、战争罪以及侵略罪等四种严重侵犯人权的国际罪行实施管辖时，联合国可以通过国际刑事法院对犯下这些罪行的个人追究刑事责任并课以刑罚。与此同时，联合国还根据安理会的决议或与当事国政府签署的协议，先后设立了前南斯拉夫问题国际刑事法庭（1993 年）、卢旺达问题国际刑事法庭(1994年)、东帝汶混合法庭(2000年)、塞拉利昂特别法庭(2002年)、柬埔寨法院特别法庭(2003年)、黎巴嫩问题特别法庭(2005年)等临时性的国际刑事司法机构,对发生在前南斯拉夫、卢旺达、东帝汶、塞拉利昂、柬埔寨和黎巴嫩等国家或地区的严重侵犯人权的国际罪行进行刑事审判。这些特设及常设国际刑事司法机构是联合国为人权国际法武装的锋利"牙齿",它们的建立,标志着以人作为终极关怀对象的人权国际法,开始从"较弱的法"走向"较硬的法",是国际社会向着通过实现司法正义维护世界永久和平的崇高理想迈出的坚实一步。

总之,在联合国70余年的不断努力下,人权国际法作为现代国际法体系中的一个相对独立的规范板块已经初步形成。这种以人的存在与全面发展作为终极价值追求的法律,尽管对国家行使主权的权利构成了限制,但这种限制是主权国家"心甘情愿"的,联合国为此所作出的法律努力并没有改变国际法依国家同意而产生的根本原则。应当指出的是,人权国际法目前并不十分完善,其中不少规范还具有"软法"性质,人类仍然面临着国际国内武装冲突、恐怖主义、有组织跨国犯罪、种族与宗教冲突以及贫穷、疾病、环境恶化的威胁。因此,联合国要使自己真正成为"我联合国人民"的共同家园,未来仍需要在人权领域作出持续不断的法律努力。

四、结语

康德说:人类"如果不和平相处就一事无成,然而又难免互相冲突。因此,他们感到本性要求他们自行立法,规定彼此的义务,并据此创造一个联合体。这些法则源于自身,而这一联合体在解散的不断威胁下趋于整体上的进步"①。人类社会是如此,人格化的国际社会亦然。联合国就是主权国家为免"后世再遭今代两度身历惨不堪言之战祸"而依《联合国宪章》创造的这样一个国家"联合体"。然而,正如康德所说,这个"联合体"的创造并不是一劳永逸的,它还面临着"解散的不断威胁"。国际联盟失败的历史表明,一个仅以共存国际法为基础建立起来的普遍性国际组织,并不能达到维持国际和平与安全的目的;国际组织,尤其是普遍性国际组织以"法律代替战争"的努力仅仅停留在政治方面是不够的,还应当扩展到经济、社会、文化及人权等其他领域,以消除引起战争的其他因素。70 余年来,联合国之所以能够"在解散的不断威胁下"趋于整体进步,并一直维持着世界整体的和平,从法律上说,其原因就在于它一开始就在其宪法性文件——《联合国宪章》中确立了共存国际法、合作国际法和人权国际法的体系性存在,并在以后的实践中不断地充实着它们的内容,从而为联合国实现其三大核心价值——安全、发展与人权提供了比较完整的规范体系。因此,当这个规范体系的碎片化可能给国际关系的稳定带来某种消极影响的时候,作为联合国会员国的各主权国家不应当怀疑甚至否定这个体系存在的合理性和必要性,而应以善意的态度,为缓解它的碎片化现象作出具有法律意义的努力。

---

　① 转引自[英]韦恩・莫里森:《法理学——从古希腊到后现代》,李桂林等译,武汉大学出版社 2003 年版,第 156 页。

第八章
现代国际法的多样化、碎片化与有序化

20 世纪,特别是冷战结束以后,国际法的发展呈现出两种重要趋势:一方面,国际立法活动日益活跃,国际法体系的结构要素越来越多样化;另一方面,各种规范之间的冲突和矛盾加剧,国际法的体系结构越来越"碎片化"(fragmentation)[①]。这种多样性与统一性的对立损害了国际法的权威性和可预见性,也给国际关系增加了不稳定的因素,从而引起了国际社会的高度关切。2002 年,联合国国际法委员会第 54 届会议决定将"国际法的碎片化:国际法的多样化和扩展引起的困难"(Fragmentation of International Law: Difficulties Arising from the Diversification and Expansion of International Law)列为其长期工作方案的专题,并成立了专门研究组,开始对该问题展开系统的研究。

[①]　"碎片化"是对英语 fragmentation 的直译,意指体系内部的各种要素之间缺乏有机联系和统一性。国内有学者将 fragmentation 意译为"不成体系",将 fragmentation of international law 译为"国际法不成体系",似有否认国际法是一个法律体系之嫌。因此,本书采用它的直译表达。

2006 年,该研究组将 2004 年至 2006 年间广泛审议的结果集中起来,向国际法委员会第 58 届会议提交了一份题为《国际法的碎片化:国际法的多样化和扩展引起的困难》的综合研究报告,从法律层面上比较系统地提出了思考和处理国际法碎片化问题的原则和建议。此外,国际法的碎片化问题也引起了西方国际法学界的重视,促成了一批颇有见地的研究成果。[①] 相比之下,该问题还没有引起我国法学界的足够重视,相应的研究才刚刚起步。在这种背景下,本章分析了现代国际法发展的多样化趋势及其深刻原因,剖析了目前国际法的碎片化现象及其与国际法多样化之间的关系,探讨了缓解国际法碎片化现象、提高国际法有序化程度的途径和办法。

一、多样化:现代国际法的发展趋势

国际法以 1648 年缔结的《威斯特伐利亚和约》为实际源头,经过两个半世纪的漫长演变,在 20 世纪获得了巨大的发展,目前已形成一个庞大而又具有多样性的法律体系。回溯既往,可以发现,现代国际法的巨大发展并不是一种简单的直线性累积,而是一种多样化的立体扩展,具有多样性的现有国际法体系其实是国际法在过去 100 多年多

---

　　① 有关该问题的探讨,详见 J. Pauwelyn, *Conflict of Norms in Public International Law*: *How WTO Law Relates to Other Rules of International Law*, Cambridge University Press, 2003; M. Koskenniemi & P. Leino, Fragmentation of International Law? Postmodern Anxieties, *Leiden Journal of International Law*, Vol. 15, 2002; Shane Spelliscy, The Proliferation of International Tribunals: A Chink in the Armor, *Columbia Journal of Transnational Law*, Vol. 40, 2001; Christopher J. Borgen, Resolving Treaty Conflicts, *George Washington International Law Review*, Vol. 37, 2005;以及 G. Hafner, B. Simma, J. Pauwelyn, P. S. Rao, A. Fischer-Lescano, G. Teubner, K. Wellens 等人发表在 *Michigan Journal of International Law* 2004 年第 25 卷夏季号上的系列论文。

样化发展的结果,它经历了以下若干从"一"到"多"的变化过程。

（一）国际法多样化发展的表现

1.国际法部门不断增多。近代国际法以国家间的政治关系为其调整对象,其规范主要涉及领土主权、外交关系、战争与和平法等问题。与近代国际法不同,现代国际法的调整范围已经扩展到国家间的经济关系、文化关系、法律关系等国际关系的其他领域,其规范所及上至外层空间,下达海床洋底,几乎包括人类生活的各个方面,国际法的规则、规章和制度呈现出部门化或领域化的发展趋势,曾经似乎受一般国际法管辖的事项,现在已经成为空间法、极地法、原子能法、环境法、人权法、知识产权法、贸易法、金融法、投资法、产品责任法、劳工法、旅游法、组织法、发展法、刑法等高度专门化的法律所管辖的领域,①并在其独有的领域各有自己的原则和机构,形成了一个个新的独立的国际法部门。与此同时,传统的国际法部门在新的条件下也有了显著的发展。例如,海洋法是一个古老的部门,现在已从过去的海面法规延伸到了海底制度,在深海资源、大陆架、专属经济区、领海范围、远洋捕鱼等方面都有了很多新规定。这些不同的国际法部门各有特定的调整对象,相互独立,自成一体。它们的产生与发展丰富了国际法的内容,扩展了国际法的调整范围,是国际法多样化发展的重要标志。

2.区域性造法活动渐趋活跃。"国际法律秩序适用于整个由国家

---

① Report of the Study Group of the International Law Commission (Finalized by M. Koskenniemi), *Fragmentation of International Law: Difficulties Arising from the Diversification and Expansion of International Law*, A/CN. 4/L. 682, 13 April 2006, p. 11.

组成的国际社会,并在这个意义上具有普遍的性质。"①但是,由于国家之间在地理、经济和文化方面可能存在的巨大差异,加上国际法上国际人格者的数目不断增加和国际法调整对象的范围不断扩大,能被整个国际社会公认并适用于一切国家的普遍性规范毕竟是有限的。《联合国宪章》第8章承认在适当领域内区域安排的重要性,表明国家之间的关系可能有必要在区域共同利益的基础上加以发展和调整,可能有必要制定关于特殊利益和情势的特殊的国际法规范。因此,现代国际法在发展普遍性规范的同时,并不排斥基于区域共同利益而制定特殊的国际法规范,相反,它认为区域性的造法活动有助于国际法作为普遍性法律总体的发展。在这种背景下,美洲国际法、欧洲国际法、非洲国际法以及阿拉伯国家联盟法、东盟法等一些区域或次区域国际法相继产生,从而为各区域或次区域内的国家间合作与和平稳定提供了比普遍性国际法规范更为发达的法律形式。

特别值得注意的是,在国际贸易领域,自从世界贸易组织多哈回合谈判的坎昆会议失败以后,区域贸易自由化的浪潮几乎席卷了全球,各种以建立自由贸易区为核心的、可能超出世界贸易组织规则所规定义务的区域贸易协定,突破传统的"疆域相邻"原则,在世界贸易组织的成员之间纷纷签订,从而在世界贸易组织的多边体制之外形成了一个区域贸易协定网络。

3.国际法主体多重扩展。近代国际法以国家间体制为基础,只承认国家是国际法上唯一的法律人格者,关心的主要是国家间的管辖权划分与和平共存,通过作为国家间关系产物的习惯、条约和仲裁裁决等,形成调整国家之间权利义务关系的法律规范。因此,国际法在相当长一段时期内被简单地界定为"国家间法"。但是,自19世纪下半

---

① 〔英〕詹宁斯、瓦茨修订:《奥本海国际法》(第九版)第1卷第1分册,王铁崖等译,中国大百科全书出版社1995年版,第50页。

叶开始,尤其是 20 世纪以来,各种全球性与区域性国际组织迅速发展,并在实践中作为权利义务主体参与各种法律关系,成为与其成员国相区别的国际法律人格者。于是,国家与国际组织之间以及国际组织彼此之间的关系开始进入国际法的调整范围,并由此形成新的国际法律秩序。与此同时,由于两次世界大战和其后南非种族隔离、前南斯拉夫种族清洗、卢旺达种族灭绝等一系列严重侵犯人权事件的发生,国际社会日益重视对个人权利的保护,国家与个人、国际组织与个人之间的权利义务关系逐渐被纳入国际法的调整范围,并由此形成了国际人权法等新的国际法部门。

可见,现代国际法不仅仅是调整主权国家之间横向关系的法律,它还承担着调整国家与国际组织、国家与个人等纵向关系的任务。以国家为界面,上至国家组成的国际社会,下达构成国内社会的个人,现代国际法形成了三种不同的规范板块即(1)规定国家对国家义务的共存国际法,(2)规定国家对国际社会义务的合作国际法,和(3)规定国家对个人义务的人权国际法,从而使国际法由过去的平面式规范结构发展为现在纵横交错的立体规范网络。

4.国际法实施机制发展迅速。自 1899 年常设国际仲裁法院成立开始,100 多年来,国际性的司法机关大量出现,迄今已有 90 多个国际机构通过条约或者特别程序被国家授予解释和适用国际法的职权。[①]在这些国际性司法机关中,既有被授权解释和适用一般国际法问题的法庭,如国际法院,也有特定领域的司法机构,如国际海洋法法庭、国际刑事法院、世界贸易组织争端解决机构;既有永久性的,如国际法院,又有临时性的,如前南斯拉夫问题国际刑事法庭、卢旺达问题国际

---

① Shane Spelliscy,The Proliferation of International Tribunals: A Chink in the Armor,*Columbia Journal of Transnational Law*,Vol. 40,2001,p. 143.

刑事法庭等特别刑事法庭；既有全球性的，如国际法院、国际海洋法法庭，又有区域性的，如欧洲人权法院、美洲人权法院等。

与此同时，当代国际程序法律制度中的条约监督机制也得到了相当的发展。这类监督机制一般包括报告、申诉、评审、核查、违约制裁等制度。它们根据多边条约建立，并有常设机构根据条约规定的程序开展连续性活动，其目的是监督和保证条约的实施，促使缔约国有效地履行其条约义务和遵守条约规则。虽然这种监督机制也是一种第三方介入的形式，但它们不同于国际仲裁与诉讼，是一种非司法性质的争端解决模式或条约实施机制。目前，这种监督机制被普遍应用于有关安全、军备控制、人权和环境保护等领域。可见，现代国际法的多样化是全方位的：既包括实体国际法的多样化，又包括程序国际法的多样化。

（二）国际法多样化发展的原因

多样化作为现代国际法发展的一种趋势，是 20 世纪国际社会的多方面因素综合作用的结果。

首先，两次世界大战的深刻教训，为现代国际法的多样化提供了认识基础。20 世纪上半叶爆发的两次世界大战，一方面使国际法破坏无余，另一方面为国际法带来新的转机。战争在给人类造成巨大灾难的同时，也暴露了近代国际法的许多缺陷，留给了国际法和世人不少的深刻教训：

（1）没有国际秩序的主权是没有保障的主权，最终必然使主权本身遭到破坏。依正义和国际法建立国家利益与国际社会共同利益协调发展的机制，是保障主权的重要手段。因此，国际社会的一个重要任务就是编纂和发展国际法。

（2）防止战争的违法不如从根本上废弃战争，因此，需要禁止使用武力和用和平方法解决国际争端，从根本上消除导致战争的因素。

（3）为维持国际和平与安全，必须建立国际组织与集体安全保障机制，加强国家之间的合作。对于违反国际法，特别是犯下侵略罪行的国家，必须由国际组织以集体的力量加以制止与制裁。

（4）国际争端的背后有着深刻的经济根源。因此，以"法律代替战争"的努力仅仅停留在政治方面是不够的，还应当扩展到经济等其他领域，过去以建立国际政治秩序为主要任务的国际法，必须朝着建立国际政治经济秩序的方向转变。

对两次世界大战获得的上述认识，是国际社会的一笔宝贵财富。它们不仅为国际联盟和联合国的建立奠定了思想基础，而且也为战后国际法的多样化提供了认识前提。

其次，战后新独立国家的激增，为现代国际法的多样化提供了社会基础。第二次世界大战后，民族自决原则确立，非殖民化运动兴起，殖民体系迅速瓦解，从20世纪60年代起的30多年，新独立的亚非拉国家就已超过100个。新独立国家的激增，远远超出了其数量上的意义。它们经济不发达，过去长期被排除在所谓"文明国家"之外，"渴望用遵守国际法规则的方式获得国际社会的承认"①，参与国际法的制定；它们强烈反对殖民体系残余和不平等条约，要求修改其未参与制定而且对其有损的那部分国际法规范，主张通过缔结新的国际条约建立国际法律秩序；它们加入国际社会后，一方面使国际法的适用空间得到拓展，国际法的普遍性得到增强，另一方面使国际社会呈现出多样性特征，普遍性国际法规范的制定更加困难，从而导致了在新的条件下的区域性造法活动的兴起。总之，它们作为一种新的国际力量，为现代国际法的多样化发挥了重要作用。

---

① ［英］蒂莫西·希利尔：《国际公法原理》（第二版），曲波译，中国人民大学出版社2006年版，第2页。

再次，战后的全球科技革命，为现代国际法的多样化提供了强大动力。战后的全球科技革命是以量子力学、相对论的产生为基础，空间技术、计算机技术和原子能技术的产生为标志，能源、材料、信息、生物、海洋等领域的科技进步为内容的一次科技革命。它带来了人类认识水平的空前提高、社会生产力的飞跃发展和人类生活方式的巨大变化，同时对现代国际法的发展也产生了重要影响。它拓展了国家之间交往的领域与空间，促进了许多新的国际法部门的产生和传统国际法部门的发展。例如：原子能技术的产生与发展导致了新的原子能法的产生；空间技术的产生与发展导致了外层空间法的形成；海洋科学技术的进步推动了海洋法的发展与完善；等等。它加强了国家之间的相互依存，导致了人类共同利益与基本价值的凸显，从而使整体国际社会逐渐成为现代国际法关注的一个至为重要的方面。电子与信息技术的产生与发展，不仅消除了国家之间交往的空间障碍，同时也缩短了国家之间联系的时间间隔，导致国内问题国际化和国际问题国内化的交织趋势；核技术、生物技术以及其他科学技术的发展与广泛应用，使人类面临着共同的安全威胁和环境危害。所有这一切，都促使国际社会超越民族国家之间的利益之争，更加注重全球范围内的协调与合作，强调国际秩序的作用与优先地位，从而为现代国际法规范的多层次扩展注入了强大的动力。

最后，国际社会的组织化，为现代国际法的多样化提供了有效形式。国际社会经过两次世界大战的剧烈震荡，增强了国际协作的意识与愿望；科技革命推进的全球化进程，彰显了国际协作的必要与可能。由此，政府间组织作为国家对世界事务进行多边协调与管理的有效形式，在 20 世纪迅速发展起来，出现了国际社会的组织化趋势。据统计，政府间组织的数量在 1909 年是 37 个，到 2016 年已发展为 7658

个,增长了 200 多倍,^①其中,90％以上是在二战以后新建立的。这些
政府间组织创立后,其重要职能之一就是在各自管辖范围内组织国际
立法活动,充当谈判缔结国际条约的组织者角色。例如,世界知识产
权组织就是其成员国谈判修订已有知识产权条约(如《保护工业产权
巴黎公约》)和谈判缔结新的知识产权条约(如《世界知识产权组织版
权条约》)的重要场所。如果说 19 世纪还是通过国际会议进行国际立
法的世纪,那么 20 世纪已经步入了由国际组织主导国际立法的时
代。^②因此,政府间组织的急剧增加,其意义不仅在于扩大了国际法主
体的范围,更重要的是,它导致了国际立法形式与国际法实施机制的
多样化,进而极大地推动了现代国际法的多样化。

今天,虽然人类已经进入 21 世纪,但上述因素对国际法发展的影
响并没有停留在 20 世纪。不仅如此,新的推动国际法多样化的因素
还在不断产生。冷战结束后世界格局的变化与全球化进程的加快,都
有可能加速国际法多样化的步伐。因此,可以预见,21 世纪将是国际
法更加多样化的时代。

二、碎片化:国际法的多样化引起的困难

国际法的多样化是国际法具有活力的表现,是国际法治不断加强
的象征。它给处于无政府状态下的国际社会带来了更广泛的秩序,在
一定程度上满足了战后全球演变与国际关系多样化的需要,对于“和
谐世界”的建立具有积极的意义。但是,国际社会也注意到,与近代国

①　http://uia. org/sites/uia. org/files/misc_pdfs/pubs/yb_2017_vol5_lookinside.
pdf,访问日期:2018 年 3 月 30 日。

②　徐崇利:《国际经济法律冲突与政府间组织的网络化——以世界贸易组织为
例的研究》,载《西南政法大学学报》2005 年第 5 期。

际法相比,现代国际法体系"充满了具有不同程度的法律一体化的普
遍性的、区域性的,或者甚至是双边性的体系、小体系和小小体系"①,
存在于这个体系内部的各种规范和制度之间并没有形成一种结构上
的有机联系,它们相互冲突、彼此矛盾,就像堆积在一起的"玻璃碎
片"。联合国国际法委员会将这种现象称为"国际法的碎片化"(frag-
mentation of international law)。无疑,这些冲突将导致在适用国际法
规则方面的困难,使国家可能遇到必须遵守互相排斥的义务的情况,
从而引起国家责任与国际争端。因此,虽然国际法的多样化加强了国
际社会的秩序,但国际法的碎片化却可能在一定程度上给稳定的国际
关系带来不利影响。

　　碎片化与多样化是现代国际法发展过程中出现的两种不同趋势。
二者之间究竟存在什么联系,不同的学者可能有不同的看法。联合国
国际法委员会将"国际法的碎片化:国际法的多样化和扩展引起的困
难"确立为该委员会长期工作方案的专题,似乎意味着:在国际法的多
样化之前存在着一个统一的国际法体系,是国际法的多样化和扩展造
成了目前国际法的碎片化现象。对此,笔者认为:

　　第一,国际法从其产生时起就不是一个统一的法律体系,碎片化
也不是现代国际法才有的结构特征。它是国际法的固有缺陷,是由产
生和适用国际法的国际社会本身的结构特点决定的。

　　国际社会是一个由众多主权国家组成的高度分权的平行式社会,
没有一个超越国家之上的世界政府的存在。它不同于国内社会。国
内社会是一个以统治权为基础的纵向式社会,权力集中于中央机关。
由两种不同的社会结构所决定,国内社会有统一、集中的机关进行法

---

① 　G. Hafner, Risks Ensuing from Fragmentation of International Law, accessed
16 May 2007, http://www.un.org/law/ilc/reports/2000.

律的制定、解释和适用,从而可以避免法律规范之间的冲突与不一致;但是,国际社会却不存在这样的机关来统一制定、适用和解释法律。国家不仅是自己应遵守的国际法规范的制定者,而且在一定程度上又是这些约束它们自己的规范的解释者和执行者。因此:(1)不同国家基于自身利益的考量,势必在不同国际法规则的制定、解释和适用中选择不同的价值取向、行为方式和应对策略,从而导致不同国际法规则之间的冲突;(2)同一国家在不同时期根据不同的利益需要,可以在不与强制法相抵触的情况下,与任何其他国家一起变更相互间已有的行为规则和权利义务关系,从而导致先定规则与后定规则之间的冲突;(3)代表国家参与不同国际法规则的制定、解释和适用的行为者,并不是单一的。不同行为者受其自身所从事领域的局限和所代表的国内利益集团的牵制,往往"以不同法律文件间的冲突和相关法律文件中的不连贯和相互矛盾为代价,在可争辩的具体问题上保证最大可能地满足他们自己的观点和要求"[1]。可见,碎片化并不是国际法的一个新现象,由国际社会的结构所决定,国际法本身就是一个"无组织"的法律体系。

总之,国际法以平权社会为基础,依国家同意而产生,不存在具有等级结构的统一立法体制,各种立法活动相互独立,体系结构缺乏统一性,规范的重叠与冲突现象难以避免,不同规范间的关系由于缺乏权威界定而处于不确定状态。这是国际法从其产生时起就具有的缺陷。只要产生和适用国际法的国际社会没有改变其固有的结构,国际法的这种缺陷就会持续存在下去。

第二,碎片化是国际法体系固有的结构特征,但只是在现代国际

---

[1] [比]约斯特·鲍威林:《国际公法规则之冲突:WTO法与其他国际法规则如何联系》,周忠海等译,法律出版社2005年版,第20页。

法多样化和扩展的条件下才凸现出来,并成为影响国际法适用效力的严重"问题"。仅仅从这个意义上说,国际法的碎片化是"国际法的多样化和扩展引起的困难"。

对于一个本身就"无组织"的法律体系来说,它的内部协调性往往与其体系的膨胀、规范的增加成反比。也就是说,在这样一个法律体系中,它的体系越扩张、规范越增加,其内部冲突的可能性就越大,碎片化现象就越严重。源于欧洲基督教国家的近代国际法仅以国家间体制为基础,主要以国家间政治关系为其调整对象,适用范围只局限于欧洲基督教文明国家,保证各国之间并存共处、相安无事是它的基本功能,因此,体系相对简单和紧凑,规范间的冲突不明显,碎片化现象不严重,甚至可以忽略不计。但是,在国际法不断扩展和多样化的条件下,由于多样化本身并不是一个统一的立法进程,各种规范和制度都是在分权和相互独立的基础上发展起来并实施的,因此,规范之间冲突的风险势必增加,碎片化现象必然凸现,国际法的可信度、可靠性和权威性也会因此被进一步削弱。从这个意义上说,国际法的碎片化是国际法的多样化和扩展所引起的困难。

现代国际法多样化的重要标志之一,是在国际关系的不同领域和世界不同区域形成了大量的诸如欧盟法、人权法、国际环境法、世界贸易组织法这样的"次级法律体系"。按照里伐艮的说法,这些"次级体系"有"一整套有序的行为规则、程序规则和定位规则,它为事实关系的特定领域构成了一个自我封闭的法律圈子"①,因此也被称为国际法上的"自足制度"。自足制度的概念最早来自于国际法院 1980 年对"美伊人质案"的判决。在该判决中,国际法院指出:"外交法规则构成

---

① United Nations,*Yearbook of International Law Commission* 1982,Vol. 1,New York,1983,p. 202.

了一个自足的制度。该制度一方面提出了接受国应当给予外交使团便利、特权和豁免的义务,另一方面预见到外交使团滥用这种便利、特权和豁免的可能性,并且指明接受国在应对这种滥用时的处理手段。"①可见,国际法上的自足制度不仅包括了高度专门化的初级规则,即特别领域的实体法规则,而且在法的制定、法的解释和法的适用方面具备了自己的次级规则,即程序规则。

自足制度的大量出现,意味着某些部门性或区域性的国际法制度实际上已经"自成体系",表现出国际法在小范围内的统一性。但是,这种小范围内的统一性,却带来了国际法在大范围内的碎片化现象。这是因为:一方面,在全球演变的条件下,国际法不同领域的严格分离已经成为历史,出现了大量的"交叉议题";另一方面,每种部门性或区域性的国际法制度都是在"专题自主"的情况下发展起来的,它们既忽视与国际法一般原则的联系,又无视与其他专业领域的关联,表现出"部门主义"或"区域主义"的倾向。这种"议题交叉"与"专题自主"的矛盾,势必引起国际法上的两种冲突:

其一,初级规则(实体法)之间的冲突。以世界贸易组织法与国际环境法之间的冲突为例。表面上看起来,世界贸易组织法所规范的"国际贸易"与国际环境法所规范的"环境保护",是国际法上两个独立的不同领域,但实际上二者相互交叉,彼此影响。国际环境法要实现保护环境的目标,就必须设立国际贸易的环境标准,限制某些给环境带来消极影响的贸易行为;同样,世界贸易组织法要实现贸易自由化的目标,就必须禁止对贸易的环境限制,消除影响国际贸易的环境措施("绿色壁垒")。可是,当它们依各自目标制定规则时却很少顾及彼此之间的关联与协调,因此,彼此所定规则难免发生冲突。例如,

---

① 　I. C. J. Reports,1980,p. 41.

《1994年关贸总协定》第11条和第20条禁止对国际货物贸易设限,而有关的国际环境条约却不允许那些破坏臭氧层的货物进出口。这种初级规则之间的冲突,是两个具有特殊性的不同制度之间的冲突。类似这样的冲突还有很多,在此不再列举。

应当指出的是,这种初级规则之间的冲突不仅存在于具有特殊性的不同制度之间,而且还存在于具有较大普遍性的制度与具有较大特殊性的制度之间。例如,关于国际水道的使用,1997年国际社会缔结了一个普遍适用的公约,即《国际水道非航行使用法公约》,而在此之前的1992年,欧洲经济委员会也制定了《跨界水道与国际湖泊保护和利用公约》。当将这两项公约与关于诸如莱茵河、多瑙河等具体水道的其他公约结合使用时,由于有关公约对哪一项规章应该居先缺乏明确的规定,就出现了在某一特定情况下究竟应适用哪一项公约的问题。因此,正如格哈德·哈夫纳(Gerhard Hafner)所说,"适用规则的多样性必然会在所要适用的规则方面引起复杂的争论,不但不能解决冲突,甚至可能会引起更多冲突"①。

其二,次级规则(程序法)之间的冲突。初级规则的多样化导致相同的行为在不同的制度中具有不同的法律后果,而次级规则的多样化则意味着对同一事件可以采取不同的执行办法,从而导致不同执行机制之间的管辖权冲突。由于每一种确保国际法得到遵守的程序和机制在依法解决其成员之间的争端时,都会认为自己有义务首先适用自己的初级规则,当事一方往往会选择最符合其本国利益的机制,而它的对手则可能选择符合自身利益的另一种办法。例如,欧共体和智利在有关剑鱼(swordfish)捕捞问题的争端中,前者诉诸世界贸易组织争

---

① G. Hafner, Risks Ensuing from Fragmentation of International Law, accessed 16 May 2007, http://www.un.org/law/ilc/reports/2000.

端解决机制,指控智利的封港行为违反了《1994 年关贸总协定》;后者则将争端提交国际海洋法庭,指控欧共体未按照《联合国海洋法公约》与海岸国合作以保证迁徙鱼类的养护。这种由于管辖权冲突而给国家提供的"选择有利于自己的法院"的机会,[①]虽然可以满足特定国家的利益诉求,达成在特定体系内解决争端的办法,但它却可能导致适用于特定案件的标准的不确定性,损害适用国际法的一致性。

因此,英国著名国际法学家布朗利认为,国际法的专业化以及由此形成的"部门主义",可能对国际法的连贯一致造成"最危险的威胁"。格哈德·哈夫纳也认为,虽然"部门主义和区域主义是国际合作的有力动因,但对国际法的发展却不一定为完的幸事"[②]。

现代国际法多样化的另一个重要标志,是使现有的国际法至少面临三种不同的规范结构:(1)传统的共存国际法;(2)合作国际法;(3)人权国际法。三种规范结构的存在意味着现代国际法追求的基本价值呈现出多元化的趋势。共存国际法以国家间的共存、独立与平等为价值,强调维护国家行使主权的权利;合作国际法以国际社会的稳定、安全与发展为目标,要求让渡国家行使主权的权利;人权国际法以人的存在与全面发展为诉求,主张约束国家行使主权的权利。但是,国际法在发展过程中,并没有改变其依国家同意而产生的本质属性,更没有确立协调三种不同规范结构的原则和办法,因而在将它们同时适用于国际社会时势必产生冲突与矛盾。

例如,《联合国宪章》作为现代国际法的最重要渊源,一方面重申

---

①　Philip Alston, *Effective Functioning of Bodies Established Pursuant to United Nations Human Rights Instruments*: *Final Report on Enhancing the Long-Term Effectiveness of the United Nations Human Rights Treaty System*, U. N. ESCOR, 53d Sess, Anex, Agenda Item 15, pp. 14-36, U. N. Doc. E/CN. 4/1997/74.

②　G. Hafner, Risks Ensuing from Fragmentation of International Law, accessed 16 May 2007, http://www. un. org/law/ilc/reports/2000.

国家主权平等原则，禁止干涉"本质上属于任何国家国内管辖之事件"，另一方面"重申基本人权之信念"，承认一国与其国民的关系是一个国际关注的问题，强调国家保护人权的国际义务，但对于二者之间的平衡与协调，《宪章》却没有作出明确的规定。因此，国际社会长期以来一直有争执：一方面有人主张，为保护人权之目的，联合国有权干预其成员国的内部冲突和人道主义灾难；另一方面有人争辩说，尽管《宪章》第 7 章授权安全理事会"维持或恢复国际和平及安全"，但根据主权不受侵犯的国际法原则，安理会在未征得东道国同意的情况下不得授权对主权国家采取胁迫行动，无论这些国家境内发生什么情况。①虽然联合国安理会已有一系列对一国内部的冲突和人道主义灾难进行干预的实践，②但对于这些实践的合法性，国际社会至今还存在着质疑。可见，三种规范结构的产生及它们之间存在的巨大差异也是导致现代国际法碎片化趋势加强的一个重要因素。

因此，与任何事物一样，国际法的多样化也有两面性："就它在国际关系中加强法治的功能来说，无疑具有实际的作用；但是，它们有可能在各种法律规章之间产生摩擦和矛盾，一些国家甚至有可能遇到必须遵守相互排斥的义务的情况。"③

三、有序化：国际法碎片化现象的缓解

不同形式、不同类别、不同层次的规范只有结合成为一个功能协

---

① 联合国改革问题名人小组报告：《一个更安全的世界：我们的共同责任》，第199 段，http://www.un.org/Chinese/，访问日期：2006 年 5 月 30 日。

② 例如，联合国对索马里、萨尔瓦多、安哥拉、莫桑比克、利比里亚、海地、卢旺达、布隆迪、塞拉利昂、刚果（金）、前南斯拉夫、东帝汶等一系列国内热点问题的干预。

③ G. Hafner, Risks Ensuing from Fragmentation of International Law, accessed 16 May 2007, http://www.un.org/law/ilc/reports/2000.

调、结构有序的规范体系,才能最大限度地提高其适用效率,才能为和谐社会的构建提供最有力的制度保障。国际法的碎片化现象表明,国际法还不是这样一个理想完善的规范体系。缓解国际法的碎片化现象不仅是国际法发展的需要,更是国际社会的迫切要求。

（一）《维也纳条约法公约》：缓解国际法碎片化现象的法律框架

对于国际法规范之间的冲突与不协调,国际社会早有认识,一些学者和国际机构曾为避免和解决国际法规范之间的冲突设计了种种方案,试图通过国际法规范间的相互协调及其结构优化,增强国际法规范体系的统一性。作为这种努力的集中反映,1969 年和 1986 年的《维也纳条约法公约》,借鉴了传统法律处理各种法律规则与原则之间紧张关系或冲突的各种手段,通过在规范之间建立具有实际意义的关系,确立了在规范冲突中如何使用这些手段的原则和方法。尽管在国际法多样化的条件下,目前国际法的碎片化现象包含了许多新的特征,并且其强度与以往相比不可同日而语,但《维也纳条约法公约》确立或包含的以下原则,仍然是把握、评估和处理各种规范间冲突的基本法律框架。①

1. 体系整合原则。体系整合原则(principle of systematic integration)是《维也纳条约法公约》第 31 条提供的解决规范间冲突的一种重要方法,它要求条约的解释者考虑"适用于当事国间关系之任何有关国际法规则"。按照该条规定,国际法是一种法律制度,任何一项条约都只是这个制度中的一个组成部分,它的运作同其他国际法规范有关,并

---

① 有关这个法律框架的详细讨论,参见 Report of the Study Group of the International Law Commission (Finalized by M. Koskenniemi), *Fragmentation of International Law: Difficulties Arising from the Diversification and Expansion of International Law*, A/CN. 4/L. 682, 13 April 2006.

且应该在其他规范的背景下予以解释。因此，对某一事项有效和适用的两项或多项规范之间的关系首先是一种解释的关系。当它们之间出现冲突时，应当尽可能地作出能够产生单一的一致性义务的解释。如果解释不能解决规范之间的冲突，则方可依具体情况分别适用下述各项原则。

　　2.特别法原则。分析相互冲突规范的一般性与特殊性，是分析规范间冲突最常见的手段之一。根据特别法原则，若某一事项同时受一项一般规范和一项更具体的规范管辖，则后者应优先于前者。尽管《维也纳条约法公约》没有对该原则作出明确规定，但在其起草过程中已经有人指出，在解决条约之间冲突的各种手段中，注意到一项条约相对于另一项条约可能具有的"特殊性"程度，将是有益的。① 作为这种意见的反映，公约在许多条款（如第 19 条第 1 款、第 20 条第 1 款、第 28 条、第 29 条、第 30 条第 2 款、第 40 条第 1 款等）中使用了诸如"除条约另有规定"或者是"如果它不被条约所禁止"这样的语句，指明公约的条款应受特殊条约中的特别法的限制。不仅如此，联合国国际法委员会作为曾经制定《维也纳条约法公约》的机构，通过《国家责任条款草案》第 55 条进一步表明了将特别法原则应用于国家责任领域的意愿：允许各国通过相互之间的协定来减损国家责任一般规则的适用。

　　更为重要的是，特别法原则已被国际司法实践所广泛采用，其适用的范围包括了一般法与特别法之间关系的四种不同情况：(1)同一法律文书中的一般条款与特别条款之间的关系，例如 1997 年"阿根廷

---

　　① Statement of the Expert Consultant (Waldock), United Nations Conference on the Law of Treaties, Second Session, Vienna, 9 April-22 May 1969, in United Nations, *Official Records*, New York, 1970, p. 270.

和智利关于贝格尔海峡争端仲裁案"的情况[①];(2)普通条约与特别条约之间的关系,例如"Mavrommatis Palestine 减让案"的情况[②];(3)习惯法与条约法之间的关系,例如"INA 公司诉伊朗案"的情况[③];(4)一般习惯法与特别习惯法之间的关系,例如"印度领土通过权案"的情况[④]。

当然,特别法原则的作用也是有限的,在适用时可能存在着以下限制:

首先,相互冲突规范的一般性与特殊性是很难区分的,一项规则是一般还是特殊,可能与其主题事项有关,也可能与受其约束的当事方的多少有关。因此,有的规则,例如睦邻友好条约,可能在主题事项上是一般性的,但仅适用于数目有限的(两个)国家之间的特别关系。

其次,特别法不能离开一般法而存在。不仅在立法时特别法要以一般法为指导,而且对特别法的解释也必须参照一般法来进行。当特别法不适用或缺位时,一般法应居优先地位。特别是当一般法为强制法或包含着强制法时,特别法不仅不能偏离一般法,相反,它会因为这种偏离而归于无效。

最后,特别法规则不能推翻《维也纳条约法公约》第 30 条规定的后法原则,即在该公约第 30 条适用的情况下,"先产生的规则是特别法的这一事实,不应当妨碍后产生的一般法的优先适用"[⑤]。如果一项

① United Nations,Reports of International Arbitral Awards,Vol. XXI,1997,p. 55.

② P. I. C. J. Ser. A No. 2 (1924),p. 31.

③ Iran-United States Claims Tribunal,INA Corporations,Case No. 161,8 July 1985,Iran-U. S. CTR 1985-I,Vol. 8,p. 378.

④ I. C. J. Reports,1960,p. 44.

⑤ [比]约斯特·鲍威林:《国际公法规则之冲突:WTO 法与其他国际法规则如何联系》,周忠海等译,法律出版社 2005 年版,第 464 页。

先前的条约规则与一项后产生的习惯规则发生冲突,原则上,习惯规则必须作为后法而优先于先前的条约规则,除非能够证明条约规则一直作为特别法而适用。

3.后法原则。时间是分析国际法规范之间关系的重要参数,由此,可以将国际法规范区分为前法与后法两类。根据缔约自由原则,条约当事方不仅有权缔结条约,而且有权以新条约废止、补充或变更前条约。这个原则可以称为后法优先于前法的原则,它意味着国家意志的当前表达应当优先于国家意志的先前表达。所以,按照《维也纳条约法公约》第30条第3款,这种情形可以适用该公约第59条的规定:任何条约因与其全体当事方就同一事项缔结的后订条约相冲突而终止。如果适用第59条规定后,该前条约并未终止或暂停实施,那么按照该公约第30条第3款,该前条约也只是在其规定与后条约可以相容的范围内适用。

然而,适用后法原则是有限度的。它不仅在前条约含有强行法规则的情况下不能适用,而且在下面两种情况下也不能当然适用:

第一,后订条约的缔约方与先订条约的缔约方并非完全一致。在这种情况下,根据《维也纳条约法公约》第30条第4款的规定,两个不一致条约的缔约方在与其他缔约方的关系上分别受两个条约的约束。如果它无法同时履行两个条约的义务,则适用该公约第30条第5款的规定,对违反其中之一而负有责任。

第二,部分缔约方以相互间协定修改多边条约。按照缔约自由原则,一项多边条约的两个或两个以上的部分当事方有权彼此间缔结协定修改先前缔结的多边条约,但根据《维也纳条约法公约》第41条和第58条,如果该修改(1)为条约所禁止,或(2)影响其他当事方享有条约上的权利或履行其义务,或(3)与条约的目的及宗旨不合,则这种部分当事方缔结的协定是"非法"的。

4.等级原则。由于国际社会不存在具有等级特征的立法体制,国际法的渊源之间并不存在等级关系。但是,《维也纳条约法公约》对国际法强制规范的承认和对《联合国宪章》第 103 条的重申,却表明某些国际法规范比另一些规范更重要,从而在国际法体系中享有更高或特别的地位:

(1)国际法规范可以因其实质内容(关于什么)而具有等级关系。《维也纳条约法公约》"承认某些规则具有强制法的性质,从而缩小纯粹同意性规则的适用范围,而且在国际法规则的总体中确立一些属于'低一级'秩序的规则所必须符合的高级法律规则"①,这是依据规范内容来决定一个国际法规范优于另一个国际法规范的例子。它意味着,那些基于"人性的基本考虑"而为"国际社会全体接受并公认为不许损抑"的规范具有绝对法的性质,任何一项与此相冲突的规范都将归于无效。

(2)国际法规范可以由于条约规定(等级定位)而具有等级关系。例如,《联合国宪章》第 103 条规定:"联合国会员国在本宪章下之义务与其依任何其他国际协定所负之义务冲突时,其在本宪章下之义务应居优先。"由于《宪章》的性质和各国及联合国的实践,这一规定的作用实际上已经超越条约规范的范围,有可能导致任何一项与《联合国宪章》相冲突的规范因此而不可适用。

总之,国际法是一种法律制度,存在于其中的各种规范之间具有切实的关系。《维也纳条约法公约》的意义在于为法律工作者寻求和处理这种切实的关系提供了一个基本的法律框架,使他们能够运用体系整合、特别法、后法和等级规范等释法准则和解决冲突的手段,解释和选择某一事项所适用的规范。这样,国际法就不再是一些规范的随

---

① 〔英〕詹宁斯、瓦茨修订:《奥本海国际法》(第九版)第 1 卷第 1 分册,王铁崖等译,中国大百科全书出版社 1995 年版,第 7 页。

机集合，而开始成为一个具有一定结构与功能的法律体系。

（二）国际组织间的合作：缓解国际法碎片化现象的重要措施

20世纪国际组织[①]的急剧增加，既是现代国际法多样化和不断扩展的动力，同时也是现代国际法更加碎片化的重要原因。在国际组织主事国际立法的时代，国际法规范之间的冲突在相当程度上表现为不同国际组织主持制定的规则之间的冲突。因此，解决国际法规范间的冲突，离不开国际组织之间的协调与合作。

首先，国际组织在立法阶段的协调与合作，是预防国际法规范间冲突的重要保证。主持和组织国际立法活动是国际组织的一项重要职能。在国际社会日益组织化的今天，国际法规则大多已不再是通过临时性的国际会议达成，而是在相应的国际组织主持下制定。在缺乏协调的情况下，国际组织主持制定的规则之间难免产生冲突。如果在规则的制定过程中，国际组织之间能够通过以下两种方式进行协调与合作，就可以避免或减少这样的冲突：

一是"自为"方式，即国际组织通过自身的"作为"和"不作为"来预防国际法规范之间的冲突。在这里，"不作为"的"自为"方式是指：一个国际组织在主持谈判缔结新条约的过程中，除非必要，否则"应避免就其他国际组织权限范围内的事项制定规则"，"在实有必要的情形下，也应尽量避免制定与其他国际组织既有规则相冲突之规则"[②]。"作为"的"自为"方式是指：一个国际组织在主持谈判缔结新条约的过

---

① 国际组织有广义与狭义之分：广义上的国际组织包括政府间组织和非政府间组织，狭义上的国际组织仅指政府间组织。本章所讨论的国际组织，除另有说明的外，都是指狭义上的国际组织。

② 徐崇利：《国际经济法律冲突与政府间组织的网络化——以世界贸易组织为例的研究》，载《西南政法大学学报》2005年第5期。

程中,将其他国际组织就同一事项制定的规则并入自身将要制定的规则,通过两项规则的累加,避免规则之间的冲突。显然,一个国际组织无论是采取"不作为"的"自为"方式,还是采取"作为"的"自为"方式,都必须了解和厘清业已由其他国际组织主持制定的规则,这就需要与其他国际组织进行以信息共享为中心内容的合作。

二是"借力"方式,即通过联合国国际法委员会的协调来预防国际法规范间的冲突。1947年联合国大会决定成立的国际法委员会,是联合国负责国际法的逐渐发展和编纂的专门委员会。按照《国际法委员会章程》第17条的规定,"审议联合国会员国、大会以外的联合国主要机构、专门机构,或根据政府间协定成立以鼓励国际法的逐渐发展和编纂为宗旨的官方机构提出并请秘书长为此目的转交委员会的提议和多边公约草案",是该委员会的一项重要职能。依这项职能,有关国际组织可以将正在谈判的条约草案提交联合国国际法委员会审查,以便由该委员会查明它与业已由其他国际组织主持制定的规则之间是否存在冲突。如果查明不存在冲突,委员会可以向该有关国际组织发出"无害证书",表明正在谈判的新条约对现有的国际规则没有不利的法律影响;反之,则向提交条约草案的有关国际组织提出"临时报告",提请在谈判过程中防止这种冲突的发生。

其次,国际组织在实施阶段的协调与合作,是消除国际法规范间冲突的补救措施。由于国际立法活动的自主性、规范所涉议题的交叉性,以及立法过程中的信息不对称和不完全等诸多因素的影响,国际组织主持制定的规则之间的冲突往往是不可避免的。在这种情况下,只能通过国际组织在实施法律过程中的协调与合作予以补救。补救方式可以分为两种不同的情况:

一是对于可预见的冲突,采取"约定遵从"的方式,即当一个国际组织管辖的规则与其他国际组织管辖的规则发生冲突时,约定以其他国际组织管辖的规则为准。例如,由联合国教科文组织于1952年主持缔结的《世界版权公约》是一个保护水平低于世界知识产权组织管辖的《保护文学艺术作品伯尔尼公约》的版权公约。为了防止版权保护水平的下降,《世界版权公约》第 17 条规定:"本公约不以任何方式影响《保护文学艺术作品伯尔尼公约》的规定",在同为两公约当事国的国家之间的关系上,应适用《保护文学艺术作品伯尔尼公约》。

二是对于不可预见或未能预见的冲突,通过"事后修正"或"相互协作"予以解决。"事后修正"是指当一个国际组织管辖的规则与其他国际组织管辖的规则发生冲突时,通过自身所确立的修正机制来改变自身的规则,以达到与其他国际组织所管辖规则的协调。例如,世界贸易组织多哈回合谈判对《与贸易有关的知识产权协定》的修正,就是这种方式。"相互协作"是指当两个或两个以上的国际组织所管辖的规则发生冲突时,以适当的共同安排处理规则之间的冲突,其中包括就冲突所涉的各种国际法问题征求国际法院的咨询意见。

(三)国家间的协调:缓解国际法碎片化现象的根本办法

国际法依国家同意而产生的特点,既是国际法发展的根据,同时又是国际法问题的源头。在国际社会的分散结构没有改变以前,国际法规范之间的冲突,本质上都是国家意志之间的冲突。因此,从根本上说,这种冲突只能通过国家间的协调才能真正解决。

通过国家间协调解决规范间的冲突,虽是一个当事方在特定情况下进行讨价还价的过程,具有过程的不确定性和结果的不可预见性,但分析起来,也存在某些一般性的特征:

首先,"善意履行国际义务"是一项在规范冲突中启动国家协调意愿的原则。"善意履行国际义务"是国际法的一项基本原则,它不仅意味着国家有义务前后一致地实施国际法规则,而且也要求国家必须同时履行所有国际义务。当国际法规范之间发生冲突而要求当事国必须作出选择遵守的决定时,它都将导致当事国对这一原则的违反,使其处于违反国际义务的状态而成为其他受影响的国家作出反应的对象。换句话说,如果不对规范间的冲突问题进行谈判,使相互冲突的规范达到协调,那么,其中的任何一个当事国都将处于持续违约状态,并由此必须承担国家责任。为避免出现这样的情况,当事国一般愿意通过谈判解决规范之间的明显冲突。[①]

其次,"预约谈判原则"是一项在国家间协调中可以发挥作用的原则。按照国际法院 1969 年对"北海大陆架案"的判决,"预约谈判原则"是指,对于有关事项的处理,"当事方负有义务以达成一个协议为目的而进行谈判,而不是仅仅为了完成一个正式的谈判程序……它们负有义务有所作为,使谈判具有意义,而不会沦为各方固执己见、不愿考虑对方立场以作出任何调整的情形"[②]。依该原则,各当事国不仅要有协调的意愿,而且还要在谈判中善意地作出有法律意义的努力,争取规范间冲突的解决。

再次,"法益衡量"是国家通过谈判解决规范之间冲突的重要方法。法律是平衡各种利益的制度安排。规范之间的冲突所体现的是法律承认和保护的利益之间的冲突。按照法益衡量方法,国家通过谈判解决规范间的冲突,就是要在相互冲突的利益之间确定"什么样的利益应当被视为是值得保护的利益,对利益予以保障的范围和限度应当是什么以及对于各种主张和要求又应当赋予何种相应的等级和位序"[③]。博登海默说:"人的确不可能凭据哲学方法对那些应当得到法律承认和保护的利益作出一种普遍有效的权威性的位序安排。然而,

---

①　Christopher J. Borgen, Resolving Treaty Conflicts, *George Washington International Law Review*, Vol. 37, 2005, pp. 605-606.

②　I. C. J. Reports, 1969, p. 47.

③　[美]E. 博登海默:《法理学——法律哲学与法律方法》,邓正来译,中国政法大学出版社 1999 年版,第 398~399 页。

这并不意味着法理学必须将所有利益都视为必定是位于同一水平上的,亦不意味着任何质的评价都是行不通的。例如,生命的利益是保护其他利益(尤其是所有的个人利益)的正当前提条件,因此它就应当被宣称为高于财产方面的利益。健康方面的利益似乎在位序上要比享乐或娱乐的利益高。在合法的战争情形下,保护国家的利益要高于人的生命和财产的利益。为了子孙后代而保护国家的自然资源似乎要优越于某个个人或群体通过开发这些资源而致富的欲望,特别是当保护生态的适当平衡决定着人类生存之时就更是如此了。"①因此,根据博登海默的观点,通过法益衡量解决国际法规范之间的冲突,不仅是必要的,而且也是可能的。

最后,规范的修改或终止是通过国家间协调解决规范之间冲突的基本形式。当事国针对规范之间冲突进行谈判的目的在于寻找务实的解决办法,重新建立规范之间已被打乱的和谐关系。解决办法包括:(1)修改一项规范,使之与另一项规范相容;(2)在不能作出此种修改的情况下,选择终止其中一项规范。

不过,尽管国家间的协调能够为规范之间冲突的解决带来可以接受的结果,但由于当事方之间的立场差异和利益冲突,协调往往可能是一个复杂而又漫长的过程,其结果可能不是建立在冲突规则的适用基础之上,而是完全依赖于当事各方的同意和善意,取决于当事各方的实力。因此,它在解决某种冲突的同时,还有可能导致新的其他冲突。

---

① 〔美〕E.博登海默:《法理学——法律哲学与法律方法》,邓正来译,中国政法大学出版社 1999 年版,第 400 页。

四、结论

综上可以得出以下几点认识：

(1)多样化不仅是对现代国际法发展的过程描述,同时也是现代国际法体系的结构特征。它意味着国际法调整范围的不断扩展、国际法规范的大量增加、国际法作用的日益增强,是国际社会走向法治与和谐的重要制度保障。

(2)碎片化是国际法的固有特征。国际法的多样化虽然使国际法变得比以往更加碎片化,但不是引起国际法碎片化现象的决定性因素。与其说碎片化是国际法的缺陷,不如说它是国际社会的缺陷。因此,缓解国际法碎片化现象的办法,不应是阻挡国际法多样化的步伐,相反,国际法的碎片化问题只有在国际法的发展中才能逐步得到解决。

(3)从纯法律技术角度努力以提高国际社会的造法水平与适用法律技巧,固然可以缓解国际法的碎片化现象,提高国际法的有序化程度,但从根本上讲,国际法规范之间的冲突是一个国家协调的问题,而不是国际法自身所能解决的。只要国际法不被所谓"世界法"所代替,这种规范间的冲突就会持续存在下去。鉴于国际法规范之间的冲突可能带来的潜在的或现实的危害,每个国家都应持续、善意地作出努力,以缓解国际法的碎片化现象,提高国际法的有序化程度。

第九章
从伊拉克战争看国际法面临的冲击与命运

2003 年 3 月 20 日，美英联军不顾包括中、法、俄三个联合国安理会常任理事国在内的国际社会的反对，未经联合国安理会授权，悍然发动了对伊拉克的军事打击，造成了伊拉克平民的大量伤亡和伊拉克文化的空前破坏。虽然从军事意义上讲，伊拉克战争已经结束，但从政治意义上说，战争造成的问题却越来越多，尤其是战争对国际法和联合国集体安全制度的冲击，以及由此导致的国际法和联合国的"信用危机"，将国际法带到了一个与 1945 年联合国的成立同样具有决定性的"岔路口"。面对由伊拉克战争所引起的这一国际法的"伊拉克危机"，渴望和平与安全的国际社会，一方面谴责美英的侵略行径，另一方面要求重塑联合国与国际法的权威，从而激发了以改革联合国、完善国际法为主要内容的讨论与思考。在这种情况下，一贯坚持正义，爱好和平的中国人民，特别是中国的国际法学者，是不能没有自己的立场和声音的。有鉴于此，本章针对美英发动伊拉克战争的种种"理由"，分析了这场战争违反国际法的本质和对国际法所造成的冲击,并在此基础上讨论了革新现行国际法的必要性和可能性。

一、伊拉克战争:合法性质疑

为了证明伊拉克战争的合法性,美国拼凑了攻打伊拉克的种种"理由",其中主要的有:

1.美国认为,伊拉克与"9·11"恐怖主义袭击有联系,并储存着大规模杀伤性武器,从而构成了对美国国家安全的威胁。为了消除这种潜在的威胁,美国需要对其进行"先发制人"的军事打击。

首先应当指出,美国前总统布什和五角大楼编造上述理由的目的是为了获得美国国会的授权,从而使攻打伊拉克的军事行动具有国内法上的合法性。然而,这种合法性的证据是不存在的。据美国负责在伊拉克寻找违禁武器的戴维·A.凯(David A. Kay)提供的报告,他领导的行动小组在伊拉克进行了 4 个多月的搜寻,并未发现任何 ABC(核、生物和化学武器的简称)武器。联合国前武器核查官汉斯·布利克斯(Hans Blix)也说,伊拉克的大规模杀伤性武器早在 10 年前就销毁了。另外,到目前为止,也没有证据证明伊拉克与"9·11"事件有联系。可见,美英武力攻打伊拉克的决定是建立在一堆不完整的、片面的、甚至拼凑而成的材料基础之上的,缺乏真正的事实依据。正因为如此,不论是对伊战争开始之时,还是对伊战争结束之后,美、英两国国内均对这场战争的合法性提出了广泛的质疑,并由此导致了其国内政治危机。

退一步说,即使对伊战争获得了美国国会的授权,具有国内法上的合法性,它在国际法上也是不合法的。一项以违反国际法的方式所作出的授权,虽然符合国内法,但也仅仅是有助于确定该国违反国际义务的事实,而并不在国际上确定该国行为的合法性。[①]

在国际关系中,一国的国内法决不能取代国际法。美国对伊拉克的先发制人打击在国际法上找不到任何法律依据,相反它是对自卫权的曲解和滥用,是对禁止使用武力或以武力相威胁的国际法准则的严重践踏。

自卫作为国家的一项主权权利久已存在,而且常常被称之为国家的自然权利。但是,自卫权的功能及其适用范围在不同的法律体制下是不同的。在传统国际法中,国际社会的安全保障主要是以个体或个体联盟的方式实现的,国家拥有诉诸战争的绝对权利,自卫作为使用武力的方式,其条件和适用范围缺乏任何法律管制。然而,第一次世界大战以后,随着对国家使用武力权利的法律限制和最终废止,自卫作为使用武力的合法根据便成了现代国际法解决的一个十分重要的问题。

在第二次世界大战废墟上孕育起来的《联合国宪章》不仅当然禁止战争,而且以普遍禁止使用武力为原则,并在此基础上把维护国际和平与安全的责任和权力赋予联合国安理会,建立了集体安全保障制度。在这样的法律规制内,《联合国宪章》第51条给国家保留了单独或集体自卫的权利。根据第51条之规定,自卫作为禁止使用武力的例外,必须符合以下条件:

第一,自卫必须是而且只能是对已经实际发生的武力攻击进行的反击。首先使用武力攻击他国,即构成对他国的领土完整和政治独立的侵犯,这是被侵犯国得以使用武力予以反击的合法根据。受武力攻击是联合国会员国行使自卫权的首要条件和唯一合法理由。因此,《宪章》规定的合法自卫是一种严格意义上的"后发制人"的自卫。任

---

① [英]詹宁斯、瓦茨修订:《奥本海国际法》(第九版)第1卷第1分册,王铁崖等译,中国大百科全书出版社1995年版,第47页。

何其他情况下的所谓自卫(包括"先发制人"的自卫)都是非法的。美国借口伊拉克与"9·11"事件有联系并存有大规模杀伤性武器,发动对伊拉克的武力攻击和占领,显然不符合《宪章》关于自卫权行使的合法条件,相反,美英对伊拉克的武力攻击,倒是构成伊拉克人民进行合法自卫的理由,而且,只要美英联军继续在伊拉克进行占领行动,伊拉克人民就拥有自卫的权利。

第二,自卫权只有在安理会采取必要办法以维护国际和平及安全之前才得行使。可见,在联合国集体安全保障体制下,自卫只是一种临时的紧急救助办法。而且,当事国所采取的这种办法必须立即向安理会报告。一旦安理会对此作出决定并采取了相应行动,当事国必须服从,并中止其与安理会决定不相符的自卫措施。在伊拉克战争中,由于自卫的前提不存在,安理会没有理由采取必要办法以维护国际和平及安全。因此,美英联军的行动也就根本谈不上是什么"紧急救助办法",而是不折不扣的武装入侵。

2.联合国安理会于 2002 年年底通过的 1441 号决议,对伊拉克未按照 687(1991)号决议的要求准确、充分、彻底、完全地透露其发展大规模杀伤性武器的方案,提出了警告:"伊拉克如继续违反义务将面临严重后果。"美、英等国认为,这就意味着可以对伊拉克采取军事行动,因此,安理会不必再行决议,即可以联合国的名义对伊拉克采取军事行动。

然而,上述理由是不能成立的。事实上,在美英发动对伊战争之前,联合国安理会一直存在着主战与主查的重大分歧。除英国、美国以外的其他安理会常任理事国(中、法、俄)均主张应给予伊拉克一定的时间与核监会合作,消除可能存在的大规模杀伤性武器,从而避免使用武力,以便在联合国框架内政治解决伊拉克武器核查危机,三国为此还进行了大量的外交斡旋活动。在这种情况下,安理会不可能达成对伊动武的决定。因为根据联合国安理会的表决程序,关于程序事项以外的一切事项的决定，应以9个理事国的可决票决定之，其中应包括5个常任理事国的同意票在内。显然，对伊动武问题属于程序事项以外的事项。既然中、法、俄都不同意对伊拉克动武，当然就不可能有对伊拉克采取军事行动的明确授权，1441号决议所提出的警告也就只不过是解决伊拉克武器核查危机的一种政治手段，而绝不能解释为美英发动对伊战争的合法根据。在没有联合国安理会明确授权的情况下，美英发动的伊拉克战争只能是美英为实现自身的政治目的和经济利益所采取的单方面军事行动，是美国企图以单边主义取代联合国集体安全体系，建立以美国为主导的世界秩序的一次军事冒险。

众所周知，联合国集体安全制度是在总结第二次世界大战惨重教训的基础上建立起来的，是现代国际法发展的最重要成果之一。《联合国宪章》将维持国际和平及安全之主要责任授予安理会，且确认安理会在履行此项责任时，系代表各成员国行事，其决定的集体措施对各成员国均具有拘束力。根据《宪章》第7章的规定，联合国集体安全制度主要包括以下几个方面：

（1）安理会是联合国内唯一有权对"任何和平之威胁、和平之破坏或侵略行为之是否存在"作出判断的机构。安理会的这种"国际裁判官"的地位，任何国家均无权取代。美国在伊拉克战争中所奉行的单边主义战略，实际上就是取代联合国安理会而充当"国际裁判官"的霸权行为。

（2）安理会是联合国内唯一有权采取包括军事行动在内的一切必要措施来"防止且消除对于和平之威胁，制止侵略行为或其他和平之破坏"的机构。而对于国家来说，只有在武力攻击，且安理会尚未采取行动之时，被侵害国才有权进行单独或集体自卫。因此，即使伊拉克存有或正在研制大规模杀伤性武器，造成了对国际和平之威胁，也只能由联合国安理会决定采取集体措施，美国无权对其采取单方面的军事行动。

　　(3)在联合国安理会决定的集体措施中,军事手段只是最后的制裁措施。这种措施是以合法使用的集体武力来对付个别国家非法使用武力的行为,目的在于消除对和平之威胁和制止侵略。但是,如果能以"必要或合宜之临时办法"以及武力以外之其他办法(包括经济关系、铁路、海运、航空、邮、电、无线电及其他交通工具之局部或全部停止,以及外交关系之断绝)达到上述目的,则应尽量避免空海陆军行动。这是联合国的宗旨要求,也是禁止使用武力原则在集体安全制度中的具体体现。美国崇尚武力万能,以武力作为推行国家政策的工具,凭借自身超强的军事实力,频繁发动对外武力攻击,不仅没有给世界带来和平、安全与稳定,相反,只能带来仇恨并滋生更严重的恐怖主义行动。时任埃及总统穆巴拉克说得好:"当战争(伊拉克战争——作者注)结束以后——如果真能结束的话,这场战争将会带来可怕的后果,过去只有一个本·拉登,今后会有一百个本·拉登。"自美国前总统布什5月1日宣布对伊战争结束以来,伊拉克发生了不计其数的袭击事件,美国在这些袭击事件中死亡的士兵人数已超过122人[①]。仅11月2日被袭击的一架美国直升机,死亡士兵就达15人。穆巴拉克的预言不幸已成为现实。

　　3.美国认为,萨达姆领导的伊拉克政府是独裁的残暴政府,给伊拉克人民带来了灾难和不幸。对伊发动战争是为了解放伊拉克人民,建立一个民主的伊拉克政府。

　　在这里,美国以救世主自居,更加暴露了其干涉伊拉克内政,侵犯伊拉克主权、政治独立和领土完整的不法本质。伊拉克是一个主权国家,与美国一样同为联合国会员国。无论其政府还是萨达姆本人在国内是如何独裁,他们的命运只能由伊拉克人民来决定;无论其政府还

---

① 截止时间为2003年11月10日。

是萨达姆本人在国际上如何违反国际法，对他们的制裁也只能由联合国依国际法进行。伊拉克人民对其政府的不满绝不能成为美国对伊拉克发动战争的理由，因为再好的政府、再好的制度也不能以武力强加给他国人民；国际社会对伊拉克的制裁并不当然赋予美国可以随意对伊拉克进行军事打击的国际法权力和权利，因为伊拉克作为主权国家只受国际法约束，任何其他国家绕开联合国对其采取单独或集体的武力攻击和占领，均是违反国际法的不法行为。

国家主权和平等、人民自决以及不干涉内政，是国际法的基本原则。尊重各国人民的平等权利和民族自决权，是发展各国间友好关系、促进世界和平的基础和条件。上述国际法基本原则在现代国际法的众多法律文件中均得到反复重申和确认，也获得了大量国际实践的支持和证实。《联合国宪章》作为最普遍的政府间国际组织的基本章程，在其序言中庄严宣布"大小各国平等权利之信念"，在第 1 条第 2 款把"发展国际间以尊重人民平等权利及自决原则为根据之友好关系"作为联合国的宗旨，在第 2 条第 1 款规定"本组织系基于各会员国主权平等之原则"，第 7 款还规定"本宪章不得认为授权联合国干涉在本质上属于任何国家国内管辖之事件，且并不要求会员国将该项事件依本宪章提请解决"。1970 年 10 月联大通过的《关于各国依联合国宪章建立友好关系及合作之国际法原则之宣言》规定"各国一律享有主权平等。各国不问经济、社会、政治或其他性质有何不同，均有平等权利与责任，并为国际社会之平等会员国"，"每一国均有选择其政治、经济、社会及文化制度之不可移让之权利，不受他国任何形式之干涉"，"任何国家或国家集团均无权以任何理由直接或间接干涉任何其他国家之内政或外交事务。因此，武装干涉及对国家人格或其政治、经济及文化要素之一切其他形式之干预或试图威胁，均系违反国际法"。此外，1965 年《关于各国内政不容干涉及其独立与主权之保护宣言》、1974 年《各国经济权利和义务宪章》和《建立新的国际经济秩序宣言》

等均对上述原则相继作出规定。另外,许多区域性国际文件,如《阿拉伯国家联盟公约》(1945)、《美洲国家组织宪章》(1948)、《非洲统一组织宪章》(1963)、《东南亚国家联盟成立宣言》(1967)、《欧洲关于指导与会国间关系原则的宣言》(1975)等,也都确认了上述原则。

美国和英国均是联合国的创始会员国和联合国安全理事会常任理事国,明确承诺接受上述原则的约束,承担尊重他国主权、维护世界和平与安全的国际义务。然而,美英却不遵守承诺和应履行的国际义务,以解放伊拉克人民为借口,对伊拉克进行武力攻击和占领,既严重践踏了国际法的准则,又严重侵犯了伊拉克的领土主权和政治独立。根据联大1974年12月通过的《关于侵略定义的决议》第1条和第3条的规定,美英发动的伊拉克战争是地地道道的侵略战争,其行为已构成破坏国际和平的罪行,应当受到联合国和国际社会依国际法的制裁!

二、伊拉克危机:国际法的"信用危机"

然而,时至今日,美英的侵略行为除了受到国际舆论的谴责以外,联合国从未对其进行任何制裁!虽然联合国在战前作了大量的外交和政治努力,以阻止伊拉克战争的发生,但是,在伊拉克战争进行时和结束后,联合国却没有采取任何实质性的措施,制止和制裁美英的侵略行为。联合国面对美英这样严重的国际不法行为而不作为的客观事实,不仅使国际社会对联合国极度失望和不满,而且使世界人民对国际法的作用和价值产生了怀疑,以至于有人提出:"大学里的国际法专业应当取消!"如果说美英发动对伊战争是对联合国的挑战和冲击,那么,联合国面对这种挑战的不作为行为,则是对国际法的更大冲击。因为由此造成的国际法的"信用危机",从根本上动摇了国际法治的社会心理基础。从这个意义上说,伊拉克危机不仅仅是联合国的危机,更是国际法的危机！

　　不论是在国内社会，还是在国际社会，法律运行并发挥其作用的基础都是社会成员对法律理念和价值的确信。一种法律，即使在内容上合乎道德，在形式上符合规范，如果缺乏社会成员对它的信任，那也只是纸上谈兵，毫无作用。法律制定出来的真正目的是要求其适用的社会成员自觉地遵守法律，而这种自觉是建立在对法律理念和价值的确信基础之上的。由伊拉克战争所引发的这场国际法危机，其实质影响就是动摇了人们对国际法价值和作用的确信，从而在更深层次上造成了对国际法的冲击。

　　信用危机（或称确信危机）是一种心理危机。分析起来，由伊拉克战争所导致的国际法信用危机，是由以下三种心理情结构成的。

　　1.不平。将此次伊拉克战争与海湾战争进行比较，这种不平就会油然而生。应当说，1990年8月2日伊拉克对科威特的入侵和吞并，与2003年3月20日美英对伊拉克的入侵和占领，在国际法上，性质是相同的，即都是违反《联合国宪章》，侵犯他国主权、领土完整和政治独立的国际不法行为，应一律受到国际社会依国际法的制裁。然而，对于性质相同的这两次战争，联合国却采取了两种截然不同的态度：积极作为与不作为。

　　1990年8月2日，伊拉克入侵科威特。从当天开始，到1990年11月29日止，前后不到4个月的时间里，联合国安理会针对伊拉克的入侵行为，依《宪章》第7章陆续通过了12项决议，对伊拉克实施了警告、经济制裁、武器禁运、空中封锁，直至授权多国部队对其进行武力驱赶等一系列强制措施，最终恢复了科威特的国家独立和主权。不仅如此，伊拉克还受到长达13年的制裁，给伊拉克人民带来了灾难性的影响。尽管有的学者提出了"海湾战争是联合国安理会授权的一次滥用"的质疑①,但由于它获得了联合国安理会的特别授权,也就具有了国际法上的合法性。这一点是不容否定的。然而让人不平的是,既然联合国安理会针对伊拉克对科威特的入侵和吞并,采取了包括经济制裁、武器禁运、空中封锁直至武力驱赶等一系列集体行动,那么,为什么不针对美英对伊拉克的武力攻击和占领采取类似的集体行动呢?要知道,既然美国和伊拉克都是联合国的会员国,那么就应该在受到《联合国宪章》和国际法的同等保护的同时受到《联合国宪章》和国际法的同等约束。法律面前各国地位平等,"君子犯法与庶民同罪",这是法律实施的正义要求。显然,联合国安理会对美国和伊拉克所采取的不同态度是不公平的,有违法律实施之正义要求。

2.无奈。面对上述不公,人们除了为之鸣不平以外,也别无他法,只能摇头叹息,无可奈何。因为这种不公恰恰是由联合国集体安全制度本身的缺陷造成的。

首先,担负维持国际和平与安全重任的联合国安理会,是一个以大国为核心的集体安全机构,五个常任理事国享有否决权,安理会在断定和平之破坏或侵略行为是否存在,以及确定具体制裁对象和制裁措施时,均需五大国的一致通过。因此,当问题牵涉到大国或其有关利益时,安理会便不可能作出有效的断定,更不可能采取任何强制制裁措施。只有在大国未直接卷入的若干情况下,安理会才有可能据《宪章》第7章采取强制行动②。海湾战争之所以能够获得安理会的明确授权,美英发动的对伊战争之所以得不到安理会的制止和制裁,其症结就在于此。

其次,联合国集体安全机构缺乏一支真正由自己直接管辖并指

---

① 杨泽伟:《国际法析论》,中国人民大学出版社 2003 年版,第 54 页。

② 梁西:《国际组织法(总论)》,武汉大学出版社 2001 年修订第 5 版,第 182～183 页。

挥、其规模和实力均超过任何一个国家的、由各成员国共同配备的国际军队,从而在许多情况下丧失了执行集体强制措施的行动能力。其结果是,联合国及其安理会成了超级大国及霸权主义操纵并为其大国利己主义效劳的合法图章。虽然《宪章》第43条规定了各会员国提供军队组建联合国军的义务,但对于军队的规模、类型及各国承担的定额等具体安排,各国几经磋商,均未能达成协议。因此,对有关制裁措施至关重要的国际军队,迄今尚未建立起来。在这种情况下,美国作为现时唯一的超级大国,无疑可以左右联合国的命运,主宰联合国的行动,甚至取代联合国推行其单边主义。伊拉克战争,就是美国这种单边主义战略的"试验田"。

其实,联合国集体安全制度的上述缺陷也是由现行国际法本身的弱点所决定的。集体安全制度作为现代国际法的一种重要制度,不可能克服和超越现行国际法的弱点。因此,国际社会面对大国或强国的国际不法行为所表现出的无奈,追根到底,是由国际法本身造成的。

众所周知,国际法是国家之间的法律。与国内法相比,它不是以统治权和统一的强力部门为基础的法律,不像国内法那样具有超于当事者(国家)的实质上的最高权威。国际法基本上是一种以国际社会主权者相互协作为条件的法律体系。它的形成、适用与实施,在一定程度上是以国家意愿和国际舆论为动力的。[①] 国际社会成员(国家)对国家利益的外交取向,是国际法形成与实施的决定性因素。因此,国际法对国家的约束,特别是对强国、大国的约束,主要不是依靠国际法本身的权威,而是取决于国家基于自身利益考虑而善意履行国际义务的自觉。在以国家利益为本位的国际社会里,国际法只能是一种"弱法"。

所以,虽然联合国安理会在对美国和伊拉克适用国际法时存在显

---

① 邵沙平、余敏友主编:《国际法问题专论》,武汉大学出版社2002年版,第43页。

然的不公允,但无奈联合国不是"世界政府",安理会也不具备超于当事者的最高权威。国际法的软弱状态,在国际社会以主权国家为基本要素的平行结构没有改变以前,还将持续下去。

3.忧虑。在一个社会的法律运行中,如果不能平等地适用法律,不能对违法行为进行同等的制裁和惩处,势必削弱法律对维持社会稳定和秩序的作用,甚至导致社会法律秩序的破坏。因为一种违法行为,只要没有得到应有的依法惩处,就会导致一种心理暗示——视违法为合法,并进而产生一种行为导引——对违法行为的仿效。结果是,已形成并为法律实践证明为有效的法律规范遭到摧毁。因此,在法治社会,为了避免这种令人忧虑的结果出现,必须坚持"有法必依,执法必严"的法治原则。

如前所述,伊拉克战争是美英实施先发制人的单边主义战略的一次冒险尝试,在国际法上是一种国际不法行为,理应受到国际社会的制止和依国际法的制裁。然而,遗憾的是,这一切均没有发生。于是,有了美国先发制人这个先例,令人忧虑的结果便出现了:不仅美国进一步提出要以这种先发制人的战略改造整个阿拉伯世界和对付所有对美国造成潜在威胁的"邪恶国家",而且法国、俄罗斯、日本、印度等国也不失时机地举起了先发制人这面大旗。伊拉克战争一打响,日本防卫厅就着手制定相关法律,以确保当发现外国确实有攻击日本的意图时,自卫队能够采取先发制人的措施。法国议会通过的《2003—2008年军事规划法》明确提出:"一旦受到明显的威胁,或这种威胁得到证明",法国可以采取一些"先发制人的行动"。俄罗斯总统普京和前国防部长谢尔盖·伊万诺夫(Sergei Ivanov)分别在不同场合阐述了俄罗斯有可能对一些胆大妄为的欧洲国家进行先发制人打击的新安全战略。印度前外交部部长纳特瓦尔·辛格(Kunwar Natwar Singh)则针对印控克什米尔24人被杀的流血恐怖事件表示:"如果拥有大规模杀伤性武器且支持恐怖主义是对一个国家实施'先发制人'打击的衡量标准，印度当然比美国更有理由这么做。"上述国家的言论已经证实了联合国前秘书长安南的担心："假如它（指先发制人原则）被采纳，就可能开创先例，导致单边非法使用武力的现象泛滥。"

事实上，安南的担心也正是国际社会的忧虑。在这种忧虑中，饱含着人类对世界和平的渴望和对国际法律秩序的期盼。毕竟，惨遭20世纪两次世界大战灾难的世界人民再也不愿意看到人类再次遭受"全球混战"的苦难。因此，在不平、无奈和忧虑之后，人类把和平、安全、秩序的希望，寄托在对现有国际法律制度的改善与加强之上！

三、希望与危机并存：国际法的命运

伊拉克战争对国际法的冲击，以及由此造成的国际法的"信用危机"，不是孤立的偶然现象。实际上，它是现行国际法与后冷战时代国际社会现实之间矛盾的一种集中表现。它表明，现行的国际法已经不能适应国际社会发展的需要。因此，反省现行国际法的不足，推进建立适应国际社会需要的国际法律制度，就成为当前国际社会亟待解决的突出问题。从这个意义上说，国际法上的伊拉克危机并不就是坏事，恰恰相反，它将孕育着国际法发展的一次重大契机。

事实上，现代国际法也是在传统国际法的危机中孕育和发展起来的。以战争法为例，虽然传统国际法对战争程序、作战手段和伤员待遇均有严格规定，使战争更有"秩序"和比较"人道"，但却为主权国家保留了诉诸战争的绝对权利，从而使战争成为国家推行其政策、争夺势力范围的工具。第一次和第二次世界大战暴露了传统国际法的严重不足和缺陷，使人类看到了保留国家战争权利所带来的深重灾难，废弃战争权、禁止使用武力，成为当时国际社会的迫切需要，也成为从传统国际法向现代国际法发展的重大转折。这一转折的开始，是《国际联盟盟约》的缔结，它规定国际争端在提交程序解决之前不得诉诸

战争。显然,该盟约的规定很不彻底,只是对战争作了时间上的限制。此后,1928年的《巴黎非战公约》宣布"废弃战争作为实行国家政策之工具"。这比国联限制战争权的体制前进了一步。最后,在第二次世界大战废墟上孕育起来的《联合国宪章》规定:所有成员国在其国际关系中,不得以武力相威胁或使用武力来侵害任何国家的领土完整或政治独立,并不得以任何其他同联合国宗旨不符的方式以武力相威胁或使用武力。《宪章》关于禁止使用武力的规定,比非战公约关于禁止战争的规定更为广泛。至此,限制战争权的努力,进一步扩展到了以武力自助的一切措施。其法律效果是:除《宪章》所规定的严格的自卫外,从主权范围内排除了使用武力之权。战争法的这一发展,在国际法上产生了重大的影响:由于武力被禁止,和平解决国际争端必然成为国际法的一项基本原则,审判战犯制度之基础得以奠定,进而推动了国际刑法的形成与发展;由于武力被禁止,侵略定义得以被制定,集体安全制度和维持和平行动得到发展;由于武力被禁止,国际责任制度发生了重大变化,国际法的作用进而得到加强[①]。在这里,人们可以看到,两次世界大战对传统国际法的冲击、对现代国际法的产生与发展具有多么重大的作用!

　　历史已经证明,当旧有的国际法规范不能满足新的国际社会现实需要时,就会产生一种催生新的国际法规范的力量。这种力量孕育于原有国际法规范的危机和对这种危机的反思。从旧规范到危机,从危机到新规范,循环往复,以至无穷,这就是国际法从量变到质变的发展轨迹。

　　因此,有理由相信,伊拉克战争导致的国际法危机,必然孕育着国际法发展的新阶段。因为,从危机中已经暴露出来的国际法的不足和

---

　　①　梁西主编:《国际法》,武汉大学出版社2000年版,第33～35页。

问题，必将引发国际法的"解题"运动。

应当承认，冷战结束后，国际社会发生了一系列重大变化。美、苏两极对峙的世界格局解体，国际力量对比严重失衡，美国成为世界上唯一的超级大国，这是国际关系中的最重大变化；全球主义和民族主义两股浪潮交织在一起，国际问题与国内问题相互作用，国际社会变得更加复杂。面对这些变化，在第二次世界大战后形成起来的、主要反映冷战时期国际关系的现行国际法已显得"力不从心"，其问题和不足也逐步显露。仅从伊拉克战争及其相关方面来看，起码有以下三个问题值得研究和解决。

第一，单边主义对联合国多边机制的挑战。冷战结束后，美国对其国家战略进行了重大调整，逐步形成了建立"单极世界"的战略构想，其要点是：(1)确立美国在世界范围内的领导地位；(2)在全世界推行美国的价值观念、意识形态和社会制度，以"美国模式"改造世界；(3)建立以美国军事力量为保障的国际安全体系，形成美国的全球安全网。概而言之，就是建立由美国领导和主宰的"新的世界秩序"。伊拉克战争是美国上述战略构想的第一个真正的"试验场"，是美国单边主义挑战联合国多边体制的真正开始。不言而喻，能否化解这种挑战，将决定着联合国的命运和前途。

联合国是国际合作的最有效的法律形式。联合国成员国最多，所涉事项最广，是当今唯一能够代表人格化的国际社会的国际组织。联合国成立以来的实践已经表明，联合国需要世界，世界也需要联合国。在一个高度分权的松散的国际社会里，联合国的地位和作用是任何一个国家或国家集团均无法取代的，即使是美国也不例外。只要通过联合国加强国际合作，美国奉行单边主义、将一国利益置于国际社会整体利益和共同利益之上的做法便不可能持久，因为美国力量再强大，也不可能孤立于国际社会而存在，背离联合国和联合国的宗旨，最终也会危害美国的国家利益。事实上，美国在伊拉克战争中已经"自食恶果"。由于美国未经联合国授权而发动了对伊战争,不具有国际法上的合法性,不仅触发了世界人民的抗议浪潮,也鼓舞了伊拉克人民在战时和战后的顽强抵抗,并对伊拉克的战后重建和管理产生了消极影响。所以,美国政界许多人士认为,不经联合国授权发动对伊战争,是美国政府和前总统布什犯的一个严重错误。可见,面对单边主义和霸权行径,合理的应对措施只能是加强联合国的作用,重塑联合国的权威。

现行的联合国体制,特别是联合国的集体安全体制,是在第二次世界大战期间反轴心国联盟中占核心地位的大国,在战时合作的基础上建立起来的。这种体制把维护国际和平与安全的职权赋予安全理事会,并确立了安理会常任理事国(大国)协商一致的原则(即五大国否决权制度)。在这种体制下,一方面,安理会成为某些大国推行新干涉主义政策的一道不可逾越的"门槛",当他们迈不过这一"门槛"时,便会抛开或绕开安理会而推行单边主义或区域主义,结果丧失其在国际法上的合法性,并给他们带来一系列政治上和道义上的麻烦。因此,对于推行新干涉主义政策的大国来说,便产生了对以"五常一致"原则为核心的联合国集体安全体制的严重不满。另一方面,安理会在大国推行单边主义和区域主义的情况下,不可能有所作为,中小国家的安全与利益得不到有效保障,联合国存在着被边缘化的严重危险。因此,广大的中小国家对以大国为核心的现行联合国体制非常失望。于是,改革安理会的集体安全体制,便成为冷战结束后西方大国和广大中小国家的共同呼声。

1997 年 3 月 20 日,第 51 届联大主席拉扎利·伊斯梅尔(Razali Ismail)以安理会改革工作组主席身份提出了安理会改革一揽子方案。该方案的核心内容包括:安理会增加 5 个常任理事国(发达国家 2 席,亚、非、拉各 1 席),4 个非常任理事国(亚、非、拉、东欧地区各 1 席);新增常任理事国不享有否决权;将安理会通过决议所需的 9 票改为 15

票。对这一方案,德国、日本、印度、巴西等有望成为常任理事国的国家基本满意,而其他大多数国家,则表示强烈不满。由于有关各方立场尖锐对立,难以达成一致,拉扎利的方案流产。拉扎利卸任后,安理会改革的势头虽有所减弱,但改革的呼声并未停止。随着伊拉克战争的爆发,联合国又加快了安理会改革的步伐。2003 年 9 月 23 日,联合国前秘书长安南在第 58 届联大倡议成立"威胁、挑战与改革高级别研究小组",11 月 6 日,安南宣布任命 16 名在国际事务中具有影响力的人士为这个研究小组成员,负责对全球在和平、安全、经济及社会领域面临的重大威胁与挑战进行研究,并就集体应对方法提出意见和建议。泰国前总理阿南·班雅拉春(Anand Panyarachun)担任该小组主席,成员包括中国前副总理兼外长钱其琛、国际危机组织前主席加雷斯·埃文斯(Gareth Evans)、联合国前难民署高级专员绪方贞子及美国前国家安全顾问布伦特·斯考克罗夫特(Brent Scowcroft)等。

国际法是国际关系的产物,国际秩序是现实国际政治力量对比的结果。联合国安理会的改革涉及各国,特别是大国之间的权力再分配和利益取向的调整,无疑会是一项十分艰巨的工程。在集体安全体制的未来设计上,以美国为首的西方大国与广大中小发展中国家之间将围绕新干涉主义的制约与反制约问题展开较量。但现实的情况是,作为世界唯一超级大国的美国既有能力制造全球性危机,也是维护国际和平与安全的重要力量。没有美国的合作与参与,联合国未来的改革与发展将困难重重,世界安全与稳定也将面临不确定因素。因此,美国的合作态度,必然成为联合国改革走向的关键变数。其焦点在于,联合国与美国的合作是在多边条件下的合作,还是美国主导下的合作？是联合国接受改造来换取美国的合作,还是美国提供合作来换取联合国的改造？这个问题首先摆在了前秘书长安南倡议成立的威胁、挑战与改革高级别研究小组面前。但是,无论从联合国历史来看,还是从现实政治力量严重失衡的情况来看,对这个小组的期望都不能过高。小组的成立仅仅是联合国将面临的漫长而艰巨的改革的第一步，它提供的鞭辟入里的分析和精心打造的建议，也许会激发来自世界各国的足够启动这个艰难改革的政治意愿。世界各国政府大多赞成加强联合国的作用，维护联合国的权威，希望联合国具有更广泛的代表性，更民主，也更有效。只要世界各国的政府、政治家、外交家"一秉善意"，理性选择，这种共同意愿就能够变为现实。

　　第二，联合国的实践对现行国际法原则的冲击。各国主权平等、互不干涉内政、禁止非法使用武力、和平解决国际争端，是《联合国宪章》确立并得到许多国际法律文件重申的国际法基本原则。为了保障上述原则在国际社会的实施，《宪章》还针对国与国间的侵略行为设计了集体安全保障体制。但是，冷战结束以来，在美、英等西方国家的推动下，联合国安理会有关维和的一系列决议和实践，却存在着偏离上述原则的倾向。例如，1991 年安理会通过第 688 号决议，在没有征得伊拉克同意的情况下，在伊拉克建立保护库尔德人的安全区。1992 年联合国在索马里的维和行动，开创了联合国 50 多年维和史上的数个"第一"：第一次未经当事国的同意，即派维和部队进驻当事国执行人道主义使命；安理会第一次将《宪章》第 7 章下的权力扩大到对纯粹的国内人道主义危机采取行动；第一次未与国内冲突中的有关各派别事先谈判，便对一国国内政治机构进行改造①。另外，联合国对萨尔瓦多、安哥拉、莫桑比克、利比里亚、海地、卢旺达、布隆迪、塞拉利昂、刚果（金）、前南斯拉夫、东帝汶等国一系列国内热点问题的干预，无不反映出索马里这个先例的影响。联合国众多"人道主义干涉"的实践，由于是安理会依据《宪章》第 39 条

---

①　黄惠康：《世纪之交国际法发展演变的动态与趋势》，载李双元主编：《国际法与比较法论丛》第一辑，中国方正出版社 2002 年版，第 8 页。

所赋予的自由裁量权而进行的,因而具有了国际法上的合法性。但是,在这种合法性的背后,却表现了西方大国主导下的两种可能改变现行国际法准则的趋势:

一是"人权高于主权"的人权化趋势。冷战结束以后,人权问题已成为国际法的一个突出问题和南北斗争的一个焦点。西方发达国家为了推行其价值观,实现其战略目标,视主权原则为障碍,把人权问题作为突破口,夸大人权的国际性而否定人权的内政属性,鼓吹"人权高于主权""主权过时论"等旨在限制或削弱国家主权的论调,为改变或修改现行法律规则、干涉中小发展中国家内政作舆论准备。在西方国家,特别是美国的这种"国际新秩序"主导下,人权问题在联合国的议程中逐步变得突出和重要,"人道主义干涉"在联合国的活动中越来越频繁,"不得干涉基本上属于国家内部管辖事务的原则,不能被用来庇护大规模地、系统地、不受惩罚地违反人权的行为"①已经成为联合国安理会处理其会员国国内人道主义危机的基本原则。

二是国内问题的国际化趋势。冷战结束以来,民族分裂势力抬头,他们打着"民族自决"的旗号,在多民族主权国家内闹独立和分离,进行恐怖主义活动,成为影响当前国际形势和国际秩序的一个重要因素。在这种情况下,西方国家一方面试图改变民族自决原则的内涵,怂恿民族分离主义势力制造内乱;另一方面将禁止在国际关系中非法使用武力及和平解决国际争端的原则扩大适用于一国的内部争端或冲突,限制他国为维护国家主权和领土完整、反对民族分离主义,而在本国境内使用武力的权利。从而达到削弱、遏制、分化、分裂对手的战略目的。联合国安理会对冷战后一国内部冲突的不断介入和干预,反

---

① 1991 年,时任联合国秘书长德奎利亚尔(Javier Perez de Cuellar)宣称:"目前一个日益上升的认识是,不得干涉基本上属于国家内部管辖事务的原则,不能被用来庇护大规模地、系统地、不受惩罚地违反人权的行为。"

映出西方利用安理会机制将国内问题国际化,进而干涉他国内政的意图。

　　值得注意的是,联合国安理会介入一国内部冲突的一系列决议不仅因为援引了《宪章》第 7 章的规定而具有合法性,而且在国际社会还得到了实施。究其原因,既有客观的方面,也有主观的方面。从客观方面来说,随着国际人权法的发展和国家保护人权义务的确立,《联合国宪章》中规定的国家主权原则并不意味着主权在当今国际社会的价值高于其居民免于遭受种族灭绝或大规模屠杀的人权。这是一方面。另一方面,随着国家间相互依存关系的加强,一国内部的冲突和问题往往会波及邻国,甚至影响国际社会的稳定和安全,从而引起国际社会的关注。从主观方面来看,虽然《联合国宪章》第 39 条赋予安理会断定对和平之威胁、和平之破坏或侵略行为是否存在的专属职责,以及决定采取武力或非武力制裁措施的专属权力,但对于何种情况构成和平之威胁与破坏却未作出规定,从而使安理会在这个问题上具有相当的自由裁量权。正是依据这种裁定的灵活性,安理会通过其决议在逐渐扩大对和平之威胁或破坏的解释,把一国内部对待其公民的做法和维护主权与领土完整所采取的行动,提升为国际层面上的和平与安全问题,从而为安理会授权"使用一切必要手段"对目标国采取强制行动提供了合法性的前提。

　　"人道主义干涉是《联合国宪章》中没有的概念,也从未成为国际法所确立的概念。"[1]冷战后联合国人道主义干涉的实践,既是当今国际关系变化发展的反映,也表明安理会通过其实践在逐渐改变着《联合国宪章》。当事国同意、除自卫外不得使用武力、严守中立,是联合

---

[1]　李红云:《人道主义干涉的发展与联合国》,载《北大国际法与比较法评论》第 1 卷,北京大学出版社 2002 年版,第 23 页。

国在长期维和实践中依据主权平等、不干涉内政、禁止使用武力等原则形成的三项基本原则。但冷战后联合国的维和行动,在性质和内容上均有改变。这种改变可能会从根本上带来国际法的变化。

总之,冷战结束后,联合国有关维和行动和人道主义干涉的决议与实践已经表明,现行的国际秩序和国际法正在经历着演变。如何认识和把握这些变化,并使之循着公正、合理的国际新秩序发展,既是各国的政府、政治家和外交家必须面对和理性解决的问题,也是国际法工作者应当着力研究的重大课题。

第三,《联合国宪章》某些规定的不确定性对联合国及其会员国实践的影响。《联合国宪章》是对全球一切国家产生普遍影响的最大的公约,是现代国际法最重要的渊源。它所确立的原则和制度,是联合国及其会员国实践必须遵循的法律依据。但是,《宪章》只是各会员国特别是各大国已经达成谅解的那一部分条款,有些问题由于未能达成协议,根本无法作出规定,即使已规定的条款,由于历史和认识的局限性,有些也只是很概括的规定,具有不确定性。《宪章》所留下的国际法"空白"和具有的不确定性,给日后联合国及其会员国的实践留下了自由裁量的空间,也给《宪章》的解释带来了疑义和分歧。其结果是,有的会员国以及联合国的实践有可能朝着与《宪章》原始立法意图不同甚至相反的方向演变。

《宪章》规定的不确定性,在不少条款中均程度不同地存在着。其中,最为突出、争议最多而且影响颇大的,除上述第 39 条有关"和平之威胁、和平之破坏或侵略行为"的界定不明确外,还有《宪章》第 51 条关于自卫权的规定。虽然第 51 条对自卫作为非经联合国安理会授权合法使用武力的例外情况,进行了严格规定:(1)自卫权行使的前提条件是"受到武力攻击";(2)自卫的时间须在安理会"采取必要办法以维持国际和平与安全之前";(3)会员国对于行使自卫权所采取的措施必须向安理会报告;(4)自卫所采取的措施"在任何方面"不得影响安理会行使维持国际和平与安全的职权。但对于构成自卫前提条件的"武力攻击"这个术语本身,《宪章》并未作出界说,也就是说,对于构成"武力攻击"的要件(如武力攻击的主体、武力攻击的对象、武力攻击的程度和武力攻击的客观效果等)并未作出法律上的明确规定。尽管这些要件可以从《宪章》的立法意旨和上下文中获得隐含解释,但这种解释往往由于时代条件和解释者的主观立场不同而出现争议。因此,正如《奥本海国际法》第 9 版中所说:"必须有武力攻击这个条件,是清楚的,但是并不是没有困难的。"①"武力攻击"是否已经构成的问题,在《宪章》的范围内并未得到回答,从而客观上提供了对自卫权的适用范围作宽泛解释并将其诉诸国家实践的可能性。

这种可能性在联合国成立 50 多年的历史已多次被一些国家诉诸实践。② 而最近的一次国家实践,则是美国在"9·11"恐怖事件之后,以"自卫"为理由发动的阿富汗战争。在这里,围绕着"9·11"恐怖主义袭击是否构成美国有权对阿富汗进行武力自卫的"武力攻击",国际法学界有分歧,而国际法的实践也存在着矛盾。在国际法学界,有的学者③认为,"9·11"恐怖主义袭击不能构成美国武力自卫的理由,因为按照《联合国宪章》的规定,它不是来自一个国家的行为,而是来自作为"非国家行为者"——"基地组织"的袭击,它不构成"武力攻击"。而且美国也没有足够证据证明这种袭击是由阿富汗塔利班政府

---

①　[英]詹宁斯、瓦茨修订:《奥本海国际法》(第九版)第 1 卷第 1 分册,王铁崖等译,中国大百科全书出版社 1995 年版,第 308 页。

②　例如,以色列于 1956 年、1967 年对埃及部队的攻击,1962 年美国对古巴的隔离、1981 年以色列对伊朗核装置的攻击、1983 年底到 1984 年美国对尼加拉瓜的军事和准军事行动、1986 年美国对与恐怖主义有关的利比亚目标的攻击、1990 年伊拉克对伊朗的攻击等。

③　如美国国际法学者格雷戈里·H. 福克斯(Gregory H. Fox),佛罗伦萨大学国际法教授乔治·加亚(Giorgio Gaja)等。

直接指示和控制的。即使有证据证明塔利班政府为基地组织提供了庇护和支持,那也只是按有关国际条约承担某些国家责任的问题,而不能构成美国武力攻打阿富汗的合法依据。

但是,有的学者,则持有不同的看法。在他们看来,像"9·11"这样严重的恐怖主义袭击,应当被认为已经构成《宪章》第51条意义上的"武力攻击"行为,从而成为国家诉诸自卫权的合理借口。"武力攻击无论是由一外国发动的还是由恐怖主义组织从一外国领土上发动的,受攻击的国家都有权以自卫使用武力进行反击。"[①]因此,不论恐怖主义袭击是否受到了该外国政府的直接指示和控制,只要袭击是从该外国领土上发动的,该外国领土就可以成为自卫权行使的对象。持有这种观点的学者还以联合国安理会第1368号、第1373号决议为根据,认为美国对阿富汗发动的战争具有合法性。在他们看来,两个决议在各自前言中,均重申要"尊重各国单独和集体的行使自卫的天然权利",实际上是对美国武力"自卫"行为合法性的一种默认。

然而,安理会的第1368号、第1373号决议与联合国安理会的其他类似实践和关于反恐的有关国际条约却是矛盾的。1985年10月1日,以色列飞机轰炸了设在突尼斯境内的巴勒斯坦解放组织总部。以色列对自己轰炸行为的解释就是"自卫",因为他们认为突尼斯故意为恐怖主义分子提供庇护。但是,安理会明确驳回了以色列的上述解释,并通过了第573号决议,强烈谴责了以色列对突尼斯领土的武装侵略,肯定了突尼斯"有权为其人身伤害和物质损失请求适当的赔偿"。因此,以美国国际法学者格雷戈里·H. 福克斯教授为代表的一批国际法学家认为,将以反恐为由的自卫行动指向为恐怖主义分子提

---

① 余民才:《自卫权适用的法律问题》,载《法学家》2003年第3期。

供庇护的国家,这种做法在国际法上是不被支持的。

另外,在现行国际法体系中,已经有许多国际条约可以作为打击恐怖主义的法律依据。例如,1963 年《东京公约》、1970 年《海牙公约》、1971 年《蒙特利尔公约》及其 1988 年《补充议定书》、1973 年《关于防止和惩处侵害应受国际保护人员包括外交代表的罪行的公约》、1979 年《反对劫持人质的国际公约》、1997 年《制止恐怖主义爆炸事件的国际公约》和 1999 年《制止向恐怖主义提供资助的国际公约》。所有这些反恐怖主义的国际文件,均将恐怖主义作为一种国际罪行予以谴责,并为缔约国设定国际义务,以确保制造或帮助恐怖主义罪行的罪犯能够绳之以法。但是,却没有一个文件赋予缔约国采取武力手段报复有关国家或团体的权利,也根本没有所谓"自卫权"的规定。显然,现行的反恐法律体系侧重的是对个人刑事责任的追究,它与调整国家间关系的现行国际法体系是两种不同领域的法律。联合国安理会第 1368 号、第 1373 号两决议突破了这两种法律的界限:本应由国际刑法管辖的事项,却令人费解地被纳入联合国集体安全体制中来,并赋予受害国自卫的权利。于是,为了解决武力反恐的合法性问题,就必须在现行的调整国家间关系的法律上寻求突破,其重点就是对《联合国宪章》第 51 条进行重新解释。从目前国际社会的实践和众多国际法学者的观点来看,以下看法似乎是可以接受的,即对于那些严重的,且由一国政府直接指示和控制的恐怖主义袭击,可以视为《宪章》第 51 条意义上的"武力攻击",受到这样恐怖主义袭击的国家,无须获得联合国安理会的授权,即可对该国行使自卫权。但是,受害国在行使自卫权时,必须提供足够的证据证明:(1)袭击(规模、后果)严重到非用武力还击不可;(2)袭击是由外国政府直接指示和控制的。两者缺一不可。如果没有证据或证据不足,则武力反恐的合法性就不被国际法所支持。

总之,现行国际法体制和规范与冷战后国际社会现实是不相适应的,以上所分析的只是与伊拉克战争有关的三个问题。这种不相适应的状况表明,在对眼前发生的国际事件与实践寻求现有国际法依据的同时,必须以积极的态度革新现行的国际法体制与规范。只要在国际合作的基础上,总结国际社会的实践,解决国际社会的问题,国际法就会迎来一个崭新的发展阶段。

第十章
联合国改革与国际法的发展
——联合国改革问题名人小组报告述评

建立一个更安全的世界,是冷战结束以来,特别是伊拉克战争爆发以来国际法和联合国所面临并迫切需要解决的重大课题。为解决这一重大课题,时任联合国秘书长的安南于2003年9月倡议并于同年11月任命成立了联合国"威胁、挑战和改革问题高级别小组"（High-Level Panel on Threats, Challenges and Change,以下简称为"联合国改革问题名人小组"）。该小组由包括中国前副总理和外交部部长钱其琛在内的16位在世界各地区"具有广泛经验和专门知识"的资深外交家或政治家组成,泰国前总理阿南·班雅拉春担任小组主席。该小组根据时任秘书长安南的请求,围绕着(1)审查和平与安全目前面临的挑战、(2)考虑集体行动在应付上述挑战方面可以作出的贡献、(3)审查联合国各主要机构的运作情况和这些机构之间的关系以及(4)就采取何种方式通过改革联合国机构和程序加强联合国提出建议等方面的任务,在历时一年的时间里,先后在世界各地有关国家召开了41次"区域磋商和专题研讨会"和 6 次小组会议,在广泛听取各国政府、专家和世界各地的民间社会组织意见的基础上,按照求同存异的原则,最后形成了于 2004 年 12 月 2 日递交秘书长的报告——《一个更安全的世界:我们的共同责任》(*A More Secure World: Our Shared Responsibility*)(以下简称"名人小组报告")[①]。该报告分四部分,共 302 段,其中:第一部分(1～43 段)为"达成新的安全共识";第二部分(44～182 段)为"集体安全与预防方面的挑战";第三部分(183～239 段)为"集体安全与使用武力";第四部分(240～302 段)为"为 21 世纪建立一个效率更高的联合国"。另外,报告和报告的每一部分前面都编有一个概括其主要内容的提要。

名人小组报告公布后,时任联合国秘书长安南对其进行了充分肯定,认为该报告"所涉范围甚广,且极具深度",报告为新世纪的集体安全所设计的广泛框架,"不仅提出了对付具体威胁的办法,而且提出了理解各种威胁之间相互关联的新的途径,指出了我们必须因此而制定的政策和设立的机构"。[②] 并在该小组报告的基础上,于 2005 年 3 月 21 日向第 59 届联合国大会提交了名为《大自由:实现人人共享的发展、安全与人权》(*In Larger Freedom: Towards Development, Security and Human Rights for All*)的报告,提请联合国各会员国在第 60 届联合国大会上审议,并就有关重大问题作出决议或缔结条约。可以预见,名人小组报告作为国际社会共同智慧的结晶,它提供的鞭辟入里的分析和精心打造的建议,可能激发来自世界各国关于完善国际法律秩序和改革联合国的政治意愿,从而启动联合国新一轮改革。

[①]　High-Level Panel on Threats, Challenges and Change, *A More Secure World: Our Shared Responsibility*, UN Doc. A/59/565, 2004, accessed 25 December 2005, http://www.un.org/.

[②]　名人小组报告的秘书长说明。

一、国际法的危机:联合国改革的背景

此次名人小组的成立及小组报告的提出是联合国改革进程的继续。早在 1953 年,即联合国成立后的第 8 年,联合国大会就通过了一项认为有必要就《联合国宪章》修改进行筹备工作的决议。根据这项决议,时任联合国秘书长的特里格韦·赖伊(Trygve Lie)于 1954 年任命了一个三人专门小组研究联合国改革问题,正式拉开了联合国改革的序幕。此后,1960 年和 1975 年又分别成立由 8 人和 25 人组成的专家小组,研究联合国改革问题,并取得了三项重要的改革成果:1965 年 8 月 31 日开始生效的《联合国宪章》修正案,安理会的成员国数目由原来的 11 个增加到 15 个;分别于 1965 年 8 月 31 日和 1973 年 9 月 24 日生效的修正案,两次扩大了经社理事会的成员国数目(第 1 次由 18 国增加到 27 国,第 2 次由 27 国增加到 54 国)。20 世纪 80 年代中到 90 年代初,联合国成立了专门审查行政和财政职能的高级别政府间专家小组,负责研究改革问题。他们提出的关于改革联合国秘书处的报告是 90 年代两位秘书长布特罗斯·布特罗斯-加利(Boutros Boutros-Ghali)和安南改革秘书处的主要依据。在此基础上,前秘书长加利对秘书处进行了精简和调整,并于 1995 年 8 月提出了比较完整的六点改革计划:(1)进一步精简联合国的官僚机构,秘书处职位再裁减 135 个;(2)经常性预算控制在零增长水平;(3)组建内部监督服务办公室,强化对内部预算财政方面的监督检查;(4)加强内部司法监督,防止权力滥用现象;(5)改善联合国财政状况;(6)改善联合国经济和社会部门的活动,加强对发展努力的协调。1997 年安南上任联合国秘书长之后,一直致力于联合国的改革。面对联合国机构庞大、效率低下、财政拮据的局面,安南首先进行了联合国机构改革。他将联合国各部门和基金归入四个方面:和平与安全事务;经济和社会事务;人

道主义事务;发展事务。在此基础上,他精简了联合国庞大的机构,减少了机构的职能重叠,并提高了联合国最重要的资产,即其工作人员的价值与工作效率。但是,此前的联合国改革主要涉及的是秘书处内部的机制调整和精简,都只是非伤筋动骨的"外科手术",并未触及安理会及其他联合国重要机构,更没有触及国际法治的基础——《联合国宪章》的核心内容。

但是,2003 年 3 月 20 日美英发动的伊拉克战争,使时任联合国秘书长的安南认识到,联合国的改革如果仅仅停留在上述"外科手术"上,而不对其根本政策和结构进行改变,它将遭遇与国际联盟同样的命运。伊拉克战争是美英等国在没有获得安理会授权的情况下发动的战争。这场战争不仅作为美国的单边主义行动,给联合国,特别是联合国集体安全体制的权威带来了严重的损害和冲击,而且作为美国先发制人战略的"尝试",破坏了国际法上的自卫权制度。如果美国的做法被国际社会所仿效甚至接受,那将意味着:不仅在二战废墟上建立起来的集体安全体制被严重践踏,而且自《威斯特伐利亚和约》以来逐步形成的现代国际法体系也被严重破坏。因此,联合国前秘书长安南在第 59 届联合国大会上严肃指出,伊拉克战争将联合国带到了一个其决定性意义不亚于 1945 年联合国创建时的"岔路口",并担心这场战争可能开创先例,导致"非法使用武力"的现象进一步泛滥。正是出于这种担心和忧虑,秘书长决定成立名人小组,负责就化解因伊拉克战争而引起的国际法危机进行研究,提出联合国改革的建议和方案。

然而,伊拉克战争所导致的国际法危机,并不是孤立的偶然现象。实际上,它集中反映了现行的国际法和联合国体制相对于国际社会发展变化的严重滞后性。现行的国际法和联合国现有的体制是第二次世界大战结束后国际关系的产物,它反映了当时的国际格局和国际社会防止国家之间发生战争的迫切愿望。在冷战结束以前,这一体制虽然也暴露了不少问题,但毕竟避免了新的世界大战发生,给人类带来了超过半个世纪的整体和平,并促进了一大批新兴国家的独立和不少民族的解放。但是,随着后冷战时代的国际关系和安全形势的巨大变化,这种建立在旧的国际关系基础上的国际法和联合国体制已经越来越不能适应国际社会发展的新要求。

首先,面对世界上唯一超级大国的单边主义战略和行动,国际社会缺乏有效的应对机制和法律措施。冷战结束后,国际力量对比严重失衡,美国成为世界上唯一的超级大国。在这种情况下,美国对其国家战略进行了重大调整,逐步形成了建立"单极世界"的战略构想,伊拉克战争作为这一战略构想的第一个真正的"试验场",是美国单边主义挑战联合国集体安全体制的真正开始。面对美国单边主义的挑战,联合国的集体安全体制作为现代国际法的一种重要制度却无力应对。因为担负维持国际和平与安全重任的联合国安理会,是一个以大国为核心的集体安全机构,5个常任理事国享有否决权,安理会在断定和平之破坏或侵略行为是否存在,以及确定具体制裁对象和制裁措施时,均需五大国的一致通过。因此,当问题牵涉到美国或其他常任理事国时,安理会便不可能作出有效的断定,更不可能采取任何强制制裁措施。只有在它们未直接卷入的情况下,安理会才有可能据《宪章》第7章采取强制行动。

其次,冷战后因宗教、种族、贫穷等原因造成的局部冲突和灾难增多,人道悲剧不断,人权的国际保护成为当务之急。然而,面对新形势,联合国却显得有些无力。当卢旺达的胡图族和图西族之间的相互屠杀导致数十万人死亡的时候,联合国却反应迟缓,未能阻止这一人道灾难的发生。之所以如此,不仅因为联合国的安全体制存在效率和效力方面的问题,更重要的是联合国安理会对国内冲突与人道灾难采取行动的合法性问题至今没有解决,人权与主权之间的冲突仍然困扰着联合国和国际社会。正如名人小组报告指出的那样,《联合国宪章》

作为现代国际法的最重要渊源,一方面"重申基本人权之信念",另一方面又禁止干涉"本质上属于任何国家国内管辖之事件",但对于二者之间的平衡与协调,《宪章》却没有作出明确的规定。因此,国际社会长期以来一直有争执:一方面有人主张联合国"有权干预"其成员国的内部冲突和人道主义灾难,另一方面有人争辩说,尽管《宪章》第 7 章授权安全理事会"维持或恢复国际和平及安全",但安理会不得授权对主权国家采取胁迫行动,无论这些国家境内发生什么情况。[①] 这种争执是导致联合国行动迟缓的重要因素。

再次,恐怖主义的蔓延构成对国际和平与安全的巨大威胁,但是联合国却不能采取有效的联合行动。虽然国际社会已经缔结了 12 项国际反恐公约,构成了国际反恐的规范基础,但现行的反恐法律体系,侧重的是对个人刑事责任的追究,它与调整国家间关系的现行国际法体系,是两个不同的法律领域。名人小组报告分析指出,现行的国际法建立了有关国家使用武力的规范,但对于恐怖主义组织这样的非国家行为体使用武力的问题,却缺乏"与之同等力度的规范",甚至关于恐怖主义的明确定义,国际社会也存在着分歧。[②] 不仅如此,由于恐怖主义的滋生与蔓延有着复杂的社会、经济、文化原因,如果将反恐的重点只放在武力上,不仅难以遏制恐怖主义的蔓延,相反还会削弱作为恐怖主义分子攻击目标的核心价值观念——人权与法治,从而削弱采取集体行动打击恐怖主义的潜力。因此,国际社会需要一项综合的反恐战略。

最后,面对导致国际社会不稳定的贫穷、疾病和环境恶化等世界经济与社会发展问题,国际社会虽有承诺,但缺乏促使承诺兑现的强

---

① 名人小组报告第 199 段。
② 名人小组报告第 159 段。

力机制和行动。国际社会实践证明,贫穷、疾病和环境恶化之间不仅相互交织,构成了一个恶性循环,而且它们同国际和平与安全密切相关,是滋生内战、恐怖主义和跨国有组织犯罪的土壤,是引起国家之间争端甚至战争的根源。但是,现行的国际法和联合国体制并没有将这些发展问题纳入《联合国宪章》宗旨所决定的议事日程,更没有列入联合国安理会的职责范围。因此,虽然 2000 年联合国通过了《千年发展目标》,各国都作出承诺,保证采取行动应对社会和经济方面的各种威胁,但是,承诺并未化为资源和行动,不平等的国际政治和经济秩序并没有得到大的改变,相对于传统的安全领域,发展问题的解决存在着严重的制度缺陷。

综上可见,面对国际安全形势的巨大变化,以联合国体制为核心的现行国际法已表现出以下几个方面的不足。①

(1)充分性不足,即许多新的安全问题无法在现行国际法的框架内得到充分解决。现行的国际法是以 1945 年制定的《联合国宪章》为核心发展起来的。宪章的制定者基于第一和第二次世界大战的惨痛教训,把防止国家之间的战争作为联合国最主要的工作,因此,在联合国的宗旨、原则、机构和制度设计方面无不表现了对国家安全的关注。但是,随着时间的推移,特别是冷战结束后国际形势的变化,这种以国家安全为重心的体制已经严重滞后。因为我们今天面临的安全威胁"已经绝不仅仅是国家发动的侵略战争了。这些威胁扩大到贫穷、传染病和环境退化;国家内部的战争和暴力;核武器、放射性武器、化学和生物武器的扩散和可能被使用;恐怖主义;以及跨国有组织犯罪。这些威胁的主体不仅有国家,也有非国家行为体,威胁的对象不仅有

---

① 陈东晓等:《联合国:新议程和新挑战》,时事出版社 2004 年版,第 30~33 页。

国家安全,也有人类安全"①。当然,联合国建立以后的 70 余年,特别是 20 世纪 90 年代以来,国际法也取得了长足的发展,在一定程度上满足了国际社会在不同安全领域的需要,但不同领域各自发展起来的国际法并没有构成一个有机的功能体系,不同的规范与制度之间没有构成相互适应和相互促进的关系,反而常常相互制约甚至互为对立,从而损害了国际法的确定性和可预见性。

(2)有效性不足,即现行的国际法和联合国体制对安全问题的解决和管理缺乏能力。由于这种能力的缺乏,一些地区冲突迟迟得不到解决,致使国家之间的安全困境相当突出;由于这种能力的缺乏,一些国内暴力不能得到及时制止,致使有的国家出现了严重的人道主义灾难;由于这种能力的缺乏,国际社会在解决诸如贫穷、疾病和环境退化等发展问题方面行动迟缓,收效甚微,从而加剧了发达国家与发展中国家之间的不平等和贫富差距。所有这一切,都涉及主权国家与现行国际法律秩序之间的关系。众所周知,现行的国际法和联合国制度,是以国际社会的无政府状态为背景建立起来的,它处理安全危机的权力来自于国际社会成员的授予或让渡,它发挥效力的前提是主权国家的参与和认同。一旦成员国退出就意味着制度对其不再有效;一旦成员国(特别是大国、强国)存在把国际制度视为一己之私利的倾向,国际制度就可能面临被边缘化的危险:当国际法律秩序的构建有助于扩展其权益时就加以支持,甚至迫使他国跟从参与;当制度规范不利于其权益,或成为其实现国际利益的障碍时,它们往往采取单边行动而置国际制度于无效。

(3)合法性不足。具体表现在:一方面,现有的国际法规范和制定这些规范的"游戏规则",基本上是两次世界大战后,在以美国为首的西方国家的主导下确立起来的,很大程度上反映了西方的价值观念和

---

① 名人小组报告第一部分提要。

权力分配结果。随着大批新兴独立国家的产生,这种规范和"游戏规则"已缺乏应有的代表性,它们的合法性毫无疑问会受到"处于被强制和被压制的边缘地带"①的广大弱势国家的质疑。

另一方面,现行国际法规范的缺失与国际社会的需要之间的矛盾,使联合国采取行动时面临合法性不足的尴尬境地,当前在国际干预和武力反恐两个问题上,这种情况更为突出。

因此,以威胁、挑战和改革问题名人小组的成立及名人小组报告的提出为前奏启动的联合国改革,虽然是以伊拉克战争为直接背景的,但更深层的原因却是全球化背景下国际关系的深刻变化和这种变化所折射出来的现行国际法律秩序的缺陷和不足。它表明,为建立"一个更安全的世界"而实行的联合国改革,已经不能仅仅停留在联合国机构本身的改革上,而需要对联合国的法律制度进行完善和修正。显然,在这种背景下启动的新一轮联合国改革,虽然是联合国改革进程的继续,但又不同于联合国以往的任何改革,它将触动以联合国为主导的国际法律秩序和联合国的基本结构,是联合国改革历史上的一个崭新阶段。国际社会能否就联合国及国际法律秩序的改革达成妥协,化解国际法的危机,使联合国重新恢复活力并为改善和加强国际法律秩序发挥无可替代的作用,这将是对联合国和人类意志的一次严峻考验。②

---

①　苏长和:《解读〈霸权之后〉——基欧汉与国际关系理论中的新自由制度主义》(中译者序),载[美]罗伯特·基欧汉:《霸权之后:世界政治经济中的合作与纷争》,苏长和等译,上海人民出版社2001年版,第15页。

②　梁西:《国际法的危机》,载《法学评论》2004年第1期。

二、综合安全观：新的安全共识

和平与安全是国际法追求的根本价值，也是联合国的主要关切。建立一个更安全的世界是未来国际法面临的首要任务，也是联合国改革要达到的主要目标。要实现这一任务和目标，就必须建立一种新的安全共识——一种与当前国际社会现实相符的安全观。这种安全观应当体现国际法律秩序的核心价值，成为联合国改革的法理基础。因此，在国际实践的基础上，总结和概括国际社会在当今和未来一段时间内应达成的安全共识，就成为名人小组必须首先完成的使命。正因如此，名人小组报告在第一部分就提出，国际社会必须达成以下"新的安全共识"：

（1）"任何事件或进程，倘若造成大规模死亡或缩短生命机会，损坏国家这个国际体系中基本单位的存在，那就是对国际安全的威胁。"[①]根据这个定义，世界所面临的安全威胁就绝不仅仅是国家发动的侵略战争，还包括：贫穷、传染病和环境退化；国家内部的战争和暴力；核武器、放射性武器、化学武器和生物武器的扩散和可能被使用；恐怖主义；以及跨国有组织犯罪。这些威胁的主体不仅有国家，也有非国家行为体；威胁的对象不仅有国家安全，也有人类安全；威胁的性质不仅有传统安全问题，也有非传统安全问题。[②]

（2）对国际安全的各种威胁相互影响，每一种威胁都存在着产生其他威胁的风险。国家造成的核扩散与对边界的管制不力，使恐怖主义分子和组织等非国家行为体有更多的机会掌握制造核武器所必需

---

① 名人小组报告第二部分提要。
② 名人小组报告第一部分提要。

的材料和技术;贫穷、外国占领、没有人权、没有民主,以及国内暴力为国际恐怖集团的招募与资金筹集活动开了方便之门。贫穷、传染病、环境退化和战争相互助长,形成了一个极为可怕的循环:贫穷导致内战;环境退化使传染病发病率进一步提高;传染病流行使贫穷更为严重。跨国有组织犯罪不仅创造了滋生国内冲突的环境,也为恐怖主义分子提供了武器和资金的来源,还是艾滋病等传染病产生的原因。[①]

(3)对国际安全的各种威胁不分国界,对一国的威胁便是对所有国家的威胁。全球化意味着,发达国家的任何地方发生大型恐怖袭击,都会给发展中国家数以百万计人民的福祉带来毁灭性后果;每年国际航班的 7 亿乘客都可能成为致命疾病的不知情传播者;世界上任何国家的能力遭到侵蚀,都会削弱所有国家抵抗诸如恐怖主义和有组织犯罪等跨国威胁的防范能力。因此,任何一种威胁都是对世界各国的共同威胁。[②]

(4)面对上述各种相互交织、不分国界的威胁,每一个国家都需要其他国家的合作才能使自己获得安全。一个国家无论多么强大,都无法仅仅依靠本身的力量保护自己免受上述各种威胁的伤害。因此,筑成一个新的全面集体安全体制,所有国家都能获得切身利益。在这一体制中,所有国家都将承诺共同行动,以应对范围广泛的各种威胁。[③]

(5)这种新的集体安全体制以全球、区域和国家等三个层次上的相互关联为基础,在承认各国享有主权带来的各种特权的基础上,强调国家承担保护本国人民和避免伤害邻国的义务。当一个国家没有能力或没有意愿履行这些义务的时候,集体安全的原则意味着上述责

---

① 名人小组报告第 20～23 段。
② 名人小组报告第 17～19 段。
③ 名人小组报告第 24～28 段。

任的某些部分应当由国际社会依照《联合国宪章》和《世界人权宣言》予以承担。①

（6）一个能承担上述责任并具有持久信誉的集体安全体制，必须有效力，有效率，并且公平。要使集体安全机构的行动具有效力，就必须同国家、区域，有时还须同民间社会行为者合作，增强国家负责地行使主权的能力，使国家成为集体行动的有力而负责的伙伴；就必须加强和完善监测、核查与执行机制；就必须克服主权不可侵犯与集体干预这两种主张之间相互冲突而造成的紧张。要使集体安全行动具有效率，就必须加强联合国的集体行动与区域和双边方案之间的协调，避免它们的相互重叠和相互竞争所导致的资源浪费；就必须有协助集体行动的意愿，及早地投入时间和资源，防止冲突的爆发和升级，造成更大规模、更为惨烈的灾难。要实现集体安全体制的平等要求，就必须促进和保障该体制中所有成员的安全，使所有成员，不论其性质、位置、资源或与大国的关系如何，都能不受歧视地从中受益；就必须不仅在口头上声称对一国的威胁便是对所有国家的威胁，而且在行动上也照此行事。②

分析上述安全共识，可以看出，名人小组报告所勾画的安全观是一种综合安全观。这种综合安全观具有以下特点：

1. 在安全关切上强调国家安全与人类安全的协调，把人类安全纳入国际安全的范畴。对国家安全的关切，是一种传统的安全关切，它以国家作为基本单位，以国家之间的主权纷争和领土冲突作为安全的主要威胁。联合国建立的初衷及其制度设计，主要应对的是这种安全关切和威胁。与对国家安全的关切不同，对人类安全的关切，以人作为基本单位，以威胁人的生命作为安全的主要威胁。但是，这种安全

———————
① 名人小组报告第29～30段
② 名人小组报告第31～42段。

关切在《联合国宪章》的制度设计中并没有被纳入联合国的集体安全范围。虽然《宪章》序言也宣布,创建联合国是为了"重申对基本人权之信念",并"促成大自由中之社会进步及较善之民生",但对基本人权的保障却被规定是联合国经社理事会而不是联合国安理会的职能,人类安全被排除在联合国的集体安全体制之外,集体安全体制与人权保护体制在联合国系统内成为互不相干、彼此独立的两种制度安排,由此在国际社会也相应地形成了两套不同的国际法规范:一套是以主权作为核心价值的国际法规范,另一套是以人权作为核心价值的国际法规范,从而导致了在法律层面上的主权与人权之间的长期冲突。这在实践上给联合国的集体安全体制带来了两个方面的困境:面对巨大的人道主义灾难,要么因为制度设计上的"画地为牢"而行动迟缓,致使灾难扩大,例如卢旺达内战;要么迫于西方大国的压力,对灾难发生国进行人道主义干预,结果其合法性受到广泛质疑,例如索马里冲突。

　　针对联合国的困境,名人小组报告提出了对安全的综合定义:任何事件或进程,只要造成大规模死亡或缩短生命机会,损坏国家这个国际体系中基本单位的存在,那就是对国际安全的威胁。如果这个定义能够被国际社会所接受,那将会在国际法上产生两个重要的法律后果:

　　首先,它可能扩大联合国安理会的职能,即扩大《联合国宪章》第39条的适用范围。根据《宪章》第39条的规定,联合国安理会负有断定"和平之威胁、和平之破坏或侵略行为之是否存在"并决定采取武力或非武力制裁措施的专属权力。在这里,《宪章》赋予安理会在决定采取什么措施"以维持或恢复国际和平及安全"方面较大的自由裁量权,但对于采取集体行动的前提情况——"和平之威胁、和平之破坏或侵略行为",《宪章》第39条虽然没有直接规定哪些情势构成"和平之威胁、和平之破坏",但从《宪章》的宗旨和上下文来看,却可以推定:这里的情势指的主要是国家之间的争端和冲突,而不包括一国的内部冲突;"威胁"或"破坏"的对象主要是国家安全,而不包括人类安全;对国家安全的"威胁"或"破坏"主要源于国家行为本身,而不包括非国家行为体的行为。因此,联合国的集体安全有着比较明确的范围,在这个范围内,联合国安理会采取的集体行动具有《宪章》赋予的合法性。

与对《宪章》第 39 条的上述限制性解释相比,名人小组报告所提出的安全概念,显然对集体安全的范围作了扩大性解释。按照这个定义,作为国际社会在集体安全问题上的发言人,安全理事会在任何认为国际和平与安全受到威胁的时候,都可以采取包括军事行动在内的任何行动。不管这种威胁是现在出现、快要出现,还是会在较远的将来出现;不管这种威胁涉及的是有关国家自己的行为,还是它所窝藏或支持的非国家行为者的行为;不管这种威胁的对象是国家安全还是人类安全;也不管这种威胁是来自于国家之间的冲突还是来自于一国内部的冲突;表现的形式是一种作为或不作为,是实际还是潜在的暴力行为,还是仅对安理会权限的挑战。根据这种对集体安全范围的扩大解释,联合国在国际干预和武力反恐问题上所一直面临的合法性困境,自然也就不是困境了。

其次,它可能调和目前主权与人权之间的冲突,在《宪章》范围内实现集体安全体制与人权保护体制的统一。现行的联合国集体安全体制是为维护国家主权和领土完整而设计的,即使一国内部发生了严重的人道主义灾难,安理会也不得授权对主权国家采取强制行动,也就是说,人权问题是联合国安理会不得干涉的"本质上属于任何国家国内管辖之事件"。"人道主义干涉是《联合国宪章》中没有的概念,也从未成为国际法所确立的概念。"[①]因此,在联合国所进行的历次人道

---

① 李红云:《人道主义干涉的发展与联合国》,载《北大国际法与比较法评论》第 1 卷,北京大学出版社 2002 年版,第 23 页。

主义干预中,虽然在程序上由于获得了安理会的授权而具有合法性,但在实体法上却在《宪章》中找不到其合法性的依据,因此,往往受到当事国的抵制和国际社会的质疑。

然而,冷战结束以来,联合国安理会在伊拉克、索马里、萨尔瓦多、安哥拉、莫桑比克、利比里亚、海地、卢旺达、布隆迪、塞拉利昂、刚果(金)、前南斯拉夫、东帝汶等众多国家或地区进行人道主义干涉的实践,似乎又表明:"不得干涉基本上属于国家内部管辖事务的原则,不能被用来庇护大规模地、系统地、不受惩罚地违反人权的行为。"[①]这已经成为联合国安理会处理其会员国国内人道主义危机的基本原则。因此,实际上,联合国安理会已经通过其自身的实践在不断地扩大《宪章》第39条的适用范围,人权问题事实上早已被纳入联合国集体安全体制的范围。

面对这种联合国实践与《联合国宪章》之间的矛盾,名人小组报告采取了尊重实践的态度。通过对国际安全概念的扩展,为联合国安理会的人道主义干涉寻求实体法的根据:"一国内部冲突的大规模侵犯人权或危害人类生命的行为也构成世界和平之威胁,可成为安理会采取行动的理由"[②];通过强调主权在国际法上"保护本国人民"的责任内涵,提出了一种新的规范,即当一个主权国家没有意愿或者没有能力"履行其保护本国人民和避免伤害邻国的义务"的时候,"集体安全原则则意味着上述责任的某些部分应当由国际社会依照《联合国宪章》和《世界人权宣言》予以承担,根据情况建立必要的能力或提供必要的

[①]　1991年,时任联合国秘书长德奎利亚尔宣称:"目前一个日益上升的认识是,不得干涉基本上属于国家内部管辖事务的原则,不能被用来庇护大规模地、系统地、不受惩罚地违反人权的行为。"

[②]　[德]马蒂亚斯·海尔德根:《联合国与国际法的未来》,肖君译,载《世界经济与政治》2004年第5期。

保护"①，从而使依《联合国宪章》建立起来的集体安全体制在作为保护国家主权（国家安全）体制的同时，也成为一种保护基本人权（人类安全）的体制，使调整国家之间关系的国际法同时也具有协调国家权利与人民权利的宪法功能。

2. 在安全威胁上强调传统安全问题与非传统安全问题之间的联动，把发展问题提升为安全问题。名人小组报告根据对国际安全概念的定义，将各种对国际安全的威胁归纳成六组：（1）经济和社会威胁，包括贫穷、传染病及环境退化；（2）国家间冲突；（3）国内冲突，包括内战、种族灭绝和其他大规模暴行；（4）核武器、放射性武器、化学和生物武器；（5）恐怖主义；（6）跨国有组织犯罪。② 在上述 6 组安全威胁中，既有传统的安全问题，例如国家间冲突，也有非传统安全问题，例如贫穷、传染病、环境退化、恐怖主义、跨国有组织犯罪等，它们共同构成了当今世界所面临的安全问题。特别值得指出的是，名人小组报告把贫穷、传染病及环境退化等经济和社会发展问题作为对国际安全的首要威胁，提升为安全问题，可以说是对传统安全观的重大突破，在很大程度上反映了全球化背景下国际安全形势的新变化。

但是，对于名人小组报告所列举的上述各种威胁，国际社会并没有形成应有的共识。正如报告所指出的那样，"很多人将会认为，其中一项或多项对国际和平与安全并不真正构成威胁。一些人认为，艾滋病病毒/艾滋病是一种可怕的疾病，但却不是一种安全上的威胁。或认为，恐怖主义对于一些国家来说是威胁，但并不对所有国家构成威胁。或认为，非洲的内战是人道主义悲剧，但绝不是国际安全问题。抑或认为，贫穷是发展问题，而不是安全问题"③。即使国际社会的所

---

① 名人小组报告第 29 段。
② 名人小组报告第二部分提要。
③ 名人小组报告第一部分提要。

有成员都同意世界正面临上述各种威胁,但是,在这些威胁中,什么是世界面临的最大威胁,他们也有着完全不同的看法。以美国为首的一些国家认为,恐怖主义和大规模杀伤性武器是主要威胁,而许多发展中国家则认为,贫穷、疾病才是他们面临的最大威胁。报告指出,国际社会在关于安全威胁上的分歧,构成了对当今集体安全的根本上的挑战。如果联合国各成员无法就这一问题取得共识,联合国将很难在预防和消除威胁方面采取有效的联合行动。

有鉴于此,名人小组报告强调,对国际安全的各种威胁其实是相互影响、相互交织、彼此转换的,每一种威胁都存在着产生其他威胁的风险。把各种安全问题分割开来,孤立地或就事论事地进行讨论,都无法找出问题的关键和要害,也无助于寻找解决问题的方法。诚然,名人小组报告坚持的这种综合安全观,具有相当的妥协痕迹,其主观意旨是促使国际社会达成一种新的安全共识,但也不能否认,这种综合安全观是对当今世界所面临的安全形势的一种比较全面和深刻的体察。事实上,随着全球化进程的加快,一些表现为政治领域的安全问题,往往源于更为深刻的经济和社会发展问题;一些传统领域的安全冲突往往来自于环境恶化、资源争夺等非传统领域的冲突;而某些非传统的安全威胁往往会进一步加剧传统的安全威胁。其中,最突出的例子就是恐怖主义。贫穷、疾病、不公正的国际政治和经济秩序以及极端主义的蔓延都是培育恐怖主义的温床。[①] 片面地夸大或否认某一种威胁的存在,忽视各种威胁之间复杂的内在联系,只能使集体安全体制顾此失彼,不仅不能消除现有的威胁,还可能产生新的更大的威胁。因此,联合国安理会的职能必须在现有基础上予以扩大,必须把各种对国际安全的威胁作为一项系统工程加以统筹兼顾,并加强与

---

① 　陈东晓等:《联合国:新议程和新挑战》,时事出版社2004年版,第3页。

联合国经社理事会在安全与发展问题上的协调与合作。

　　3.在安全威胁的应对机制上强调效力、效率和公平,把集体安全体制发展为"广义的集体安全体制"①。综合安全的概念还意味着:与以往任何时候相比,今天更需要集体安全的制度保证。因为在全球化的条件下,集体安全的前提不是被削弱了,而是被加强了:一方面,各种威胁不仅相互交织,而且不分国界,对一国的威胁就是对所有国家的威胁,这已经不是依法律或条约所作的承诺,而是一种客观的事实;另一方面,国家应对各种威胁的能力有限,任何国家,即使是最强大的国家,都不可能仅仅依靠自己的力量获得其自身所需要的安全。在这种情况下,集体安全的原则更符合国际社会每个成员的利益和关切,多边主义才是维护国家和人类安全的基本行为准则。联合国安理会是集体安全机制的核心,是实践多边主义的重要平台。加强联合国安理会的作用,维护联合国安理会的权威,符合每个国家的利益和要求。面对当今各种威胁和挑战,联合国集体安全体制的作用只能加强,不能削弱。维护世界和平稳定,促进人类共同发展,都离不开一个强有力的联合国集体安全体制。

　　显然,与当初《联合国宪章》的起草者所设计的集体安全体制相比,当今国际社会所需要的集体安全体制是一种"安全容量"已经增加、职能已经扩大的新的集体安全体制。名人小组报告把这种新的集体安全体制称为"广义的集体安全体制"。新的集体安全体制在关切国家安全的基础上,增加了对人类安全的关切;在关切传统安全的基础上,增加了对非传统安全的关切;在关切国家之间冲突的基础上,增加了对国内冲突的关切。因此,它在结构上就必须有相应的调整和改革,以适应这种"安全容量"的变化。名人小组报告指出,一个能够应

---

① 名人小组报告第184段。

对当前各种威胁的集体安全体制,必须做到有效力,有效率,并且公平。[①]这是联合国集体安全体制改革的方向,也是衡量新的集体安全体制信誉的标准。

按照上述三个标准,名人小组报告认为,改革后的联合国集体安全体制应当在以下三个方面有所改进:[②]

第一,帮助国家增强其负责地行使主权的能力。应当明确,《联合国宪章》和依《宪章》建立的集体安全体制对国家提供保护,是为了让国家更好地为其公民获得尊严、公正、价值和安全提供保证。在应对当今的各种威胁和挑战时,"站在前沿的行为者依然是单一的主权国家,对于这些国家的作用和责任以及应当予以尊重的权利,《联合国宪章》都予以充分承认"[③]。但是,仅仅承认是不够的,还必须帮助国家增强其行使其权利、履行其义务的能力。因为国家对集体安全的协助,不仅需要意愿,而且更需要实力。只有国家有意愿又有实力与集体安全机构共同行动,集体安全体制才能发挥效力。因此,集体安全体制的革新不应当以削弱和牺牲国家主权为代价,而应当以发展主权国家的能力为前提。在成员国履行集体协助义务的同时,集体安全机构也要承担帮助成员国发展其能力的责任。这二者的互动与平衡,才是未来集体安全体制效力的保证。

第二,加强与其他多边机构和民间社会行为者的合作与协调。全球化使名人小组报告所列举的上述6组威胁成为全球性的公共问题。这就不仅要求联合国的集体安全机构提高自身的应对能力,而且也迫使国际社会的各种行为体参与到对这些问题的治理中来,从而形成一个全球合作治理网络。联合国作为国际社会最普遍、最权

---

① 名人小组报告第31段。
② 名人小组报告第32~43段。
③ 名人小组报告第一部分提要。

威的国际组织,它已经并应当继续成为这个全球合作治理网络的协调中心。只有加强与各种行为体(包括国家行为体和非国家行为体)之间的合作与协调,达成组织集体行动的全球性制度,才能避免各种治理方案的重叠与冲突,减少有限资源的浪费,提高集体安全体制的效率。

加强与区域组织的合作与协调,是联合国集体安全体制的重要内容。自联合国成立以来,建立了相当多的一些区域或次区域组织。这些区域组织作为多边体制的重要组成部分,无论是对区域内的稳定和繁荣,还是对区域内的和平及安全,都做出过重要贡献。联合国应鼓励它们继续发挥作用,但在和平与安全方面的区域行动必须以《联合国宪章》为基础,符合联合国的宗旨,并获得安理会的批准或授权,而且不得妨碍联合国安理会依《宪章》第 7 章行使其职权的行动。新的集体安全体制不是排斥区域和平行动,而是要"确保联合国和与之合作的任何区域组织采用比以往更为统一的方式,安排这种行动"①。

第三,满足国际社会成员公平分享集体安全体制利益的愿望。促进国际社会所有成员的安全,使他们中的每一个成员都不受歧视地享受集体安全体制所带来的安全利益,而不论他们的制度性质、地理位置、实力强弱以及与大国之间的关系如何,这是决定一种集体安全体制信誉的重要因素,更是激发各成员集体协助意愿的强大动力。但是,联合国安理会面对 2001 年的"9·11"事件和 2004 年的卢旺达种族灭绝所作出的截然不同反应,表明现在的联合国集体安全体制在应

---

① 名人小组报告第 272 段。

对安全威胁方面,对不同的成员国是有所歧视的。① 显然,这样的歧视与集体安全的理想是格格不入的。如果它不能被消除,国际社会将失去对联合国集体安全体制的信任;如果联合国集体安全体制沦为某个(些)大国谋取自身利益的工具,那么,这种集体安全体制将失去其存在的应有价值。因此,名人小组报告的呼吁不无道理:"我们的集体安全机构不应仅仅声称对一国的威胁便是对所有国家的威胁,在行动上也应照此行事。"②

其实,上述名人小组报告概括的综合安全观,在冷战结束后联合国的许多安全和发展领域的文献中已经有全面、系统的阐述。1993年,联合国开发计划署特别顾问马赫布卜·乌尔·哈克(Mahbub ul Haq)博士对这种新的安全观进行了概括,指出新安全观中的"安全","不仅是国土的安全,而且是人民的安全;不仅是通过武力来实现的安全,而且是通过发展来实现的安全;不仅是国家的安全,而且是个人在家中和工作岗位上的安全;不仅是防御国家之间的冲突,而且是防御人与人之间的冲突"③。1992年,时任联合国秘书长的加利发表了《和平纲领》(*An Agenda for Peace*),阐述了他的"安全新概念"。1994年,联合国开发计划署的《人类发展报告》(*Human Development*

---

①　名人小组报告指出:"联合国对 2001 年 9 月 11 日袭击事件反应迅速,而与此形成对照的是联合国在面对更为严重的事件时所采取的行动:1994 年 4 月至 7 月中旬,在长达百日的时间内,卢旺达每天经历的事件相当于 3 个 2001 年 9 月 11 日的袭击事件,而这个国家的人口只相当于美国的 1/36。种族灭绝发生后两个星期,安全理事会撤出了在卢旺达的大部分维和人员。联合国官员在将近一个月之后才将之称为种族灭绝,而某些安全理事会成员则拖了更久。种族灭绝开始后 6 个星期,终于授权向卢旺达派驻一个新的特派团,但此时却没有几个国家主动提供士兵。特派团得以部署时,种族灭绝已经结束。"(报告第 41 段)

②　名人小组报告第 43 段。

③　[巴]马赫布卜·乌尔·哈克:《发展合作的新架构》,载《联合国纪事》(中文版)1993 年第 4 期,第 10 卷,第 42 页。

Report)提出了"人类安全"(human security)概念,并对之进行了界定和阐述。以《和平纲领》和《人类发展报告》为标志,联合国的新安全观实际上已经开始形成。[①] 但是,正如上面所说的,联合国的这种将国际安全扩大到人类安全、将发展问题提升为安全问题的新安全观,迄今仍未获得联合国会员国的一致认同。国际社会在这个问题上的分歧,影响了联合国的权威和效率,构成了对联合国集体安全体制"根本性的挑战",因为"如果对威胁没有共同认识,便没有集体安全可言。结果将是各自为政,互不信任,长期互利合作将无从谈起"[②]。因此,名人小组报告认为:"达成新的安全共识",实现从传统安全观到新的综合安全观的真正转变,并以这种转变为基础,确立与之相适应的"所有责任、承诺、战略和制度",创建一个有效力、有效率又公平的集体安全体制,是 21 世纪联合国面临的"中心挑战"[③]。

三、加强国际法治：预防威胁的行动框架

应当肯定,联合国在成立后的头 60 年中,在安全和发展领域所进行的大量制度建设和开展的实践,为国际法律秩序的完善与发展起到了导向和规范作用,为减少或减轻对国际安全的各种威胁作出了重大贡献。[④] 在传统安全领域,以《联合国宪章》为基础,建立了规范国家使用武力行为、和平解决国家间争端的一系列原则、规则和制度,并初步形成了军备控制和裁减制度。虽然在冷战前后的 45 年中,联合国,特

[①] 李东燕:《联合国的安全观与非传统安全》,载《世界经济与政治》2004 年第 8 期。

[②] 名人小组报告第一部分提要。

[③] 名人小组报告第一部分提要。

[④] 名人小组报告第二部分提要。

别是安理会难以在维护国际和平与安全方面发挥主导作用,导致了东西方的长期对抗和局部的武装冲突,但"倘若没有联合国,1945 年之后的世界很可能更为血腥。20 世纪下半叶,国家之间的战争少于上半叶,考虑到在同一期间国家的数目增长了几乎 4 倍,人们很可能预料国家之间的战争将会有显著增长。然而事实并非这样。对此,联合国功不可没"①。

　　在非传统安全领域,《联合国宪章》虽然规定联合国是维持国际和平与安全的普遍性国际组织,并基于传统安全的考虑建立了集体安全制度,但同时也规定,"促进国际合作,以解决国际间属于经济、社会、文化及人类福利性质之国际问题,且不分种族、性别、语言或宗教,增进并激励对于全体人类之人权及基本自由之尊重",是联合国的宗旨,并设立经济及社会理事会,负责人权和发展领域的国际合作与协调。在此基础上,联合国在人权、环境、贸易、反恐等领域进行了大量的法律和制度建设,通过了许多相关宣言和决议,缔结了不少相关国际条约,一些新的国际法部门开始产生并发展起来。但是,冷战结束以前,联合国在这些领域的努力还没有与"维持国际和平与安全"联系起来,对非传统安全问题的关注,主要停留在非官方层次的研究与讨论上。冷战结束后,特别是 1992 年《和平纲领》和 1994 年《人类发展报告》发表以后,联合国的新安全观开始形成,非传统安全问题受到了前所未有的重视。自 20 世纪 90 年代以来,联合国召开了一系列国际会议,拟订和倡导最新的重大发展目标,将诸如提高妇女地位、人权、环境保护和善政纳入发展议程,将诸如难民、有组织犯罪、贩毒和艾滋病等问题视为需要采取协调行动的全球性问题,加快了在这些领域的法律和制度建设,联合国会员国先后签署了《联合国气候变化框架公约》

---

①　名人小组报告第 11 段。

(1992年)及其《京都议定书》(1997年)、《生物多样性公约》(1992年)、《制止恐怖主义爆炸的国际公约》(1994年)、《制止向恐怖主义提供资助的国际公约》(1999年)、《联合国打击跨国有组织犯罪公约》(2000年)及其包括《关于预防、禁止和惩治贩运人口特别是妇女和儿童行为的议定书》在内的三个议定书、《联合国反腐败公约》(2005年)等国际法律文件。在2000年千年首脑会议上,会员国通过了一组涉及宽泛的千年发展目标。千年发展目标由一系列细致的、可达到的小目标组成,包括:消除极端贫穷和饥饿;普及小学教育;促进两性平等并赋予妇女权利;降低儿童死亡率;改善产妇保健;与艾滋病、疟疾和其他疾病做斗争;保持环境的可持续能力;以及全球合作促进发展。不仅如此,联合国安理会也开始频繁进入这些非传统安全领域,对一些国家的内部冲突和人道主义危机,以及恐怖主义事件进行干预。

　　但是,当联合国为推进新的综合安全观而积极进行非传统安全领域的法律和制度建设的时候,联合国的会员国却因为其自身的安全利益与新安全观之间的矛盾而对联合国的行动采取了不同的态度。发达国家,特别是"美国的国家安全战略将恐怖主义、邪恶国家、崛起大国、武器扩散等视为主要威胁,在安全防御方面,则强调军事优势和'先发制人'"[1]。因此,对联合国促进社会发展、消灭贫困、减少艾滋病、防止环境退化等千年发展目标和后续行动,它们的承诺"并未化为资源和行动",而且"长期承诺甚少"[2]。而对发展中国家,特别是最不发达国家来说,它们所面临的紧迫的安全威胁并不是恐怖主义,而是贫穷、疾病和环境恶化,因此,它们对联合国在人权、反恐等领域的行动往往采取质疑甚至抵制态度。

[1]　李东燕:《联合国的安全观与非传统安全》,载《世界经济与政治》2004年第8期。
[2]　名人小组报告第59段。

因此,名人小组报告指出:"我们今天最需要的是在松散了的同盟之间,在富国与穷国之间,在相处遥远而又因为不断扩大的文化深渊而深深陷入相互猜疑的人民之间,达成一种新的共识。这一共识的主旨并不复杂,我们对相互的安全均负有共同责任。行动就是对这一共识的考验。"①联合国改革的根本任务就是在达成新的安全共识的基础上,建立一个应对各种威胁的"预防行动框架",以"确保遥远的威胁不会变得迫在眉睫,迫在眉睫的威胁不会在现实中变得具有摧毁性"②。按照报告的建议,这个预防威胁的行动框架③主要包括:

第一,发展是预防各种威胁的基础。贫穷本身不仅是威胁,而且更是滋生各种威胁的环境和根源。因此,发展不仅是与贫穷做斗争的有力武器,而且是消除各种威胁的根本。名人小组报告强调,联合国2000 年通过的 8 个"千年发展目标"(Millennium Development Goals)确立了减贫的国际框架,是国家和国际减贫战略的中心。国际社会和各个国家,特别是有能力的发达国家,必须承诺实现政策健全和善政,采取更切实的行动,为实现千年发展目标提供更多的资源。

第二,生物安全是人类安全的重要组成部分。报告指出,国际社会对艾滋病病毒/艾滋病的反应之慢,令人震惊;资金之少,令人汗颜。报告呼吁,要遏制艾滋病、结核病和疟疾等疾病的蔓延,就必须加大国际援助的力度,以便在发展中世界建设国家一级和地方一级的公共保健系统;就必须改善和提高全球疾病监测能力,建设有效而又负责的国家,以便抗击新出现的传染病,防范生物恐怖主义的威胁。报告还特别强调,联合国安理会应当同艾滋病规划署密切合作,制定减轻这

---

① 名人小组报告总提要。
② 名人小组报告第二部分提要。
③ 这个行动框架的内容参见名人小组报告的第二部分"集体安全与预防方面的挑战"。

一威胁的长期战略。

第三,解决气候变化和环境退化问题,国际社会应当做出特别努力,制定对气候无害的发展战略。没有批准加入《联合国气候变化框架公约》及其《京都议定书》的会员国应当尽快批准加入,已经批准加入的会员国应当切实履行公约及议定书规定的义务。不仅如此,由于《京都议定书》对 2012 年之后没有作出任何规定,报告敦促会员国反思《京都议定书》所作承诺和实际效果之间的差距,重新着手解决全球气候变暖问题,并开始新的谈判,制定在 2012 年之后减缓全球变暖的新的长期战略。

第四,防止国内和各国之间的冲突,仍是预防威胁的主要任务。为此,报告建议:(1)联合国应更加注重发展国际制度和规范,制约造成和加速冲突的各种因素,以此来加强联合国在预防战争方面的作用。报告举例强调,为了威慑冲突各方,阻止他们犯下反人类罪和违反战争法,联合国安理会应当随时准备行使《国际刑事法院规约》赋予的权力,将案件提交国际刑事法院审理;为了防止因争夺自然资源而导致的冲突,联合国应同国家当局、国际金融机构、民间社会组织和私营部门合作,制定管理自然资源的规范;为了维护少数人的权利,保护经民主选举产生的政府不被违宪推翻,联合国应当借鉴美洲组织、非洲联盟和欧安组织等区域组织的经验,发展各种框架;等等。(2)联合国应当改进信息和分析工作,提高预警和分析能力,为采取集体预防行动及时提供信息、分析和倡议。(3)联合国应当切实增强预防性外交和调解能力。(4)面对日趋紧张的局势,联合国应当及早部署维和人员,并鼓励国家领导人和冲突各方为建设性目的选择使用预防性部署。

第五,防止核武器、放射性武器、化学和生物武器的扩散与使用,对于建立一个更安全的世界,至关重要。为此,报告建议采取多层次行动:首先,减少此类武器的需求;其次,限制和控制此类武器的供应;

再次,通过加强与国际原子能机构和禁止化学武器组织等国际组织的联系,改进和增强联合国安理会的强制执行能力;最后,改进公共保健防卫措施。报告敦促有关国家履行已有的承诺,并就新的国际安排举行谈判。

第六,对抗恐怖主义,是集体安全体制面临的重大课题。报告敦促联合国制定一项尊重人权和法制的反恐战略。这项战略必须包括必要时采取的强制性措施,必须创造新的工具以帮助各国发展和提高反恐能力。报告指出,恐怖主义包括"现有有关恐怖主义各方面的公约、日内瓦四公约和安全理事会第 1566(2004)号决议已经列明的各种行动,以及任何有意造成平民或非战斗人员死亡或严重身体伤害的行动,如果此种行动的目的就其性质和背景而言,在于恐吓某一族群或强迫一国政府或一个国际组织实施或不实施任何行为",并呼吁联合国大会克服分歧,迅速完成就缔结一项关于恐怖主义的全面公约而进行的谈判。

第七,打击跨国有组织犯罪,既可以减少对国家和人类安全的直接威胁,也是防止和解决内部冲突、防止武器扩散和打击恐怖主义的必要步骤。报告建议加强国际合作,建立健全打击跨国有组织犯罪的国际框架和制度,并呼吁国际组织,特别是联合国为增强国家打击跨国有组织犯罪的能力提供更多帮助。

第八,制裁是预防各种安全威胁的重要工具。报告强调,安全理事会必须确保制裁的有效实施和强制执行,对于那些破坏制裁的行为体实施二次制裁。

显然,名人小组报告提出的上述预防行动框架实际上是落实新的综合安全观的行动计划。在这个计划中,报告突出了联合国的三种功能:

一是动员功能。联合国是主权国家之间合作的最高法律形式,但不是世界政府。它的权利能力和行为能力是主权国家通过《联合国宪章》赋予的,其可供使用的资金、人员和其他资源十分有限,它只能根据《宪章》规定和各会员国提供的条件做它力所能及的工作。实现《宪章》确定的各项宗旨和安全、发展与人权等各项国际法价值,必须以各会员国的合作与协助为基础。因此,联合国往往以大会的形式或主持召开重要国际会议的形式,动员各会员国政府及首脑,共同参与讨论并解决国际社会的一些重大问题,并以“决议”“宣言”“行动纲领”和“发展计划”等文件形式,作为这些会议的成果,表达各会员国的共识和承诺。这些文件虽然不具有法律约束力,但作为一种道德力量,可以给会员国以一种国际舆论压力,从而起到动员和促使会员国履行其承诺的作用。联合国的千年首脑会议,就是这样一次以落实联合国的新安全观为任务而动员各会员国提供资源、促进发展,以消除贫穷、实现人类可持续发展的会议。会议通过的“千年发展目标”确立了发展的国际框架,为联合国推动国际社会的共同发展和繁荣提供了指导性文件。但是,一些发达国家,特别是美国对联合国以消除贫穷、促进发展为内容而推进新安全观的行动没有给予足够的支持和响应,从而导致实现千年发展目标的行动缓慢,不公正的国际经济秩序至今未有根本的改变。① 正因为如此,名人小组报告敦促联合国各会员国利用联合国成立 60 周年的首脑会议就新的安全观达成共识,呼吁联合国再

---

① 当然,美国和英国等发达国家迫于国际舆论的压力,也为非洲一些贫穷国家提供了一定的援助。据 2005 年 6 月 8 日报道,英国首相布莱尔和美国总统布什就免除非洲穷国 200 亿美元债务达成协议,这是英美领导人在援助非洲问题上达成的“基础性共识”。布莱尔和布什在华盛顿举行会谈之后说,他们将制定一项计划,提交给将于该年 7 月在英国苏格兰召开的旨在消除非洲贫困的八国集团峰会。布什和布莱尔计划免去 32 个国家(其中大部分集中在非洲)拖欠国际金融机构的 340 亿美元的债务。美国将在今年已向联合国援助非洲项目提供 14 亿美元的基础上,再承诺向非洲提供 6.74 亿美元紧急饥荒救助款。布莱尔说,英国和美国都迫切希望协助非洲摆脱贫困。不过,这不仅是有关资源的问题,而且还是有关债务、贸易、疾病和解决冲突的方法。

次动员各会员国提供更多的资源和帮助,以推动千年发展目标的实现,缓解贫穷、疾病和环境退化对人类安全的威胁。

二是规范功能。联合国前秘书长安南指出:制定国际行为规范是联合国最重要的功能,联合国"近乎普世性的规范形成一种具有道德原则性的基础,可以用来评价和指导国际社会中的实践活动。这些规范不仅在道德上具有重要意义,而且还可以为国际社会中的日常生活提供制度上的架构"[①]。联合国作为国际法治可资依附的最权威机构,它在传统和非传统安全领域所制定的大量文件,包括有约束力的条约和安理会的决议,极大地推动了以新安全观为基础的国际法律制度建设,培育并促进了一种关注"综合安全"的新全球安全意识。对此,名人小组报告给予了充分肯定。但是,报告也看到,联合国所制定的规范还不能适应国际社会的需要,国际法规范和制度在一些领域,特别是在非传统安全领域的缺失,是国际法治相对于国际社会严重滞后的主要表现,也是集体安全机制缺乏效力、效率并受到合法性质疑的重要原因。要加强和改进国际法治,就必须努力解决联合国和国际社会在这些领域存在的"无法可依"问题。为此,名人小组报告强调"联合国应更加注重发展国际制度和规范,制约造成和加速冲突的各种因素"[②],以此来加强联合国在预防各种安全威胁方面的作用,并列举了如下应当重点发展的国际法规范和制度:

1. 管理自然资源的法律规范,重点是诸如水、石油和天然气等跨界资源的使用规则。国际社会的实践已经并将继续证明:对自然资源,特别是对能源的争夺往往是导致冲突甚至战争的重要因素。因

---

① Kofi Annan, *Renewing the United Nations*: *A Program for Reform*, UN Doc. A/51/950, 14 July 1997, accessed 30 June 2005, http://www. unlao. org/reforms/pagehtm.

② 名人小组报告第 89 段。

此,在自然资源领域建立更多的法律机制不仅必要,而且迫在眉睫。

2.军备控制和裁军制度。报告指出:"在军备控制和裁军机制领域,尚待作出更多的努力,不仅在核武器、生物和化学武器方面如此,而且在小武器和轻武器扩散方面也是如此。"①报告提出,在已经建立的现有制度基础上,联合国会员国应当就以下议题加快谈判并达成具有约束力的国际法律文书:(1)根据《国际原子能机构规约》第3条和第9条的规定,使国际原子能机构能够担任为民用核用户提供可裂变材料的担保人;(2)对危险生物制剂分类,并为此类制剂的出口订立国际标准;(3)禁止生产裂变材料;(4)关于小武器和轻武器的标识、追查以及中间商交易和转让的规则。

3.反恐制度。1945年以来,国际社会通过《联合国宪章》、日内瓦四公约和《国际刑事法院规约》等一系列越来越强大的规范和法律,指导和制约着国家使用武力和在战争中的行为。相比之下,对于非国家行为体使用武力的规范力度却远远不能满足国际社会反恐的需要。虽然从法律上讲,几乎恐怖主义的所有形式都已被纳入12项国际反恐公约、国际习惯法、日内瓦四公约和《国际刑事法院规约》所禁止的范围,但国际社会在恐怖主义定义的问题上至今没有达成共识,从而损害了国际反恐规范的实施和联合国的共同行动。报告强调,联合国针对国家使用武力的强大而又明确的规范框架必须辅之以针对非国家行为体使用武力的具有同等权威的规范框架。为此,报告敦促联合国大会迅速完成就一项关于恐怖主义的全面公约而进行的谈判,并提出了上述关于恐怖主义的定义,供联合国大会讨论。

4.打击跨国有组织犯罪的制度。在这方面,国际社会已经先后缔结《联合国打击跨国有组织犯罪公约》及其包含《关于预防、禁止和惩

---

① 名人小组报告第95段。

治贩运人口特别是妇女和儿童行为的议定书》在内的三个议定书、《联合国反腐败公约》,还应谈判缔结一项针对洗钱问题的全面国际公约,以加强对洗钱犯罪的国际管制。

三是监督功能。联合国不仅是制定国际法可资依附的权威机构,更是实施国际法可资依附的权威机构。联合国通过其安理会和其他国际机构,已经建立了某些国际法律制度的实施与监督机制,对维持正常的国际关系和秩序起到了一定的作用。但是,也应该看到,国际法实施机制的不健全,仍然是国际法作为"较软"的法的一个基本特征。这种国际法实施机制的不健全,与国际法治中存在的"例外主义"(exceptionalism)①相结合,损害了国际法的确定性和效力。为了减少例外主义对国际法律秩序造成的冲击,联合国必须加强对国际法实施的监督。为此,报告建议:

在预防国内冲突方面,安全理事会应当随时准备行使《国际刑事法院罗马规约》的授权,将案件提交国际刑事法院审理,以威慑国内冲突的各方,防止国内冲突和战争的发生与升级。

在军备控制和裁军方面,安全理事会要加强与国际原子能机构、禁止化学武器组织等多边组织的联系与合作,强化核查机制与制裁措施。"安全理事会应当请国际原子能机构和禁止化学武器组织的总干事每年两次向安理会提出报告,说明监督保障和核查进程的状况,并说明那些虽然并未实际构成对《不扩散核武器条约》和《化学武器公约》的违约行为但却引起他们严重关注的事例"②,如果存在可疑的核

---

① "例外主义"是学术界对美国独特政治文化传统的一种概括。它的特征是:以实现国家利益最大化为目的,根据国家实力的变化决定对国际法的态度。参见陈东晓等:《联合国:新议程和新挑战》,时事出版社2004年版,第58～60页。当前,美国奉行的单边主义战略和在人权与反恐等领域实行双重标准的做法,是这种例外主义的典型表现。

② 名人小组报告第140段。

与化学方面的违约事件,安理会应当与国际原子能机构和禁止化学武器组织合作,部署视察能力,采取集体行动。在多边谈判建立起《生物和毒素武器公约》核查机制之前,安全理事会应当利用秘书长领导下的生物武器视察员机制。

在反恐领域,如果遇到国家有能力履行其反恐义务却又屡次不履行义务,安全理事会有必要制定额外措施以确保其遵守,并针对不遵守的国家设计一项事先确定的制裁方案。

报告对制裁在国际法实施方面的作用给予高度评价。报告指出,当国家、个人或反叛组织违反国际法规范时,如果对此不作出反应,就会削弱这些规范并纵容其他违反者。这时,制裁就成为介于战争与文字之间必要的妥协。对违反国际法规范者实施孤立,即使是温和的制裁措施,也可以产生十分重要的象征性作用。与其他选择相比,它不仅可以把人道主义方面的影响控制在最低程度,还可以根据具体情况进行调整,降低行动成本。报告强调,安全理事会必须确保制裁得到有效实施和强制执行,对那些破坏制裁者实施二次制裁。

应当说,名人小组报告就预防各种安全威胁而提出的上述各种建议,从总体上体现了名人小组确立综合安全观和加强国际法治的良好愿望,具有一定的现实合理性。至于能否在报告建议的基础上克服分歧,达成安全共识,建立起 21 世纪的国际法律秩序,则取决于各个国家及国际组织的领导人的务实精神和远见卓识。

但是,也应看到,与上述对狭义的安全问题的关注相比,名人小组报告对贫穷、疾病和环境恶化等广义上的安全问题的关注,主要还是道义上的动员,并没有提出多少实质性的法律方面的建议。在消除贫穷、实现可持续经济增长和推动可持续发展等方面仍然存在着虽有承诺,但却缺乏保障承诺兑现的强有力的制度安排的问题。正因为如此,名人小组报告公布后,许多发展中国家对报告中表现出来的"重安全、轻发展"的倾向表示了严重不满。

四、应对威胁的武力措施：关于合法性与正当性的思考

当然，名人小组也知道，上述预防措施并非总是奏效。当这些措施无法阻止战争和冲突发生的时候，可能必须使用武力来应对威胁。报告指出，合法和正当地使用武力是任何实际可行的集体安全体制的一个重要部分，不管这种体制是传统上的狭义集体安全体制，还是报告所提出的新的广义集体安全体制。在这里，报告特别强调使用武力的合法性与正当性，认为，只是合法但不正当，或者只是正当但不合法，都会削弱国际法律秩序，并由此使国家和人类面临更大的威胁。①

（一）合法性问题

关于使用武力的合法性，报告针对在实施《联合国宪章》第 7 章和第 51 条规定的实践中遇到的三个尤为棘手的问题分别进行了讨论，并提出了建议。

第一，国家以自卫为理由使用武力的合法性问题。报告一方面"不赞成修改或重新解释第 51 条"，坚持实际的"武力攻击"是自卫的合法前提；另一方面又认为，"根据长期以来得到公认的国际法，只要威胁发动的攻击随时可能发生，又没有其他办法予以阻止，而且采取的行动是相称的，受威胁的国家就可以采取军事行动"，承认对紧迫的或近期的威胁进行先发制人打击的合法性；但同时也指出，为对付非紧迫威胁或非近期威胁采取的预防行动不属于自卫的范围，"如果有充足的理由采取预防性军事行动，并有确凿的佐证，就应将其提交给

---

① 名人小组报告第 183 段。

安全理事会",由安理会授权采取它认为可以采取的行动。[1]

在这里,报告虽然声称"不赞成修改或重新解释第 51 条",但通过承认对紧迫的或近期的威胁进行先发制人打击的合法性,实际上对宪章第 51 条作了扩大解释,从而具有迎合美国实施先发制人战略需要的嫌疑。按照《联合国宪章》的宗旨和原则,第 51 条在《宪章》中的法律地位可以用"双重例外"来概括,即《宪章》第 39 条是《宪章》第 2 条第 4 款关于禁止使用武力的例外条款,而第 51 条又是《宪章》第 39 条关于集体安全的例外条款。将第 51 条置于例外条款的例外条款地位,既体现了《宪章》禁止使用武力的原则,又表现了《宪章》尽量避免单方面使用武力的立法意旨。根据第 51 条在《宪章》中的这种法律地位,自卫权的行使受到了"双重限制":首先是禁止使用武力原则的限制,这种限制使实际发生的武力攻击(包括已经产生损害后果的武力攻击和尚未产生损害后果但正在进行的武力攻击)成为行使自卫权的唯一合法前提;其次是集体安全原则的限制,这种限制使联合国安理会采取或授权采取的强制行动具有比自卫权行使优先的地位。也就是说,对于自卫权行使的前提——武力攻击事实的客观存在,联合国安理会具有判断并采取集体行动的在先权利和最终权利。在一国受到实际的武力攻击时,如果安理会经过断定采取了果断的制止措施,那么,受攻击国不得行使自卫权,除非安理会同意该国一起行动。例如,在 1991 年的海湾战争中,就是这样。只有当安理会没有意愿或来不及采取集体行动时,受攻击国才可以使用相应之武力进行反击,而且,受攻击国因行使此项自卫权而采取之办法,应立即报告安理会,此项办法之任何方面不得影响安理会按照《宪章》随时采取其所认为必要行动之权责,以维持或恢复国际和平与安全。可见,根据《宪章》所确立的自卫权制度,不仅对紧迫的或近期的威胁进行先发制人打击不

---

[1]　名人小组报告第 188～192 段。

具有合法性,而且具有实际的武力攻击这一合法前提的自卫权行使,也必须受集体安全原则的限制。

报告对先发制人打击合法性的承认,依据的是习惯国际法上的"加罗林原则"①。但是,按照国际法上关于遇有同一事项的国际法规范之间发生冲突时,应依后法优于前法的原则加以适用的规则,国际社会在今天应当遵守的自然只能是《宪章》关于自卫权的规定,而不应当是在禁止使用武力原则确立之前所形成的加罗林原则。《宪章》第51条所出现的"自然权利"一词,只是承认自卫权是一种在程序上不需要其他国际法主体授权即可行使的固有权利,并不意味着《宪章》完整地保留了习惯国际法上的加罗林原则。这种自然权利与其他的国家固有权利一样,也要受国际法的约束和限制。在历经20个世纪两次世界大战的灾难而确立起来的禁止使用武力原则已经成为国际强行法规范的今天,名人小组报告还认为,"根据长期以来得到公认的国际法,只要威胁发动的攻击随时可能发生,又没有其他办法可以阻止,而且采取的行动是相称的,受威胁的国家就可以采取军事行动",这只能是一种历史的倒退。如果这种明显违反《宪章》第51条精神的看法被国际社会所接受,允许对紧迫或近期的威胁进行预防性的军事打击,那么,前秘书长安南的担心就不是多余的,它可能导致非法使用武力的现象进一步泛滥。

---

① 1837年,因美国船只"加罗林号"向英国自治领加拿大的叛军提供武器弹药,英军便越过美国国境把"加罗林号"驱逐到尼亚加拉瀑布,然后将该船焚毁,船上两个人被击毙。当时的美国国务卿丹尼尔·韦伯斯特(Daniel Webster)就此事件在给英国当局的通信中阐明了自卫的基本要素,认为:行使自卫权时,必须存在"自卫的必要性,亦即刻不容缓的、压倒一切的、没有选择手段的和没有考虑时间的"情况;而且所采取的行为应当不包括"任何不合理或过当,因为以自卫的必要为理由的行为必须为该必要所限制,并明显地限于该必要的范围之内"。这些要素史称"加罗林原则",并被视为对合法自卫所需条件的经典阐述。

第二,安理会为对付外来威胁采取的集体行动的合法性问题。报告对《联合国宪章》第 7 章,特别是《宪章》第 39 条进行了扩大性的解释,指出,作为国际社会在集体安全问题上的发言人,安全理事会在任何认为国际和平与安全受到威胁的时候,都可以采取包括军事行动在内的任何行动。不管这种威胁是现在出现、快要出现,还是会在较远的将来出现;不管这种威胁涉及的是有关国家自己的行动,还是它所窝藏或支持的非国家行为者的行动;也不管这种威胁表现的形式是一种作为或不作为,是实际还是潜在的暴力行为,还是仅对安理会权限的挑战。报告特别强调,面对"恐怖主义、大规模毁灭性武器和不负责国家以及其他许多因素结合起来可能产生的可怕情况",国家不应当绕过安全理事会集体程序的制约。虽然安理会的机制在过去的几十年内没有很好地满足国家和人类真实的安全需求,但"解决问题的办法不是削弱安理会,让它失去效力,置身事外,而是要从内部来改革它",使它更好地承担起"维持或恢复国际和平及安全"的责任。①

显然,名人小组报告对《宪章》第 39 条关于"安全理事会应断定任何和平之威胁、和平之破坏或侵略行为之是否存在……"的规定进行了扩大解释,从而扩大了安理会集体使用武力的范围。这种扩大解释以前述的综合安全观为基础,在一定程度上反映了当今日益复杂的安全形势和相关的国际实践,而且也不需要修改《宪章》第 7 章第 39 条的现有规定,即可以适用。因为第 39 条规定中的"任何"一词,事实上意味着在安全威胁的主体、时间、形式和对象等方面是没有限制的。只要是威胁和平与安全的情势,安理会都有权作出断定,并决定是否采取包括军事行动在内的强制措施。

值得注意的是,名人小组报告在这里把恐怖主义作为一种外来威

---

① 名人小组报告第 193～198 段。

胁,纳入安理会可以对之采取武力措施的情势范围,其目的是试图解决武力反恐的合法性问题,但仔细分析起来,它在武力措施所针对的对象这一武力反恐的核心问题上,并没有给出令人满意的答案。恐怖主义行为可以分为国家恐怖主义行为和非国家行为体恐怖主义行为。对于前者,把国家作为安理会武力措施所针对的对象,其合法性当然不容置疑。但是,对于后者,问题就变得复杂了。具体来说,有三种不同的情形需要作不同的考虑:(1)如果有证据证明恐怖主义行为既没有受到有关国家或政府的支持和庇护,更不是有关国家或政府指示或控制的行为,安理会采取的武力措施当然只能针对恐怖主义组织及其成员。这时,有关的国家或政府对安理会针对恐怖主义组织及其成员在该国采取的行动负有协助的义务,而不论该国或其政府是否同意。①(2)如果有证据证明恐怖主义行为是由一国或其政府指示或控制的行为,那么,按照国际法上的国家责任制度,它可归于该国的行为,安理会采取的强制行动不仅可以指向恐怖主义组织及其成员,还可以指向该国家。而且,如果有证据证明恐怖主义行为已达到武力攻击的程度,受害国还可按照《宪章》第51条的规定,以相应的武力进行反击。(3)但是,如果有证据证明一国或其政府只是"窝藏或支持"了恐怖主义组织及其成员,联合国安理会是否可以决定对该国采取或授权采取军事行动呢? 对此,名人小组报告的回答似乎是肯定的,但这样的回答在国际法上是不被支持的。虽然有关国家或其政府对恐怖主义组织及其成员的窝藏或支持行为违反了现有的反恐条约和联合国安理会有关反恐决议所确定的禁止为恐怖主义提供支持或庇护的义务,该

---

①　《联合国宪章》第24条第1款规定:"为保证联合国行动迅速有效起见,各会员国将维持国际和平及安全之主要责任授予安全理事会,并同意安全理事会于履行此项责任下之职务时,即系代表各会员国。"因此,安理会决定采取的任何行动,都可认为是联合国会员国(实际上还包括非联合国会员国)已经同意的行动。

有关国家要为此承担相关的国际责任,联合国安理会也可以依相关条约或决议对之采取包括制裁在内的非武力措施,但这种窝藏或支持恐怖主义的行为毕竟不可归于国家的恐怖主义行为,在国际法上,它还不能成为安理会决定对其实施武力打击的理由,更不能成为恐怖主义行为受害国对之行使自卫权的理由。因此,在使用武力对付恐怖主义威胁的问题上,情况复杂。是否使用武力,对谁使用武力,应由安理会视实际情况逐案处理。

第三,安理会为对付国家内部威胁采取的集体行动的合法性问题。报告指出,虽然《联合国宪章》"重申基本人权之信念",但却没有规定采取什么措施来保护人权,而且《宪章》第 2 条第 7 款禁止干涉"本质上属于任何国家国内管辖之事项",因此,关于安理会是否有权对一国内部的人道主义灾难采取行动的问题,国际社会长期以来一直有争执。报告"赞同新的规范,即如果发生灭绝种族和其他大规模杀戮,国际社会集体负有提供保护的责任,由安全理事会在万不得已情况下批准进行军事干预,以防止主权国家政府没有力量或不愿意防止的族裔清洗或严重违反国际人道主义法行为"[1],"不能用不干涉内政的原则来保护灭绝种族行为或其他暴行,例如大规模违反人道主义法行为或大规模族裔清洗行为,因为这些行为应被视为危及国际安全,因此安全理事会要对之采取行动"[2]。

对于一国的内部冲突及人道危机,联合国安理会是否有权进行干预,这是国际社会长期以来一直有争议的问题。《联合国宪章》第 2 条第 7 款规定:"本宪章不得认为授权联合国干涉在本质上属于任何国家国内管辖之事件,且并不要求会员国将该项事件依宪章提请解决;

---

① 名人小组报告第 203 段。
② 名人小组报告第 200 段。

但此项原则不妨碍第七章内执行办法之适用。"与此同时,联合国安理会根据《宪章》第 7 章对"和平之威胁、和平之破坏或侵略行为之是否存在"作出断定,并采取包括军事行动在内的强制措施,均不构成对国家内政的干涉。因此,联合国安理会对一国的内部冲突及人道危机采取缓和与制止的行动,究竟是国际社会的正当关切还是对一国内政的干涉,客观上主要取决于这种内部冲突及人道危机是否对国际和平及安全具有超越国界的威胁,而主观上则主要取决于国际社会是依据什么样的安全观所作出的关于国内冲突及人道危机是否威胁国际和平与安全的判断。传统安全观以国家安全作为国际安全的主要关切,国家之间的争端与冲突是国际和平及安全的主要威胁,联合国安理会依《宪章》第 7 章对这种威胁采取行动,在国际法上被视为合法的行为,而对一国的内部冲突及人道危机进行干预则往往受到合法性质疑,被认为是对《宪章》不干涉内政原则的违反。与传统安全观不同,新的综合安全观把人类安全包括在国际安全之中,一国的内部冲突及人道危机往往因为威胁着人的生命而被视为对国际和平及安全的威胁。按照这种安全观,联合国安理会对一国的内部冲突及人道危机采取干预行动,就是依《宪章》第 39 条实施的合法行为。联合国维和行动在冷战前后发生的重大变化和安理会在冷战之后不断进行人道主义干预的实践,某种程度上即反映了国际社会在安全观上的重大改变。

不过,在考虑适用名人小组报告所赞成的上述新规范时,国际社会必须注意以下几点:其一,按照国家主权及平等原则,联合国对一国的内部冲突及人道危机可以依《宪章》采取行动,并不意味着一会员国享有对另一会员国的内部冲突进行干预的权利,上述新规范不能成为一国干涉另一国事务的合法借口,因为任何一个联合国的会员国都是主权平等的,而平等者之间是无管辖权的。在世界无政府状态没有得到改变以前,只有联合国及其安理会对一国内部冲突及人道危机采取的行动,才是国际社会的正当关切。其二,引起一国内部冲突的原因非常复杂。联合国安理会在决定是否采取行动时,必须尊重一国为维护其主权和领土完整而在本国境内使用武力反对和制止分裂主义势力的权利。其三,联合国安理会对国家内部冲突及人道危机的关切,应当把发展主权国家保护本国人民的能力放在优先位置,主要依靠主权国家人民的努力解决其内部冲突;在决定采取行动时,应当以《联合国宪章》为基础,以国际法为准绳,尊重有关当事国及其所在地区组织的意见,尽可能使用和平方式;在涉及强制性行动时,更要慎重行事,逐案处理,以防止成为霸权主义和新干涉主义实现自身目的的工具。

(二)正当性问题

关于使用武力的正当性,报告指出:"同其他任何法律制度一样,国际集体安全体制的效力最终不仅取决于决定是否合法,而且取决于人们是否都认为这些决定是正当的,是根据确凿的证据作出的,并有正当的道义和法律理由。"[1]报告提出,"安全理事会在考虑是否授权或同意使用武力时,不管它可能会考虑的其他因素为何,至少必须考虑正当性的五个基本标准"[2]:

(1)威胁的严重性。对国家或人类安全造成的威胁足够明确和严重,按照初步证据应当使用武力。如果是国内的威胁,这种威胁涉及灭绝种族和其他大规模杀戮、族裔清洗或严重违反国际人道主义法行为,而且实际存在或恐怕很快会发生。

(2)正当的目的。拟采取的军事行动的主要目的是制止或避免有关威胁。

(3)万不得已的办法。已经尝试通过非军事途径消除有关威胁的

---

[1]　名人小组报告第 204 段。
[2]　名人小组报告第 207 段。

各种办法,并且有正当的理由认为这些非军事措施不会取得成功。

(4)相称的手段。拟采取的军事行动的范围、时间和强烈程度是应对有关威胁所起码需要的。

(5)权衡后果。必须有相当的把握认为拟采取的军事行动可以成功地消除有关威胁,并且行动的后果不会比不采取行动的后果更坏。

国家主权平等与不干涉内政、和平解决国际争端与禁止使用武力,是由《联合国宪章》和一系列国际法律文件所确立的国际关系准则。不论国际安全形势如何变化,这些国际法的基本原则都是国际关系正常化、法治化的基石。因此,联合国集体安全行动作为这些原则的合法例外,也必须受这些原则的限制。也就是说,联合国的集体安全行动不仅应当具有"例外"的合法性,而且还应当具有"例外"的正当性。名人小组报告提出的上述五个正当性标准,要求安理会在行使维持国际和平及安全的专属职权时必须谨慎行事,在一定程度上体现了依据上述国际法基本原则对联合国集体安全行动进行的合理限制。在今天安理会职能已有所增加、集体安全范围正在扩大的情况下,尤有必要对安理会授权使用武力施以这种正当性的限制。因此,可以考虑按照名人小组报告的建议,将其"列入安全理事会和大会的宣告性决议"①,以作为安理会依据《宪章》第7章采取行动时的道德约束。

五、联合国机构的改革:力量、原则与需要的结合

73年前成立的联合国,今天已是195个主权独立国家(193个会员国、2个观察员国)基于宪章宗旨和原则进行广泛国际合作的一种最高形式,是国际法的发展与适用可资依附的最权威机构。经过70

① 名人小组报告第208段。

余年的国际风云变幻,联合国接受了考验,既表现出强大的生命力,又显露了诸多问题与不足。要使联合国能够适应 21 世纪的新形势和改进与加强国际法律秩序的需要,必须对联合国的体制结构进行改造。虽然从第五任秘书长开始,联合国的内部行政改革已取得若干成就,特别是前秘书长安南于 1997 年 7 月 16 日提出《革新联合国:改革方案》之后,在行政管理、财政经费、会议程序等方面,有了不少改进,但是,在体制结构方面,其改革成效仍然十分有限。① 为了应对新的各种挑战,国际社会必须继续加强和完善联合国的机构安排。为此,名人小组报告就联合国机构的进一步改革提出了以下建议:②

1.改革大会。报告建议:(1)更好地拟订并缩短议程;(2)议程应体现国际社会目前面临的各种挑战;(3)缩小各委员会的规模,更严格地规定重点事项,从而精简和改进提交给整个大会的决议;(4)会员国应利用 2005 年千年首脑会议提供的机会,就范围更广、更加有效的集体安全达成新的共识。报告呼吁,会员国应再次作出努力,使大会能够履行它作为联合国主要审议机构的职能。

2.改革安理会。报告首先提出了改革应依循的 4 项原则:

(1)改革应遵循《联合国宪章》第 23 条,让那些在财务、军事和外交方面——具体而言,在联合国分摊预算的缴款、参加已获授权和平行动、促成联合国在安全和发展领域开展的自愿活动与拥护联合国目标和任务的外交活动等方面——对联合国贡献最大的国家,更多地参与决策。

(2)改革应让更能代表广大会员国,特别是代表发展中国家的国家,参加决策进程。

---

① 梁西:《国际法的危机》,载《法学评论》2004 年第 1 期。
② 以下关于联合国机构改革的建议参见名人小组报告第四部分。

（3）改革不应损害安全理事会的效力。

（4）改革应加强安理会的民主性和责任性。

根据上述原则，报告主张扩大安理会的组成，并就此提出了两个供选择的明确方案：

方案 A：新增 6 个没有否决权的常任理事国席位和 3 个任期为 2 年的非常任理事国席位，加上已有的安理会席位，共计 24 个安理会席位，按主要区域分配如下：非洲 2 个新常任理事国席位（没有否决权），4 个非常任理事国席位（任期 2 年，不可连任）；亚洲及太平洋 3 个常任理事国席位（其中，1 个享有否决权的继任常任理事国席位，2 个没有否决权的新常任理事国席位），3 个非常任理事国席位（任期 2 年，不可连任）；欧洲 4 个常任理事国席位（其中，3 个享有否决权的继任常任理事国席位，1 个没有否决权的新常任理事国席位），2 个非常任理事国席位（任期 2 年，不可连任）；美洲 2 个常任理事国席位（其中，1 个享有否决权的继任常任理事国席位，1 个没有否决权的新常任理事国席位），4 个非常任理事国席位（任期 2 年，不可连任）。

方案 B：不增加常任理事国席位，但新增 8 个任期 4 年并可连任的非常任理事国席位，并新增 1 个任期 2 年且不可连任的非常任理事国席位，加上已有的安理会席位，共计 24 个席位，按主要区域分配如下：现有的 5 个常任理事国席位不变；新增的 8 个任期 4 年并可连任的非常任理事国席位，在非洲、亚洲和太平洋、欧洲和美洲四个区域中平均分配，即各 2 个席位；11 个任期 2 年且不可连任的非常任理事国席位，分配给非洲 4 个，亚洲和太平洋 3 个，欧洲 1 个，美洲 3 个。

报告建议，"在这两个方案中，考虑到《联合国宪章》第 23 条，一个鼓励会员国为国际和平与安全作出更大贡献的方法是，大会在顾及区域协商惯例的情况下，通过优先考虑让以下国家获取常任理事国席位或较长任期理事国席位，来选举安全理事会成员：本区域财务缴款最多的三个国家，或本区域自愿捐款数额最多的三个国家，或本区域为联合国维持和平行动派遣部队最多的三个国家"①。

报告不主张取消现有成员的否决权，但也不主张扩大否决权，或修改《联合国宪章》有关安全理事会现行权力的规定。为了限制否决权的使用，报告建议，应采用一个"意向性表决"制度，安全理事会成员可以据此要求公开表明对拟议行动的立场。在进行这一意向性表决时，"反对"票不具有否决作用，最后计算的票数也不具有任何法律效力。对任何决议进行的第二次表决将按照安理会目前的程序进行。安理会的议事规则应列入提高透明度和加强问责制的程序，并使之制度化。

3. 设立建设和平委员会。报告建议，安全理事会应根据《联合国宪章》第 29 条，在同经济及社会理事会协商后，成立一个建设和平委员会。这个委员会主要向安理会负责，其主席由安理会批准的一名成员担任，组成除了有安理会的代表外，还应有经济及社会理事会的代表，以方便经济及社会理事会参与该委员会的工作。按照报告的建议，该委员会的核心职能应是：确定哪些国家正处于可能导致国家体系崩溃的压力和风险之下；协同有关国家政府预先安排援助，以防止事态的进一步恶化；协助制订从冲突过渡到冲突后和平建设的计划；尤其是推动和维持国际社会为冲突后建设和平做出的努力，不管这一阶段可能需要多长时间。与此同时，报告还建议，应在秘书处设立一个建设和平支助办公室，为该委员会提供适当的秘书处服务。

4. 增加经济及社会理事会对集体安全的贡献。和平与安全同经济与社会的发展是密不可分的。报告认为，以下三个战略可以协助经济及社会理事会利用联合国的相对优势，提高它与集体安全的相关性：

---

① 名人小组报告第 254 段。

第一,对于有关目前面临的许多威胁的起因和相互关系的辩论,经济及社会理事会可在规范和分析方面起主导作用。为此,报告建议经济及社会理事会设立一个安全威胁所涉社会和经济问题委员会,通过委托开展研究,更好地了解经济和社会问题对和平构成的威胁,并提出集体应对这些威胁的建议。

第二,为各国提供一个场所,让它们以公开和透明的方式来检查它们实现重要发展目标的决心,评估实现有关商定的发展目标,特别是千年发展目标的进展情况以及发展中国家关心的其他发展问题,全面、综合与平衡地推进联合国的经济与社会发展议程。

第三,把自己变成一个"发展合作论坛",成为一个发展机构的最高层人士定期聚集的场所,重点是加强同布雷顿森林体系、世界贸易组织和联合国相关发展机构之间的协调,鼓励集体采取行动,支持千年发展目标和"蒙特雷共识"①。

5.改革人权委员会。为了确保人权委员会更好地在全世界促进对人权的尊重,促进人权领域的国际合作,针对某些国家侵犯人权行为采取行动,协助各国建立人权方面的能力,报告主张扩大人权委员会,建议让所有国家成为人权委员会的成员并成立一个咨询委员会或咨询小组协助人权委员会的工作。报告还特别提出:"从长远来看,会员国应考虑把委员会提升为'人权理事会',这就是说,它不再是经济及社会理事会的附属机构,而是与理事会和安全理事会并列的一个宪章机构,以此体现在这一过程中,依照《宪章》序言,对人权问题与对安

①　2002年3月18日至22日,联合国在墨西哥蒙特雷召开"发展筹资问题国际会议",解决筹资实现千年发展目标的问题。参加会议的有51位国家元首或政府首脑,200多位部长,私营部门和民间社会的领导人以及所有主要政府间金融、贸易、经济和货币组织的高级官员。3月22日的首脑会议以鼓掌方式通过了"蒙特雷协商一致意见"。这个"协商一致意见"又被称为"蒙特雷共识"。

全和经济问题一样给予了重视。"①

6.加强秘书处。报告认为,"一个强有力的秘书长领导一个更专业化、组织更完善的秘书处,是 21 世纪有效集体安全体制的一个重要组成部分"。为此,报告建议增设一个常务副秘书长,协助秘书长负责和平与安全问题,呼吁各会员国遵守《联合国宪章》第 100 条和第 101 条的规定,为秘书长能够适当开展工作提供必要的资源,并授权秘书长采用他认为最佳的方式来管理秘书处的工作人员和其他资源。

7.撤销托管理事会和军事参谋团。报告指出,联合国托管理事会作为联合国的六大机关之一,曾经发挥重大作用,帮助世界摆脱了殖民主义时代。但考虑到它已基本完成其历史使命,报告建议其建制应予撤销,并按《宪章》修正程序删除《联合国宪章》第 13 章的全部条文。报告认为,五个安理会常任理事国的总参谋长不宜再发挥在 1945 年时设想的作用,在安全理事会权力之下的军事参谋团应予撤销,并删除《宪章》第 47 条以及第 26 条、第 45 条和 46 条提及该机构的字句。

对于上述各项建议的可行性和合理性,不同的国家因为不同的利益需求可能会作出不同的评价。因此,其中有多少建议能够被国际社会所接受,并形成改革联合国机构的共识,还需要时间和实践去检验与评估。不过,名人小组提出这些建议时强调应遵循的两项基本原则,即(1)"在处理联合国改革问题时,必须把力量同原则结合起来"和(2)"拟议中的联合国改革应以现实世界的需要为本"②,倒是可以作为我们评价上述建议的基础和进一步思考联合国机构改革的有益思路。根据报告提出的上述两项原则,联合国机构的改革应考虑以下三个因素:

(1)实力。联合国的机构安排与职权分配,是国际政治力量对比

---

① 名人小组报告第 291 段。

② 名人小组报告第四部分提要。

的产物,受着国际政治的制约与限制。进行联合国的机构安排,确定
联合国机构的组成,无不需要考虑联合国各会员国之间的力量对比。
"无视基本力量现实的建议,都注定要失败或没有实际意义。"①当初
《联合国宪章》所确立的安理会组成及其决策程序,是以战后所形成的
力量对比及特殊协作关系为基础的。今天,国际力量对比发生了重大
变化。作为世界唯一超级大国的美国既有能力制造全球性危机,也是
维护国际和平与安全的重要力量。没有美国的合作与参与,联合国未
来的改革与发展将困难重重,世界安全与稳定也将面临不确定因素。
因此,美国的合作态度,必然成为对联合国改革走向至关重要的变数。
其焦点是,联合国与美国的合作是在多边条件下的合作,还是美国主
导下的合作? 是联合国接受"改造"来换取美国的"合作",还是美国提
供"合作"来换取联合国的"改造"? 这是摆在名人小组面前,同时也是
摆在国际社会面前的一个不能回避的问题。当然,一个获得改进的联
合国在很多方面对美国也有益处。虽然联合国的改革绝对需要美国
的支持,但联合国的改革不应该只以美国的立场为标准,美国在与别
国合作时,应该尊重其他国家的意见。

　　(2)原则。主权平等、不干涉内政、和平解决国际争端、禁止使用
武力、加强国际合作,是《联合国宪章》和一系列国际法律文件确立的
国际法基本原则。按照这些原则,推进国际关系的民主化、法治化,是
国际社会的普遍呼声。进行联合国机构改革,特别是进行安理会的改
革,必须坚持和维护这些原则,最大限度地满足所有会员国,尤其是发
展中国家的要求和关切。只有这样,改革才会取得成效。正如名人小
组报告所指出的那样:"无视基本力量现实的建议,都注定要失败或没
有实际意义,但一味反映实力分布情况而不求改进国际原则的建议,

---

　　①　名人小组报告第四部分提要。

也不会得到广泛支持，也就无法改变国际行为。"①力量与原则的统一，事实上是现实主义与理想主义的统一。在这种统一中实现二者之间的平衡，是联合国机构改革成功的重要标志。

安理会的改革是联合国机构改革的核心，是体现力量与原则结合的焦点。名人小组报告就联合国安理会改革提出的上述四项原则，以及扩大安理会组成、不扩大否决权也不改变现有成员的否决权等建议，从总体上反映了报告提出的把力量与原则结合起来的要求。但是，在涉及扩大安理会组成、确定选择新任安理会成员的标准时，该报告却没有将这一要求一以贯之。按照报告提出的三个"最多"标准来选举安全理事会成员，显然有违力量与原则相结合的要求。因为安理会毕竟不是一个公司董事会，它是联合国范围内对国际和平与安全负有主要责任和专属权力的重要执行机关。对于一个国家来说，即使它为联合国缴纳的会费再多、经济实力再强，如果它缺乏遵守国际法基本原则的法律良知和历史反省，也是没有资格成为安理会成员的。如果让这样的国家成为安理会的成员，那只能危害维护国际和平及安全的神圣事业。

（3）需要。需要是推动联合国机构改革的动力，也是检验联合国机构改革是否成功的标准。对联合国机构的改革必须从现实的需要出发，提出改革联合国机构的建议必须从检查联合国现有体制最迫切需要弥补的弱点入手。名人小组报告在分析国际社会面临的新威胁和联合国面临的新挑战之后，检查了联合国目前各种应对危机的办法在体制方面存在的弱点，指出以下是最需要通过改革解决的问题②：

　　·大会丧失了活力，常常不能切实把注意力集中在当今最紧迫的问题上；

---

①　名人小组报告第四部分提要。
②　名人小组报告第四部分提要。

• 安全理事会需要有更高的信誉、更大的合法性和代表性,来完成国际社会要求它完成的所有任务;

• 从体制上来讲,在处理处于困境的国家和刚刚摆脱冲突的国家的问题方面,存在着很大的缺漏。这些国家常常得不到注意,缺乏政策指导,缺乏资源;

• 安全理事会没有最大限度地利用同区域和次区域组织合作的潜在优势;

• 必须做出新的体制安排,来应对国际安全面临的经济和社会威胁;

• 人权委员会缺少合法性,使人们对整个联合国的信誉产生怀疑;

• 秘书处要更加专业化,组织结构要更加完善,并有更大的能力来采取协调行动。

因此,名人小组报告建议:为了解决安理会的合法性和代表性问题,应扩大安理会的组成,成员由现在的 15 个增加到 24 个,让更能代表广大会员国,特别是代表发展中国家的国家,参加安理会的决策进程,并采用一个"意向性表决"制度,改进安理会的决策程序;为了帮助处于困境的国家和刚刚摆脱冲突的国家建立和发展建设和平的能力,达到在预防安全威胁方面标本兼治的效果,应在安理会的权力之下设立建设和平委员会;为了增加经济及社会理事会对和平与安全的关切和贡献,应在经济及社会理事会设立一个安全威胁所涉社会和经济问题委员会,研究和了解经济和社会问题对和平构成的威胁,研究和了解恐怖主义和有组织犯罪等其他威胁所涉经济和社会问题,并通过安理会和经社理事会两个机构的主席的定期会议,进行和平与发展方面的信息交流;为了克服人权领域中的政治化倾向,避免在处理人权问题时出现双重标准,应扩大人权委员会,让所有会员国都成为这个委员会的成员……

应当说,名人小组报告对联合国体制存在的问题的分析有一定事实基础,针对这些问题提出的某些改革建议也有一定可行性和合理性,值得联合国各会员国认真对待。特别值得注意的是,报告提出的在安理会权力下设立建设和平委员会和在经济及社会理事会下设立安全威胁所涉社会和经济问题委员会的建议,适应了新的综合安全形势,有可能完善联合国的集体安全体制,改善安理会与经社理事会之间的协调,达到联合国在安全与发展两个方面都有所建树的目的。因此,应当受到国际社会的欢迎。

当然,名人小组报告没有也不可能指出联合国体制存在的全部问题,联合国机构的一次改革不会也不可能满足现实世界的所有需要。有些问题虽然具有解决的紧迫性,却不具有解决的现实性。因为在原则、需要和力量三者之间并不总是具有对称性。安理会的否决权在原则上不符合民主精神和违反主权平等原则,在实践中又是联合国多边机制面对单边主义挑战"身手乏力"的制度根源,因而是一个需要解决但在现实中又无法解决的问题。安理会的否决权作为对二战战胜国某种意义上的"奖励",是战后东西方之间矛盾与合作的平衡产物,体现了权利与义务平衡的原则:"《宪章》规定由几个最强大的国家担任安全理事会常任理事国并享有否决权。作为交换条件,强国要用它们的力量来增进公共利益,弘扬和遵守国际法。"①但是,从法理上来说,这种否决权制度却是违反主权平等原则的。联合国的所有会员国都是主权平等的,它们在联合国内应当享有平等的决策权,联合国的事务应当由全体会员国共同决定。而在实践中,这种否决权也在很大程度上损害了联合国解决国际争端的效率,在冷战时期更沦为美苏对峙的工具,冷战结束后又使联合国难以有效应对单边主义的挑战。众所

---

① 名人小组报告第四部分提要。

周知,超级大国推行的单边主义是冷战后国际安全面临的最不稳定因素,是联合国集体安全体制面临的最大挑战。但是,按照《联合国宪章》第 27 条的规定,即使有一个常任理事国实施了单边主义的侵略行为,安理会也无法通过对其采取集体行动的决议。因此,长期以来,国际法学界的一些学者基于民主原则和法律正义,不少中小国家基于保护自身安全利益的需要,一直主张通过联合国的改革取消安理会的否决权。但是,这种主张是不现实的,它一直遭到五个安理会常任理事国的抵制。因为一个没有否决权的联合国,不论是在联合国创立之初,还是联合国成立 70 余年之后的今天,都是各大国不可能接受的。采取激进的方法强行取消否决权,不仅会导致联合国改革的失败,甚至还会导致联合国的崩溃。因此,现实的办法是,在保留否决权的基础上,逐步对否决权加以限制。正是出于这样的考虑,名人小组报告在两个安理会的改革方案中,都不主张取消现任常任理事国的否决权,也不主张扩大安理会的否决权,而是建议采用一个"意向性表决"制度,并将提高透明度和加强问责制的程序列入安理会的议事规则来限制否决权。

事实上,联合国创立之初,《宪章》就已对安理会的否决权有所限制。按照《宪章》第 27 条的规定,这些限制包括:(1)根据安理会表决事项的性质,只有程序事项以外的其他事项,常任理事国才享有否决权;(2)对于程序事项以外的事项,安理会的非常任理事国享有集体否决权,也就是说,对于实质事项的表决,即使五个常任理事国都投了同意票,但如果非常任理事国的同意票没有达到 4 票,决议也不能通过;(3)对于《宪章》第 6 章"争端之和平解决"事项和第 52 条第 3 款"依区域办法或由区域机关而求地方争端之和平解决"事项,属于争端当事国的安理会成员国(包括安理会常任理事国)不得投票。但是,从联合国安理会的实践来看,这些限制还不足以解决联合国解决国际争端的效率问题和有效应对单边主义挑战的问题。因此,国际社会和国际法学界一直在探讨进一步限制否决权的问题,并提出了一些有启发价值的建议。例如,梁西先生就提出:"为了缓和对安理会否决权制度的抵制,为了扩大国际民主,可以考虑将常任理事国的'一票否决制'改进为'2～3 票(缀连)否决制'。"①另外,是否还可以考虑:为了在安理会平等地适用国际法,体现国际法的正义要求,同时也为了有效地遏制单边主义对国际和平及安全的威胁,将安理会处理《宪章》第 6 章事项的"回避制度"引入安理会依《宪章》第 7 章采取行动的决策程序,规定:在安理会"断定任何和平之威胁、和平之破坏或侵略行为之是否存在",并"作成建议或抉择依第 41 条及第 42 条规定之办法,以维持或恢复国际和平及安全"时,属于当事国的理事国(包括常任理事国)都不得投票。

总之,联合国的机构改革关系着联合国各会员国权力的重新分配,是联合国落实综合安全观的一次新的体制安排,必然会对国际法的未来发展产生影响。名人小组报告提交后的联合国机构改革实践已经表明,能否在需要、原则和实力三者之间找到适当的平衡与结合点,决定着联合国机构改革的成败。2005 年 12 月 20 日设立的联合国建设和平委员会和 2006 年 3 月 15 日成立的联合国人权理事会,从某种程度上说,就是平衡需要、原则和实力的产物。

六、结论

综上,可以得出以下结论:

1. 名人小组报告所主张的联合国改革,实际上是以确立和落实综合安全观为核心的一次联合国的改造。报告全文围绕综合安全观这

---

① 梁西:《国际法的危机》,载《法学评论》2004 年第 1 期。

一新的安全理念,提出了改革联合国的设想和建议:第一部分,在联合国已有文件的基础上对综合安全观作进一步阐述,指出联合国改革的首要任务是实现从传统安全观到综合安全观的真正转变;第二部分,就综合安全观涉及的各种安全威胁提出预防行动框架,从而为联合国设计了一个落实综合安全观的行动计划;第三部分,就综合安全观涉及的扩大使用武力问题进行合法性和正当性分析,为新安全观下的集体安全体制寻求法律和道德支持;第四部分,就落实综合安全观的机构安排提出建议。因此,在名人小组报告这里,联合国机构的改革并不是联合国改革的重点,而只是确立和落实新安全观的体制安排。

2.按照名人小组报告的主张,联合国的新一轮改革,其实就是21世纪国际法律秩序的建立和完善过程,它带来的必然是国际法的进一步发展。因为改革作为确立和落实综合安全观的过程,既是在主权与人权、安全与发展、国家利益与人类整体利益等国际法价值和原则之间寻求新的平衡的过程,又是联合国在传统安全和非传统安全领域不断进行法律和制度建设的过程。其结果必然是:国际法的某些原则,例如主权平等原则和不干涉内政原则,将被赋予新的内涵;国际法的某些制度,例如联合国的集体安全制度,将获得发展;国际法的某些部门,例如国际发展法、国际环境法、国际人权法、国际军控法、国际反恐法、国际刑法等,将获得完善;国际法的某些新的部门,例如国际能源法、国际资源法、国际卫生法等,将应运而生。

3.综合安全观的确立,可以在一定程度上缓解以联合国法律制度为核心的现行国际法在充分性、合法性和有效性方面存在的问题和矛盾。但是,也应该看到,按照综合安全观进行联合国的改革,也会引发新的问题和新的挑战。首先,随着对"和平与安全威胁"界定的扩大化、非军事化和非国家化,联合国可能陷入新的困境:"一方面,联合国可能面临更多使用武力或干预内政的需求;另一方面,联合国又缺乏相应的资源和权力,包括成员国的共识和支持。"①其次,由于综合安全观把人类问题的方方面面都与和平与安全挂钩,势必无限扩大联合国安理会的职能,导致安理会负担过重、精力分散,导致联合国各机构之间权责不明。

4. 名人小组报告阐述的综合安全观是对不同国家的安全关切进行折中和妥协的产物,具有一定的普遍性和综合性。在今后的实践中,联合国的这种新安全观还会与不同国家的安全利益发生碰撞:当联合国强调人类安全,推行人权高于主权的人道主义干预政策时,可能遭到发展中国家的批评;当联合国把发展问题提升为安全问题,推行减少贫穷、促进发展的千年发展战略时,又可能遭到以美国为首的西方发达国家的抵制。因此,确立和落实综合安全观的道路不会是平坦的,联合国改革的道路也不会是平坦的,建立 21 世纪国际法律秩序的道路更不会是平坦的。

5. 按照综合安全观进行的联合国改革可能涉及《联合国宪章》若干过时条款的修改、某些条款的重新解释和联合国机构的重新调整。但是,"总的来说,《宪章》仍然是建立集体安全的一个适当法律和政策依据"②,它所确立的宗旨与原则仍然是调整国际关系、规范国家行为的法律框架。原因在于:虽然《宪章》所定义的国际和平与安全属于我们今天所说的传统安全,它主要预防的是主权国家面临的来自外部的军事入侵和打击,但《宪章》同时把"促成国际合作,以解决国际间属于经济、社会、文化及人类福利性质之国际问题,且不分种族、性别、语言或宗教,增进并激励对于全体人类之人权及基本自由之尊重"③作为联

---

① 李东燕:《联合国的安全观与非传统安全》,载《世界经济与政治》2004 年第 8 期。

② 名人小组报告第 301 段。

③ 《联合国宪章》第 1 条第 3 款。

合国必须实现的宗旨,并"确认国际和平与安全取决于经济和社会发展"①,实际上已为名人小组阐述的综合安全观奠定了基础。因此,名人小组报告最后呼吁:"全体会员国都应再次承诺信守和坚决履行《宪章》的宗旨和原则,除表明其政治意愿外,还应相应提供必要的资源。只有各国领导人和国际领袖专心致志,才能在 21 世纪建立有效的集体安全,创建一个持续、安全的未来。"②

---

① 名人小组报告第 301 段。
② 名人小组报告第 302 段。

第三编

国际法存在和发展的 个案分析

第十一章
国家知情权的演变和运行
——基于国际法的分析

国家知情权是不同于公民知情权的一种知情权（right to know），其基本含义是：国家在国际关系中享有获取相关信息的自由和权利。如果说，在国内社会中，"公民只有充分地享有和行使了知情权，才能据以合理地安排自己的生活，并最大限度地保护自己的权利和利益"①，那么，在国际社会中，国家只有充分地享有和行使知情权，才能据以科学地确立自己的生存和发展之道，并在国际交往中最大限度地维护和实现自己的权利和利益。因此，我们在强调公民知情权具有基础性和前导性价值的同时，不可忽视国家知情权在国际关系中的重要作用。然而，目前的状况是，公民知情权早已成为学界广泛和深入研究的基本人权，而国家知情权则至今仍是鲜有论及的陌生概念。这既是知情权研究的重要缺陷，也是国际法学研究的不足，更不符合信息时代国际关系透明

---

① 汪习根、陈焱光：《论知情权》，载《法制与社会发展》2003 年第 2 期。

化和民主化的要求。因此,有必要对国际法上的国家知情权进行系统探析,以推动国家知情权的理论研究和实践运作。

一、从自然权利到法律权利:国家知情权的性质

自然权利与法律权利的区分,是科学权利观的一个重要特征,也是自然法学在权利观上的重要理论建树。[①] 按照这种区分,自然权利是先于法律权利并独立于法律权利而存在的应然权利,它源于自然法,是主体生存和发展需要的反映,具有原生性;而法律权利则是自然权利的制度化、规范化形态,属于实在法,即法律确认和保障的实然权利,它以自然权利为基础,同时又体现着立法者的主观意志,具有派生性。国际法发展的历史已经表明,国家知情权作为人格化的国家权利,同国家的其他权利一样,事实上经历了从自然权利到法律权利的上升过程。

(一)国家知情权:源于国家需要的自然权利

信息作为知情权的客体,是一种重要的战略资源。在国际社会处于无政府状态的背景下,国家掌握了这个资源,就意味着不仅拥有了自身独立和发展的条件,而且掌握了可以影响和支配他国的权力。因此,世界各国都高度重视对信息情报的收集和分享。虽然长期稳定的情报机构在 20 世纪初才出现,但情报活动的历史却可以追溯到近代民族国家产生之前的古代。中国古代孙子兵法中所强调的"知己知彼,百战不殆",就是对情报重要性的肯定。随着时间的推移,当今世界各国不仅普遍建立了自己专门收集情报的机构,而且情报收集的范

---

① 公丕祥:《权利现象的逻辑》,山东人民出版社 2002 年版,第 3~24 页。

围也在不断地扩大。"过去,信息的收集主要限于能够威胁一国军事安全的对立国家的军事能力和军事意图。但渐渐地,收集范围越来越广,包括了其他国家政治、经济和社会的数据资料,比如贸易战略、外国投资机会、外援计划以及其他等等需要建立在大量计算机数据分析基础之上的分析和决策。"①据有关学者统计,"全世界至少有一百万人正在从事着情报工作,全球情报活动的花费更是每年都高达数十亿美元。这些事实说明了各国对情报活动的高度重视。"②

可见,国家知情权是伴随着国家的产生而产生的一种国家权利,换言之,它是在"实在国际法"(作为法律的国际法,以下简称"国际法")确认之前就已存在的一种事实上的习惯权利。按照近代国际法学创始人胡果·格劳秀斯(Hugo Grotius)的观点,③这种事实上的习惯权利是人格化的国家应当享有的自然权利,具有普遍性。这种普遍性的自然权利由"自然国际法"(作为自然法的国际法)所决定,无论是否被(实在)国际法所确认和固定下来,它都是不依立法者的意志为转移的客观存在,是(实在)国际法所要"表述"而不是"制造""发明"出来的东西。在这里,"自然国际法"实际上是国际社会的一种必然的或道德化了的利益关系。国家知情权之所以成为国家的自然权利,是因为它反映了这种利益关系中客观存在的国家需要,符合国家作为复杂系

---

① 　[美]康威·汉得森:《国际关系:世纪之交的冲突与合作》,金帆译,海南出版社、三环出版社 2004 年版,第 160 页。

② 　[美]康威·汉得森:《国际关系:世纪之交的冲突与合作》,金帆译,海南出版社、三环出版社 2004 年版,第 162 页。

③ 　近代国际法学的奠基者格劳秀斯将国际法区分为作为自然法的国际法(即自然国际法)和作为实在法的国际法(即实在国际法),认为前者是正当理性的命令,反映了国际社会的自然理性,具有普遍性和绝对性,后者则是自然国际法的表现,其权威来自国家的同意。参见[荷]格劳秀斯:《战争与和平法》,A. C. 坎贝尔英译,何勤华等译,上海人民出版社 2005 年版,第 32～38 页。

统的自然发展规律。按照现代复杂系统理论,作为国际社会基本成员的国家,都是远离平衡态的复杂的开放系统,其存在和发展遵循着"耗散结构原理"[①],即它只有不断地与外部环境进行物质、能量和信息的交换,才能实现和维持自身的动态平衡和有序。基于此,国家知情权可以说是由国家生存权、发展权派生的一项基本权利,概而言之,也可以说是由国家主权派生的一项基本权利。

国际社会是一个由主权国家构成的平行式结构社会。在这个社会,国家生存和发展的基本需要是多方面的,也是不断发展变化的。因此,国家知情权所反映的国家需要也不是单一的、一成不变的。按照现代国际关系理论的概括,国家的生存和发展先后经历了三个不同的形态,并缘此形成了三种在空间上并存的逻辑:(1)"霍布斯无政府状态的逻辑";(2)"洛克无政府状态的逻辑";(3)"康德无政府状态的逻辑"。[②] 在这三种不同的逻辑中,国家知情权反映了三种不同的国家需要。

在霍布斯无政府状态的逻辑中,国家知情权是国家实现自我保全的需要。霍布斯无政府状态的逻辑是所有国家反对所有国家的逻辑。按照这种逻辑,国家都是利己主义者,彼此视对方为敌人;面对地球上有限的资源,它们奉行"弱肉强食"的行为法则,国家生存完全依赖于

---

① "耗散结构原理"是比利时自由大学教授普利高津于 1969 年在《结构、耗散和生命》一文中提出来的,其基本内容是:一个远离平衡态的开放系统,通过不断地与外界交换物质、能量和信息,在外界条件的变化达到一个特定临界值时,能从原来的无序状态转变为在时间上、空间上或功能上的有序状态,并且,当外参量继续改变时,它还会出现一系列新的结构状态。这种在远离平衡态情况下所形成的有序结构,被普利高津称为"耗散结构"。参见常绍舜编著:《系统科学方法概论》,中国政法大学出版社 2004 年版,第 206 页。

② [美]亚历山大·温特:《国际政治的社会理论》,秦亚青译,上海人民出版社 2000 年版,第 313～387 页;徐崇利:《国际社会的法制化:当代图景与基本趋势》,载《法制与社会发展》2009 年第 5 期。

自身实力（权力），安全是高度竞争的零和游戏。在这种自然状态下，国家只能依靠自助，通过不断增强自身的实力以求自保。面对控制信息可能产生的权力，一些国家可能不惜采取一切手段获取和控制信息，以便扩张自己的权力，实现自身利益的最大化；而另一些国家为了防止或减少其他国家因滥用控制信息的权力而对自身利益可能产生的侵害，则以提出知情权主张相抗衡。在这里，前者的知情权主张是出于对权力的追逐，具有进攻性；后者的知情权要求则是出于对权力的防范，具有防御性。二者相互制约，有可能缩小国家之间的信息鸿沟，从而为实现国家之间的权力平衡奠定基础。因此，在当今世界出现南北信息鸿沟的情况下，发展中国家与发达国家之间围绕国家知情权的博弈将比以往任何时候都更加剧烈。

在洛克无政府状态的逻辑中，国家知情权是国家进行国际合作的需要。洛克无政府状态的逻辑是"我活也允许你活"的逻辑。在这种逻辑中，国家之间不是"你死我活"的关系，而是彼此竞争的对手；在相互承认生存权利的基础上进行合作，以增进本国人民的福祉，成为各国的共同利益之所在。为了在竞争中展开有效合作，在合作中进行有序竞争，国家之间必须在彼此知情的基础上建立互信，形成共识。实践已经表明，国家知情权的享有和行使，不仅可以消除国家间彼此不信任的幽暗意识，为国际合作提供健康的心理基础，而且可以节约国家行为选择的时间和精力，降低国际合作的成本，提高国际合作的效率。如果说，在霍布斯无政府状态的逻辑中，国家知情权的享有和行使是国家个体性存在（独立）的需要，那么，在洛克无政府状态的逻辑中，国家知情权的享有和行使则是国家群体性存在（合作）的要求。

在康德无政府状态的逻辑中，国家知情权是国家促进国际法治的需要。康德无政府状态的逻辑是国家之间彼此视为朋友的逻辑。在这种逻辑中，国家遵守着"我为大家，大家为我"的行为准则；战争不再被认为是解决争端的合法手段；即使出现国家间的冲突，也会以谈判、仲裁或诉诸法律等方式解决。在康德看来,国家"如果不和平相处就一事无成,然而又难免互相冲突。因此,他们感到本性要求他们自行立法,规定彼此的义务,并据此创造一个联合体"①。然而,维系国家间朋友关系的"自行立法",只是国家间的一种契约,在以相互为原则的国际法治条件下,这种契约的达成和遵守必须以国家间的互信为基础,而国家间的彼此知情则是建立这种国家间互信的前提。正因为如此,在条约法上,违反国家知情权要求的诈欺行为被视为条约无效的实质要件,②越来越多的国际条约建立了以透明度要求为核心的条约监督实施机制。从这个意义上说,国家的秩序性存在(法治)也是国家知情权产生的重要条件。

综上可见,人格化的国家同人一样,它们只有以一定方式结合起来,才能获得独立、合作、法治这些自身生存和发展的必要条件。国家知情权的享有和行使,作为国家间的一种恰当的结合方式,无疑为国家的生存和发展提供了这些必要的条件。因此,从权利来源论,国家知情权是一种自然权利,国家生存和发展的需要是国家知情权产生的源泉。

(二)国家知情权:国际法确认的法律权利

2013 年 6 月以来,前美国中央情报局(Central Intelligence Agency,CIA)雇员爱德华·约瑟夫·斯诺登(Edward Joseph Snowden)向《卫报》和《华盛顿邮报》等国际媒体,披露了美国国家安全局(National Security Agency, NSA)实施"棱镜计划"(PRISM)和其他监听项目的秘密文档,引起了世界各国政府、国际组织和各国公众

---

①　转引自〔英〕韦恩·莫里森:《法理学》,李桂林等译,武汉大学出版社 2003 年版,第 156 页。

②　《维也纳条约法公约》第 49 条、第 69 条。

的强烈反应。斯诺登披露的秘密文档显示，美国国家安全局采取电话窃听的方式，不仅监听普通民众的个人通信，也监听收集包括欧盟国家在内的 35 个国家政要、联合国总部、各国驻美大使馆和领事馆的秘密通信，并通过特别设计的恶意软件监视包括中国在内的全球 5 万多个电脑网络。尽管美国政府和国会以反恐为理由对其监听行为进行了辩护，但这并没有消解国际社会对这种不法行为的不满和指责。因为，美国情报机构的这种秘密情报活动，违反了国际法和国际关系准则，导致了对国家主权、国际组织特权和公民隐私权的侵犯。

美国的监听行为受到国际社会指责的事实表明，国家知情权已从自然权利上升为国际法中的法律权利。因为只有当国家知情权成为法律权利的时候，作为权利主体的国家才有法律义务按照国际法规定的知情权行使范围和方式享有和行使这种权利。超出这个范围的权利行使则是违反国际法的，不受国际法的保护。可见，国家知情权从自然权利到法律权利的上升是把双刃剑：不能被国际法确认的自然权利，乃是不能得到国际法保障的权利；但被国际法确认的自然权利，又是必须受到国际法限制的权利。

国家知情权是一个复杂而又庞大的权利体系。国家对谁、在哪些领域、享有哪些信息的知情权，以及这种知情权应受到怎样的限制，目前尚无一致标准，在习惯国际法上并不明确，也没有普遍性条约对它们作出统一规定。在实践中，这些问题一般是在特定范围内，以专门的习惯规范或条约规范个别地来加以具体解决的。因此，国家知情权从自然权利到法律权利的上升不存在一个统一的模式，它是一个在国家同意的基础上分散在不同国际关系领域进行的法律进程。在这个进程中，国际法对国家知情权的确认概括起来主要有以下两类规范。

（1）授权性规范。这类规范是国际法规定有关当事国或其他主体

可以作出或不作出一定行为的任择性规范,其法律效力表现为一种
"赋予力"①,即它赋予有关主体一定的权利,而且是否行使这种权利,
可以由有关主体自由选择。这些权利,只要与其有联系的任何义务均
能得到履行,即使不行使,也不受法律追究,不必承担国际责任。但
是,如果这些权利受到了权利主体相对方的侵犯,则侵犯这些权利的
相对方需要承担国际法律责任。因此,这类规范成为国际法确认国家
知情权的重要规范。

　　例如,外交关系法中赋予国家驻外使、领馆调查权的规定,就是国
际法通过授权性规范确认国家知情权的重要实践。《维也纳外交关系
公约》第 3 条规定:"以一切合法手段调查接受国之状况及发展情形,
向派遣国政府具报",是国家驻外使馆的职务之一;《维也纳领事关系
公约》第 5 条规定:"以一切合法手段调查接受国内商业、经济、文化及
科学活动之状况及发展情形,向派遣国政府具报,并向关心人士提供
资料",是国家驻外领事的职务之一。根据上述规定,国家驻外使、领
馆行使调查权的职务行为,只要是合法的,即不违反国际法和接受国
的法律,就应当受到国际法的保护,在接受国享有外交特权和豁免。

　　又如,《开放天空条约》(Treaty on Open Skies)赋予其缔约国的空
中侦察权,也是国际法通过授权性规范确认的国家知情权。该条约于
1992 年缔结,2002 年 1 月 1 日开始生效,目前已有 34 个成员国。根据
该条约第 3 条的规定:各缔约国均有权根据该条约的规定对其他缔约
国领土进行非武装方式的空中侦察,以检查其执行国际武器控制条约
的情况,增强军事透明度,避免由于猜忌而造成的紧张。2013 年 8 月
28 日,欧洲安全与合作组织宣布,根据《开放天空条约》实施的第 1000

---

① 　张根大:《法律效力论》,法律出版社 1999 年版,第 26 页。

次侦察飞行顺利结束,此举增强了有关国家之间的军事透明度与互信。①

（2）义务性规范。"义务概念通常是与权利概念相对称的。"②一个行为主体所承担的义务,往往构成另一个行为主体所享有的权利。因此,义务性规范常常成为国际法确认国家权利的另一类规范。这类规范不同于授权性规范,它是具有约束力的强制性规范,当事方必须遵守,不得违背和偏离。当事方如果背离这些规范,将构成对义务主体相对方权利的侵犯,需要承担不履行国际法义务的国际责任。从这个意义上说,国际法通过义务性规范所确认的国家权利,是更能够获得国际法切实保护的法律权利。正因为如此,国际法规定的与国家知情权"相对称"的透明度义务,已成为现代国际法确认国家知情权的主要规范。

国际法上的"透明度"（transparency）概念,是由 1995 年 1 月 1 日成立的世界贸易组织（World Trade Organization,以下简称 WTO）提出的,其基本含义是"信息公开的程度"。基于此,学界将国际法在不同领域规定的信息公开义务,统一称之为国际法中的"透明度"义务。③事实上,在 WTO 将透明度明确规定为多边贸易体制的基本原则之前,国际社会缔结的许多双边和多边条约都有关于透明度义务的规

---

① 1000th Open Skies Treaty Flight：Aerial Observation to Build Confidence,28 August 2013，accessed 30 August 2013,http://www.osce.org/oscc/104424.

② ［奥］凯尔森：《法与国家的一般理论》,沈宗灵译,中国大百科全书出版社 1996 年版,第 75 页。

③ 剑桥大学出版社 2013 年出版的《国际法中的透明度》（*Transparency in International Law*）一书,就是这种概括的典型代表。该书由安德列·比安奇（Andrea Bianchi）和安妮·彼得斯（Anne Peters）任主编,论文作者为欧美 20 位有影响的国际法学者,所涉领域包括：国际环境法、国际金融法、WTO 法、国际投资法、国际税法、国际知识产权法、国际人权法、国际卫生法、国际人道法、国际和平与安全法、国际造法、国际司法、全球治理等。

定。例如:1919 年巴黎和会缔结的《国际联盟盟约》第 8 条第 6 款规定:各成员国应互换有关本国军备水平、陆海空军计划以及可以为战争服务的工业的"最坦白、最完整的情报"。1947 年缔结的《关税与贸易总协定》第 10 条规定:"任何缔约方实施的关于下列内容的普遍适用的法律、法规、司法判决和行政裁定应迅速公布,使各国政府和贸易商能够知晓:产品的海关归类或海关估价;关税税率、国内税税率和其他费用;有关进出口产品或其支付转账,或影响其销售、分销、运输、保险、仓储检验、展览、加工、混合或其他用途的要求、限制或禁止。任何缔约方政府或政府机构与另一缔约方政府或政府机构之间实施的影响国际贸易政策的协定也应予以公布。"1967 年缔结的《关于各国探索和利用包括月球和其他天体在内外层空间活动的原则条约》(以下简称《外空条约》)第 11 条规定:"为提倡和平探索和利用外层空间(包括月球和其他天体)的国际合作,凡在外层空间(包括月球和其他天体)进行活动的缔约国,同意以最大的可能和实际程度,将活动的性质、方法、地点及结果的情报,通知联合国秘书长、公众和国际科学界。联合国秘书长接到上述情报后,应准备立即切实分发这种情报资料。"1986 年缔结的《及早通报核事故公约》第 2 条规定:发生核事故的缔约国应立即直接或通过国际原子能机构,将该核事故及其性质、发生时间和在适当情况下确切地点通知那些受核事故实际影响或可能受核事故实际影响的国家。考察现代国际法的实践,可以发现:类似于上述规定的透明度义务实际上已广泛存在于国际环境法、国际经济法、国际人权法、国际卫生法、国际人道法、国际和平与安全法等主要国际法领域。①

---

　　① Anne Peters,Towards Transparency as a Global Norm,in Andrea Bianchi & Anne Peters (eds.), *Transparency in International Law*, Cambridge University Press,2013,p. 534.

综上分析,笔者认为,国际法对国家知情权的确认,已是不争的事实。因此,从权利依据来看,国家知情权是一种法律权利,国际法的规定是国家知情权产生的依据。虽然国家知情权作为法律权利的领域目前仍然是有限的,但可以预见,随着国际法客体的迅速扩大和国家"保留范围"的相对缩小,[①]国家知情权必将在越来越多的国际关系领域从自然权利上升为法律权利。

二、从私法权利到公法权利：国家知情权的类型

私法和公法的划分可以追溯到孕育其产生的罗马法。自出现市民社会和政治国家的鼎立之后,便产生了两种不同的社会关系:一是在国家意志的表达和执行过程中出现的国家与市民之间的不平权关系;二是市民社会中以意思自治、人格平等为基本理念的平权关系。由此便有了调整非平权关系的公法和调整平权关系的私法这样两个不同法律部门的产生和划分。这种公法和私法的划分一直被大陆法系所沿用,成为现代法律理论和实践中最重要的划分之一。根据这种划分,法律权利可以区分为公法权利和私法权利两个类型。例如,作为法律权利的公民知情权可以分为作为公法权利的知情权和作为私法权利的知情权,前者如公民对政府政务信息的知情权,后者如公民对商家商品信息的知情权。

国际法是基于国家主权平等原则建立起来的、主要调整国家间关系的法律体系。因此,从本质上说,它是一种国家间的法,属于调整平权关系的私法范畴。正是在这个意义上,人们常说:"国际'公'法不是'公法'。"不过,自19世纪下半叶开始,尤其是20世纪以来,随着各种

---

①　梁西主编:《国际法》,武汉大学出版社2000年修订第2版,第31页。

全球性与区域性国际组织迅速发展,并在实践中成为与其成员国相区别的国际法律人格者,以及国际社会对个人权利保护的日益重视,现代国际法已经不仅只是调整主权国家之间的横向平权关系,它还承担着调整国家与国际组织①之间、国家与个人之间等纵向非平权关系的任务。因此,现代国际法在继续保持"私法"(private law)本质的同时,已包含了具有"公法"(public law)性质的原则、规则和制度。② 与此相适应,作为法律权利的国家知情权也从私法权利扩展到了公法权利。

(一)国家对国家的知情权:国际法上的私法权利

国家对国家的知情权,是指国家依国际法享有的获取他国信息情报的自由和权利,其权利主体和与之对应的义务主体,均是作为国际社会平等成员的主权国家。根据国际法上的主权平等原则,这种权利义务关系是一种平等主体之间的法律关系,属于私法意义上的国际法所调整的对象。因此,国家对国家的知情权是国家在国际法上享有的一种私法权利。

国家对国家的知情权是最早被国际法确认的一种国家知情权,战争法和外交关系法作为最古老的两个国际法部门,开创了确认这种国家知情权的先例。

战争古已有之,战争非常残酷。可以说,古老的国际法是从战争发端的。为了使战争更有"秩序"和比较"人道",国际法在中世纪就开始了对战争本身的规制,开战必须"经过正当和正式的宣布程序,并以

---

①　本书所称的"国际组织"专指政府间国际组织,即依国家间协定建立起来的常设国际机构。

②　Anne Peters,Towards Transparency as a Global Norm,in Andrea Bianchi & Anne Peters (eds.), *Transparency in International Law*, Cambridge University Press,2013,pp. 600-604.

某种方式使得每一交战方都能知晓"①，逐渐成为战争法中的重要准则，并被视为正义战争的必要条件。在此基础上，1907 年海牙会议缔结的《关于战争开始的公约》（即 1907 年的《海牙第三公约》）第 1 条规定："非有预先而明显的警告，或用说明理由的宣战形式，或有附有条件的宣战为最后通牒的形式，彼此均不应开战。"依此规定，交战国彼此之间享有对战争开始的知情权。不仅如此，该公约第 2 条还赋予了中立国对交战国的知情权："战争情形之存在，应从速通知各中立国。"

外交关系是传统国际法调整的主要国际关系。国家对国家的知情权作为国家的一项外交职权，很早就被国际法所承认。据史料记载，在古代的东方和西方，即产生了负有收集情报使命的外交使节享有人身不可侵犯权的实践。在这种实践的基础上，近代国际法逐步确立了代表国家有效执行职务的使、领馆享有特权和豁免的制度，并在 1961 年缔结的《维也纳外交关系公约》和 1963 年缔结的《维也纳领事关系公约》中对此作出明确的规定，由此确认了派遣国对接受国的知情权。缘此，"以一切合法手段调查接受国之状况及发展情形"和"以一切合法手段调查接受国内商业、经济、文化及科学活动之状况及发展情形"，便分别成为国家驻外使、领馆在习惯国际法上享有特权和豁免的职务行为。

国家对国家的知情权不仅是一种历史悠久的知情权，也是国际法上的一种最基本的国家知情权。这是因为：虽然现代国际法的主体已经扩大到国际组织和个人，但在国际社会以国家作为基本成员的结构没有改变之前，国家仍然是国际法的基本主体；国家间的关系仍然是国际法调整的主要对象。在这种情况下，"不管是适用于全体国家的国际法规则（如习惯），还是适用于一群国家的国际法规则（如多边条

---

① 〔荷〕格劳秀斯：《战争与和平法》，A. C. 坎贝尔英译，何勤华等译，上海人民出版社 2005 年版，第 386 页。

约),它们都只在两个国家之间规定权利与义务"[①]。因此,无论是在战争法、中立法、外交法、领土法、海洋法、条约法、争端法等传统的国际法部门,还是在现代国际法的各个新领域,国家对国家的知情权都是一种主要的国家知情权。

(二)国家对国际组织的知情权:国际法上的公法权利

国家对国际组织的知情权,是指作为国际组织成员的国家依国际组织的基本文件和法律实践享有的获取该国际组织信息情报的自由和权利。基于国家的这种自由和权利,有关国际组织承担着向其成员国公开它掌握的相关信息的义务。在这里,国际组织是依国家间协定(基本文件)建立起来的常设国际机构。它虽然不是"世界政府",但却是与其成员国相区别的国际法律人格者。国家一旦成为国际组织的成员,就必须受国际组织章程的约束,履行作为成员所承担的义务。因此,国家与国际组织之间的关系在法律上是一种服从与被服从的非平权关系,属于公法意义上的国际法所调整的范围。缘此,笔者认为,国家对国际组织的知情权是国家在国际法上享有的一种公法权利。

国家对国际组织的知情权作为现代国际法上一种重要的国家知情权,是国际社会组织化的产物。现代国际社会经过两次世界大战的剧烈震荡,增强了国际合作的意识与愿望;20 世纪科技革命推进的全球化进程,彰显了国际合作的必要与可能。由此,国际组织作为国家对世界事务进行多边协调与管理的有效形式迅速发展起来,并在实践中承担着"集体性地提供诸如国际和平、法律安全、互惠互利的经济合

---

① Antonio Cassese, *International Law*, Oxford University Press, 2005, p. 14.

作、人权、社会和劳工标准、去殖民化等国际公共物品"①的国际责任。于是,国家与国际组织之间的"知"与"被知"关系开始进入国际法的调整范围,并由此产生了国际法上的一种新的国家知情权,即国家对国际组织的知情权。

国际组织是国家依国家间协定(基本文件)授权设立的,其在特定国际关系领域协调和管理世界事务的权力来自其成员国的明示或默示授予。因此,国际组织及其机构必须按照其基本文件所授权力的范围及行使这些权力的条件和限制在职权范围内活动,缺乏相应授权或超越授权范围对这种权力的行使在国际法上都是非法和无效的。② 为了监督国际组织在其成员国授权的范围内行使权力,并在主权平等原则的基础上满足成员国的利益诉求,作为国际组织成员的国家有权要求国际组织对其公开有关议事规则、决策程序、会议决定、财政收支等信息,并基于这种权利形成以国际组织基本文件为基础、国际组织内部运作决定为补充的国际组织信息公开制度。

例如,联合国安全理事会作为联合国的执行机关,负有代表各会员国维持国际和平及安全的主要责任,享有《联合国宪章》第6章、第7章、第8章及第12章规定的特定权力。③ 为了监督安理会的这些权力,维护会员国甚至是非会员国的利益,《联合国宪章》第24条第3款规定:"安全理事会应将常年报告,并于必要时将特别报告,提送大会审查。"第15条第1款规定:"大会应收受并审查安全理事会所送之常

---

① Ernst-Ulrich Petersmann, *The GATT /WTO Dispute Settlement*: *International Law*, *International Organizations and Dispute Settlement*, Kluwer Law International, 1997, p. 7.

② J. Pauwelyn, *Conflict of Norms in Public International Law*: *How WTO Law Relates to Other Rules of International Law*, Cambridge University Press, 2003, pp. 286-291.

③ 《联合国宪章》第24条。

年及特别报告;该项报告应载有安全理事会对于维持国际和平及安全所已决定或施行之办法之陈述。"《联合国宪章》第 31 条规定:"在安全理事会提出之任何问题,经其认为对于非安全理事会理事国之联合国任何会员国之利益有特别关系时,该会员国得参加讨论,但无投票权。"第 32 条规定:"联合国会员国而非为安全理事会之理事国,或非联合国会员国之国家,如于安全理事会考虑中之争端为当事国者,应被邀参加关于该项争端之讨论,但无投票权。"可见,《联合国宪章》不仅规定了安理会对由全体会员国组成的大会所承担的透明度义务,同时还赋予了安理会成员之外的会员国和非会员国对安理会的知情权。不仅如此,安理会还专门制定了《暂行议事规则》(S/96/Rev. 7),① 就"会议的公开和记录问题"作出具体规定:"除非安全理事会另有决定,理事会会议应公开举行";"安全理事会每次会议的逐字记录,应不迟于开会后第一个工作日上午十时,向安全理事会各理事国代表和参加会议的任何其他国家代表提供";"安全理事会公开会议的正式记录以及所附文件应尽速以正式语文印发";"每次非公开会议结束时,安全理事会应通过秘书长发表公报";"凡曾参加某次非公开会议的联合国会员国代表有权随时到秘书长办公室查阅该次会议的记录。安全理事会可随时准许联合国其他会员国授权的代表查阅此项记录"。②

其实,在现代国际法上,类似于联合国安理会这样的信息公开制度,已普遍成为各类国际组织的重要制度,并且随着后冷战时代国际关系民主化浪潮的兴起,正不断得到完善。国际组织的决策尽可能透

---

①　根据《联合国宪章》第 30 条关于"安全理事会应自行制定其议事规则"的规定,1946 年,安理会通过了其《暂行议事规则》(S/96)。后来,《暂行议事规则》几经修改,最后一次修订是在 1982 年(S/96/Rev. 7)。

②　有关联合国安理会信息公开制度的讨论,可参见 Antonios Tzanakopoulos, Transparency in the Security Council, in Andrea Bianchi & Anne Peters (eds.), *Transparency in International Law*, Cambridge University Press, 2013, pp. 367-391.

明，国际组织的信息尽可能公开，正在成为国家对国际组织的越来越强烈的知情权主张。①

三、从消极权利到积极权利：国家知情权的实现

从《世界人权宣言》第 19 条和《公民权利和政治权利国际公约》第 19 条的规定来看，公民知情权包括两种权利：一是接受信息的权利；二是寻求信息的权利。前者是一种被动获取信息的权利，其权利客体是义务主体主动公开的信息。公民对这类信息的获取，享有不受义务主体干预的自由。因此，这种权利常被称为"自由权"或"消极权利"。后者是一种主动获取信息的权利，其权利客体是义务主体依公民请求公开的信息。公民对这类信息的获取，须有义务主体的依法同意和配合。因此，这种权利常被称为"请求权"或"积极权利"。可见，公民知情权的实现方式有两种：一是义务主体主动公开信息；二是义务主体依公民请求公开信息。考察国际法的实践可以发现，国家知情权也有两种：一是国家消极知情权；二是国家积极知情权。前者通过国家或国际组织主动公开信息的方式实现，后者通过国家或国际组织履行透明度义务的方式实现。

（一）国家或国际组织主动公开信息：国家消极知情权的实现

国家消极知情权的实现方式，是指无须国家提出请求，由义务主体的国家或国际组织主动公开信息来实现国家知情权的方式。在这种方式中，作为权利主体的国家可以自主地决定接受其他国家或国际

---

① Henry G. Schermers & Niels M. Blokker, *International Institutional Law*, 5th revised edition, Martinus Nijhoff, 2011, p. 255.

组织主动公开信息的范围、目的和手段,其他国家或国际组织对此不得干涉。因此,以这种方式实现的国家知情权是一种免予干涉的自由权,属于消极权利的范畴。

如前所述,国家知情权包括国家对国家、国家对国际组织两种知情权。与此相对应,国家消极知情权的实现可以分为两种情况:

一是通过国家主动公开信息的方式实现国家对国家的知情权。国家间的信息交换是国家间相互作用的重要形式。在这种信息交换中,每个国家不仅有"知"的需要,也有"被知"的需要。国家在基于"知"的需要对他国主张知情权的同时,也基于"被知"的需要愿意对他国主动公开信息。因此,世界上绝大多数国家都建立了国际交往中的信息公开制度。根据这种制度主动公开的信息,一般可以分为两类:(1)基于对外交往和保障公民知情权的需要而由"官方"(政府)主动公开的信息。这类信息多以政府发言人、官方出版物(白皮书、公报、通报)或官方网站等方式发布,可能涉及国家的政治、经济、文化、科技、军事等方面的内容。(2)基于公民表达权而由自然人、法人或其他组织在国内法允许的范围内,通过传统的或新型的媒介发表的"民间"信息。这类信息虽然具有非官方的性质,但可能在一定程度上反映一个国家的政治、经济、文化、科技和军事状况,因此往往成为其他国家信息情报收集的对象。按照"禁止反言"的一般法律原则,对于国家主动公开的上述两类信息,任何其他国家都享有自由获取的权利。

因此,虽然在情报领域不乏违反国际法和国际关系准则的秘密情报活动(间谍活动),但更多的情报活动是从公开和合法的渠道获取信息,具有国际法上的合法性。即使是俄罗斯联邦国家安全委员会这样最著名的情报机构,"它所获情报的百分之七十五到百分之九十都是完全从合法渠道获得的。所有信息,关于社会的、经济的,甚至军事的,都可以从政府或民间出版物中得到。……1982年,大不列颠军队准备与阿根廷开战时,通过研究阿根廷的民间出版物,对阿根廷军事系统的'战斗规则'的了解取得了完全料想不到的进展。这些出版物包括在普利茅斯公共图书馆发现的《珍妮号战舰》"。① 不过,应当指出的是,国家主动公开信息是国家提高透明度的单方面行为,其公开信息的范围和程度由国家根据其国内法自主决定。任何国家不得将自己的透明度标准强加于其他国家,更不能以增强透明度为幌子给其他国家制造"透明度困境"②。

　　二是通过国际组织主动公开信息的方式实现国家对国际组织的知情权。国际组织是国家间多边合作的法律形式,其可供使用的资金、人员和其他资源十分有限,它发挥效力的前提是成员国的参与和认同。在这种情况下,国际组织向其成员国主动公开信息,不仅可以让其成员国了解其观点和计划,从而提高其工作的有效性,并为公开讨论提供素材,提高国际组织政策建议的影响力,更重要的是,它可以提高国际组织的公信力,从而强化其存在的合法性。因此,国际组织一般都会根据其内部运作决定向其成员国主动公开信息,以实现其成员国对它的知情权。例如,国际货币基金组织（International Monetary Fund,以下简称 IMF）执行董事会就为此专门制定了"IMF 透明度政策"③。根据该项政策,IMF 通过其官方网站和出版物已经公布了 90％以上的国别文件和政策报告,并通过"新闻发布稿"等形式

---

① 　[美]康威・汉得森:《国际关系:世纪之交的冲突与合作》,金帆译,海南出版社、三环出版社 2004 年版,第 162 页。

② 　所谓"透明度困境",是指现实或潜在对手在围绕透明度展开的较量中,对对方的透明度要求往往引起对方的质疑和抵制,进而在恶性循环中为对手制造一个无法摆脱的困局。参见徐辉、韩晓峰:《美国军事透明政策及其对中国的影响》,载《外交评论》2014 年第 2 期。

③ 　有关 IMF 透明度政策的讨论,可参见 Luis Miguel Hinojosa Martinez, Transparency in International Financial Institutions, in Andrea Bianchi & Anne Peters (eds.), *Transparency in International Law*, Cambridge University Press, 2013, pp. 79-93.

及时公布该组织各机构的活动情况、决策动态和会议文件。①

总之,国家消极知情权的实现,是国家对他国或国际组织主动公开信息的被动获取,虽然享有自由,但缺乏主动性。随着国家间依存度的提高和国际关系民主化进程的加快,国家消极知情权的实现已经无法满足国家在国际关系中对信息的需要,国家对他国或国际组织信息的获取已经不能限于消极地接受他国或国际组织主动公开的信息,必须积极主动地寻求获取他国或国际组织没有主动公开的信息。于是,国家积极知情权的实现方式应运而生。

(二)国家或国际组织的透明度义务:国家积极知情权的实现

国家积极知情权的实现方式,是指由国家或国际组织履行条约规定的透明度义务来实现国家知情权的方式。在这种方式中,作为权利主体的国家对作为义务主体的国家或国际组织的信息公开请求,经过谈判已固化为条约规定的透明度义务。国家或国际组织对这种条约义务的履行,实质上意味着国家知情权是通过依请求公开信息的方式实现的。因此,与国家或国际组织主动公开信息的方式实现的国家消极知情权不同,以这种方式实现的国家知情权是一种请求权,属于积极权利的范畴。如果说,在国家消极知情权的实现方式中,作为义务主体的国家和国际组织是以国家的国内法和国际组织的内部法为依据公开信息,它们对作为权利主体的国家所承担的国际义务是一种不干涉的不作为义务;那么,在国家积极知情权的实现方式中,作为义务主体的国家和国际组织则是以条约规定的透明度义务为依据公开信息,它们对作为权利主体的国家所承担的国际义务则是一种"有约必守"的作为义务。

---

① 中国经济网:《国际货币基金组织采用新措施提高公开度》,http://www.ce.cn/,访问日期:2014年5月10日。

国际法依国家同意而产生。条约作为国家同意的重要方式，是现代国际法承认和保护国家知情权的主要渊源。从条约实践来考察，国际法上保障国家知情权的透明度义务，主要有两种：一是保障国家对国家知情权的透明度义务，即国家对国家的透明度义务；二是保障国家对国际组织知情权的透明度义务，即国际组织对国家的透明度义务。

（1）国家对国家的透明度义务。按照当事方的多少来划分，规定这类透明度义务的条约有三种类型：

一是双边条约。这类只限于两个国家参加的条约，缔约程序简单，是历史上出现最早，而且今天还在普遍采用的条约类型。由这类条约规定的透明度义务只对当事双方有约束力，由此形成的规范，常被称为"双边性义务规范"。例如，2012 年 6 月 16 日在哥本哈根签订的《中华人民共和国政府和丹麦王国政府对所得避免双重征税和防止偷漏税的协定》就设有"信息交换"的专门条款来规定双方在税务合作领域的透明度义务。该协定第 26 条第 1 款规定："缔约国双方主管当局应交换可以预见的与执行本协定的规定相关的信息，或与执行缔约国双方或其行政区或地方当局征收的各种税收的国内法律特别是防止欺诈和有助于实施防止合法避税的法律相关的信息，以根据这些法律征税与本协定不相抵触为限。"该条第 4 款还规定："如果缔约国一方根据本条请求信息，缔约国另一方应使用其信息收集手段取得所请求的信息，即使缔约国另一方可能并不因其税务目的需要该信息。"

二是有限性多边条约。所谓有限性多边条约，是指只是数目有限的国家可以参加且处理的事项只与这些国家有关的条约。区域性条约就是这类条约的代表。由这类条约规定的透明度义务只对数目有限的当事国有约束力，由此形成的规范，可以称为区域性义务规范。例如，上海合作组织 6 个成员国（哈萨克斯坦、中国、吉尔吉斯斯坦、俄罗斯、塔吉克斯坦和乌兹别克斯坦）于 2001 年 6 月 15 日缔结的《打击恐怖主义、分裂主义和极端主义上海公约》第 6 条将"交流信息"置于公约所列 10 项合作领域的首位,并在第 7 条中就交流信息的范围作出了具体规定,由此确立了缔约各方在合作打击"三股势力"方面所承担的透明度义务。①

三是开放性多边条约。所谓开放性多边条约,是指所有国家可以参加且处理的事项与所有国家有关的条约,即通常所说的全球性条约。由这类条约规定的透明度义务,具有普遍适用的空间,由此形成的规范,一般被称为"普遍性义务规范"。WTO《服务贸易总协定》第 3 条关于"透明度"的规定,就是这样的普遍性义务规范。根据该条规定,作为 WTO 成员的国家彼此所承担的透明度义务包括三项:一是迅速公布涉及或影响《服务贸易总协定》实施的国内措施;二是公布涉及或影响《服务贸易总协定》实施的成员间协定;三是设立一个或多个咨询点,以便应其他成员请求向其提供有关具体资料。

(2)国际组织对国家的透明度义务。规定这类透明度义务的法律文件通常是具有多边条约性质的国际组织章程,即国际组织的基本文件。众所周知,国际组织一般设有三级机关,即由全体成员国组成的

---

①　根据《打击恐怖主义、分裂主义和极端主义上海公约》第 7 条的规定,各方中央主管机关交换共同关心的情报,包括:(一)准备实施及已经实施恐怖主义、分裂主义和极端主义行为的情报,已经查明及破获的企图实施上述行为的情报;(二)对国家元首及其他国家领导人,外交代表机构、领事机构和国际组织的工作人员,其他受国际保护人员以及国事访问,国际和国家政治、体育等其他活动的参加者准备实施恐怖主义、分裂主义和极端主义行为的情报;(三)准备、实施及以其他方式参与恐怖主义、分裂主义和极端主义行为的组织、团体和个人的情报,包括其目的、任务、联络和其他信息;(四)为实施恐怖主义、分裂主义和极端主义行为,非法制造、获取、储存、转让、运输、贩卖和使用烈性有毒和爆炸物质、放射性材料、武器、引爆装置、枪支、弹药、核武器、化学武器、生物武器和其他大规模杀伤性武器,可用于制造上述武器的原料和设备的情报;(五)已查明涉及或可能涉及恐怖主义、分裂主义和极端主义行为的资金来源的情报;(六)实施恐怖主义、分裂主义和极端主义行为的形式、方法和手段的情报。

审议机关、部分成员国组成的执行机关和由秘书长或总干事领导的秘书机关。在三级机关中，执行机关是国际组织的"权力重心"，在审议机关休会期间代表审议机关行使职权；秘书机关是国际组织行政管理的核心，"具有财政、会务、调研、技术、情报、(甚至)调解纷争、对外代表本组织等多方面的职能"①。因此，国际组织的基本文件在进行组织机关的职权配置时，通常都规定了执行机关和秘书机关对审议机关的透明度义务。例如，《联合国宪章》第 24 条第 3 款规定：作为联合国执行机关的安全理事会应将常年报告，并于必要时将特别报告，提送作为联合国审议机关的大会审查；第 98 条第 1 款规定：秘书长应向作为审议机关的大会提送关于联合国工作的常年报告。又如，《联合国海洋法公约》有关国际海底管理局的规定中，也有这种组织机关的职权配置。《联合国海洋法公约》第 162 条第 2 款规定：作为管理局执行机关的理事会应向管理局全体成员组成的大会提出年度报告和大会要求的特别报告；第 166 条第 4 款规定：秘书长应就管理局的工作向管理局全体成员组成的大会提出年度报告。从上述规定看，虽然国际组织的基本文件一般不直接规定国际组织对其成员国的透明度义务，②但它们规定的执行机关和秘书机关对审议机关的报告义务，其实质就是国际组织对全体成员国承担的透明度义务。执行机关和秘书机关对这种透明度义务的履行，实际上实现了全体成员国对国际组织的知情权。

综上可知，国家知情权的客体包括两类信息：一是国家或国际组织主动公开的信息；二是国家或国际组织基于条约义务而公开的信息。前者是国家消极知情权的客体；后者是国家积极知情权的客体。

---

① 梁西：《国际组织法(总论)》，武汉大学出版社 2001 年修订第 5 版，第 31 页。
② 在实践中，也有国际组织的基本文件直接规定对其成员国承担透明度义务的，例如，《国际货币基金组织协定》第 12 条第 7 款就规定了 IMF 的报告公布义务。

二者统一构成国家或国际组织的公开信息。因此,国家知情权就是指国家享有的获取他国或国际组织公开信息的自由和权利。

四、从单独权利到集体权利:国家知情权的行使

权利的行使是权利主体向义务主体主张权利的过程,或者说是权利主体要求义务主体履行其义务的过程。在这个过程中,权利主体既有权决定是否行使其权利,也有权决定由谁行使其权利。因此,权利的行使主体既可以是权利主体自身,也可以是由权利主体授权的其他主体,行使权利的权利与被行使的权利之间并非必须是一致的。例如,在著作权领域就有著作权人授权的集体管理组织代表他们行使其著作权。考察现代国际法的实践,可以发现,国家知情权的行使主体有两个:一是作为权利主体的国家;二是作为权利主体的国家授权的国际组织。由此便在现代国际法上形成了行使国家知情权的两种权利:一是主权国家行使国家知情权的单独权利;二是国际组织行使国家知情权的集体权利。例如,在 WTO 法中,争端解决机制是作为WTO 成员的国家单独行使国家知情权的平台,而贸易政策审议机制则是作为 WTO 成员的国家集体行使国家知情权的场所。

(一)主权国家:国家知情权的单独行使

主权国家是国家知情权的权利主体,当然有权单独行使国家知情权。所谓国家知情权的单独行使,就是指作为权利主体的国家以自己的名义直接向作为义务主体的国家或国际组织主张知情权。因此,作为义务主体的国家或国际组织所履行的保障国家知情权的义务,是国家对国家、国际组织对国家的义务。对这种义务的违反,应按照国际责任法承担相应的法律后果,从而使受损害的相关国家获得应有的救济。

如前所述,国家知情权包括国家消极知情权和国家积极知情权。就国家消极知情权的行使而言,如果国家或国际组织违反了作为义务主体所承担的不干涉义务,则按照习惯国际法,作为权利主体的国家可采取包括抗议、报复、制裁等在内的反对措施。例如,按照《维也纳外交关系公约》第 3 条的规定,"以一切合法手段调查接受国之状况及发展情形,向派遣国政府具报",本来是国家驻外使馆的职务之一,享有国家消极知情权,但有的使馆接受国却因为与派遣国的关系恶化而常常以涉嫌从事间谍活动为理由驱逐派遣国的外交官,从而受到派遣国的抗议和以驱逐对方外交官为形式的报复。2001 年 3 月 21 日,美国政府以涉嫌从事间谍活动为由,下令驱逐 51 名俄罗斯外交官,两天后,俄罗斯立即采取报复措施,也以同样的理由宣布驱逐 50 名美国外交官,就是外交领域涉及国家消极知情权行使的典型案例。

国家积极知情权是基于条约而产生的知情权。国家对这种知情权的行使,意味着作为义务主体的国家或国际组织必须履行的透明度义务是国家对国家、国际组织对国家的条约义务。如果国家违反了对国家的条约义务,则受到影响的国家可以按照 1969 年《维也纳条约法公约》第 60 条和第 70 条的规定行使权利:(1)如果双边条约当事一方违反了条约规定的义务,条约另一当事方有权援引该违约为理由终止该条约,或全部或局部停止其施行,并在终止该条约时,解除继续履行该条约之义务,不影响当事方在该条约终止前经由实施该条约而产生之任何权利、义务或法律情势。(2)如果多边条约当事方之一违反了条约规定的义务,其他当事方有权以一致协议,在各该国与违约国的关系上,或在全体当事国之间,将该条约全部或局部停止施行或终止该条约,并在终止该条约时,解除继续履行该条约之义务,不影响当事国在该条约终止前经由实施该条约而产生之任何权利、义务或法律情势;特别受违约影响的国家有权援引该违约为理由在其本国与违约国的关系上将该条约全部或局部停止施行;遇该违约致每一当事国继续履行该条约义务所处之地位根本改变,则违约国以外的任何当事国均有权援引该违约为理由对其本国将该条约全部或局部停止施行。如果国际组织违反了其章程规定的对其成员国的义务,则受影响的成员国可以按照以下两种方式行使权利:(1)如果国际组织章程有退籍的规定,则可按该规定退出国际组织;(2)如果国际组织章程没有退籍的规定,则可适用《维也纳条约法公约》第 56 条有关一般条约的退出条款①解决退出国际组织的问题。

可见,国家知情权的单独行使是一个当事方解释和适用国家知情权规范的过程。然而,由于当事方的立场和诉求不同,这个过程难免发生当事方之间的争议。因此,有关条约基于和平解决国际争端的国际法原则,一般都规定了解决这种争端的程序和方法。在争议中受影响的任何当事方,均可依照这些程序和方法解决其与其他当事方之间的争议,从而使自己的权利获得适当的救济。例如,根据 WTO 的透明度原则,作为 WTO 成员的国家应迅速、及时地公布其制定和实施的与国际贸易有关的法律法规、司法判决、行政决定和它与其他成员缔结的影响国际贸易的协定,以便各成员及贸易商熟悉。如果两个或两个以上作为成员的国家就上述透明度义务发生解释和适用方面的争议,其中一个或多个受影响的国家可根据 WTO《关于争端解决规则与程序的谅解》(以下简称《谅解》)的规定,将此争议提交 WTO 争端解决机构,并按规定的程序和方法解决它们之间的争议。

---

① 《维也纳条约法公约》第 56 条规定,"一、条约如无关于其终止之规定,亦无关于废止或退出之规定,不得废止或退出,除非:(1)经确定当事国愿意为容许有废止或退出之可能;或(2)由条约之性质可认为有废止或退出之权利。二、当事国应将其依第一项废止或退出条约之意思至迟于十二个月以前通知之"。

（二）国际组织：国家知情权的集体行使

主权国家对国家知情权的单独行使，是国家知情权行使的常态。这从一个方面表明，每个国家将权利掌握在自己手中，仍然是国际法治的基本特征。不过，在人类经过 20 世纪两次惨不堪言的世界大战之后，国际社会开始意识到：国家个体的能力是有限的，要解决国际安全、人权保护、环境治理等诸多涉及国际社会整体利益的全球性问题，国家必须依靠国际组织的集体力量，加强彼此之间的合作，并在这种合作中，让渡自身行使权利的权利。由此，国际组织作为国家对世界事务进行多边协调与管理的有效形式，在第二次世界大战结束之后迅速发展起来，并在众多国际关系领域开始代表国家行使国家知情权，从而产生了国家知情权行使的第二种方式——国家知情权的集体行使。

国家知情权的集体行使，主要是指国际组织代表其所有成员国向作为义务主体的成员国主张知情权，或要求作为义务主体的成员国对其履行透明度义务。因此，作为义务主体的成员国所履行的透明度义务，从形式上说是国家对国际组织承担的义务。不过，这里的国际组织是依国家间的协定建立起来的国家联合体，它对国家知情权的行使，实际上是作为权利主体的国家以集体的形式对国家知情权的行使；它行使国家知情权的权利是国家通过彼此间的协定授予的集体权利，不得超过国家间协定所确立的职能范围。所以，就其实质来说，国家对国际组织承担的透明度义务，仍然是国家对国家（国家联合体）的义务。国际组织对国家知情权的集体行使，不仅不会妨碍成员国对国家知情权的行使，相反，它为成员国行使国家知情权提供了更加有力和有效的组织保障。

在现代国际法上，国际组织对国家知情权的集体行使，是监督条约实施的重要手段和程序。由此形成的条约实施监督机制，一般由多边条约建立,并有常设机构根据条约规定的透明度义务和程序开展连续性活动,其目的是:(1)对缔约国履行条约义务的行动进行协调;(2)为愿意履行条约义务的缔约国提供保障;(3)给意图违反或不遵守条约义务的缔约国造成威慑,从而促使缔约国有效地履行其条约义务和遵守条约规则。^①目前,这种条约实施的监督机制已被广泛应用于集体安全、军备控制、人权保护、环境治理、国际贸易等领域。

(1)在集体安全领域,根据《联合国宪章》第 39 条的规定,安理会作为联合国的权威执行机构,有权代表所有联合国会员国,对"和平之威胁、和平之破坏或侵略行为是否存在"的情势进行了解和判断,并有权决定采取包括军事行动在内的制裁措施。当联合国任何成员国在受到武力攻击而行使单独或集体自卫权时,按照《宪章》第 51 条的规定,成员国有义务立即将"因行使此项自卫权而采取之办法"向安理会报告,以便安理会对此作出判断并采取必要的行动。

(2)在军备控制领域,为监督《不扩散核武器条约》的实施,《国际原子能机构规约》建立了核查机制。依据这种机制,国际原子能机构不仅要求当事国提交履约情况的报告,而且采取定期核查、临时核查和特别核查三种形式,核实其获得的信息,进而判断当事国的履约情况。对于违反承诺并影响国际和平与安全的情势,国际原子能机构可以向联合国安理会报告,以引起安理会的关注并及时采取行动。^②此外,1993 年缔结、1997 年生效的《禁止化学武器公约》也规定了一种与国际原子能机构核查机制相类似的化学武器核查制度。^③

---

① Abram Chayes & Antonia Handler Chayes, *The New Sovereignty : Compliance with International Regulatory Agreements* , Harvard University Press,1998,pp. 135-153.

② 《国际原子能机构规约》第 3 条第 2 款第 4 项。

③ 江国青:《略论国际法实施机制与程序法制度的发展》,载《法学评论》2004 年第 1 期。

（3）在人权保护领域，缔约国报告程序是国际人权条约广泛采用的监督缔约国履行条约义务的强制性程序。根据这一程序，缔约国有义务向有关国际人权监督机构递交报告，说明其在履行人权条约义务方面所采取的措施、取得的进展和遇到的困难。有关人权机构对此类报告进行审议，并就报告的内容发表无法律约束力的评论或建议，以便缔约国更好地履行条约义务，保障并实现条约所规定的权利。

（4）在环境治理领域，根据《联合国气候变化框架公约》第 4 条的规定，所有缔约方应依照《公约》第 12 条的规定，向公约的最高机构——缔约方会议提供关于履行公约情况的专项报告，其内容包括缔约方的温室气体排放信息、为履行公约义务所制订的计划及实施的具体措施等。缔约方会议有权评估缔约方履行公约的情况、依照公约所采取措施的总体影响以及当前在实现公约的目标方面取得的进展，审议并通过关于公约履行情况的定期报告，提出为履行公约所必需的建议。

（5）在国际贸易领域，按照 WTO 的透明度原则，作为 WTO 成员的国家不仅承担着对其他成员的透明度义务，还承担着对 WTO 本身的透明度义务。依此义务，作为 WTO 成员的国家应将其影响 WTO 协定实施的法律、法规及其变化定期向 WTO 贸易政策审议机构提出报告，以便 WTO 对成员履行各协定的情况进行审查。为此，WTO 专门建立了贸易政策审议机制（Trade Policy Review Mechanism），通过对各成员的全部贸易政策和做法及其对多边贸易体制运行的影响进行定期的集体评价和评估，促进所有成员更好地遵守多边贸易协定和适用的诸边贸易协定的规则、纪律和在各协定项下所作的承诺，使多边贸易体制更加平稳地运行。

分析上述各个领域的条约实施机制，可以发现，国际组织对国家知情权的集体行使，一般包括两个程序：一是缔约国程序。这个程序的目的是通过缔约国对登记、报告、通知等透明度义务的履行，收集缔约国与条约实施有关的信息,为国际组织监督条约的实施提供基础和前提;二是组织内程序。在这个程序中,相关条约的监督机构依照有关规定,对缔约国提供的履约信息进行核查和审议,并在此基础上,通过有约束力或无约束力的决议,对缔约国提出实施条约的要求和建议。两个程序相互衔接,构成了条约实施监督机制的完整体系。

由上可见,在现代国际法上,国家知情权的行使主体,不仅有作为权利主体的国家,还有作为权利主体的国家授权的国际组织。不过,应当指出的是,国际组织对国家知情权的集体行使并没有改变国家知情权的权利主体是主权国家的根本事实;而且,国际组织被国际法赋予行使国家知情权的集体权利,归根到底是国家行使主权的结果。

五、从国家到国际组织的保密权:国家知情权的限制

任何法律权利都不是不受限制的绝对权利。权利主体的权利在受到法律保护的同时,其行使权利的范围和方式必须受到法律的限制。只有这样,才能确保权利主体正当地行使其权利。因此,国际法在确认和保护国家知情权的同时,通过承认作为国家知情权义务主体的国家和国际组织所享有的保密权,规定了对国家知情权的限制。

（一）国家的保密权:国家对国家知情权的限制

一般来说,凡国际法未加规范的事项(剩余事项),都是国家职权与管辖范围内的事项,国家有权依据其国内法自主处理。[①] 因此,国家对其未在国际法中承担透明度义务的事项和信息享有自主决定是否

---

① 　梁西:《国际组织法(总论)》,武汉大学出版社 2001 年修订第 5 版,第 10 页。

和怎样保密的权利。也就是说,国家的保密权是一项不受干涉的权利,①属于一国的内政。对这项权利的保护适用国际法上的不干涉内政原则。根据这项原则,任何影响或妨碍国家保密权行使的行为,都是国际法不允许的,违反了不干涉内政的国际法义务。由此产生的法律后果是:受干涉的国家有权援引此种行为为理由采取抗议、报复等反对措施。正因为如此,一些国际条约在设定国家对国家的透明度义务时,常常会规定某些"例外"作为对国家保密权的承认和保护。例如,WTO《与贸易有关的知识产权协定》第 63 条规定:协定规定的"透明度"义务并不"要求成员方泄露将会妨碍法律实施,或违背公共利益,或损害特定的国营或私营企业合法商业利益的资料"。中国与丹麦签署的《对所得避免双重征税和防止偷漏税的协定》第 26 条也规定:双方的"信息交换"义务"在任何情况下不应被理解为缔约国一方有以下义务":"提供按照该缔约国一方或缔约国另一方的法律或正常行政渠道不能得到的信息";"提供泄露任何贸易、经营、工业、商业或专业秘密或贸易过程的信息或者泄露会违反公共政策的信息"。

国家对其保密权的行使,是建立国家的保密制度。这种制度的内容一般包括三个方面:一是定密,即确定保密的对象和范围;二是护密,即规定保密的手段和措施;三是泄密追究,即明确违反保密义务的法律后果。② 依这种制度所确定的"保密信息"(classified information),虽然各国称谓不同,我国和俄罗斯称"国家秘密",英国称"官方秘密",但其实质均是指那些公开后会给国家带来损害的信息,其范围大致包括:(1)涉及国家重大安全、经济以及政治利益的秘密信息;(2)政府出于

---

① 在国际法上,国家的保密权是相对于其他国家或国际组织的,因此,它是国家的一种权利(right)。但在国内法上,国家的保密权是相对于其管辖下的自然人和法人的,因此,它是国家或其政府的一种权力(power)。

② 林爱珺:《论知情权的法律保障——新闻传播学的视角》,复旦大学 2007 年博士学位论文,第 89 页。

治理需要依法掌握的个人隐私和商业秘密。这些保密信息不经国家或国家授权的机关依法定程序公开,任何国家、组织和个人均不得以任何方式窃取或披露。因此,国家保密权的行使不仅在国内法上构成对公民知情权的限制,在国际法上也是对国家知情权的限制。正因为如此,《维也纳外交关系公约》和《维也纳领事关系公约》特别强调:国家驻外使、领馆在行使对接受国的调查权时,手段必须是合法的,即不得违反接受国的保密制度。因此,《奥本海国际法》指出:"一个外交官决不能从事间谍活动,如果他这样做了,他就可能立即被接受国要求离开该国。"①

应当指出的是,由于不同国家所持的信息管理理念不同,各国保密制度所确定的保密范围并不完全相同。对于持有"保密是原则,公开是例外"理念的国家来说,其保密制度所确定的保密范围无疑要远远大于那些持有"公开是原则,保密是例外"理念的国家。这种差别所带来的结果是:国家对国家的知情权在前者所受到的限制要远远大于后者。不过,随着知情权运动在世界范围内的兴起,这种国家间的差异正在逐步缩小,"公开是原则,保密是例外"已开始成为大多数国家保密制度立法所秉持的基本理念。可以预见,在国际法不断扩大透明度义务范围和国内法逐步提高信息公开程度的双重力量作用下,国家对国家的知情权客体必将随着国家保密范围的相对缩小而不断扩大。当然,这种扩大是有限度的。在国家主权原则的作用下,保密作为信息公开的例外,今后仍将构成国家对国家知情权的必要限制。

(二)国际组织的保密权:国家对国际组织知情权的限制

国际组织对其成员国的信息公开和信息保密,是一个问题的两个

---

① [英]詹宁斯、瓦茨修订:《奥本海国际法》(第九版)第1卷第2分册,王铁崖等译,中国大百科全书出版社1998年版,第489页。

方面,其目的都在于保障国际组织在其法定职能及达成其组织宗旨所必需的范围内有效地开展活动。因此,从这个意义上说,国际组织的保密权也是国际组织为实现其宗旨、履行其职能所必需的法律权能之一。它的行使,在一定程度上构成了国家对国际组织知情权的限制。不过,国际组织是否享有保密权,以及在多大程度上享有保密权,目前国际法中尚无统一规定。在实践中,这个问题一般是在特定范围内,根据国家的明示或默示同意个别地来加以具体解决的。联合国安理会、WTO、欧洲联盟作为国际组织及其机关享有保密权的例子,在一定程度上说明,国家对国际组织的知情权并不是在所有情况下都不受限制。

　　根据联合国安理会《暂行议事规则》的规定,安理会是享有保密权的联合国执行机关。《暂行议事规则》第 57 条规定:"秘书长应每年向安全理事会提交一份当时仍认为机密的记录和文件清单。安全理事会应决定其中哪些可向联合国其他会员国提供,哪些可以公布,哪些仍应保持机密。"依此规定,安理会享有对其会议记录和文件定密的权力。凡由安理会决定"仍应保持机密"的安理会会议记录和文件,均不得向联合国其他会员国提供,也不得公布。

　　WTO《关于争端解决规则和程序的谅解》对专家组"保密"义务的规定,表明 WTO 同联合国安理会一样,是享有保密权的国际组织。《谅解》第 14 条规定:"(1)专家组的审议情况应予保密。(2)专家组的各种报告应在争端各当事方不在场的情况下,根据其提供的资料及所作的各项陈述起草。(3)专家组报告中由各位专家组成员所表达的意见应是匿名的。"《谅解》附录 3 第 2 条、第 3 条还规定:"专家组应召开秘密会议。争端各当事方和各利益方,只有在受到该专家组邀请的情况下,方可出席会议。""专家组的审议情况及提交给它的各种文件均应保密。"上述规定作为 WTO 行使其保密权的一种制度安排,确定了WTO 争端解决机构专家组的保密事项和保密措施,从而对 WTO 成员的知情权作出限制。

欧洲联盟是高度一体化的区域性组织,具有"超国家"的特征,享有几乎同国家一样的保密权。基于这种保密权,欧盟委员会不仅专门设立了"保密委员会",总体负责领导欧盟的信息保密和安全工作,还制定了有关保密的《安全规则》,就保密信息的等级划分、保密规则和保密责任作出具体规定。根据 2001 年修订并发布实施的《安全规则》,欧盟将保密信息划分为以下四个等级:(1)绝密级,即若未经授权而公开,将对欧盟或其成员国的根本利益造成十分重大损失的信息或资料;(2)机密级,即若未经授权而公开,将对欧盟或其成员国的根本利益造成严重损害的信息或资料;(3)秘密级,即若未经授权而公开,将对欧盟或其成员国的利益造成损害的信息或资料;(4)限制级,即若未经授权而公开,将对欧盟或其成员国的利益带来不利影响的信息或资料。以上保密信息的等级确定、转换和解密由定密者根据《安全规则》规定的标准、程序和规则全程负责。① 可以肯定,欧盟的上述保密制度,既是对欧盟成员国知情权的一种限制,也是对欧盟成员国公民知情权的一种限制。

不过,国际组织的保密权,即使是最权威国际组织的保密权,它同主权国家的保密权比较起来,都是受到严格限定的。国家保密权是国家主权派生出来的一项基本权利,它的行使除受国际法的约束外,不受其他任何国际行为体的控制。与此不同,国际组织的保密权是主权国家授予的,它只能在主权国家所确定的职能范围内得到承认,并且只能在这个范围内行使。因此,国际组织的保密权对国家(对国际组织)知情权的限制,作为国家同意的一种自我限制,其范围和程度远不

———————

① 有关欧盟保密制度的介绍,参见杨志雄、吕青:《欧盟定密制度研究》,载《保密科学技术》2013 年第 5 期。

及国家保密权对国家(对国家)知情权的限制。

六、结语

"我们的时代是权利的时代。"[1]人类社会的各种行为主体,都在努力通过法律主张和实现自身的各种权利。在这些林林总总的权利主张中,知情权可以说是最受各种行为主体重视的权利之一。这是因为:人类今天已从工业社会进入一个以创造和分配信息为基础的信息社会。在这个社会,信息已经取代物质和能量,成为主导社会发展的最重要资源。每一个行为主体要有效地满足自身生存和发展的需要,就要有足够的信息。因此,和其他行为主体一样,今天的国家比以往任何时候都更加渴望享有和行使知情权。实践已经并将继续表明,国际法对国家知情权的保护和限制,不仅对国家的生存和发展,而且对国际社会的安全和稳定,都具有非常重要的法律意义。

---

[1] [美]路易斯·亨金:《权利的时代》,信春鹰等译,信春鹰校,知识出版社 1997 年版,"前言",第 I 页。

第十二章
国际通信法的界域、主体及架构

通信的国际法规制,兴起于 19 世纪 60 年代,经过近几十年的巨大发展,现已形成通信领域的一种国际法律秩序。加拿大学者爱德华·麦克温尼(Edward McWhinney)将这种国际法律秩序称为"国际通信法"(International Law of Communications)①。它作为现代国际法中专业性很强的法律部门之一,不仅已拥有作为其主要渊源的庞大条约体系,②而且形成了其制定和实施可资依附的国际组织网络,③并随着信息时代的到来,正在发挥着越来越重要的作用。

对国际通信法的研究,西方法学界非常重

---

① Edward McWhinney, *International Law of Communications*, Kluwer Law International, 1971.

② 据联合国条约数据库的检索统计,截至 2012 年 8 月,仅在联合国登记的涉及通信的国际条约就多达 851 项。

③ 目前在通信领域发挥重要作用的国际组织,不仅有全球性的,如国际电信联盟、万国邮政联盟、世界贸易组织、国际电信卫星组织等,还有区域性的,如亚太电信组织、欧洲电信卫星组织、非洲电信联盟等。

视,不仅起步较早,而且著述颇丰。[①] 比较而言,我国在此领域的研究
十分薄弱。除在世界贸易组织法、外层空间法、国际人权法、国际知识
产权法等国际法部门的研究中,对其中的部分内容有所涉及外,目前
尚未发现直接以国际通信法作为独立研究对象的成果。这种状况既
不能适应信息时代国际法发展的要求,也不能满足我国信息化的现实
需要。鉴此,本章对国际通信法的界域、主体及架构进行了初步研究,
抛砖引玉,期待学界加强对国际通信法的研究。

一、国际通信法的界域

国际法体系中的任何一个法律部门都是为了应对某个具体领域
的国际事务而产生的,有其区别于其他国际法部门的"问题域"。这个
问题域作为国际法部门所涉国际关系特定领域的问题汇集,彰显着国
际法部门的存在方式,确定着国际法部门的功能目标。因此,可以将
其称为国际法部门的"界域"。

以 1865 年《国际电报公约》(以下简称《公约》)的缔结为标志而产
生并发展起来的国际通信法,是现代国际法专业化发展的产物,它与

---

① 代表性的成果主要有: David M. Leive, *International Telecommunications and International Law*: *The Regulation of the Radio Spectrum*, A. W. Sijthoff, 1970; Edward McWhinney, *International Law of Communications*, Kluwer Law International, 1971; Charles H. Kennedy & M. Veronica Pastor, *An Introduction to International Telecommunications Law*, Artech House, 1996; Christopher T. Marsden (ed.), *Regulating the Global Information Society*, Routledge, 2000; Paul Nihoul & Peter Rodford, *EU Electronic Communications Law*: *Competition and Regulation in the European Telecommunications Market*, Oxford University Press. 2004; Robert Bell & Neil Ray, *EU Electronic Communications Law*, Oxford University Press, 2006; Rohan Kariyawasam, *International Economic Law and the Digital Divide*: *A New Silk Road?* Edward Elgar Publishing Ltd, 2007; Dennis Campbell (ed.), *International Telecommunications Law*, Vol. I-IV, Yorkhill Law Publishing, 2007.

其他国际法部门一样,也有着自身的特定界域。考察和分析国际通信法产生和发展的历史可以发现,它的界域包括两类通信领域的国际事务:一是国际通信活动的规制,二是通信制度的国际协调。

（一）国际通信活动的规制

国际通信活动是指跨越国境的信息传输活动,它体现的国际交往能力,是国际社会形成和发展的基本要求。国际通信活动有狭义与广义两种含义。狭义上的国际通信活动,是指"点对点"的双向可逆的跨国信息传输活动,具有私密性;与此相对应的是狭义上的国际传播活动,它是指"点对面"(一点对多点)的单向不可逆的跨国信息传输活动,具有公开性。广义上的国际通信活动,则是狭义上的国际通信活动和狭义上的国际传播活动的统称,涉及邮政、电报、电话、广播、电视、计算机网络等各个领域。显然,本文所讨论的国际通信活动,是广义上的国际通信活动。这种国际通信活动和国内通信活动一样,都是由信息的发送、信息的传输和信息的接受三个基本环节构成的信息传输过程。不同的只是:国际通信活动中发送信息的信源和接受信息的信宿分别位于不同国家,而国内通信活动中的信源和信宿则位于同一国家。因此,只有在主权国家相互协议的基础上,建立起连接信源和信宿的跨国信道,才能实现跨越国境的信息传输,达到信息在国家间的互联互通。从这个意义上说,国际通信法首先是为适应国际通信活动的需要而产生并发展起来的。

国际通信活动是一项复杂的系统工程,涉及技术、经济和政治等各方面因素。与此相适应,国际通信法对国际通信活动的规制主要包括以下三个层面:

第一,技术层面。国际通信活动首先是一个物理过程,它的实现一般需要满足以下技术条件:(1)国际信道的开发和维护。例如,国际邮政通信中邮路的铺设和维护,国际有线通信中跨国电缆或光缆的架设和维护,国际卫星通信中"空间段"①的建立和维护,互联网的接入与使用,等等。(2)国际信道标准的制定和遵守。例如,国际电报通信中通用电码的确立,国际计算机网络通信中"0/1"比特流信号格式的制定,等等。(3)国际信道资源的利用和分配。例如,国际无线通信中无线电频谱的划分与利用、无线电频率的分配与登记,国际卫星通信中地球静止轨道的利用和分配,国际计算机网络通信中网络域名和因特网协议(Internet Protocol,IP)地址的使用和分配,等等。因此,为满足上述技术条件,国际社会在主权国家相互协议的基础上,先后形成了国际信道的合作开发与维护制度、国际信道的标准化制度以及国际信道资源的调配制度。

第二,经济层面。国际通信活动也是一项经济活动。无论通信运营的主体是政府还是私人,国际通信服务的提供者都应当获得相应的经济回报,享受这种服务的用户都需要支付一定的费用。在国际社会货币和汇率不统一的情况下,确立国际通信服务的资费标准、资费结算单位、资费收取和分配规则,是国际通信活动顺利进行的经济前提。国际通信法中的国际结算费率制度,就是为适应这种需要而产生并发展起来的。

第三,政治层面。国际通信活动还是一种政治性很强的国际交往行为。依国际通信内容的不同,它既可作为促进国际合作、维护国际和平的手段,也可成为干涉他国内政、危害国家和国际社会安全的工具,具有正反两方面的效应。建立国际通信行为的监管规则和制度,以便保持和发扬国际通信行为的正面效应,预防和克服国际通信行为可能产生的负面效应,是国际通信活动健康有序开展的重要保证。正

---

①　空间段是指卫星以及跟踪、遥测、指令、控制、监测和辅助卫星运行所需要的有关设施和设备。

因为如此,国际通信法从产生之日起,就一直特别注意对国际通信行为的规制,1865 年缔结的《国际电报公约》便建立了关于各国政府对于电报如有涉及和危害国家安全的内容时可以拦截的制度,而且,在后来的《国际电信联盟组织法》中,仍然保留了这项制度。[①]

可见,国际通信法从上述三个层面对国际通信活动的规制,实际上是对国际通信通道、国际通信服务和国际通信行为的规制。它们依次递进,相互关联,共同构成国际通信活动的规制系统。

(二)通信制度的国际协调

长期以来,通信在绝大多数国家都是受政府严格管制或由政府直接运营的公用事业,国际通信活动和国内通信活动被分割为两个独立的通信系统,由国家以两种不同方式分别加以控制:通过与其他国家谈判缔结的通信条约控制国际通信活动,通过国内立法和行政措施监管国内通信活动。直到 20 世纪 80 年代以后,这种国际与国内两种通信制度分离的状况才有所改变。导致这种改变的因素概括起来主要有:

(1)通信网络的全球化。空间技术、计算机技术、数字化网络技术在通信领域的广泛应用,催生了全球化的通信网络,国际信道与国内信道之间的严格划分已经变得没有意义。各国在制定适用于本国通信活动的通信通道规则时,必须以国内信道与国际信道之间的互连互通为前提。

(2)通信服务贸易的自由化。随着通信技术的发展,政府逐步放松了对通信的管制,通信业开始从先前的公用事业转变为一个与商业和贸易的关联日益密切的产业,出现了商业化、私营化和全球化的发

---

① 《国际电信联盟组织法》第 34 条。

展态势，形成了管制与运营相分离的全球通信市场。① 与此同时，关贸总协定乌拉圭回合谈判将服务贸易引入多边贸易体制，所达成的《服务贸易总协定》将电信服务业纳入国际服务贸易的规制范围，从而使通信服务贸易的自由化成为各国或各地区参与国际通信市场竞争的必要前提，各国或各地区在制定本国或本地区的通信服务贸易规则时，必须考虑多边服务贸易规则的要求。

（3）人权保护的国际化。国际人权公约，特别是《公民及政治权利国际公约》的缔结和生效，使个人通信自由这一受国内法保护和限制的人权，被纳入国际人权法保护和限制的范围，通信自由保护与限制的国际化成为不可逆转的趋势。各国对通信行为的监管，必须符合国际法保护通信自由的基本要求。

因此，确立通信立法的国际标准以协调各国的通信通道制度、通信服务制度和通信行为制度，已经成为继规制国际通信活动之后，国际通信法的又一重要国际事务。为此，国际通信法一方面承认每个国家均有主权权利监管其本国范围内的通信活动，设立通信监管机构并进行通信立法，从而建立适合于本国国情的通信制度；另一方面，通过条约和其他形式建立有关通信的国际规则，用以协调各国的通信制度，从而实现缩小各国通信制度差异、满足全世界人民通信需要的目的。

综上可见，国际通信法作为一个相对独立的国际法部门，实际上是一种规制国际通信活动、协调各国通信制度的国际法律制度。它的形成和发展，既是现代国际法发展的必然结果，又为现代国际法增添

---

　　①　Nandasiri Jasentuliyana, The Future of International Telecommunications, in A. Anghie and G. Sturgess (eds.), *Legal Visions of the 21st Century: Essays in Honor of Judge Christopher Weeramantry*, Kluwer Law International, 1998, pp. 391-423.

了新的内容。

二、国际通信法的主体

国际通信法,作为一个专业化的国际法部门,既有特殊国际法部门的个性,又有一般国际法的共性。如果说,国际通信法的界域特征,使国际通信法与其他国际法部门区别开来,表现了它的个性,那么,国际通信法的主体特征,则使国际通信法与国内法区别开来,反映了它的共性。这种个性与共性的辩证统一,构成了国际通信法的基本内涵。

国际通信法是国际法的下位概念,二者之间是一种种属关系。因此,可以按照《牛津法律大辞典》对"国际法的主体"所下的定义,①给"国际通信法的主体"定义如下:所谓国际通信法的主体,是指享有国际通信法赋予的权利(力)和承担国际通信法附加的义务的实体。这个定义表明,一个实体成为国际通信法的主体,必须同时满足两个条件:一是被国际通信法赋予权利并附加义务,即具有国际通信法上的国际人格;二是享有国际通信法赋予的权利和承担国际通信法附加的义务,即参加国际通信法律关系。二者的关系是:前者是后者的前提,没有前者就没有后者;后者是前者的实现,没有后者,前者只是一种法律拟制。因此,判断一个实体是不是国际通信法的主体,首先要看国际通信法是否给予这个实体以权利(力)和义务以及给予什么权利(力)和义务,其次要看这个实体是否实际享有国际通信法赋予的权利(力)和承担国际通信法规定的义务。从这个意义上说,国际通信法的

---

　① 《牛津法律大辞典》给"国际法的主体"所下的定义是:"指享有国际法赋予的权利(力)和承担国际法附加的义务的实体。"参见[英]戴维·M.沃克:《牛津法律大辞典》,李双元等译,法律出版社 2003 年版,第 581 页。

主体问题是一个实然法的问题，它不具有应然法的性质。

国际通信法是一个由众多条约作为渊源而构成的庞大复杂的法律体系。与此相适应，被国际通信法赋予国际人格并成为国际通信法主体的实体，也是复杂多样和发展变化的。概括起来，主要有以下两类实体。

（一）国家

在国际通信法上，国家是主要的国际人格者。这就是说，国际通信法主要是规定国家权利和义务的法律。因此，与其他国际法部门一样，国际通信法本质上仍然是一种国家间的法律制度。这是因为，通信领域的国际条约，和其他领域的国际条约一样，都是国家间的协议，调整的主要是国家间的关系，由条约而起的权利和义务主要是国家的权利和义务。通过条约，国家首先赋予自己权利，规定自己义务，从而使自己具备成为国际通信法主体的资格。不过，条约对这种资格的规定，往往是针对不特定国家的，属于可能性领域。具备这种资格的国家，只有参加国际通信法律关系，才能成为国际通信法的主体。例如，以《国际电信联盟组织法》（以下简称《组织法》）为基本文件的国际电信联盟法，虽然规定了国家的诸多权利和义务，但目前只有国际电信联盟的 193 个成员国①享有这些权利，承担这些义务，是国际电信联盟法的主体；非国际电信联盟成员的其他国家，虽然具备成为国际电信联盟法主体的资格，却不是国际电信联盟法的主体。

（二）国家以外的其他实体

国家通过条约不仅为自己规定权利和义务，使自己成为国际通信

---

①　国际电信联盟网站：http://www.itu.int/zh/pages/default.aspx，访问日期：2012 年 12 月 30 日。

法上的主要国际人格者,同时也为国家以外的其他实体规定权利和义务,使它们具备国际通信法上的国际人格。考察和分析国际通信法的实践,可以发现,被国际通信法赋予国际人格并成为国际通信法主体的国家以外实体,主要有:

1. 政府间国际通信组织。伴随着现代国际社会的组织化趋势,通信领域出现了众多的国际组织,形成了国际通信组织网络,其管辖的范围从海底电缆的铺设到卫星通信的保障,从通信标准的制定到通信服务的规范,从通信通道的维护到通信行为的监管,涉及通信的各个方面。在这个网络中,既有国际电信联盟、万国邮政联盟这样专门化的国际通信组织,也有世界贸易组织、联合国教科文组织这样与通信有关的国际组织;既有国际电信联盟这样的全球性组织,也有亚太电信组织这样的区域性组织。这些负有通信领域职能的常设机构,一般依国家或政府间的多边协议(宪法性条约)设立,各有其具体而明确的宗旨和职能,并被其成员(国)赋予一定的法律权能。它们依照其宪法性条约所确定的宗旨和职能持续地开展对内对外活动,从而在实践中作为权利义务主体参与各种法律关系,成为与其成员(国)相区别的国际通信法主体。

以国际电信联盟为例。根据《国际电信联盟组织法》第 1 条的规定,国际电信联盟的宗旨共有 7 项:(1)保持和扩大所有成员国之间的合作,促进和加强各通信实体和组织对国际电信联盟活动的参与,并促进它们与成员国之间建立富有成果的合作与伙伴关系;(2)促进和提供对发展中国家的技术援助,提高它们获取信息的能力;(3)促进技术设施的发展及其最有效的运营,提高电信业务的效率;(4)促使世界上所有居民都得益于新的电信技术;(5)推动电信业务的使用,增进和平的关系;(6)协调各成员国的行动,促进在成员国与部门成员之间建立富有成果和建设性的合作和伙伴关系;(7)通过与其他世界性和区域性政府间组织以及那些与电信有关的非政府间组织的合作,在国际层面上促进从更宽的角度对待全球信息经济和社会中的电信问题。国际电信联盟的职能有 10 项,其中主要的 5 项是:(1)实施无线电频谱的频段划分、无线电频率的分配和无线电频率指派的登记,以及对地静止卫星轨道位置和卫星特性的登记,以避免不同国家无线电台之间的有害干扰;(2)促进全世界的电信标准化;(3)促进电信设施的和谐发展和充分利用;(4)制定与有效服务相对称的费率;(5)促进保证生命安全的措施得以采用。为此,《国际电信联盟组织法》第 31 条明文规定:"国际电信联盟在其每一成员国的领土上均享有为行使其职能和实现其宗旨所必需的法律权能。"上述规定表明,国际电信联盟在国际法上的国际人格,是被其成员国广泛承认的。因此,它可以在这个限度内成为国际电信联盟法的主体,受国际法一般规则、《国际电信联盟组织法》以及它作为缔约方的国际协定对其所设定义务的拘束。[①]

值得指出的是,在通信领域存在着一类介于纯粹政府间组织和纯粹私人公司之间的实体,"它们的结构主要是属于私法组织的,但却部分或全部由政府机构组成"[②]。这类实体的典型代表就是没有进行私有化改组之前的国际电信卫星组织(1964 年成立,2001 年实行私有化改组后成为纯粹的政府间组织)和国际移动卫星组织(1979 年成立,原名"国际海事卫星组织",1999 年实行私有化改组后成为纯粹的政府间组织)。这两个实体虽然是由主权国家依彼此间缔结的协定建立的,设有缔约国大会等体现政府间组织性质的最高权力机构,并在此类机构中实行基于主权平等的"一国一票"原则,但它们的运营却是商业化的,设有由投资者代表组成的董事会(国际电信卫星组织)或理事会

① [英]詹宁斯、瓦茨修订:《奥本海国际法》(第九版)第 1 卷第 1 分册,王铁崖等译,中国大百科全书出版社 1995 年版,第 12 页。

② [英]詹宁斯、瓦茨修订:《奥本海国际法》(第九版)第 1 卷第 1 分册,王铁崖等译,中国大百科全书出版社 1995 年版,第 13 页。

(国际移动卫星组织)等具有国际商业公司特征的机构。根据《国际电信卫星组织协定》第 5 条和《国际移动卫星组织公约》第 5 条的规定，两个实体以"签字者"①进行投资的方式筹集资金，按公认的商业原则和在健全的经济与财务制度基础上进行经营；每个签字者都享有按它们各自《业务协定》②所确定的与其投资股份成比例的财务利益，包括获得投资的偿还和资本使用的收益。两个实体的这种公司化的运营模式使它们成为区别于纯粹政府间组织的一类组织，因此，如何确定它们在国际法上的地位，便被一些学者看成是一件困难的事情。然而，在笔者看来，这种所谓的困难是不成立的。因为，主权国家通过彼此缔结的协定，事实上已经赋予它们等同于政府间国际组织的国际法律人格。《国际电信卫星组织协定》第 4 条明文规定，国际电信卫星组织"具有法人资格，拥有为行使其职能和实现其宗旨所必需的完全权能，包括：(1)与一些国家或国际组织缔结协定；(2)订立合同；(3)获得和支配财产；(4)作为法律诉讼的当事者"。《国际移动卫星组织公约》第 25 条也规定："本组织具有法人资格，并对其行为和义务负责。为了行使其适当职能，本组织应特别有权签订合同，获得、租用、拥有和处理动产和不动产，成为法律诉讼的一方以及和各国或国际组织缔结协定。"

2. 法人和个人。法人和个人是否是国际法的主体，一直是国际法学界存在争议的问题。对此，国际电信联盟以其自身的法律实践给予

---

①　按照《国际电信卫星组织协定》第 1 条的规定，国际电信卫星组织的"签字者"，是指《业务协定》对其生效或临时适用的、在《业务协定》上签字的缔约国或缔约国所指定的电信机构。按照《国际移动卫星组织公约》第 1 条的规定，国际移动卫星组织的"签字者"，是指《业务协定》对其生效的缔约国或缔约国指定的在其管辖下的有资格的公营或私营实体。

②　这里的《业务协定》是指《国际电信卫星组织业务协定》和《国际移动卫星组织业务协定》。

了肯定的回答。

国际电信联盟是主管信息通信技术事务的联合国机构,在20世纪90年代之前,它一直是一个纯粹由主权国家组成的政府间组织。但在此之后,为适应许多国家国内电信体制改革的需要,国际电信联盟调整了相关政策,开始接纳政府以外的其他实体参与其活动。1994年,国际电信联盟在东京全权代表会议上制订了1995—1999年期间的战略规划,提出了改组联盟的若干建议,其中第一点便是增加电信私营部门的参与。会议认为:"国际电信联盟要发挥国际组织的作用以及实现组织法中所列的目标,在根本上需仰赖于非行政管理实体和组织的有力参与。进而,这就需要与产业界的参与者开展持续的协商,以确保它们的贡献能够得到有效的回报。因此,有必要强化国际电信联盟作为公共部门与私营部门合作者的性质,并将其作为一项基本的策略。"[①]1998年,国际电信联盟明尼阿波利斯全权代表会议通过修改《组织法》及其他法规的决议,将国际电信联盟改组为由成员国和部门成员组成的政府间组织。根据修改后的《组织法》第7条的规定:在国际电信联盟的组织结构中,除了作为最高权力机构的全权代表大会、代表全权代表大会行事的理事会、世界国际电信大会和总秘书处等机构外,另设有私营实体和学术机构可以成为其成员的三个部门,它们是:无线电通信部门(ITU-R)、电信标准化部门(ITU-T)、电信发展部门(ITU-D)。针对这种组织结构的变化,《组织法》第2条规定:"国际电信联盟是一个政府间组织,其成员国(Member States)和部门成员(Sector Members)具有明确的权利和义务,为实现国际电联的宗旨而相互合作。"第3条还规定:"成员国和部门成员享有本《组织法》和《公约》所规定的权利,并应履行所规定的义务。"根据《组织法》和

---

① ITU, *Final Acts of the Additional Plenipotentiary Conference*, 1994, p. 52.

《公约》的规定,部门成员被赋予的权利包括:有权参加其所在部门的活动、向部门的全会和会议以及世界电信发展大会提供主席和副主席、参加课题和建议的通过以及有关部门工作方法和程序的决策等。[①] 被附加的义务包括:按《组织法》的规定缴纳会费等。[②] 由此,包括私营部门和学术机构在内的非行政管理实体和组织(法人)作为国际电信联盟部门成员的法律地位得到了确认,它们被国际通信联盟法赋予了与成员国相区别的国际人格。

据统计,截至 2018 年 5 月 20 日,国际电信联盟的 ITU-R、ITU-T、ITU-D 三个部门的成员已分别达到 268 个、266 个和 312 个,[③]它们涵盖通信领域的各类机构,包括运营商、设备制造商、融资机构、大学和研发机构,以及区域性和全球性电信组织。这些部门成员根据《组织法》的规定,不仅享有《组织法》赋予的上述权利,广泛参与国际电信联盟的各种活动和会议,同时也承担缴纳会费等《组织法》规定的义务,从而成为国际电信联盟法的重要主体。应当认为,国际电信联盟赋予法人以国际人格的实践,是走在时代前沿的。当人们还在讨论法人是不是国际法主体时,国际电信联盟已经在此方面迈出了坚实的步伐。对此,国际电信联盟自己也倍感骄傲,声称这种纳入部门成员的组织结构在联合国机构中是"独一无二"的。[④]

不仅如此,《国际电信联盟组织法》第 33 条还赋予"公众使用国际电信业务的权利",规定:"各成员国承认公众使用国际公众通信业务进行通信的权利。各类通信的服务、收费和保障对于所有用户应一视

---

① 《国际电信联盟组织法》第 3 条第 3 款。

② 《国际电信联盟组织法》第 28 条。

③ 国际电信联盟网站:http://www.itu.int/online/mm/scripts/gensel//11,访问日期:2018 年 5 月 20 日。

④ 《国际电信联盟(ITU)简介》,http://www.itu.int/about/pages/default.aspx,访问日期:2018 年 5 月 20 日。

同仁,不得有任何优先或偏袒。"第 34 条同时规定,上述权利的行使不得"危及其国家安全或违反其国家法律、妨碍公共秩序或有伤风化",对于违反上述规定的任何私务电信,各成员国根据其国家法律,保留予以截断的权利。可见,个人作为电信用户,是直接被国际电信联盟法赋予国际权利和义务的。正是在这个限度内,他们成为国际电信联盟法的主体。因此,正如国际常设法院 1928 年在"但泽法院管辖权问题"的咨询意见中所明确承认的那样:"国家可以由条约明文规定给予个人以直接的权利;这种权利无须事先在国内法中加以规定,就可以有效地存在,并且是可以执行的。"①

综上可见,国际通信法的主体,不仅有国家,还有政府间国际组织、法人和个人等国家以外的实体。国际通信法这种鲜明的主体多元化特征,从国际关系的一个特定领域反映了现代国际法主体多重扩展的重要趋势。这种趋势表明,国家是主要但不是唯一的国际法主体。不过,应当指出的是,虽然国际法主体出现了多元化的趋势,但这种趋势并没有改变国际法依国家同意而产生的本质属性;国家以外的其他实体被国际法赋予国际人格,归根到底是国家行使主权的结果。从这个意义上说,国际通信法不是国内法,而是国际法,是以国际条约为主要渊源,用以调整国际通信关系(通信领域的国际关系)的各种原则、规则和制度的总和。

三、国际通信法的架构

任何法律部门都是由一定数量的法律规范相互联系、相互作用构

---

① ［英］詹宁斯、瓦茨修订:《奥本海国际法》(第九版)第 1 卷第 1 分册,王铁崖等译,中国大百科全书出版社 1995 年版,第 10 页。

成的有机体系。这个体系的形成与存在,必须具备三个条件:(1)有一定数量的法律规范作为体系的构成要素;(2)这些法律规范之间存在着客观上的相互联系和相互作用;(3)法律规范以及由法律规范之间相互联系和相互作用形成的法律内在秩序是特定的,并具有相对稳定性。因此,任何一个法律部门的体系架构,都包括三个方面的内容:作为构成要素的法律规范,各法律规范在体系中的地位与作用,以及法律规范之间的相互联系与相互作用的方式。①

如前所述,国际通信法是一个以国际条约为主要渊源的法律体系,它与其他国际法部门一样,也有其内部的构成要素和秩序。尽管这个法律体系庞大复杂,其国际法律文件,按照瑞典学者爱德华·W. 普罗曼(Edward W. Ploman)的分类,涉及基本法、信息法、电信法、邮政法、空间法、知识产权法、信息学法、贸易和关税规定、文化和教育、国家安全和法律实施等 10 个领域,②但仍然可以依照一定的标准和方法,剥离出构成它的要素,并在此基础上分析它的体系架构。如果说,对国际通信法界域和主体的讨论,是为了说明国际通信法的内涵,那么,对国际通信法架构的分析,则旨在确定国际通信法的外延。二者结合起来所勾勒出的正是国际通信法的整体画卷。

(一)依法律规范的主要渊源,可以将国际通信法的规范分为普遍性规范、区域性规范和双边性规范等不同层次

国际通信法依国家同意而产生,条约作为国家同意的方式之一,是国际通信法的主要渊源。根据条约当事方的数量,国际通信条约可以分为三类:(1)全球性条约,即对世界上所有国家开放且规范的事项

①　古祖雪:《国际知识产权法》,法律出版社 2002 年版,第 7~8 页。

②　Edward W. Ploman, *International Law Governing Communications and Information: A Collection of Basic Documents*, Greenwood Press, 1982.

与所有国家有关的条约,如《国际电信联盟组织法》《国际电信联盟公约》《国际电信规则》《无线电规则》《万国邮政联盟组织法》《万国邮政联盟总规则》《万国邮政公约》《国际电信卫星组织协定》《国际移动卫星组织协定》《保护海底电缆国际公约》《基础电信协定》《关于以和平目的使用广播的国际公约》《关于播送由人造卫星传播载有节目的信号的公约》等;(2)区域性条约,即对区域内有限国家开放且规范的事项只与这些国家有关的条约,如《欧洲电信卫星组织公约》《亚洲-太平洋地区电信组织章程》等;(3)双边条约,即两个国家之间缔结的条约,如《中华人民共和国政府与乌兹别克斯坦共和国政府信息通信合作协议》等。与此相对应,国际通信法的规范可以分为三个层次:一是由全球性条约形成的普遍性规范;二是由区域性条约形成的区域性规范;三是由双边条约形成的双边性规范。因此,与整个现代国际法体系一样,国际通信法也是由"具有不同程度的法律一体化的普遍性的、区域性的,或者甚至是双边性的体系、小体系和小小体系"①构成的法律体系。

　　在历史上,国际通信法的架构,是按"双边性规范——区域性规范——普遍性规范"的顺序发展起来的。例如,1837 年前后,美国人塞缪尔·摩尔斯(Samuel Morse)发明电报技术之后,国际社会对国际电报通信的规制,就经历了这样一个过程:首先,通过缔结双边协定实现两国之间电报的互联互通;接着,通过 1850 年建立德(意志)奥(地利)电报联盟和 1855 年建立西欧电报联盟,②构建了两个区域联盟内部的电报网络;最后,通过 1865 年缔结《国际电报公约》和建立国际电报联

---

①　G. Hafner,Risks Ensuing from Fragmentation of International Law,accessed 16 May 2007,http://www. un. org/law/ilc/reports/2000.

②　赵厚麟:《国际电信联盟(ITU)简介》,载《南京邮电学院学报(社会科学版)》2002 年第 3 期。

盟,形成了以欧洲为中心的国际电报通信体制。事实上,国际邮政通信制度的建立,也经历了一个类似于国际电报通信规制的过程。

但是,在现实中,国际通信法的架构,往往是依"普遍性规范——区域性规范——双边性规范"的顺序在完善和发展。这种现实顺序与历史顺序的反差表明:从特殊性规范向普遍性规范的发展,并不意味着普遍性规范取代特殊性规范。相反,由于被国际社会公认并适用于一切国家的普遍性规范是有限的,国际通信法在发展普遍性规范的同时,并不排斥基于区域或两国之间的共同利益而制定区域性或双边性的特殊规范。只不过,在制定这种区域性或双边性的特殊规范时,有关国家必须遵守《维也纳条约法公约》第41条的规定,即一项多边条约的两个或两个以上的当事方,在就同一事项缔结一项修改该多边条约的协定时,必须满足以下要求:(1)不为该多边条约所禁止;(2)不影响其他当事方享有该多边条约上的权利或履行其义务;(3)符合该多边条约的目的及宗旨。在符合上述要求的情况下,双边性规范、区域性规范、普遍性规范之间构成一种特别法与一般法之间的递进关系。对它们的适用,需遵守国际法上的特别法原则,即当双边性规范或区域性规范与普遍性规范相冲突时,应优先适用双边性规范或区域性规范;当双边性规范与区域性规范相冲突时,应优先适用双边性规范。

(二)依法律规范的形成、适用和执行所依附的国际机构,可以将国际通信法的规范分为万国邮政联盟体制下的规范、国际电信联盟体制下的规范、国际通信卫星组织体制下的规范以及世界贸易组织体制下的规范等不同部分

政府间通信组织是国家在通信领域进行多边合作的法律形式,是国际通信法形成、适用和执行可资依附的国际机构。从一定意义上说,政府间通信组织的发展就是国际通信法的发展。因此,以国际关

系的国际体制理论视之,国际通信法体系实际上是由以下国际体制下的规范构成的。

(1)万国邮政联盟体制下的规范。它是规制国际邮政通信、协调各国邮政通信制度的法律规范,其法律文件主要有:《万国邮政联盟组织法》《万国邮政联盟总规则》《万国邮政公约》《函件细则》和《邮政包裹细则》。根据《万国邮政联盟组织法》第 22 条的规定,《万国邮政联盟组织法》是万国邮政联盟的基本法规,它列有万国邮政联盟的组织条例,不得对其提出保留;《万国邮政联盟总规则》列有确保实施《万国邮政联盟组织法》和进行万国邮政联盟工作的各项规定,它对各成员国均有约束力,不得对其提出保留;《万国邮政公约》《函件细则》和《邮政包裹细则》列有适用于国际邮政业务的共同规则以及关于函件业务和邮政包裹业务的各项规定,这些法规对各成员国均有约束力。

(2)国际电信联盟体制下的规范。它是规制国际电信活动、协调各国电信制度的法律规范,其法律文件主要有:《国际电信联盟组织法》《国际电信联盟公约》《国际电信规则》《无线电规则》《国际电联大会、全会和会议的总规则》《与国际电信联盟组织法、公约和行政规则有关的争端强制解决任择议定书》。根据《国际电信联盟组织法》第 4 条的规定,《国际电信联盟组织法》是国际电信联盟的基本法规,其条款由《国际电信联盟公约》的条款加以补充;《国际电信联盟组织法》和《国际电信联盟公约》的条款由管制电信的使用并对全体会员均有约束力的《国际电信规则》和《无线电规则》进一步加以补充。当《国际电信联盟组织法》与《国际电信联盟公约》或行政规则的条款有矛盾之处时,应以《国际电信联盟组织法》为准;当《国际电信联盟公约》与行政规则的条款有矛盾之处时,应以《国际电信联盟公约》为准。

(3)国际通信卫星组织体制下的规范。它是规制卫星通信活动、促进卫星通信合作的法律规范,主要由国际电信卫星组织、国际空间通信组织和国际移动卫星组织等三个国际组织的规范组成。国际电

信卫星组织于 1964 年 8 月在美国创立,目前有成员国 149 个,[1]在
2001 年实现私有化改造之前,其法律文件主要有:《国际电信卫星组织
协定》《国际电信卫星组织业务协定》《国际电信卫星组织特权、免除和
豁免议定书》。在此之后,《国际电信卫星组织业务协定》被废止,作为
纯粹政府间组织的国际电信卫星组织,主要以 2000 年修正后的《国际
电信卫星组织协定》和《国际电信卫星组织特权、免除和豁免议定书》
为其法律基础。国际空间通信组织成立于 1971 年,目前有成员国 26
个,[2]其法律文件主要有:《关于成立空间通信组织国际系统和国际通
信组织的协定》(简称《国际空间通信组织协定》)、《国际通信组织协定
议定书》《关于国际空间通信组织法律行为能力、特权和豁免的协定》。
国际移动卫星组织成立于 1979 年,目前有成员国 103 个[3],在 1999 年
实现私有化改组之前,其法律文件主要有:《国际移动卫星组织公约》
《国际移动卫星组织业务协定》。在此之后,《国际移动卫星组织业务
协定》被终止,改组后的国际移动卫星组织只以 1998 年修正后的《国
际移动卫星组织公约》为法律基础。虽然上述三个国际通信卫星组织
各有其自身的法律文件和组织结构,但它们的宗旨和职能基本相同,
即都是通过空间段的设计、研制、建造、安装、操作和维护等活动,提供
国际卫星通信服务。

(4)世界贸易组织体制下的规范。它是规制国际电信服务贸易、
协调各成员电信服务贸易制度的规范,其法律文件主要有《建立世界
贸易组织协定》《服务贸易总协定》及其《关于电信服务的附件》和《基

---

[1]　国际电信卫星组织网站:http://www.itso.int/,访问日期:2018 年 5 月
20 日。

[2]　国际空间通信组织网站:http://www.intersputnik.com/,访问日期:2018
年 5 月 20 日。

[3]　国际移动卫星组织网站:http://www.imso.org/,访问日期:2018 年 5 月
20 日。

础电信协定》等。与上述各体制下的国际通信法规范相比，世界贸易组织体制下的电信规范因为适用于世界贸易组织争端解决机制而成为目前执行力最强的法律规范，它的形成和实施极大地促进了电信服务贸易的自由化和电信服务的普遍化。

此外，联合国人权体制下有关保障和限制通信自由的规定，联合国外空体制下关于地球静止轨道和卫星通信的规定，也都是国际通信法的重要规范。它们和上述各体制下的规范共同构成了国际通信法的庞大规范体系。

上述各种体制下的规范，一方面相互独立，自成体系，各有"一整套有序的行为规则、程序规则和定位规则"①，从而形成了国际邮政通信法、国际电信法、国际卫星通信法、国际电信服务贸易法等国际通信法的次级法律体系；另一方面，议题重叠交叉，相互联系，因此，各种体制一般都会作出彼此协调与合作的制度安排。例如，世界贸易组织《关于电信服务的附件》第 7 条规定："（1）各成员认识到国际标准对于电信网络和服务的全球兼容性和相互可操作性的重要性，并承诺通过有关国际机构，包括国际电信联盟和国际标准化组织的工作以促进这种标准的建立。（2）各成员认识到政府间和非政府间组织和协议，特别是国际电信联盟在保证国内和全球电信服务的有效运营方面所起的作用，各成员应作出适当安排，以便就本附件实施过程中产生的事项与这些组织进行磋商。"又如，《国际移动卫星组织公约》第 27 条规定："本组织应遵守《国际电信公约》的有关规定和据此制定的规则，在设计、研制、建造和建立国际移动卫星组织空间段并在制定有关管理该空间段和地面站的程序中，应充分考虑到国际电信联盟机构的有关

---

① United Nations, *Yearbook of International Law Commission* 1982, Vol. 1, New York, 1983, p. 202.

决议、建议和程序。"更值得一提的是,国际电信卫星组织、国际空间通信组织和国际移动卫星组织都是国际电信联盟的部门成员,它们与国际电信联盟一直保持着有效的合作关系。

当然,随着通信技术的快速发展,上述不同体制下的规范在国际通信法中的地位也在发生着变化。例如,对国际邮政通信的规制,曾经是国际通信法发展的一个重要阶段,并由此建立了万国邮政联盟这一国际通信组织,形成了国际邮政通信制度。但是,随着电子技术、空间技术、计算机网络技术等新的通信技术的产生和发展,邮政所承担的通信功能日益萎缩,实物传递功能则不断强化。与此相对应,以电(光)信号作为信息载体的电通信(简称"电信"),由于具有迅速、准确、可靠等特点,而且不受时间和空间的限制,得到了飞速发展和广泛应用,电信几乎成了通信的同义词。在这种背景下,万国邮政联盟不得不借助互联网等新的技术手段,将其职能范围从传统邮政通信领域拓展到网上账单付费业务、电子邮票服务、电子签名投递服务、网上购物服务、金融服务、行政管理服务等其他领域;万国邮政联盟在国际通信法中的地位,也因为电子邮件、移动电话、可视电话、网络视频等新的即时通信方式的普遍使用而变得不那么重要。

(三)依法律规范的规制对象,可以将国际通信法的规范分为国际通信通道法、国际通信服务法和国际通信行为法等不同板块

正如前面对国际通信法界域所分析的那样,任何通信活动,不论它是国内通信活动还是国际通信活动,从系统论的角度来看,都是由通信通道、通信服务和通信行为这三个要素的递进配合而完成的,即首先由基础网络层负责构建物理意义上的通信通道,其次由营运管理层利用基础网络提供通信服务,最后由通信用户在前两者所提供的平

台上实施通信行为,实现信息的发送、传输和接受。① 因此,笔者认为,国际通信法对国际通信活动的规制,实际上是对上述三个要素的分别规制;国际通信法对通信制度的协调,实际上是对各个国家或地区在监管和规制上述三个要素过程中形成的通信通道制度、通信服务制度和通信行为制度所进行的分别协调。这种规制功能与协调功能在通信网络全球化、通信服务贸易自由化和通信自由保护国际化的背景下不断融合与统一,便形成了国际通信法的三个规范板块,即国际通信通道法、国际通信服务法和国际通信行为法。

（1）国际通信通道法。这是国际通信法中涉及技术层面的规范板块,也是国际通信法中最早建立并随着通信技术的发展而不断得到更新和完善的规范板块。从 1865 年缔结的《国际电报公约》、1874 年缔结的《关于创设邮政总联盟条约》（又称《伯尔尼条约》）、1906 年缔结的《国际无线电报公约》,到目前国际电信联盟的《国际电信联盟组织法》《国际电信联盟公约》《国际电信规则》《无线电规则》、万国邮政联盟的《万国邮政联盟组织法》《万国邮政联盟总规则》《万国邮政公约》《函件细则》《邮政包裹细则》,从 1884 年缔结的《保护海底电缆国际公约》到 1971 年缔结的《国际电信卫星组织协定》、1971 年缔结的《国际空间通信组织协定》、1976 年缔结的《国际海事卫星组织公约》、1998 年发布的《因特网名称与数字地址分配机构章程》和《因特网名称与数字地址分配机构细则》,国际社会已经形成了较为完整的有关通信通道的法律体系。其规范所及的范围包括:专用电报密码的指定和电报通信操作规则;邮政领域的建立和函件转运的自由;无线电频谱的划分和无线电频率的分配与登记;海底电缆的铺设和保护;空间段的设计、研

---

① 柳磊:《通信的国际法规制——国际通信法律体系之层级结构初探》,厦门大学 2009 年博士学位论文,第 64 页。

制、建造、安装、操作和维护；地球静止轨道的分配与通信卫星的登记；电信标准的制定和知识产权保护；因特网名称和地址的分配；等等。由此形成了通信通道的开发与维护制度、信道资源的调配与登记制度、信道与通信技术的标准化制度。随着通信网络的全球化，这些制度的适用范围已经从早期的国际通信通道扩展至今天各国或各地区内部的通信通道，成为建立国际通信通道、协调各国信道制度的法律基础。

（2）国际通信服务法。这是国际通信法中涉及经济层面的规范板块，其内容主要包括国际通信服务结算费率制度和国际通信服务贸易制度。

国际通信服务结算费率制度是跨国通信服务的资费收取与分配制度，最早由 1865 年缔结的《国际电报公约》建立，后来扩展到电话、邮政、网络等其他通信领域，并一直延续至今。根据这项制度，跨国通信服务的资费收取与分配按以下规则进行：对于每一次跨国通信服务，首先由信息发送国的运营者向信息发送者收取一次性使用费（托收费用），然后，根据信息发送国的运营者和信息接收国的运营者商定的结算费率（两国运营者共同构建的国际通信路由成本）和清算费率（国际通信路由成本的分摊比例），决定两国实际需要相互偿付的费用。在两国平摊结算费率的情况下，如果两国发起的通信服务量基本平衡，则两国运营者无须实际偿付任何费用；但如果两国发起的通信服务量存在差距，则发起通信服务量较多的一国运营者应向发起通信服务量较少的另一国运营者支付一定的清算费用。但是，随着一些规避国际结算费率制度的新兴通信服务种类的出现，传统的国际结算费率制度面临着前所未有的挑战。有学者统计，目前规避国际结算费率的国际通信服务量已占全球通信服务量的 30％以上。[①] 因此，国际电信联盟、世界贸易组织、亚太经济合作组织、联合国因特网治理工作组都在为完善和改革国际结算费率制度而进行相关的研究。[②]

    国际通信服务贸易制度是世界贸易组织法的组成部分，也是国际通信法的重要内容。通信服务是世界贸易组织《服务贸易总协定》规定的 12 个基础服务部门之一，其范围包括邮政服务、快递服务、电信服务和视听服务。[③] 目前世界贸易组织就通信服务所达成的规则，主要限于电信服务领域，其他领域的通信服务虽然已被纳入多哈回合谈判的范围，但至今未取得实质性的成果。世界贸易组织的电信服务贸易制度，主要包括两个方面的国际规则：一是关于开放电信服务市场的规则，二是关于监管电信服务市场的规则。前者由《服务贸易总协定》及其《关于电信服务的附件》规定的一般纪律（即普遍义务和原则，包括最惠国待遇原则、透明度原则、国内规制原则）和各成员在谈判中作出的具体承诺组成；后者涉及监管机构、许可证标准的公开、稀缺资源的分配和使用、竞争保障、互联互通、普遍服务等方面的规定。[④] 应当承认，现有的通信服务贸易制度是不全面的，它的规制范围只限于电信服务领域；而且，现有的电信服务贸易制度也是不完善的，它正面

---

①   Boutheina Guermazi, Reforming International Accounting Rates: A Developing Country Perspective, in Damien Geradin & David Luff (eds.), *The WTO and Global Convergence in Telecommunications and Audio-Visual Services*, Cambridge University Press, 2004, pp. 90-91.

②   Eric Lie, International Internet Interconnection: Next Generation Networks and Development, ITU publication, 2007, accessed 15 June 2013, http://www.itu.int/ITU-D/treg/Events/Seminars/GSR/GSR07/discussion_papers/Eric_lie_international_interconnection.pdf.

③   WTO, Services Sectoral Classification List, WTO Doc. MTN. GNS/W/120, 10 July 1991.

④   世界贸易组织：《关于电信管理准则的参考文件》。

临着来自数字融合趋势的挑战。但是,我们相信,随着国际通信服务贸易的发展和世界贸易组织有关通信服务贸易议题谈判的深入,国际通信服务贸易制度必将在凝聚共识中完善,在探索实践中发展。

（3）国际通信行为法。这是国际通信法中涉及与通信有关的主权、人权、安全等政治议题的规范板块,其法律文件不仅有《国际电信联盟组织法》《万国邮政联盟组织法》等通信领域的专门条约,还有《联合国宪章》《公民权利及政治权利国际公约》《关于各国探索和利用包括月球和其他天体在内外层空间活动所应遵守原则的条约》《关于以和平目的使用广播的国际公约》《维也纳外交关系公约》等涉及通信行为的其他国际条约。因此,从一定意义上说,国际通信行为法既是一般国际法适用于通信领域的结果,又与国际人权法、外交关系法、外层空间法等国际法部门存在着密切的联系。

国际通信行为法所规制的通信行为是具体的,也是复杂多样和发展变化的。概括起来,可以分为以下两类:

一是国家、政府间组织等"公性"实体的通信行为。根据现代国际法,国家享有作为主权权利的通信自由,尤其是外交领域的通信自由;政府间国际组织享有依其宪法性条约而确立的包括通信自由在内的法律权能。但是,无论是国家还是国际组织,它们的通信自由通常是受到国际法限制的。按照在《联合国宪章》基础上确立起来的现代国际法原则,无论是国家还是国际组织,均不得利用任何通信手段干涉他国内政、进行战争宣传、从事殖民主义和种族歧视活动、进行反对国际公约的宣传以及从事任何违反其他国际法义务,特别是国际强行法义务的行为。对于违反上述规定的通信行为,有关国家或国际组织应依国际法承担相应的国际责任。

二是个人、法人等"私性"实体的通信行为。这类通信行为原本是国内法规制的对象。但是,随着人权保护国际化趋势的出现,它已被纳入国际法管辖的范围。在现代国际法上,个人或法人一方面被赋予通信的自由和权利，例如，《公民权利和政治权利国际公约》第 19 条第 2 款规定，任何个人或法人均享有"寻求、接受和传递各种信息和思想的自由，而不论国界，也不论他通过的是口头的、书面的或印刷的、采取艺术形式的或他选择的任何其他媒介"，《国际电信联盟组织法》第 33 条规定，"各成员国承认公众使用国际公众通信业务进行通信的权利"。另一方面被附加"特别责任及义务"，从而构成对个人或法人通信自由的限制。例如，《公民权利和政治权利国际公约》第 19 条第 3 款规定通信权利之行使"附有特别责任及义务，故得予以某种限制，但此种限制以经法律规定，且为下列各项所必要者为限：(1)尊重他人权利或名誉；(2)保障国家安全，或公共秩序，或公共卫生或风化"；《国际电信联盟组织法》等 34 条规定："各成员国对于可能危及国家安全、违反国家法律、妨碍公共治安或有伤风化的任何其他私务电信，保留予以截断的权利。"

可见，无论是对国家、政府间组织等"公性"实体通信行为的规制，还是对个人、法人等"私性"实体通信行为的规制，国际通信行为法的核心都是对通信自由的保护与限制。不过，应当指出的是，相对于国际通信通道法和国际通信服务法来说，国际通信行为法与主权、安全等国家核心利益的关联更加密切。因此，在这种保护与限制的平衡中，各国特别容易发生分歧，从而给此类国际规则的形成带来严重的困难。① 不仅如此，即使经过艰难谈判形成了此类国际

---

① 例如，在联合国和平利用外层空间委员会谈判有关卫星直接广播的法律问题的过程中，苏联、东欧以及广大的发展中国家曾建议建立严格的卫星直接广播"事先同意"制度，即要求一国须经另一国事先同意才能向该另一国进行卫星直接广播。但是，这一建议遭到了以美、英为首的西方发达国家的强烈反对，他们坚持认为各国都可以自由地进行卫星直接广播，无须经过接受国的同意。正因为如此，尽管该委员会在 1968 年就设立了卫星直接广播工作组，但国际社会至今未就卫星直接广播问题达成任何有法律约束力的条约。

规则,有的国家也会坚持自己的立场,将自己排除在此类规则的适用范围之外。[①] 国际通信法的历史已经并将继续表明:如何协调国家主权与通信自由的关系,过去是,今后仍然是国际通信行为法发展的难点和焦点。

国际通信法的上述三种构成,分别从规范的主要渊源、规范依附的国际体制、规范的规制对象三个不同方面说明了国际通信法的基本架构。这三种架构在形式上是独立的,在内容上是交错的,你中有我,我中有你,相互联系,从而使国际通信法的体系呈现出三维立体的网络结构。

四、结语

人类社会在先后经历了农业时代和工业时代后,今天已经步入信息时代。与以物质生产为主导的农业时代、以能源开发为主导的工业时代不同,在信息时代起主导作用的是信息的流通,即通信。因此,美国学者约翰·奈斯比特(John Naisbitt)说:"通信是信息时代的生命线。"[②]可见,国际通信法作为关于通信的国际法,在信息时代是多么重要!

我国已成为通信领域许多国际条约和国际组织的成员,而且我国的通信事业在近 20 年发展非常迅速。但是,有关通信法律体系的

---

① 例如,《国际电报公约》于 1865 年缔结后,美国虽然是当时电报通信业很发达的国家,但因为反对该公约关于电报通信行为的政府监管规则,它始终没有加入该公约。参见 George A. Codding, Jr. The International Telecommunications Union: 130 Years of Telecommunications Regulation, *Denver Journal of International Law and Policy*, Vol. 23, 1995, p. 502.

② [美]约翰·奈斯比特:《大趋势——改变我们生活的十个新方向》,梅艳译,中国社会科学出版社 1984 年版,第 21 页。

建设却进展迟缓甚至陷入停滞。例如,我国《电信法》的制定工作历经 30 多年,至今却仍然处于"难产"状态。其中重要原因之一就在于我们对通信领域的国际规则还不太熟悉。因此,加强国际通信法的研究,不仅是学科与学术发展的需要,更是我国通信立法的迫切要求。

第十三章
国际法上的通信自由及其限制

通信作为一种信息传输过程,在信息时代比在以往任何时代都重要。正因为如此,在信息时代,人们比以往任何时候都更加关注和重视通信自由,都更加渴望了解和思考法律对通信自由的保护和限制。作为对这种时代呼唤的响应,本章对国际法上的通信自由及其限制制度进行了分析和研究,抛砖引玉,期待学界作出更多的回应。

一、通信自由的国际法解构

通信是一种交往行为,有着不同的行为主体,处于不同的行为领域,包括不同的行为要素。不同主体、不同领域和不同要素的通信行为,在国际法上不仅权利性质有别,自由程度相异,而且保护措施也不同。因此,国际法上的通信自由,只是各种通信行为自由的统称,依通信的行为主体、行为领域和行为要素,可以对其进行以下三个方面的解构。

(一)通信自由的主体归属

通信的行为主体即是通信自由的主体。依通信行为主体的不同,可以将通信自由区分为不同行为主体的通信自由。根据《国际电信联盟组织法/附件》对通信的下位概念——电信的分类,[①]可以将通信分为"公(政)务通信"和"私务通信"两类。其中,公(政)务通信是指由下列任何一方所发出的通信:(1)国家元首;(2)政府首脑或政府成员;(3)陆军、海军或空军武装部队总司令;(4)外交使节或领事官员;(5)联合国秘书长、联合国各主要机构的最高负责人;(6)国际法院。或对上述公务通信的回复。与此不同,私务通信则是上述公(政)务通信以外的各类通信。根据上述分类,通信的行为主体可以分为两类:一是"公性"主体,它包括(1)国家元首、政府首脑或政府成员、武装部队总司令、外交使节或领事官员所代表的国家及其政府;(2)以联合国秘书长、联合国各主要机构最高负责人、国际法院为代表的政府间国际组织。二是"私性"主体,它包括非政府间组织、法人和自然人等享有私权利的实体。这类实体的代表就是国际人权文书中所称的"公民"。因此,从主体的角度来考察,国际法上的通信自由,大致可以分为国家、国际组织和公民等三类不同主体的通信自由。

国家的通信行为包括对外通信行为和对内通信行为。按照国际法上对主权概念的界定,无论是国家的对外通信行为还是国家的对内通信行为,它们都属于国家的主权行为。国家以这种行为依国际法所享有的自由和权利,是国家的主权权利。对这种权利的保护和限制,

---

① 《国际电信联盟组织法/附件》将电信分为"公(政)务电信"和"私务电信",并规定公(政)务电信是指由下列任何一方所发的电信:(1)国家元首,(2)政府首脑或政府成员,(3)陆军、海军或空军武装部队总司令,(4)外交使节或领事官员,(5)联合国秘书长、联合国各主要机构的最高负责人,(6)国际法院,或对上述公务电信的回复。

不仅在传统国际法上还是在现代国际法上,均有相应的习惯规范和条约规范。

国际组织的通信行为,是国际组织为实现其宗旨、履行其职能所进行的职务行为。这种行为所享有的自由和权利,是各该政府间组织的成员国通过相互间的协定赋予它们的一种法律权能,其性质和范围由建立政府间组织的协定、有关政府间组织特权与豁免的公约及总部协定所规定。

公民的通信行为既是公民进行人际交往的民事行为,也是公民参与国家事务管理的政治行为。公民以这种行为依法享有的自由和权利,是国家有义务尊重和保护的公民权利和政治权利。对这种自由和权利的保护与限制,过去主要由国内法规定,但随着《世界人权宣言》《公民权利和政治权利国际公约》等一系列国际人权文书的产生,它已被纳入国际法规制的范围。

2013 年 6 月以来,前美国中央情报局雇员爱德华·约瑟夫·斯诺登向《卫报》和《华盛顿邮报》等国际媒体披露了美国国家安全局实施"棱镜计划"和其他监听项目的秘密文档,引起了世界各国政府、国际组织和各国公众的强烈反应。斯诺登披露的秘密文档显示,美国政府及其情报机构所实施的一系列通信监听项目,不仅侵犯了作为人权的公民通信自由,而且侵犯了作为国家主权权利的通信自由和作为政府间组织特权的通信自由。因此,其监听行为构成了对其承担的一系列国际义务的违反。

（二）通信自由的领域划分

从通信技术的角度来考察,通信可以分为以下两类:

一是点对点的信息传输。这种通信是一对一的信息交换,其信息共享空间具有封闭性和私密性,因此被称为"秘密通信"。例如,被《公民权利和政治权利国际公约》第 17 条纳入隐私权保护范围的"通信"、

《维也纳外交关系公约》第 27 条和《维也纳领事关系公约》第 35 条规定受保护的使、领馆"自由通信（讯）"、《联合国特权和豁免公约》第 3 条规定的享有特权的"通信"，都属于秘密通信的范畴。

二是点到面的信息传输。这种通信是一对多的信息传播，其信息共享空间具有开放性和公开性，因此，被称为"公开通信"或"传播"。例如，列入《公民权利和政治权利国际公约》第 19 条表达自由或言论自由保护范围内的通信，即"各种信息和思想"的"寻求、接受和传递"，以及国家利用人造地球卫星进行的国际直接电视广播，就是公开通信的代表。

通信的上述分类，与信息传输媒介的性质和类型没有必然的联系。利用广播电视进行信息传输，固然属于点到面的信息传播，但利用电话、信函等传统意义上的点对点传输媒介，也可以进行诸如垃圾短信、垃圾邮件这样的点到面的信息传播。正如 1983 年联合国人权事务委员会在处理"J. R. T 和西方守卫党诉加拿大案（J. R. T. and the W. G. Party v. Canada）"①的过程中所表明的意见那样，虽然 T 先生和西方守卫党是通过电话系统传播歧视犹太人的言论，但他们将需要宣传的内容事先录制成磁带，然后将其连接到公用电话系统，从而使任何拨打相关电话号码的人都可以收听到录音信息的做法，已经"构成种族或宗教仇恨的宣传，加拿大有义务根据《公民权利和政治权利国际公约》第 20 条第 2 款②予以禁止"。可见，不论信源采用哪种传输媒介，只要它通过这种媒介发送的信息能被所有具备信息接收条件的信宿所接收，那么，它的这种信息发送行为，就是一种信息传播行为，属

---

①   该案案情的详细介绍可参见 http://www.umn.edu/humanrts/undocs/html/104-1981.htm，访问日期：2016 年 6 月 20 日。

②   《公民权利和政治权利国际公约》第 20 条第 2 款规定："任何鼓吹民族、种族或宗教仇恨的主张，构成煽动歧视、敌视或强暴者，应以法律加以禁止。"

于公开通信的范畴。

秘密通信与公开通信的区分,意味着国际法上的通信自由可以划分为处于私密领域的通信自由和处于公共领域的通信自由。二者在法律上的地位是:前者应当受到法律的严格保护,而后者则应当"受到严格的法律、社会和道德规范的限制"①。

(三)通信自由的权利构成

根据《国际电信联盟组织法/附件》对通信的下位概念——电信所下的定义,②通信是指利用一定媒介进行的任何性质信息的传输、发送或接收。因此,任何通信,不论它是公务通信还是私务通信,也不论它是秘密通信还是公开通信,都是由发送信息的信源、传输信息的信道(媒介)、接受信息的信宿三个要素组成的行为系统。这个行为系统包括两个行为子系统:一是信源通过信道进行的信息发送,二是信宿通过信道进行的信息接收。与此相对应,通信行为的自由和权利可以分解为两种子行为的自由和权利,即发送信息的自由和权利与获取信息的自由和权利。③ 前者一般称为表达权,后者一般称为知情权。可见,通信自由是由上述两种权利组合而成的权利系统。在这个权利系统中,表达权和知情权既互为前提,又互为目的,既彼此独立,又互相制约,对其中一种权利的行使不得构成对另外一种权利的损害。因此,

---

①　[奥]曼弗雷德·诺瓦克:《民权公约评注:联合国〈公民权利和政治权利国际公约〉》,毕小青、孙世彦主译,生活·读书·新知三联书店 2003 年版,第 287 页。

②　《国际电信联盟组织法/附件》规定:"电信"是指"利用导线、无线电、光学或其他电磁系统进行的对于符号、信号、文字、图像、声音或任何性质信息的传输、发送或接收"。

③　获取信息的方式有两种:一是主动获取,二是被动获取。主动获取通常被称为"寻求",被动获取通常被称为"接受"。因此,获取信息的自由应包括寻求信息的自由和接受信息的自由。

尽管国际人权文书中很少出现通信自由这类字眼,但它们对公民表达权和知情权提供的保护,实际上是对公民通信自由提供的保护。①

不过,应当指出的是,虽然国际人权文书都涉及通信自由所包含的表达权和知情权,但对于表达权和知情权的关系,除《非洲人权和民族权宪章》第 9 条对它们作了科学的划分和区别外,②其他国际人权文书的规定都存在着逻辑上的混乱。例如:

(1)《公民权利和政治权利国际公约》第 19 条第 2 款规定:"人人都有表达自由的权利;此项权利包括寻求、接受和传递各种信息和思想的自由……"在这里,只有"传递各种信息和思想的自由"属于表达权的范畴,而"寻求、接受各种信息和思想的自由"则属于知情权的范畴,但规定却将其包括在表达权中,从而使表达权多了一项不属于它的权利。

(2)《欧洲保护人权和基本自由公约》第 10 条第 1 款规定:"人人都有自由表达的权利。此项权利包括持有主张的自由以及……接受和提供信息和思想的自由。"在这里,只有"提供信息和思想的自由"属于表达权的范畴,但规定却将知情权("接受信息和思想的自由")和"持有主张的自由"包括在表达权中,从而使表达权多了两项不属于它的权利。

(3)《美洲人权公约》第 13 条第 1 款规定:"人人都有思想和表达自由。这种权利包括寻求、接受和传递各种信息和思想的自由。"在这里,"思想自由""表达自由"和"寻求、接受各种信息和思想的自由"本

---

① 通信自由中的表达权,只是受国际人权文书保护的表达权的一种,受国际人权文书保护的表达权,还包括出版自由、新闻自由、和平集会自由等。

② 《非洲人权和民族宪章》第 9 条第 1 款规定了受保护的知情权——"人人有权接受信息",第 2 款规定了受保护的表达权——"人人有权在法律范围内表达和传播自己的见解"。

来是三项相互独立的权利,而"表达自由"和"传递各种信息和思想的自由"则是同一项权利(表达权)的两种不同表述,但规定却在将知情权包括在与之独立的表达权中的同时,又将其包括在与之独立的"思想自由"中,从而引起了更大的逻辑混乱。

国际人权文书存在的上述逻辑混乱,可能有其历史的、政治的、法律的各种原因,但从现实来看,这种混乱所带来的消极后果已经不容忽视。例如,垃圾信息的泛滥实际上是对表达权的滥用和对知情权的侵犯。但是,根据上述国际人权文书的规定,这种侵犯是不成立的,因为,这里被侵犯的知情权不是一项独立的权利,它被包括在表达权中。不过,值得高兴的是,国际社会已经意识到垃圾信息所带来的危害,2012 年 12 月世界国际电信大会通过修订后的《国际电信规则》,将这类垃圾信息称为"未经请求的群发电子信息",并规定:"各成员国应努力采取必要措施,防止未经请求的群发电子信息的传播,尽可能减少其对国际电信业务的影响。"

二、国家和国际组织的通信自由及其限制

(一)国家的通信自由及其限制

根据《联合国国家及其财产管辖豁免公约》第 2 条的规定,国家是指:(1)国家及其政府的各种机关;(2)有权行使主权并以该身份行事的联邦国家的组成单位或国家政治区分单位;(3)国家机构、部门或其他实体,但须它们有权行使并且实际在行使国家主权且以该身份行事;(4)有权行使国家主权并以该身份行事的国家代表。国家的通信行为,是指在信息的发送、传输和接受三种行为中,至少有一种行为是由上述机关、单位、实体和代表为履行职务而完成的通信行为。国家的通信行为在国际法上所享有的自由和受到的限制,依其所处的领域

不同而不同。也就是说，在国际法上，国家的通信自由及其限制，应区分为秘密通信自由及其限制和公开通信自由及其限制。

1.国家的秘密通信自由及其限制。国家的秘密通信自由是国家的一项不受干涉的主权权利。对这项权利的保护，适用国际法上的主权平等原则和不干涉内政原则。除非另有特别安排，任何非法扣押、审查、监视、窃听国家秘密通信的行为，均构成对国家主权的侵犯和对国家内政的干涉，违反了尊重国家主权和不干涉内政的国际法义务，由此产生的法律后果是，受损害的国家有权依据习惯国际法和相关国内法采取必要而对称的反对措施。

国家的秘密通信可以分为外交领域的秘密通信和外交领域以外的秘密通信。对于外交领域以外的秘密通信，国际法上除了习惯的一般规范外，目前尚无条约国际法的规范。比较而言，国际法对外交领域秘密通信的规制，不仅历史悠久，可以追溯至远古时代，而且已经形成了比较完整的包括习惯规范和条约规范在内的国际法律制度。根据这种制度，国家在外交领域享有以下秘密通信自由：

（1）驻外使馆的通信自由。《维也纳外交关系公约》第 27 条规定：接受国应允许和保护使馆为一切公务目的的自由通信；使馆有权采用包括外交信使和明密码电信在内的一切适当的通信方法，与派遣国政府及无论处于何地的该国使、领馆进行通信；外交信使享有人身不可侵犯权，不得以任何方式逮捕或拘禁；使馆来往公文不得侵犯；外交邮袋不得开拆或扣留。第 40 条规定：第三国对于过境来往公文及其他公务通讯，包括明密码电信在内，应给予同接受国一样的自由和保护，对于过境的外交信使和外交邮袋，应比照接受国所负的义务，给予同样的不得侵犯权和保护。但是，使馆享有的上述通信自由"不在于给予个人以利益而在于确保代表国家之使馆能有效执行职务"。因此，此等通信自由应受到一定限制。首先，使馆通信应尊重接受国的法律规章，不得干涉该国内政；其次，使馆通信不得用于与《维也纳外交关系公约》或其他一般国际法规则,或派遣国与接受国间有效特别协定所规定的使馆职务不相符合的目的;最后,外交邮袋不得装载外交文件或公务用品以外的非法物品。

(2)驻外领馆的通信自由。《维也纳领事关系公约》第35条规定:接受国应准许并保护领馆为一切公务目的自由通信;领馆有权采用包括外交或领馆信使、外交或领馆邮袋及明密码电信在内的一切适当方法,与派遣国政府及无论何处的该国使馆及其他领馆通信;领馆的来往公文不得侵犯;领馆邮袋不得开拆或扣留,但如果接受国主管当局有重大理由认为邮袋装有公文、文件及用品之外的物品时,可以请派遣国授权一位代表在该当局前将邮袋开拆,如果派遣国当局拒绝此项请求,邮袋应予退回到原发送地点;领馆信使享有人身不可侵犯权,不得以任何方式逮捕或拘禁。第36条规定:领事官员有权自由与派遣国国民通信,有权探访受监禁、羁押或拘禁的派遣国国民,并与之交谈和通信。第54条规定:第三国对于过境来往公文及其他公务通信,包括明密码电信在内,应比照接受国所负的义务,给予同样的自由和保护,对于过境的领馆信使及领馆邮袋,应比照接受国所负的义务,给予同样的不得侵犯权和保护。但是,领馆和领馆官员享有的上述通信自由"不在于给予个人以利益而在于确保领馆能代表本国有效执行职务"。因此,在不妨碍领馆和领馆官员通信自由的情况下,领馆和领馆官员的通信应尊重接受国的法律规章,不得利用通信干涉该国内政,不得将通信用于与执行领事职务不相符合的目的。

(3)国家元首、政府首脑和外交部部长的通信自由。国家元首、政府首脑和外交部部长虽然根据本国宪法和法律规定,各有自己的职权范围,但在国际法上都是以被授权行使国家主权并以该身份行事的国家代表。按照习惯国际法,他们的通信自由应在他国受到保护,他们的通信行为不受他国的立法、司法和行政管辖。

应当指出的是,现行国际法对国家秘密通信自由的保护和限制,都是针对信使、信函、电话、电报等传统通信方式的。随着 20 世纪 80 年代以后互联网技术的产生和普遍应用,这种传统的国际法律制度已经不能满足保护国家秘密通信和通信秘密的要求。因为,正如斯诺登披露的美国"棱镜门"事件所表明的那样,互联网不仅为国家提供了方便、快捷、即时的秘密通信方式,也为国家和个人干扰和攻击别国秘密通信、窃取和获得别国通信秘密提供了快捷而又隐秘的手段,从而极大地增加了保护和限制国家秘密通信自由的难度。所以,国际社会应当加强在国际网络安全立法方面的国际合作,以便尽快弥补现行国际法在保护和限制国家秘密通信自由方面的不足。

2. 国家的公开通信自由及其限制。基于国家主权原则,任何国家在其本国范围内均享有依其本国宪法和法律进行公开通信的自由,其他任何国家不得对其进行干涉。但是,一个国家是否享有在他国进行公开通信的自由,特别是是否享有利用人造地球卫星进行国际直接电视广播的自由,曾经引发国际社会的激烈争论。1968 年,联合国和平利用外层空间委员会设立卫星直接广播工作组,开始就此问题进行专门研究。在这个过程中,由于受冷战思维的影响,原苏联、东欧和广大的第三世界国家普遍坚持卫星直接广播应在尊重国家主权的基础上进行,它们建议确立严格的事先同意(prior consent)制度,即要求一国须经另一国事先同意才能向该另一国进行卫星直接广播。而以美国为首的西方发达国家则强调信息自由流动的重要性,认为各国都可以自由地进行卫星直接广播,无须经过接收国的同意。由于双方分歧太大,联合国大会只在 1982 年 12 月 10 日通过了一份没有法律约束力的决议,即《各国利用人造地球卫星进行国际直接电视广播所应遵守的原则》。这个决议作为双方妥协的产物,虽然没有出现"事先同意"的表述,但该决议第 1 段强调"利用卫星进行国际电视直播活动的实施应与包括不干涉原则在内的国家主权权利以及有关联合国文件中所载明的人人有寻求、接受和传递信息和思想的权利相符合",并在第

13 段规定"拟设立或授权设立国际直接电视广播卫星服务的国家应将此意图立即通知接收国,如有任何接收国提出协商要求,应迅速与之协商",因此,该决议被认为实际上认同了事先同意原则。正因为如此,美国对该决议投了反对票。[1]

尽管迄今为止国际上尚未就利用人造地球卫星进行国际直接电视广播的问题达成任何有法律拘束力的条约,但随着卫星通信和互联网通信的迅速发展,国家的跨国界信息传播,已经是一种不可改变的客观事实。因此,现在问题的关键,是如何确立各国普遍接受的对这种通信自由加以限制的国际标准并建立起相应的国际实施机制。[2] 在这种国际标准和实施机制没有建立之前,每个国家应按照联合国大会1982 年通过的《各国利用人造地球卫星进行国际直接电视广播所应遵守的原则》、联合国教科文组织 1972 年通过的《为情报自由流通、扩大教育范围和发展文化交流而使用卫星无线电广播的指导原则宣言》、联合国教科文组织 1978 年通过的《关于大众传播工具为加强和平和国际了解、促进人权以及反对种族歧视、种族隔离和反对煽动战争做贡献的基本原则宣言》,确保其公开通信活动遵守《联合国宪章》《外层空间条约》、国际人权文书以及 1936 年《关于以和平目的的使用广播的国际公约》等一系列国际法律文件所确立的国际法原则和规则。根据这些原则和规则:国家的公开通信活动首先应基于和平目的,不得进行鼓吹战争的宣传;其次,不得用于干涉他国内政,尤其不得用来组织和煽动旨在颠覆他国合法政权的活动;最后,不得用于鼓吹种族歧视、

---

[1]　David Fisher,*Prior Consent to International Direct Satellite Broadcasting*,Martinus Nijhoff Publishers,1990,p. 150.

[2]　Colby C. Nuttall,Defining International Satellite Communications as Weapons of Mass Destruction: The First Step in a Compromise between National Sovereignty and the Free Flow of Ideas,*Houston Journal of International Law*,Vol. 27,2004-2005,pp. 424-426.

种族灭绝、种族隔离和宗教歧视、妇女歧视等极端思想。对上述原则的违反,构成对国际强行法义务的违反,均应受到国际法的制裁。

（二）国际组织的通信自由及其限制

国际组织的通信自由,是国际组织为实现其宗旨、履行其职能所必需的法律权能之一。但是,对于国际组织究竟在多大程度上享有通信自由,以及这种通信自由应受到怎样限制的问题,目前尚无一致标准,习惯国际法上并未明确提及,也没有普遍性条约对此作出统一规定。"在实践中,这个问题一般是在特定范围内,以专门条约个别地来加以具体解决的。《联合国特权及豁免公约》和《联合国专门机构特权及豁免公约》就是这种例子,它们在这方面作了详细的规定。"①

例如,《联合国特权和豁免公约》第 3 条规定:联合国在每个会员国领土内的公务通信,包括邮件、海底电报、电报、无线电报、传真电报、电话和其他通信的优先权、收费率和税捐方面,以及供给报界和无线电广播业消息的新闻电报收费率方面所享有的待遇应不次于该会员国政府给予任何他国政府包括其使馆的待遇;对于联合国的公务信件和其他公务通信不得施行检查;联合国应有使用电码及经由信使或用邮袋收发其信件的权利,这种信使和邮袋应与外交信使和外交邮袋享有同样的豁免和特权。第 4 条规定:会员国代表享有使用电码及经由信使或用密封邮袋收发文书或信件的权利。第 6 条规定:为联合国执行使命的专家享有为与联合国通信使用电码及经由信使或用密封邮袋收发文书或信件的权利。

又如,《联合国专门机构特权及豁免公约》第 4 条规定:各专门机构在本公约每个缔约国领土内的公务通讯,包括邮件、海陆电报、无线电、无线电照相、电话和其他通信的优先权、收费率和税捐方面以及供给报界和无线电广播业消息的新闻电报收费率方面所享有的待遇,应不次于该国政府给予任何他国政府包括其使馆的待遇;专门机构应享有使用电码及经由信使或用密封邮袋收发信件的权利,这种信使和邮袋应享有外交信使和外交邮袋的同样豁免和特权;对于专门机构的公务信件和其他公务通信不得施行检查。第5条规定:会员国代表享有使用电码及经由信使或用密封邮袋收发文书或信件的权利。

综合上述两个公约的规定,可以将联合国及其专门机构在通信方面所享有的自由和特权概括如下:

(1)联合国及其专门机构在其成员国领土内的公务通信,享有不得低于该国政府给予他国政府及其使馆公务通信的自由和待遇。

(2)对于联合国及其专门机构的公务信件和其他公务通信不得施行检查。

(3)联合国及其专门机构享有使用电码及经由信使或用密封邮袋收发信件的权利,这种信使享有人身不可侵犯权,不得以任何方式逮捕或拘禁;密封邮袋不得开拆或扣留。

(4)联合国及其专门机构的成员国代表享有使用电码及经由信使或用密封邮袋收发文书或信件的权利。

(5)为联合国执行使命的专家享有为与联合国通信使用电码及经由信使或用密封邮袋收发文书或信件的权利。

联合国及其专门机构在通信方面所享有的上述自由和特权,虽然在形式上与《维也纳外交关系公约》和《维也纳领事关系公约》所规定的国家使、领馆在通信方面所享有的自由和特权不存在显著的差别,但在权利的依据和限制方面,二者却大不相同。

首先,国家使、领馆的通信自由和特权是基于国家固有主权而产生的主权权利,国际法确认此种自由和特权的目的,在于确保代表国家的使、领馆能有效执行职务。与此不同,国际组织的通信自由和特权,则是主权国家通过建立该组织的基本文件赋予的派生权利,主权国家赋予国际组织此种自由和特权的目的,在于确保国际组织为实现基本文件规定的宗旨和履行基本文件规定的职能而有效地执行其职务。

其次,国家使、领馆的通信自由和特权主要受依国家同意而产生的国际法,特别是外交关系和领事关系法的限制,从一定意义上说,这种限制是一种自我限制。与此不同,国际组织的通信自由和特权则要受到来自三个方面的限制:(1)以其基本文件为核心的包括该组织内部运作决定在内的内部法的限制。国际组织是国家依条约(组织章程)授权设立的,其通信自由和特权来自其成员国的明示或默示授予,只有在主权国家授权的范围内,国际组织才有资格享受包括通信自由和特权在内的权利并承担义务。缺乏相应授权或超越授权范围的通信行为,都在国际组织通信自由和特权的保护范围之外。(2)国际组织内部法之外的其他国际法规则的限制。国际组织作为国际法主体,其通信行为并非只受其组织章程的约束,它还应该遵守一般习惯法的相关规则和该组织建立时其成员国已加入的所有国际条约。(3)国际组织的总部协定以及国际组织与其成员国的协定的限制。根据《联合国专门机构特权及豁免公约》第 4 条的规定,国际组织总部所在国和国际组织的成员国有权与国际组织就通信涉及的安全防范措施订立协定,以此对国际组织在总部所在国及成员国领土内的通信自由作出必要限制。

应当指出的是,现行国际法对国际组织通信自由的保护主要限于国际组织的秘密通信领域,而且对国际组织秘密通信自由的保护也主要是针对书信、电话、电报等传统的通信方式,对国际组织传播意义上的通信行为和互联网上的秘密通信行为,迄今尚无具体而明确的国际法律规范。因此,在未来针对信息社会和网络通信安全的国际立法中,也应当将国际组织的通信行为纳入其规制的范围。

三、公民的通信自由及其限制

(一)公民的秘密通信自由及其限制

虽然公民的秘密通信也是由信源、信道和信宿构成的行为系统，但是，相对于公民的公开通信来说，这里的信源、信道和信宿，都处于公民的个人自主领域，属于公民的通信秘密。因此，国际人权文书普遍将秘密通信与个人的私生活、家庭、住宅并列纳入隐私权的保护范围，公民在秘密通信中应依法享有的包括表达权和知情权在内的通信自由，事实上是公民的通信秘密受法律保护的权利。

国际人权文书对秘密通信的隐私权保护，源自于 1948 年联合国大会通过的《世界人权宣言》(以下简称《宣言》)第 12 条的规定："任何人的隐私、家庭、住宅和通信不得任意干涉，其荣誉和名誉亦不得攻击。为防止此种干涉或攻击，人人有权享受法律保护。"此后，一系列全球性和区域性的人权公约，均规定了秘密通信的隐私权保护：

1950 年缔结的《欧洲保护人权和基本自由公约》(以下简称《欧洲人权公约》)第 8 条"维护隐私和家庭生活的权利"规定："(1)人人都有维护其隐私、家庭生活、住宅和通信的权利。(2)公共机构不应妨碍上述权利的行使，除非这样做是依照法律的规定，且为在民主社会中维护国家或公共安全或国民经济的利益，或为了防止混乱或犯罪、保护健康或道德或保护他人的权利和自由所必要。"

1966 年缔结的《公民权利和政治权利国际公约》第 17 条规定："(1)任何人的隐私、家庭、住宅或通信不得加以任意或非法干涉，他的荣誉和名誉不得加以非法攻击。(2)人人有权享受法律保护，以免受这种干涉或攻击。"

1969 年缔结的《美洲人权公约》第 11 条"隐私权"规定："(1)人人

都有权使自己的荣誉受到尊重,自己的尊严受到承认。(2)不得对任何人的私生活、家庭、住宅或通信加以任意或不正当的干涉,或者对其荣誉或名誉进行非法攻击。(3)人人都有权受到法律保护,不受上述干涉或攻击。"

1989 年缔结的《儿童权利公约》第 16 条规定:"(1)儿童的隐私、家庭、住宅或通信不受任意或非法干涉,其荣誉和名誉不受非法攻击。(2)儿童有权享受法律保护,以免受这类干涉或攻击。"

比较分析上述各公约的规定,可以看出,虽然各公约在规定的表述上有些不同,但都是以《世界人权宣言》的规定为基础发展起来的,其基本精神具有一致性。考虑到《公民权利和政治权利国际公约》(以下简称《公约》)的普遍性和权威性,下面主要就《公约》第 17 条的规定进行分析。

(1)第 17 条规定的"通信"(correspondence),是一种秘密通信。因为,通信一旦被纳入隐私权的保护范围,就意味着它与秘密性相关。虽然第 17 条没有对通信作出界定,但从它的英文词义来看,主要指信函通信,即书写的信件。不过,随着实践的发展,今天这一概念的外延已经扩大到所有的远距离通信方式,如电话、电报、电传、传真,以及其他机械或电子的通信手段。

(2)按照第 17 条第 1 款的规定,秘密通信享有不受任意或非法干涉的权利。这种权利意味着必须在法律上和实际上保障通信的完整和机密。信件应送达收信人,不得被他人拦截、开启或拆读。应禁止对通信的监视(不管是否以电子形式),不得拦截电话、电报和其他通信方式,不得窃听和记录通信内容。任何对秘密通信的扣押、检查、监听和公布,都构成第 17 条意义上的"干涉"。

(3)第 17 条第 2 款规定,国家及其政府有义务采取立法或其他措施保护秘密通信,使之不受任意或非法干涉,不管这种干涉是来自政府当局还是自然人或法人。"法律保护"不仅要求国家在宪法、行政法和私法领域采取措施,而且还要求在刑法中规定最低限度的禁止性规范。[1] 此外,还应为保护秘密通信提供相应的司法、行政或其他措施。但是,第 17 条并不要求国家以积极的措施促进或推动秘密通信。

（4）第 17 条第 1 款没有像《欧洲人权公约》第 8 条第 2 款那样,规定准许限制秘密通信的法律附加条件,而只规定秘密通信不得受到任意或非法干涉。但是,这并不意味着秘密通信不受限制。第 17 条第 1 款的用语表明,对秘密通信进行既不是任意的也不是非法的干涉,是被允许的。例如,依据法律授权的国家机关（通常是法院）,为了保全证据或防止犯罪,可以实施诸如开启信件、监听电话等秘密的国家监视措施。对此,《国际电信联盟组织法》第 34 条第 2 款也有明确规定,各成员国根据其国家法律,对于可能危及其国家安全或违反其国家法律、妨碍公共秩序或有伤风化的任何私务电信,保留予以截断的权利。

（5）第 17 条第 1 款对秘密通信的保护,是一种禁止性规范的保护。这就意味着,国家授权的干涉,作为限制秘密通信的措施,必须符合禁止任意性和禁止非法性的要求。根据人权事务委员会 1988 年第 16/32 号一般性意见,禁止非法性,是指这样一种要求,即除法律所设想的个案以外不得有干涉的情事。国家授权的干涉必须根据法律,而且法律本身必须符合《公约》的规定和目标。不仅如此,人权事务委员会还强调,为了限制国家机关的自由裁量权,有关的立法必须详细具体说明可以容许这种干涉的明确情况,只有依法指定的当局在个案的基础上才能就使用这种授权干涉作出决定。当国家或私人团体对秘密通信的干涉与国内法律制度（包括法律、法规和司法判决）相冲突

---

[1] ［奥］曼弗雷德·诺瓦克:《民权公约评注:联合国〈公民权利和政治权利国际公约〉》,毕小青、孙世彦主译,生活·读书·新知三联书店 2003 年版,第 288 页。

时,就构成了对《公约》第 17 条的违反。①

禁止任意性的要求,超出了禁止非法性的要求。人权事务委员会在第 16/32 号一般性意见中指出:"'任意干涉'的范围也可以扩及法律所规定的干涉。引入'任意'这一概念意在确保,即使是法律所规定的干涉也应当符合《公约》的目的和宗旨,而且无论如何在具体情况下都应是合情合理的。"这就是说,对秘密通信的合法干涉不应偏离保护隐私的基本目的。特别是在公共道德领域,适用于表达自由的某些限制措施对隐私而言就可能就构成了任意的干涉而不应适用。② 因此,《公约》第 19 条限制表达自由的一般性规范并不必然可以适用于秘密通信。比如,视听媒体上不应公开发表挑逗性语言,但在秘密通信活动中,基于其私密性,并无禁止挑逗性语言的必要。

(二)公民的公开通信自由及其限制

国际人权文书中虽然没有出现"公开通信"的字眼,但国际法对公开通信自由③的保障并未因此而受到阻碍,因为,国际人权公约关于保护表达自由的规则,事实上涵盖了对包括表达权和知情权在内的公开通信自由的保障。也就是说,国际人权公约是在保护表达权的名义下提供了对公开通信自由的保护。这种保护源自《宣言》第 19 条的规定:"人人有权享有主张和发表意见的自由;此项权利包括持有主张而不受干涉的自由,和通过任何媒介和不论国界寻求、接受和传递信息

---

① [奥]曼弗雷德·诺瓦克:《民权公约评注:联合国〈公民权利和政治权利国际公约〉》,毕小青、孙世彦主译,生活·读书·新知三联书店 2003 年版,第 290~291 页。

② [奥]曼弗雷德·诺瓦克:《民权公约评注:联合国〈公民权利和政治权利国际公约〉》,毕小青、孙世彦主译,生活·读书·新知三联书店 2003 年版,第 291~292 页。

③ 除非特别需要,以下所提及的通信自由均指"公开通信自由"。

和思想的自由。"由该条规定可知,公民享有的公开通信自由包括"通过任何媒介和不论国界寻求、接受信息和思想的自由(知情权)"和"通过任何媒介和不论国界传递信息和思想的自由(表达权)"。《宣言》关于上述两种自由的表述被此后制定的区域性和全球性人权公约广泛引用。例如,《欧洲人权公约》第 10 条规定:"人人都有自由表达的权利。此项权利包括持有主张的自由以及不受公共机构干涉且不论国界接受和提供信息和思想的自由。"《公民权利和政治权利国际公约》第 19 条规定:"人人都有表达自由的权利;此项权利包括寻求、接受和传递各种信息和思想的自由,而不论国界,也不论他通过的是口头的、书面的或印刷的、采取艺术形式的或他所选择的任何其他媒介。"《美洲人权公约》第 13 条规定:"人人都有思想和表达自由。这种权利包括寻求、接受和传递各种信息和思想的自由,而不论国界,也不论其通过的是口头的、书写的、印刷的、采取艺术形式的,或自己选择的任何其他媒介。"《非洲人权和民族权宪章》第 9 条规定:"(1)人人有权接受信息。(2)人人有权在法律范围内表达和传播自己的见解。"

显而易见,上述各公约的规定是在《宣言》第 19 条的基础上进一步阐释通信自由的内涵。对比可知,首先制定的《公民权利和政治权利国际公约》的阐释最为全面和权威,随后制定的《美洲人权公约》和《儿童权利公约》几乎是一字不差地移植了其规定。根据《公民权利和政治权利国际公约》第 19 条的规定,通信自由意味着通信媒介、通信内容和通信范围在原则上都不受限制。

首先,通信媒介不受限制。它包括两个层面的含义:其一,信息载体不受限制,即传输的信息可以附着在声音、文字、图像、视频乃至数据等任何类型的载体上;其二,传输的介质不受限制,即除了口头交流和纸制品等传统的通信手段以外,所有其他的新型视听媒介,包括基于电信网络、广播电视网络和因特网的电子通信都受到保护。

其次,通信内容不受限制,即所有种类的信息和思想都可以传输,包括"主观思想和意见、价值中立的新闻和信息、商业广告、艺术品、不管多么吹毛求疵的政治评论、色情内容等在内的信息都在原则上受到保护,信件和电话交谈内容也在第 19 条的适用范围内"①。

再次,通信范围不受限制,即不受国界的限制。也就是说,既可在本国的范围内发送和接受信息,也可以跨国界发送和接受信息。

总之,《公约》第 19 条有关"不论国界""任何其他媒介"以及"各种信息和思想"的措辞,毋庸置疑地将笔者界定的公开通信自由全部纳入了表达自由的范畴,并提供了有力的保障。

当然,通信自由在原则上不受限制并不等于其在任何情况下都不受限制。"没有无义务的权利,也没有无权利的义务",在法律上任何自由都不是绝对的,通信自由也不能摆脱这一定律。不仅如此,由于公开通信处于公共生活领域,它所受到的限制,相对于处于私生活领域的秘密通信来说,不仅更加广泛而且更加明确。从国际人权公约来分析,通信自由所受到的限制,大体可以分为一般限制与特殊限制两类。

1. 通信自由的一般限制。通信自由的一般限制,是指国际人权文书普遍规定且为各国政府普遍采用的限制,其内容通常被称为"可以限制的理由"②或"允许干预的目的"③。这种"可以限制的理由"或"允许干预的目的",在《欧洲人权公约》第 10 条第 2 款的规定中,包括"保护国家安全、领土完整或公共安全,或者防止混乱或犯罪,保护健康或道德,保护他人的名誉或权利,防止秘密情报的泄露,或者为了维护法官的权威性与公正性";在《公民权利和政治权利国际公约》第 19 条第

---

　　① [奥]曼弗雷德·诺瓦克:《民权公约评注:联合国〈公民权利和政治权利国际公约〉》,毕小青、孙世彦主译,生活·读书·新知三联书店 2003 年版,第 338～339 页。

　　② 王四新:《网络空间的表达自由》,社会科学文献出版社 2007 年版,第 87 页。

　　③ [奥]曼弗雷德·诺瓦克:《民权公约评注:联合国〈公民权利和政治权利国际公约〉》,毕小青、孙世彦主译,生活·读书·新知三联书店 2003 年版,第 349 页。

3款的规定,包括"尊重他人的权利或名誉""保障国家安全或公共秩序,或公共卫生或道德";在《美洲人权公约》第13条第2款的规定中,包括"尊重他人的权利或名誉""保护国家安全、公共秩序、公共卫生或道德";在《儿童权利公约》第13条的规定中,包括"尊重他人的权利和名誉""保护国家安全或公共秩序或公共卫生或道德"。可见,国际人权文书对通信自由进行一般限制时,普遍和一致的理由主要有:尊重他人权利或名誉、保障国家安全、保障公共秩序、保障公共卫生或道德。

(1)尊重他人权利或名誉。通信自由可因尊重他人的权利或名誉而受到限制,这一制度安排从表层和内容规制的视角来看,可以解释为通信行为和通信内容不得损及他人的权利或名誉,但它的根本意义乃在于确定通信自由的边界,以解决潜在的"权利冲突"①问题。在这里,"他人的权利"的覆盖范围非常广泛,不仅指《公民权利和政治权利国际公约》中所规定的基本人权,还包括《公民权利和政治权利国际公约》中未规定但为各国国内法所确认的权利。因此,通信自由行使过程中可能存在的权利冲突,不仅包括通信自由与其他权利之间的冲突,而且还包括通信自由中两种权利,即表达权与知情权之间的冲突。过去,人们比较注重从通信自由与其外部权利的关系入手去限制通信自由,却忽视了通信自由内部权利之间的冲突和协调,以至于今天,当我们的知情权受到垃圾短信、垃圾邮件等表达权滥用行为的侵害时,或者当我们的表达权受到个人数据和信息被泄露的知情权滥用行为的侵害时,都无法找到保护自己权利的法律依据。

(2)保障国家安全。简单地说,国家安全就是国家处于没有危险

---

① 权利冲突是因权利边界的模糊性和交叉性而产生的两个或两个以上的主体间的权利矛盾关系。参见张平华:《权利冲突辨》,载《法律科学》2006年第6期。

的客观状态。为保障国家安全而限制通信自由,可以解读为通信行为不应产生破坏上述客观状态的后果。因此,如何认识和界定国家安全的客观状态,即国家安全观,最终决定着通信自由和通信内容因保障国家安全而应受到的限制程度。目前,国际关系和国际法学界普遍以冷战的结束为历史分水岭将国家安全观分为传统国家安全观和新国家安全观。传统国家安全观是以民族国家为主体,以军事安全和政治安全为主要内容,以确保国家生存为基本目标的国家安全观,其关注的焦点是主权国家如何应对外来的战争威胁和军事入侵,守卫其国民、政权组织以及国家主权和领土完整。而新国家安全观则超越了以军事政治安全为中心的传统国家安全范畴,将非传统安全纳入其中,倡导政治安全、军事安全、经济安全、社会安全、文化安全、生态安全、信息安全等多层次一体连动的安全理念,强调个人安全、群体安全与全球安全的统一,因此也被称作综合安全观。显然,两种国家安全观诚可谓大相径庭,为保障国家安全而对通信自由的限制无疑需要在两者之间作出取舍。

两相比较,就通信自由而言,基于传统国家安全观而施加的限制必然少于基于新国家安全观而施加的限制。因此,从国际人权文书保障基本人权的目的和宗旨出发,即便新国家安全观被认为是适应时代发展和符合国际社会现实的安全理念,也应当采纳传统国家安全观来决定对通信自由的限制。《锡拉库扎原则》在对"国家安全"的解释中指出:"只有在面临武力或武力威胁情况下保护国家生存、领土完整或政治独立而采取限制某些人权的措施时,才能援引国家安全作为采取这些措施的理由。不得仅仅为防止对于治安的局部或相对独立的威胁而援引国家安全作为实行限制的理由。"[①]《约翰内斯堡关于国家安

---

① 　《锡拉库扎原则》第 29 段、第 30 段。

全、表达自由和获取信息自由原则》也规定："寻求以国家安全为正当化理由的任何限制不具备合法的性质，除非它的真实目的和可展示之效果属于应对武力之使用或武力威胁，以保障国家生存或领土完整，或保障本国的应对武力之使用或武力威胁的能力。这种武力之使用或武力威胁或来自外部如军事威胁，或来自内部如煽动暴力推翻政府。"①曼弗雷德·诺瓦克（Manfred Nowak）认为，"保护国家安全而限制表达和信息自由只有在整个国家遭到严重的政治和军事威胁时才是可以允许的"②。当然，这种理解并非认为新国家安全观所涵盖的非传统安全利益不值得保护。实际上，基于公共秩序和公共卫生而对通信自由的限制已经为保护所谓的非传统安全利益提供了充足的途径。

（3）保障公共秩序。在国际人权文书所列举的限制通信自由的理由之中，公共秩序是内涵最为模糊的概念，时至今日人们依然对其争论不休。在此，应当明确的是公共秩序不等于公共安全，因为它们同时出现在国际人权文书的多个条款中，如果二者内涵一致则完全没有必要如此规定。根据《锡拉库扎原则》，公共秩序是指保证社会运转的各种规则的总和或社会建立所依据的一整套基本原则，而公共安全则是指保护人身及生命安全、身体完整不受危害、财产不受严重破坏。③另外，我们还应注意到，《公民权利和政治权利国际公约》在使用公共秩序这一措辞时附加了其法语表达 ordre public。之所以如此，是因

---

①　《约翰内斯堡关于国家安全、表达自由和获取信息自由原则》原则 2(1)。该文件是 1995 年由总部位于伦敦的非政府组织"第 19 条"和"国际反新闻审查中心"召集全世界的国际法、国家安全和人权方面的专家在南非约翰内斯堡举行国际会议而制定和通过的，并在 1996 年的联合国人权委员会会议上散发。该文件确认和发展了《锡拉库扎原则》。

②　[奥]曼弗雷德·诺瓦克：《民权公约评注：联合国〈公民权利和政治权利国际公约〉》，毕小青、孙世彦主译，生活·读书·新知三联书店 2003 年版，第 351 页。

③　《锡拉库扎原则》第 22 段、第 33 段。

为代表们认为英语中的 public order 并不完全等同于法语中的 ordre public 以及西班牙语中的 orden publico。英语中的 public order 在普通法系国家等同于公共政策(public policy),是指避免混乱状况。而法语中的 ordre public 则不仅指没有混乱状况,还包括公共安全及防止犯罪;西班牙语中的 orden publico 更是指维持特定社会结构的基本政治、经济和道德原则的整体。由于无法在不同语言中找到妥当的同义词,因此《公民权利和政治权利国际公约》中的公共秩序概念被认为包容了这一术语在各种语言中的含义。普通法系的代表认为这样做是极其危险的,因为如此模糊和丰富的公共秩序概念几乎可以为任何限制提供合理依据。但多数学者还是颇为认同这种安排,因为他们坚持认为公共秩序应当包含公共安全。①

　　(4)保障公共卫生和公共道德。国际人权文书中公共卫生和公共道德这两个概念的含义与其平常的语义并无区别。根据世界卫生组织的定义,卫生或者说健康(health)"不仅为疾病或羸弱之消除,而系体格、精神与社会之完全健康状态"。而对于公共卫生,世界卫生组织采用了耶鲁大学查尔斯-爱德华•艾默里•温斯洛(Charles-Edward Amory Winslow)教授的定义,即通过有组织的社区活动来改善环境、预防疾病、延长生命、促进心理和躯体健康、发挥个人最大潜能。根据《锡拉库扎原则》,援引公共卫生的限制措施必须以防止疾病或伤害,或为伤病者提供护理为具体目标,而且在确定公共卫生的具体要求时应适当参考世界卫生组织的《国际卫生条例》。② 就通信自由所受到的限制而言,公共卫生的理由仅仅居于次要地位,此种限制主要要求通

---

　　① Bert B. Lockwood,Jr.,Janet Finn & Grace Jubinsky,Working Paper for The Committee of Experts on Limitation Provisions,*Human Rights Quarterly*,Vol. 37,1985,p. 57.

　　② 《锡拉库扎原则》第 25 段。

信内容不得损及上述公共卫生之目标的实现,例如不得散布误导性的威胁健康的信息,禁止烟草、酒类、毒品的广告宣传也属正当合理。①

　　关于公共道德,首先应将其与私人道德区分开来。梁启超在《新民说·论公德》一文中指出,"人人独善其身者谓之私德,人人相善其群者谓之公德"。事实上,在东西方文化中,公德与私德的区分均源自公私观念的分野和公共领域与私人领域的分立。因此,通常认为公共道德即公共领域的道德,是与公共生活密切相关的道德准则,私人道德则是私人领域的道德,是与私人生活密切相关的道德准则。基于公共道德的理由而限制通信自由包含两个层面的内涵:其一,限制的客体是公共领域的通信行为,即传播行为。也就是说,公共道德不应作为有效理由而对私人所从事的独处的、私密性的秘密通信行为施加限制。② 其二,限制的对象是损害公共道德的内容。在解释公共道德的具体含义时,人权事务委员会和《锡拉库扎原则》都强调,不同文化、不同国家和不同地区之间的公共道德观念相差极大,不存在普遍适用的公共道德的共同标准,援引公共道德作为限制理由的国家应被赋予一定的自由裁量权。但是国际社会普遍认为,禁止或限制传播含有色情和淫秽内容的信息是基于保护公共道德而限制通信自由的典型例证。③

　　但是,根据《公民权利和政治权利国际公约》第 19 条第 3 款以及

---

　　① 　[奥]曼弗雷德·诺瓦克:《民权公约评注:联合国〈公民权利和政治权利国际公约〉》,毕小青、孙世彦主译,生活·读书·新知三联书店 2003 年版,第 353 页。

　　② 　Bert B. Lockwood,Jr.,Janet Finn & Grace Jubinsky,Working Paper for The Committee of Experts on Limitation Provisions,*Human Rights Quarterly*,Vol. 37,1985,p. 66.

　　③ 　[奥]曼弗雷德·诺瓦克:《民权公约评注:联合国〈公民权利和政治权利国际公约〉》,毕小青、孙世彦主译,生活·读书·新知三联书店 2003 年版,第 354 页;《锡拉库扎原则》第 27 段。

其他国际人权公约相关条款的规定，基于上述"可以限制的理由"或"允许干预的目的"对通信自由施行的限制，应由法律规定并为上述"可以限制的理由"所必需。换言之，对通信自由的限制必须满足合法性和必要性的要求。

所谓合法性，是指限制措施必须由法律作出明确的规定并符合法治的基本要求，它包含三个要点[①]：(1)这里的"法律"应指立法机关制定的正式的、抽象的和具有普遍拘束力的规范性文件或者同等的、非成文的普通法规范，而不包括行政法规或其他规范性文件。但是，欧洲人权法院的一些判例在解释"法律"一词时采取了更为宽泛的立场。根据这些判例，非成文的普通法规范并不仅限于普通法系国家的判例法，还包括大陆法系国家的判例法。另外，在国内适用的条约、协定等国际法规则，以及基于立法授权而产生的法律渊源，包括行政法规甚至于职业规则等都可以被视为法律。笔者认为，如果说将所谓的大陆法系的判例法和国际法规则纳入法律的范畴尚有其正当性及商榷余地，那么相对而言，将行政法规和职业规则纳入法律的范畴就令人大惑不解了，因为这种解释完全有悖于人权公约保护表达自由和通信自由的基本宗旨。[②](2)规定限制措施的法律必须是可以获知的。这实际上是一个关于透明度的基本要求，即法律及其规定必须公布给大众。(3)法律对限制措施的规定必须足够明确，因此对限制措施的内容、适用对象、适用条件都应予以具体的规定，且不应存在任何含混之处。欧洲人权法院在判例中将这一要求从当事人角度解释为"可以预

---

①　张志铭：《欧洲人权法院判例法中的表达自由》，载《外国法译评》2000年第4期；[奥]曼弗雷德·诺瓦克：《民权公约评注：联合国〈公民权利和政治权利国际公约〉》，毕小青、孙世彦主译，生活·读书·新知三联书店2003年版，第348页。

②　从保护人权的基本宗旨出发，在解释人权公约的条文时，凡对人权的限制性规定都应当作狭义的解释。

见"，即当事人可以根据法律的规定预知自己的行为及其后果是否会受到限制。同时，法院认为，法律规定的可预见性或准确性不是绝对的，而是一个合理程度的问题。判断法律规定的明确性在很大程度上取决于规范文件的内容、所涵盖的领域以及所规范的人的数量和身份，而且特别要依赖于国家当局的解释。这就是说，在某些情况下，尽管法律规定本身不可避免地会使用模糊的用语，但是如果与其相关的判例法、国际法规则、行政法规和职业规则可以提供辅助性指引从而满足可预见性的要求，那么这样的法律规定仍然被认为是明确的。此外，法律可以授予政府一定的自由裁量权，但不能使之不受约束，而必须充分明确地指明自由裁量权的范围及行使方式，并建立有效的监督和救济机制，保障个人利益免受政府滥用自由裁量权的损害。

所谓必要性，是指限制措施是不得不施加的，而且其在严重程度和强度上必须与所保护的利益相称。需要特别强调的是，必要性的证明责任应由国家承担。必要性的要求强化了一个原则，即不受限制是一般规则，实施限制措施永远只是例外，不应成为常规做法。人权事务委员会于1983年通过的《关于表达自由的第10号一般性意见》指出，"缔约国对表达自由的行使施加的限制措施不能危及表达自由的权利本身"。这意味着，无论对表达自由施加限制出于何种必要，都不应完全取消表达自由的权利。同理，基于必要性而对通信自由施加的限制措施应以不取消通信自由这一权利本身为基本限度。必要性包含两个层面的要求：第一，必要性要求限制措施应具有适当性。此即前文所述限制措施的严重程度和强度应与其所保护的利益相称和成比例，通常也称作"手段与目的相称"或"比例原则"。在1993年的《第22(48)号一般性评论》中，人权事务委员会首次指明，所谓对基本人权的限制应是"必要的"，意指与特定利益的保护"直接关联"且"相称"。欧洲人权法院的判例表明，相称性体现为手段与目的的等效性，亦即限制措施的实施恰好能够产生保护特定利益的效果且不具有任何"外部性"①。美洲人权法院以"最小限制手段"的检验标准来理解必要性的要求,即为保护特定利益而施加的限制措施应具有最低限度的特性,如果存在多种限制措施可供选择,那么必须选择限制最小的措施。相对而言,"最小限制手段"标准更具有可操作性。② 第二,必要性要求限制措施应具有正当性。这一要求来源于《欧洲人权公约》关于限制措施应为"民主社会所必需"的规定。其他人权公约虽然在某些条文中采用了"民主社会所必需"的措辞,但在关于表达自由的条文中却没有出现此类字眼。因此,有学者认为,基于条约的系统解释原理,对《公民权利和政治权利国际公约》关于表达自由之限制措施的规定,应仅仅以相称性来检验,而无须再以民主原则加以评估。③ 但事实上,人权事务委员会多年来的实践表明其已接纳并采用了"民主社会所必需"的检验标准来衡量包括表达自由在内的基本权利限制措施的必要性。美洲人权法院也认同《欧洲人权公约》以及欧洲人权法院对"民主社会所必需"的法理阐释。也就是说,以"民主社会所必需"的检验标准审查限制措施是否具有正当性也已经具有了普遍的适用性。然而,究竟何谓民主社会在国际上迄无定论。根据欧洲人权法院对"汉迪赛德诉英国案"(Handyside v. UK)和"林根斯诉奥地利案"(Lingens v.

---

① 外部性是一个经济学概念,亦称作溢出效应,是指一个人的行为给旁观者带来的影响。如果对旁观者的影响是有利的,就称为"正外部性";如果对旁观者的影响是不利的,就称为"负外部性"。参见[美]格里高利·曼昆:《经济学原理》,梁小民译,生活·读书·新知三联书店、北京大学出版社 2001 年版,第 210 页。

② 高中:《国家安全与表达自由比较研究》,法律出版社 2008 年版,第 124~128 页。

③ [奥]曼弗雷德·诺瓦克:《民权公约评注:联合国〈公民权利和政治权利国际公约〉》,毕小青、孙世彦主译,生活·读书·新知三联书店 2003 年版,第 348 页。

Austria)的判决,民主社会应具有三大基本特征:多元性、宽容性和开放性。① 因此,凡损及多元性、宽容性和开放性的限制措施,即使符合合法性与相称性的要求,也不具有适用的正当性前提。

另外,还应明确的是,尽管事后限制措施已成为各国普遍适用的主要限制措施,但国际法并没有绝对禁止对通信自由采用事先限制措施。限制措施可分为事先约束和事后惩罚。事先约束是指通信行为发生之前或尚未结束之前对其施加的限制;事后惩罚是指在通信行为完成之后,就违法事项追究行为人的法律责任。《欧洲人权公约》第10条明文规定,"不阻止国家要求广播、电视或电影企业须取得经营许可"。在制定《公民权利和政治权利国际公约》时,代表们讨论了是否可以允许事先审查的问题但并未达成一致,虽然一些代表提议绝对禁止事先审查,但这一要求最终并没有被纳入该公约的正式条文中。根据《美洲人权公约》第13条的规定,尽管表达自由在原则上不应受到事先审查,但是为了对儿童和未成年人进行道德上的保护,法律仍可事先审查公共文娱节目。

2. 通信自由的特殊限制。通信自由的特殊限制是指未被国际人权文书普遍规定甚至尚处于争议之中但又具有特殊地位和重要性或存在着特殊制度安排的限制。这类限制主要有通信自由的克减和国际强行法的约束。

(1)通信自由的克减。克减是国际人权法中一项特殊的制度安排,它是指根据国际人权公约的规定,②国家在处于威胁国家生命的紧急状态时可以暂停或中止履行其承担的保护某些人权的国际法律义

---

① 高中:《国家安全与表达自由比较研究》,法律出版社2008年版,第132~137页。

② 比如《公民权利和政治权利国际公约》第4条、《欧洲人权公约》第15条以及《美洲人权公约》第27条等,这些条文被称作"克减条款"。

务。克减通常会导致对某些人权施加限制，而这种限制是在对人权施加一般限制不能达到目的的情况下临时适用的特别措施，是对一般限制的补充。[①] 根据《公民权利和政治权利国际公约》《欧洲人权公约》和《美洲人权公约》，表达自由属于可以克减的权利，因此，通信自由也同样可能由于国家的克减行为而受到限制。在此，有必要明确通信自由受到一般限制与通信自由因克减而受到限制之间的区别。第一，两种限制发生的场合不同。一般限制发生在国家的正常状态下，因克减而受到限制则发生在国家的紧急状态下。第二，两种限制所受到的约束不同。正常状态下施加的一般限制要受到规定的限制理由的约束，而紧急状态下因克减而施加的限制并不存在特定限制理由的约束。第二点区别从通信内容规制的角度来看，也意味着紧急状态下因克减而施加的限制措施可以限制的通信内容的范围要大于正常状态下一般限制措施可以限制的通信内容的范围。

当然，因克减而对通信自由施加限制也绝非不受任何约束，相反，正因为国家因克减而获得的限制权力远远大于正常状态下的限制权力，所以国家的克减权也受到了严格的限制。具体而言，克减应满足以下条件：其一，必须客观存在着威胁国家生命的紧急状态且经正式宣布。如前所述，紧急状态是与正常状态相对而言的，国家的紧急状态是指社会秩序处于某种非常规、紊乱的状态。发生武装冲突是最典型的紧急状态，除此之外，发生社会动乱、政局动荡、严重的自然灾害和环境灾难以及严重的经济危机都有可能导致出现紧急状态。仅仅出现紧急状态并不必然意味着克减权的产生，只有紧急状态危及国家生命时才允许国家行使克减权。根据《锡拉库扎原则》，对国家生命的威胁系指"影响全体人民和全部或部分国家领土；威胁人民的身体完

---

① 徐显明：《国际人权法》，法律出版社 2004 年版，第 192 页。

整、国家的政治独立或领土完整和对于保护和展现《公约》中承认的诸
项权利所必不可少的机构的存在或基本运转"①。《欧洲人权公约》和
《美洲人权公约》没有明确规定正式宣布紧急状态的要求,但根据《公
民权利和政治权利国际公约》的规定,事先正式宣布国家进入紧急状
态是行使克减权的绝对必要条件。人权事务委员会指出,这种要求对
于维护法治是必要的,为此,国家宣布进入紧急状态的行为还应当符
合宪法和法律的规定。② 其二,因克减而实施的限制应以紧急情势所
严格需要的程度为限。这一条件被认为是对克减的最重要的限制③,
它类似于或者说暗含着相称性的要求。也就是说,即使某一国家可以
行使克减权,也不能仅仅因为存在紧急状态就自由地采取任何克减措
施。④ 人权事务委员会认为,这一条件实际上要求国家在行使克减权
时不但要证明紧急状态危及国家的生命,而且还要证明其所采取的措
施是紧急状态所严格需要的。⑤ 根据《锡拉库扎原则》,任何克减措施
的严格程度、期限和地理范围均应以处理国家生命的威胁所严格需要
者为限,并应与这类威胁的性质和程度相称。如果存在正常状态下对
某些权利进行一般限制的规定,则在采取紧急状态下的克减措施时应
先行用尽一般限制。⑥ 其三,因克减而实施的限制措施不得违反国际
义务,也不得构成歧视。这一条件实际上是强调任何国家即便在紧急

---

①　《锡拉库扎原则》第 39 段,此处的《公约》系指《公约权利和政治权利国际公约》。

②　人权事务委员会《关于紧急状态的第 29 号一般性意见》第 2 段。

③　[奥]曼弗雷德·诺瓦克:《民权公约评注:联合国〈公民权利和政治权利国际公约〉》,毕小青、孙世彦主译,生活·读书·新知三联书店 2003 年版,第 86 页。

④　国际人权法教程项目组:《国际人权法教程》,中国政法大学出版社 2002 年版,第 608 页。

⑤　人权事务委员会《关于紧急状态的第 29 号一般性意见》第 5 段。

⑥　《锡拉库扎原则》第 51 段、第 53 段。

状态下也应当严格遵守国际法，不能因为紧急状态而豁免其依据国际法所承担的国际义务。

（2）通信自由的强行法约束。国际法上的强行法（*jus cogens*）也称作"一般国际法强制规律（peremptory norm of general international law）"。根据《维也纳条约法公约》第 53 条的规定，"一般国际法强制规律指由国家构成之国际社会全体接受并公认为不许损抑且仅有以后具有同等性质之一般国际法规律始得更改之规律"。从《维也纳条约法公约》的上述规定出发，国际法规范可依效力等级分为强行规范和任意规范两类。所谓任意规范是指"国家可以通过它们之间的协定并在协定范围内变更或完全取消"的规范。强行规范与任意规范相比具有四个鲜明的特征：一是接受的整体性（或广泛性）。它是"由国家构成之国际社会全体接受"的规范。二是所涉利益的根本性。它所调整的事项，基本上都是有关国际社会根本利益的重大问题，关系到国际法的基础。三是规范层次的最高性。它可以使一切与之抵触的国际法和国内法规范归于无效。四是适用上的强制性，即无条件地对国际社会每一成员强行加予义务而无须得到它的同意。

尽管国际强行法的概念已确立多年，但是关于强行法的具体内容，无论在国际法律的实践还是在学术界的讨论中都迄无定论。1963年，国际法委员会特别报告员汉弗莱·沃尔多克（Humphrey Waldock）在起草《维也纳条约法公约》关于强行法的条款时曾指出，试图编纂各类强行法规则并非明智之举，强行法的内容最终取决于实践，取决于国际法庭的裁决和政治机构的宣示。[1] 此后，国际法委员会在研究国际法律实践的基础上多次就强行法的具体内容以例证方式

---

[1]　United Nations, *Yearbook of International Law Commission* 1963, Vol. 2, New York, 1964, p. 53.

作出阐释。在对《维也纳条约法公约草案》的评注中,国际法委员会认为最为明显和已确立的强行法包括《联合国宪章》中的禁止非法使用武力原则以及禁止国际犯罪、贩卖奴隶、海盗行为、种族灭绝等国际法规则。[①] 在对《国家责任条款草案》的评注中,国际法委员会指出,禁止侵略、奴隶制、奴隶贸易、种族灭绝、种族歧视和种族隔离、酷刑等国际法规则具有强行法性质。[②] 国际法委员会在《国际法不成体系问题:国际法多样化和扩展引起的困难》的报告中表明,经常援引的强行法规则包括禁止侵略性地使用武力、自卫权、禁止灭绝种族、禁止酷刑、危害人类罪、禁止奴隶制和奴隶贸易、禁止海盗行为、禁止种族歧视和种族隔离、禁止针对平民的敌对行为("国际人道主义法基本规则")等。[③]

如前所述,由于强行法在国际法体系中居于最高的效力等级,所以,关于通信自由的国际法规范也应当符合强行法,否则便归于无效。这就意味着,通信自由权利的行使应当以遵守强行法为根本前提,或者说,强行法的要求乃是对通信自由的最基本限制。这种限制从内容角度来解释,即通信内容不得包含对强行法所禁止的事项的宣传(propaganda)或鼓吹(advocacy)。国际人权文书中一些条款的规定就体现了上述要求。《公民权利和政治权利国际公约》第20条规定:"(1)任何鼓吹战争的宣传,应以法律加以禁止。(2)任何鼓吹民族、种族或宗教仇恨的主张,构成煽动歧视、敌视或强暴者,应以法律加以禁止。"《美洲人权公约》第13条第5款规定:"任何战争宣传和任何鼓吹民族、种族或宗教仇恨,构成煽动非法暴力行为,或以任何其他理由,

---

① United Nations, *Yearbook of International Law Commission* 1966, Vol. 1, New York, 1967, p. 248.

② United Nations, *Yearbook of International Law Commission* 2001, Vol. 2, New York, part 2, 2007, p. 85.

③ 联合国国际法委员会《国际法不成体系问题:国际法多样化和扩展引起的困难》第374段。

包括以种族、肤色、宗教、语言或国籍为理由,对任何个人或一群人煽动任何其他类似的非法活动,都应视为法律应予以惩罚的犯罪行为。"《消除一切形式种族歧视国际公约》也有类似规定。①

强行法对通信自由施加的上述限制与通信自由的一般限制截然有别。前者是国家必须履行的国际义务②,后者则是国家可自由裁量的权利,而且强行法对通信自由的限制还具有不可克减的性质。③ 当然,强行法对通信自由的具体限制措施也要符合合法性和必要性的要求,在这一点上,它应当被视作通信自由的特别限制理由,可以很容易

---

① 《消除一切形式种族歧视国际公约》第 4 条规定,"缔约国对于一切宣传及一切组织,凡以某一种族或属于某一肤色或人种的人群具有优越性的思想或理论为根据者,或试图辩护或提倡任何形式的种族仇恨及歧视者,概予谴责,并承诺立即采取旨在根除对此种歧视的一切煽动或歧视行为的积极措施,又为此目的,在充分顾及《世界人权宣言》所载原则及本公约第 5 条明文规定的权利的条件下,除其他事项外:1.应宣告凡传播以种族优越或仇恨为根据的思想,煽动种族歧视,对任何种族或属于另一肤色或人种的人群实施强暴行为或煽动此种行为,以及对种族主义者的活动给予任何协助者,包括筹供经费在内,概为犯罪行为,依法惩处;2.应宣告凡组织及有组织的宣传活动与所有其他宣传活动的提倡与煽动种族歧视者,概为非法,加以禁止,并确认参加此等组织或活动为犯罪行为,依法惩处;3.应不准全国性或地方性公共当局或公共机关提倡或煽动种族歧视"。

② 人权事务委员会《关于禁止战争宣传和民族、种族或宗教信仰仇恨的鼓动的第 11 号一般性意见》第 2 段指出,"第 20 条要充分有效,就必须有一条法律明确规定第 20 条所列宣传和主张均违反公共政策,并规定在出现违反情况时适当的制裁措施。因此,委员会认为,尚未这么做的缔约国应采取必要措施,履行第 20 条所载义务,并且本身应不进行此类宣传或鼓吹此类主张"。

③ 人权事务委员会《关于紧急状态期间的克减问题的第 29 号一般性意见》第 13 段指出,"缔约国不能援引按照第 4 条第 1 款作出的紧急状态声明,违反第 20 条,从事战争宣传或主张可构成煽动歧视敌对行为或暴力的民族、种族或宗教仇恨"。赋予此类限制以不可克减的特性再次印证了其所具有的强行法性质,因为强行法下的义务、不可克减的义务和对一切的义务三者在很大程度上是相互重合和一致的。参见赵建文:《论国际法与宪法的效力关系——〈公民权利和政治权利国际公约〉的视角》,载《时代法学》2004 年第 6 期。

地包括在通信自由的一般限制理由中,比如禁止战争宣传对于保护国家安全是必要的,而禁止鼓吹仇恨则对于尊重他人的权利以及保护公共秩序是必要的。[①] 此外,从通信内容角度来考察,基于强行法而施加的限制至少应满足以下三个要件:第一,通信内容为强行法所禁止的事项;第二,通信内容具有鼓吹性或者说倡导性;第三,通信内容系出于鼓动的故意而为之。所谓鼓吹性包含两个要素:其一是行为人须具有说服受众接受通信内容所包含的观念或主张的意图;其二是从一个理性人的角度看,通信内容应被理解为具有影响或说服他人的意图。因此,鼓吹性并不要求通信内容必须传达到特定的个体受众,例如,即使无线电广播未被任何人接收,但其广播内容仍有可能具有鼓吹性。所谓鼓动的故意则是指行为人具有通过散播通信内容而促使受众实施其所鼓吹的行为的明确目的。所以,对于艺术、教育以及学术研究等领域的通信活动而言,即使通信内容含有对违反强行法的事项的描述,也不应被认定为具有鼓动性。[②]

四、结语

"人类有别于其他生命形态的一个主要特征在于除了通过声音和利用身体语言进行交流外,还具有利用其他手段进行沟通的能力。"[③]

[①]　[奥]曼弗雷德·诺瓦克:《民权公约评注:联合国〈公民权利和政治权利国际公约〉》,毕小青、孙世彦主译,生活·读书·新知三联书店 2003 年版,第 364~365 页。

[②]　Viktor Mayer-Schonberger & Teree E. Foster, More Speech, Less Noise: Amplifying Content-Based Speech Regulations through Binding International Law, *Boston College International and Comparative Law*, Vol. 18, 1995, pp. 104-121.

[③]　[英]伊恩·劳埃德、[英]戴维·米勒:《通信法》,曾剑秋译,北京邮电大学出版社 2006 年版,第 1 页。

通信作为人际交往和国际交往的基本方式，无论对国内社会的存在和进步，还是对国际社会的形成和发展，都是至关重要的基础和动力。因此，对通信自由进行保护并予以适当限制，不仅是国内法的任务，也是国际法的使命。现行国际法对通信自由的保护和限制，作为人类建立通信秩序的一种法律努力，虽然大体上确立了保护和限制通信自由的基本框架，但随着网络通信时代的到来，它的不足和局限也在逐渐凸现。如何在现有框架下完善国际法上的通信自由及其限制制度，是国际社会亟待解决的重大课题。在这方面，各国政治家和法学界均负有作出努力的职责。

第十四章
国际知识产权法的形成、特征及体系

知识产权保护的国际协调,兴起于 19 世纪 80 年代,经过近几十年的巨大发展,现已形成知识产权领域的一种国际法律秩序。学界将这种国际法律秩序称为"国际知识产权法"(International Law of Intellectual Property)。它作为现代国际法专业化发展的产物,已经成为一个新的特殊国际法部门,并随着知识经济时代的到来,正在发挥着越来越重要的作用。

一、国际知识产权法的形成

一个国际法部门已经形成的标志大致包括:(1)具有区别于其他国际法部门的调整对象;(2)具有比较完整的规范体系;(3)具有普遍适用的空间效力;(4)具有相对稳定的造法和实施机制。根据上述标准,国际知识产权法无疑已经成为一个新的特殊国际法部门。

首先,国际知识产权法是为了应对知识产权领域的国际事务而产生的,有其区别于其他国际法部门的调整对象。考察和分析国际知识产权法形成和发展的历史,可以发现,它处理的国际事务,主要包括以下两类。

一是知识产权的跨国(境)保护。知识产权是具有地域性的私权。它依某个国家或地区的法律产生,并依该国或地区的法律获得保护。在一个国家或地区依法获得知识产权的智力成果,如果在其他国家或地区没有依当地法律被授予相应的权利,将不能受到该国或地区的合法保护。然而,知识产权客体即智力成果的跨国(境)传播和流动,却不受这种知识产权地域性的限制,它在很大程度上取决于国家间的交往和国家发展利益的要求。因此,各国只有在相互协议的基础上,建立以国民待遇原则为基础的知识产权跨国(境)保护制度,才能使本国的智力成果在他国、他国的智力成果在本国获得知识产权保护。从这个意义上说,国际知识产权法首先是为适应知识产权跨国(境)保护的需要而产生并发展起来的。

二是知识产权保护的国际协调。知识产权的跨国(境)保护虽然解决了本国的智力成果在他国、他国的智力成果在本国获得知识产权保护的问题,但由于不同国家的知识产权保护水平因其科技、经济、文化及社会发展状况的不同而存在巨大差异,这种跨国(境)保护事实上是一种不平等的保护。因为一国对他国智力成果的知识产权保护只能依该国的法律来进行,不受他国法律的影响和限制。缘此,高水平知识产权保护国家的智力成果在低水平知识产权保护国家获得的保护,将远远低于低水平知识产权保护国家的智力成果在高水平知识产权保护国家获得的保护。这种不平等保护所造成的国家间权利义务关系的严重失衡,势必限制和阻碍智力成果在世界范围内的传播和流动,并最终给各国的经济、文化和社会发展带来不利影响。因此,在各国相互协议的基础上确立知识产权保护的最低标准,以缩小不同国家知识产权保护水平的差异,促进知识产权在各国间的平衡保护,便成为国际知识产权法需要处理的又一重要国际事务。

其次,国际知识产权法已通过国际条约形成了庞大的规范体系。在历史上,国际条约是继国际习惯之后出现的第二个国际法渊源,但是,随着时代的发展,国际条约已取代国际习惯成为主要的国际法渊源。这一现代国际法发展的特点,在国际知识产权法领域表现得尤其突出。根据联合国条约数据库(UN Treaty Collection)的检索,截至2017年3月31日,仅在联合国登记的冠以知识产权名称的条约就有26项,冠以专利名称的条约98项,冠以商标名称的条约29项,冠以版权名称的条约45项。[①] 按照条约成员的资格和数量,这198项条约可以分为三类:一是全球性的多边条约,例如世界知识产权组织管理的26项条约、世界贸易组织管理的《与贸易有关的知识产权协定》和联合国教科文组织管理的《世界版权公约》;二是区域性的多边条约,例如《欧洲专利条约》;三是双边条约,例如《中美知识产权谅解》。此外,还有大量的多边和双边条约虽未冠以知识产权、专利、商标和版权的名称,但其内容实际上也涉及知识产权的保护,例如《保护植物新品种国际公约》《生物多样性公约》以及相当数量的自由贸易协定、投资协定及科技与文化合作协定等。上述各种条约或协定作为国际知识产权法的主要渊源,规制范围十分广泛,从知识产权的取得到知识产权的维持,从知识产权的效力到知识产权的救济,涉及知识产权保护的各个方面,由此形成了国际知识产权法的庞大规范体系。

最后,国际知识产权法适用于国际社会的空间愈来愈广泛,普遍性程度愈来愈高。按照《奥本海国际法》的观点,"国际法律秩序适用于整个由国家组成的国际社会,并在这个意义上具有普遍的性质"[②]。

---

① United Nations Treaty Collection, accessed 31 March 2017, https://treaties.un.org.

② [英]詹宁斯、瓦茨修订:《奥本海国际法》(第九版)第1卷第1分册,王铁崖等译,中国大百科全书出版社1995年版,第50页。

因此,国际法规范适用的普遍性往往是衡量国际法部门是否已经形成的重要标志。就知识产权领域的几个核心条约来说,截至 2018 年 3 月,《建立世界知识产权组织公约》的成员国有 191 个,《保护工业产权巴黎公约(1967)》(以下简称《巴黎公约》)的成员国有 195 个,《保护文学艺术作品伯尔尼公约(1971)》(以下简称《伯尔尼公约》)的成员国有 185 个,《专利合作条约》的成员国有 152 个,[①]TRIPS 的成员方有 164 个。[②] 可见,以国际条约作为主要渊源形成的国际知识产权法,已经成为现代国际法中具有广泛适用性的一个新的法律部门。

国际知识产权法不仅已拥有作为其主要渊源的庞大条约体系,而且形成了其制定和实施可资依附的国际组织网络,从而保证了其发展的可持续性和稳定性。世界知识产权组织和世界贸易组织及其与贸易有关的知识产权理事会等国际组织,作为政府间在知识产权领域进行多边合作的法律形式,为国际知识产权法的形成、适用和执行提供了可资依附的常设机构。这些国际组织依据其组织章程或条约的行政条款确定的宗旨与职能所持续开展的大量对内对外活动,不仅有力地推动了知识产权制度的国际协调,而且积极地促进了知识产权领域的国际合作和科学、技术与文化的进步,从而在建立和改善国际知识产权法律秩序中发挥了重要作用。

综上可见,国际知识产权法以国际知识产权条约为主要渊源,以世界知识产权组织与世界贸易组织及其与贸易有关的知识产权理事会等国际组织为多边合作法律形式,已经发展成为一种新的国际法律秩序。它作为国际法的一个新的特殊部门,既是现代国际法发展的必然结果,又为现代国际法增添了新的内容。

---

① http://www.wipo.int/treaties/zh/,访问日期:2018 年 5 月 20 日。

② https://www.wto.org/english/thewto_e/whatis_e/tif_e/org6_e.htm,访问日期:2018 年 5 月 20 日。

二、国际知识产权法的特征

国际知识产权法,简单地说,就是关于知识产权的国际法,具言之,它是指以国际条约为主要渊源,用以调整知识产权领域国际关系、促进知识产权领域国际合作的各种原则、规则和制度的总和。因此,它作为国际法的一个新的特殊部门,既具有一般国际法的共性,又具有不同于其他国际法部门的个性。这种共性与个性的辩证统一,构成了国际知识产权法既与国内知识产权法,又与其他国际法部门相区别的基本特征。

首先,国际知识产权法的主体,是国家通过彼此之间的协议直接赋予国际法权利并附加国际法义务的国际法律人格者。这是国际知识产权法区别于国内知识产权法的基本特征,也是确立国际知识产权法归属的主要依据。

在国际知识产权法上,国家是主要的国际法律人格者。这就是说,国际知识产权法主要是规定国家权利和义务的法律。与其他国际法部门一样,国际知识产权法本质上是一种国家间的法律,属于国际(公)法的范畴。这是因为,知识产权领域的国际条约,和其他领域的国际条约一样,原则上都是国家间的协议,调整的主要是国家间的关系,由条约而起的权利和义务主要是国家的权利和义务。通过条约,国家首先赋予自己权利,规定自己义务,从而使自己具备成为国际知识产权法主体的资格。不过,条约对这种资格的规定,往往是针对不特定国家的,属于可能性领域。具备这种资格的国家,只有参加知识产权领域的国际法律关系,才能成为国际知识产权法的主体。例如,《建立世界知识产权组织公约》虽然规定了国家的诸多权利和义务,但目前只有191个国家享有这些权利,承担这些义务。其他国家虽然具备成为世界知识产权组织成员国的资格,但因为没有加入世界知识产权组织,因而不能实际享有该公约赋予的权利并履行该公约规定的义务。

诚然,在知识产权领域中,有不少条约,例如《巴黎公约》《伯尔尼公约》等,也赋予了自然人和法人权利并为它们设定了义务。但按照这些国际条约所给予自然人或法人的权利不是国际权利,而是条约的缔约方遵照这些条约对有关缔约方所设定的国际义务,通过缔约方的知识产权法律而给予的权利;同样,按照国际条约对自然人或法人所设定的义务也不是国际义务,而是缔约方遵照这些条约对有关缔约方所给予的权利或设定的义务而设定的义务。① 因此,这些国际条约对自然人或法人所赋予的权利和设定的义务,并不是直接的国际权利和国际义务,而只是为缔约方的知识产权保护提供的一种国际标准。把这种国际标准并入或转化为缔约方的知识产权制度,是缔约方必须履行的国际义务。自然人或法人作为知识产权的主体,因为缔约方对这种国际义务的履行,而成为这些国际条约的直接受益者。因此,这些国际条约同其他领域的国际条约一样,主要是国家间的协议,由此产生的国际权利和国际义务的承受者主要是作为缔约方的国家,而不是直接从中受益的自然人或法人。

当然,在知识产权领域,也有自然人或法人被国际条约直接赋予国际权利并设定国际义务,从而成为国际法律人格者的情况。例如,根据《欧洲专利公约》,成员国的自然人和法人可以直接向欧洲专利局提出专利申请,由此获得的专利授权在其所有成员国内均具有法律效力。又如,依据《班吉协定》建立起来的非洲知识产权组织,对 13 个非洲法语国家的知识产权实行统一的保护与管理,成员国的自然人和法

---

① ［英］詹宁斯、瓦茨修订:《奥本海国际法》(第九版)第 1 卷第 1 分册,王铁崖等译,中国大百科全书出版社 1995 年版,第 10 页。

人按《班吉协定》所获得的知识产权在任何成员国内都有效,《班吉协定》成为成员国的共同法律。可见,国家通过条约不仅可以为自己规定权利和义务,使自己成为国际知识产权法上的主要国际人格者,同时可以为自然人和法人规定权利和义务,使它们具备国际知识产权法上的国际人格,进而成为国际知识产权法的主体。因此,一概否定自然人或法人在知识产权领域的国际法主体地位,并不符合知识产权领域的国际现实。

此外,伴随着现代国际社会的组织化趋势,知识产权领域出现了各种全球性或区域性的国际组织。这些在知识产权领域负有专门职能的常设机构,一般依国家或政府间的多边协议(组织章程)设立,各有具体而明确的宗旨和职能,并被其成员(国)赋予一定的法律权能。它们依照其组织章程所确定的宗旨和职能持续地开展对内对外活动,从而在实践中作为权利义务主体参与各种法律关系,成为与其成员(国)相区别的国际知识产权法主体。

例如,世界知识产权组织作为联合国负责在知识产权领域发展国际法的专门机构,其设立的法律基础就是1967年缔结的《建立世界知识产权组织公约》。根据该公约第3条的规定,世界知识产权组织的宗旨主要有:(1)通过国家之间的合作并在适当情况下与其他国际组织配合,促进世界范围内的知识产权保护;(2)保证各知识产权联盟[①]之间的行政合作。为实现上述宗旨,该公约第4条规定,世界知识产权组织应履行以下职能:(1)促进发展旨在便利全世界对知识产权的有效保护和协调各国知识产权保护立法的措施;(2)执行各知识产权

---

① 根据《建立世界知识产权组织公约》第2条第7款的规定,各知识产权联盟包括:保护工业产权巴黎联盟、与保护工业产权巴黎联盟有关的各专门联盟和协定、保护文学艺术作品伯尔尼联盟及由世界知识产权组织担任其行政事务的任何其他旨在促进知识产权保护的国际协定。

联盟的行政事务；（3）鼓励缔结旨在促进知识产权保护的国际协定；（4）对于在知识产权方面请求法律与技术援助的国家给予合作；（5）收集、传播有关保护知识产权的情报，从事和促进有关知识产权保护的研究，并公布这些研究的成果；（6）维持有助于在世界范围内保护知识产权的服务，在适当情况下，提供这方面的注册以及有关注册的公开资料。为此，该公约第 12 条明文规定：世界知识产权组织在其各成员国的领土上，在符合各成员国法律的条件下，享有为完成其宗旨和行使其职权所必需的权利能力；世界知识产权组织可与其成员国缔结双边或多边协定，使该组织及其官员以及一切成员国的代表均享有为完成其宗旨和行使其职权所必需的特权与豁免。上述规定表明，世界知识产权组织在国际法上的国际人格，是被其成员国广泛承认的。因此，它可以在这个限度内成为国际知识产权法的主体，受国际法一般规则、《建立世界知识产权组织公约》以及它作为缔约方的国际协定对其所设定义务的拘束。①

综上可见，被国际知识产权法赋予国际人格并成为国际知识产权法主体的实体，不仅有国家，还有政府间国际组织、自然人和法人等。国际知识产权法这种鲜明的主体多元化特征，从国际关系的一个特定领域反映了现代国际法主体多重扩展的重要趋势。这种趋势表明，国家是主要但不是唯一的国际法主体。不过，应当指出的是，虽然国际法主体出现了多元化的趋势，但这种趋势并没有改变国际法依国家同意而产生的本质特征。国家以外的其他实体被国际法赋予国际人格，归根到底是国家行使主权的结果。从这个意义上说，国际知识产权法不是国内法，而是国际法。

---

① ［英］詹宁斯、瓦茨修订：《奥本海国际法》（第九版）第 1 卷第 1 分册，王铁崖等译，中国大百科全书出版社 1995 年版，第 12 页。

其次,国际知识产权法的客体是各国的知识产权制度,而不是知识产权本身。知识产权作为一种私权,属于一国国内法管辖事项,是知识产权国内法律制度的客体。但一个国家对知识产权的立法、司法和执法,都是一个国家或政府的行为。因此,当一国成为国际知识产权条约的成员国时,由这种国家行为形成的知识产权制度,便作为国际知识产权法的客体被纳入国际法的调整范围。不少学者所说的"知识产权的国际保护",实际上不是作为国际法部门的国际知识产权法对知识产权的直接保护,而是国家遵照国际知识产权法对其设定的国际义务,通过国内知识产权制度所实现的保护,也就是说,是以一种履行国际义务的形式而实现的国内保护。在这里,国家所承担的国际义务就是使本国知识产权制度对知识产权的保护达到国际知识产权法所规定的最低保护标准。因此,从语义学上来说,以"知识产权的国际保护"来指称"国际知识产权法"的做法是不科学的,它容易使人产生一种误解,即知识产权似乎就是国际知识产权法的客体。所以,与其称之为"知识产权的国际保护",不如称为"知识产权保护的国际协调",如此更能准确地表达国际知识产权法的本质。

如果说国际知识产权法的主体性质,决定了国际知识产权法的国际法归属,使它与国内法区别开来,那么,国际知识产权法的客体特征,则使国际知识产权法与其他国际法部门区别开来,使其成为一个新的特殊国际法部门。法律因适用的社会空间不同而区分为国际法和国内法两种不同的法律体系,同一法律体系中的法律又因调整的对象不同而区分为不同的部门。国际法作为适用于国际社会的法律体系,由于调整的对象不同,存在着外交关系法、国际经济法、国际环境法、海洋法、外层空间法等许多不同的国际法部门。国际知识产权法成为国际法这一法律体系中的一个法律部门,就是因为它有着与其他国际法部门相区别的相对独立的调整对象,那就是国家知识产权制度之间的关系。这种知识产权领域的国际关系,简单地说,就是国际知识产权关系。因此,国际知识产权法是现代国际法中用以调整国际知识产权关系的一个新的国际法部门。

国际知识产权关系是一种特殊的国际关系,既是国际经济关系的重要组成部分,又与国际政治关系有着密切联系。它是在不同国家基于共同利益的相互交往中形成的不同知识产权制度之间的冲突与协调关系。知识产权制度作为调整知识产权这种私权关系的法律制度,是为适应一个国家的经济、科技与文化发展水平而产生与发展的。在世界范围内来说,发展水平不同的国家,知识产权制度的产生与发展客观上存在着较大差异,不仅有水平高低之分,而且呈制度有无之异。这种差异,当人类的智力创造成果还只是在一个国家内部流动与传播时,还不会形成国家之间的利益冲突,但一旦超越国界进行流动与传播,就会转变为国家之间的现实利益冲突。对于一个拥有较多知识产权的国家来说,如果它的知识产权在外国得不到保护或得不到充分保护,将构成对该国利益的损害,而对于一个拥有较少知识产权的国家来说,如果它的知识产权制度所保护的主要是外国的知识产权,也将构成对该国利益的损害。这两种利益损害,虽然情况不同,但其产生的原因是相同的,即经济、科技与文化发展水平的差异所带来的知识产权制度之间的差异。于是,缩小这种差异,减少利益冲突,扩大国家交往,便成为不同国家的共同需要。用以协调各国知识产权制度的国际知识产权法,正是在这种共同需要的推动下产生并逐渐发展起来的。

三、国际知识产权法的体系

国际知识产权法是一种以国际知识产权条约为主要渊源的法律体系。它与其他国际法律体系一样,也有其内部的构成要素和秩序。虽然这个体系非常复杂,复杂得有如迷宫,但深入这个"迷宫",总可以识得"庐山真面目",使模糊的东西变得清晰,使不确定的东西变得确定。

（一）国际知识产权法的构成

分析一个法律体系的构成,就是从这个体系中剥离出构成它的要素。由于剥离的方法不同,所确定的构成也不同。按照不同的标准或方法对国际知识产权法进行分析,可以确定三种不同类型的构成。

1. 根据法律规范的形成、适用与执行所依附的国际组织,国际知识产权法的规范主要可分为世界知识产权组织体制下的规范、世界贸易组织体制下的规范和联合国教科文组织体制下的规范。

（1）世界知识产权组织体制下的规范。这类规范以《建立世界知识产权组织公约》及由世界知识产权组织管理的国际条约为主要渊源,是国际知识产权法中历史最悠久、调整对象最广泛、适用社会空间最普遍的法律规范。在关贸总协定乌拉圭回合谈判之前,只有世界知识产权组织是专门负责在知识产权领域发展国际法的国际组织,它所管理的各项国际条约,是知识产权制度国际协调的主要法律依据。根据世界知识产权组织官方网站的介绍,目前它所管理的国际条约,除《建立世界知识产权组织公约》外,另有 25 项,包括:

①建立知识产权保护国际标准的条约 15 项:《巴黎公约》、《伯尔尼公约》、《保护表演者、录音制品制作者与广播组织罗马公约》（以下简称《罗马公约》）、《保护录音制品制作者防止未经许可复制其录音制品公约》（以下简称《录音制品公约》）、《制止商品来源虚假或欺骗性标记马德里协定》、《世界知识产权组织版权条约》、《世界知识产权组织表演与录音制品条约》、《关于集成电路知识产权的华盛顿条约》（以下简称《华盛顿条约》）、《商标法新加坡条约》、《商标法条约》、《专利法条约》、《保护奥林匹克会徽内罗毕条约》、《关于为盲人、视力障碍者或其他印刷品阅读障碍者获得已出版作品提供便利的马拉喀什条约》、《视

听表演北京条约》、《发送卫星传输节目信号布鲁塞尔公约》。

②规定知识产权取得国际程序的条约6项：《商标国际注册马德里协定》《商标国际注册马德里协定有关议定书》《工业品外观设计国际注册海牙协定》《保护原产地名称及其国际注册里斯本协定》《国际承认用于专利程序的微生物保存布达佩斯条约》《专利合作条约》。

③确立知识产权统一分类的条约4项：《商标注册用商品和服务国际分类尼斯协定》《建立工业品外观设计国际分类洛迦诺协定》《国际专利分类斯特拉斯堡协定》《建立商标图形要素国际分类维也纳协定》。

（2）世界贸易组织体制下的规范。这类规范以《建立世界贸易组织协定》和TRIPS为主要渊源，是国际知识产权法中保护水平最高、执行力最强的法律规范。它的建立，打破了世界知识产权组织及其所辖国际条约在知识产权制度国际协调中"一统天下"的局面，形成了"两制并存、两法同施"的新格局，把国际知识产权法推向了一个新的发展阶段。

（3）联合国教科文组织体制下的规范。这类规范以《世界版权公约》为主要渊源，是国际知识产权法中调整对象较窄、保护水平较低的法律规范，因而也是在知识产权制度国际协调中发挥作用较小的法律规范。

以上三种法律规范相互独立，自成体系，各有自己的基本法律文件。唯一例外的只有《罗马公约》，它是由世界知识产权组织与联合国教科文组织共同发起缔结并管理的。

2.依法律规范调整的对象，国际知识产权法的规范主要有三部分，即国际专利法、国际商标法和国际版权法。专利权、商标权和版权是三种主要的知识产权，在法律特征、权利内容等方面，它们有着根本的区别，因此，在权利的依法取得与保护方面各有不同的规定。与此相对应，国际知识产权法针对这三种知识产权分别规定了所适用的原则、最低保护标准以及国际合作程序,形成了三种既相互联系又相互区别的法律规范。

3.依法律规范的性质,国际知识产权法由以下三类法律规范构成。

(1)知识产权保护的国际组织规范。这类规范以《建立世界知识产权组织公约》《建立世界贸易组织协定》,各有关知识产权公约、条约、协议的行政性条款,以及世界知识产权组织与世界贸易组织之间、世界知识产权组织与联合国之间的关系协定等为主要渊源,其内容涉及国际知识产权组织的宗旨与目标、法律地位、成员资格、组织结构、职权范围、决策程序、财政预算与会费分配,以及各相关组织之间的关系等。

(2)知识产权保护的国际协调规范。这类规范以《巴黎公约》《伯尔尼公约》《世界版权公约》及TRIPS等国际条约为主要渊源,其内容主要由以下三个方面构成。

其一,知识产权保护国际协调的基本原则。考察和分析国际知识产权法形成与发展的历史可以发现,知识产权保护国际协调的基本原则主要有四项:一是国民待遇原则;二是最惠国待遇原则;三是最低保护标准原则;四是公共利益原则。这些基本原则所确立的法律理念和精神,是知识产权保护国际协调的基础和前提。

其二,知识产权保护国际协调的最低标准,即知识产权保护的最低国际标准。根据TRIPS关于"知识产权保护"一词注释的规定,[①]通过条约或协定确立的知识产权保护最低国际标准,可以分为两类:一是实体标准,其规范涉及知识产权的客体、知识产权的内容、知识产权

---

① TRIPS第3条关于"知识产权保护"的注释规定:"在第3条和第4条中,'保护'一词应包括影响知识产权的效力、取得、范围、维持和实施的事项,以及影响本协定专门处理的知识产权使用的事项。"

的期限和知识产权的限制等实体事项;二是程序标准,其规范涉及知识产权的取得、知识产权的维持和知识产权的救济等程序事项。知识产权条约或协定的各成员通过国内法对知识产权提供的保护不得低于但可以高于有关条约或协定所确立的这类标准。因此,通过条约或协定确立的知识产权保护最低国际标准,是对各国知识产权保护进行国际协调的基本法律依据。

其三,知识产权保护国际协调的实施机制。法律的生命力在于实施。国际知识产权法虽然规定了知识产权保护国际协调的最低标准,但是,如果没有强有力的实施机制保证其执行和遵守,那么,这种最低标准实际上不可能产生协调各条约或协定成员之间知识产权制度的法律效果。因此,强化知识产权保护国际协调的实施机制,成为国际知识产权法发展的一个重要趋势。TRIPS 作为现代核心的知识产权制度,对知识产权保护国际协调的实施机制作出明确的规定,形成了以透明度原则、履约审议机制、争端解决机制为主要内容的 TRIPS 实施机制。

(3)知识产权保护的国际服务规范。国际知识产权法确立这类规范的目的,是使知识产权不受其地域性的影响,在世界范围内获得迅速而有效的保护。为实现该目的,国家通过条约或协定形成了以下两类服务规范:一是知识产权分类的国际标准,其范围涵盖专利、商标、工业品外观设计等知识产权的客体。规定这类规范的协定有《商标注册用商品和服务国际分类尼斯协定》《建立工业品外观设计国际分类洛迦诺协定》《国际专利分类斯特拉斯堡协定》《建立商标图形要素国际分类维也纳协定》。依据上述协定确立的分类标准,有助于知识产权的检索查重,为知识产权的申请和审查提供便利。二是知识产权取得的国际程序,其范围涉及专利的国际申请、商标、工业品外观设计、原产地名称的国际注册等。规定这类规范的条约或协定有《商标国际注册马德里协定》《商标国际注册马德里协定有关议定书》《工业品外观设计国际注册海牙协定》《保护原产地名称及其国际注册里斯本协定》《国际承认用于专利程序的微生物保存布达佩斯条约》《专利合作条约》。依据上述条约或协定确立的国际程序,可以简化知识产权的申请和审查手续,减少申请者和审查授权机关的重复劳动和费用,从而使一项知识产权在不同国家或地区同时获得有效保护。

上述法律规范的三种构成,是国际知识产权法的基本构成。除此以外,还可以根据别的标准和方法,确定其他的构成。例如,根据法律规范适用于国际社会的空间,可以将国际知识产权法区分为全球性、区域性和双边等三个层次的法律规范。这里所确定的三种构成实际上就是国际知识产权法在全球性这一层次上的三种宏观结构。这三种结构在形式上是独立的,在内容上却是交错的,你中有我,我中有你,相互联系,从而使国际知识产权法的体系呈现出三维立体的网络结构。

(二)国际知识产权法的统一

不论国际知识产权法是由哪些法律规范、按照怎样的方式构成的,只要它是一个体系,就必然具有内在的统一性。没有这种统一性,各种法律规范就是孤立的"一盘散沙",就不可能形成具有整体特性的法律体系。所谓国际知识产权法的内在统一性,实际上是指构成这种法律制度的各种法律规范之间的统一性。具体来说,主要表现在三个方面。

第一,三种体制,特别是世界知识产权组织与世界贸易组织这两种体制的相互支持。世界贸易组织的 TRIPS 在序言中明确表示"期望在关贸总协定和世界知识产权组织以及其他有关的国际组织之间建立一种相互支持的关系"。根据这一期望,世界贸易组织与世界知识产权组织签署了关系协定(于 1996 年 1 月 1 日开始生效),据此,两组织在法律规范的解释与执行,特别是对发展中国家的法律与技术援助、信息的交流与保存等方面建立起了相互支持的工作关系。

不仅如此,三种体制下的法律规范还表现出一种互相补充的关系。《世界版权公约》开头便声明,该公约是"适用于世界各国并以某种世界公约确定下来的用以补充而不是损害现行国际制度的版权保护制度",虽然其保护标准比《伯尔尼公约》低,但却符合了当时一些国家,特别是以美国为代表的美洲国家在版权保护方面(比如精神权利的保护与自动保护原则)的特殊要求。使这些国家加入到国际版权保护体系中来,弥补了由于这些国家长期未被纳入国际版权保护体系而存在的缺陷。TRIPS 虽然是一个保护标准比世界知识产权组织管理下的国际条约要高的国际知识产权条约,但也是建立在后者,特别是《巴黎公约》和《伯尔尼公约》基础之上的,不构成对这些公约所确定的国际义务的根本背离,恰恰相反,TRIPS 第 2 条的规定还无形中扩大了 WIPO 体制下的法律规范的适用范围,增强了它们的法律效力。不仅如此,由于与贸易挂钩,一些与贸易关系不大的知识产权,如与民间文学有关的权利和以实用新型为代表的实用技术专有权,在 TRIPS 中并未加以规范。相比之下,传统的国际知识产权条约所规范的知识产权却要广泛得多,不仅包括与贸易有关的知识产权,而且还包括与贸易无关的知识产权。从这个意义上说,TRIPS 并非取代了世界知识产权组织体制下的法律规范,而是以后者为基础形成的。

第二,调整不同对象的三种主要法律规范之间的相互补充。国际专利制度、国际商标制度和国际版权制度,既由于其调整对象的特殊性而具有相对独立性,又由于其调整对象的共同性而成为国际知识产权法的三个有机组成部分,形成了一种相互补充的关系。《巴黎公约》把专利权与商标权加以统一规范,TRIPS 把专利权、商标权和版权加以统一规范,都表明了国际专利制度、国际商标制度和国际版权制度是一个统一整体。它们在知识产权保护国际协调基本原则的基础上,各自规范着知识产权的一个方面或部分,具有相对独立的法律规范,不能相互取代。只有把三者综合起来，才能实现对各国知识产权制度进行国际协调的目的。

第三，三种不同性质的法律规范之间的相互依存。这种依存关系主要表现为：国际组织规范是基础，国际协调规范是核心，国际服务规范是辅助。

无论是作为组织章程的《建立世界知识产权组织公约》和《建立世界贸易组织协定》，还是《巴黎公约》、《伯尔尼公约》、TRIPS 等国际条约中的行政性条款，都为国际知识产权法的形成、适用与执行提供了一种稳定的法律机制；这些组织章程或行政性条款所确定的宗旨与目标，不仅是国际知识产权组织的宗旨与目标，而且实际上也是国际知识产权法的宗旨与目标。任何国际知识产权制度的法律规范都必须以此为基础，不能与之相冲突。国际知识产权组织依据这些宗旨与目标开展的对内对外活动，都是促进知识产权制度国际协调的主要动力。因此，从一定意义上说，知识产权保护国际组织规范的发展，实际上就是国际知识产权法的发展。

由知识产权保护国际协调的基本原则、最低标准和实施机制构成的国际协调规范之所以是国际知识产权法的核心，是由这一国际法部门的基本功能决定的。为了实现知识产权的跨境保护和知识产权保护的国际协调，《巴黎公约》、《伯尔尼公约》、TRIPS 等国际条约均为各成员设定了一种国际义务，即各成员必须在遵守知识产权保护国际协调基本原则的基础上，按照知识产权保护的最低国际标准，通过国内法为知识产权提供充分而有效的保护。可以说，整个国际知识产权法的形成、适用与执行，都是围绕着知识产权保护国际协调规范而进行的。国际知识产权组织以知识产权保护国际协调规范的形成、适用与执行为主要职能；知识产权保护的国际服务规范以知识产权保护的国际协调规范为基础，不得与后者相冲突。

知识产权保护的国际服务规范，是在尊重各国和各地区自主保护知识产权的基础上，加强知识产权保护国际合作的一种国际法规范。形成这类规范的国际条约，往往是以确立知识产权保护国际协调规范的国际条约为核心的条约群中的辅助性条约，其缔结主要由核心条约成员所组成的联盟及其执行委员会发动，且其成员必须是核心条约的成员。因此，相对于那些对所有国家开放的核心条约来说，这一类条约是闭合性的辅助条约。例如，《专利合作条约》《国际承认用于专利程序的微生物保存布达佩斯条约》《商标国际注册马德里协定》《商标国际注册马德里协定有关议定书》《保护原产地名称及其国际注册里斯本协定》《商标注册用商品和服务国际分类尼斯协定》《建立商标图形要素国际分类维也纳协定》《国际专利分类斯特拉斯堡协定》等国际条约或协定，就是由保护工业产权巴黎联盟及其执委会发动缔结的，而且只有《巴黎公约》的成员国才有资格成为这些条约或协定的成员国。因此，它们都是《巴黎公约》的辅助性条约。

四、结语

早在 18 世纪的法国《人权宣言》中，思想即被作为精神财富予以保护。此后，知识产权保护制度逐渐在一些国家建立起来。进入 19 世纪后，随着科学技术及国际交往的发展，知识产品的跨境传播也日益迅速和频繁。由于这种传播的无国界性与知识产权保护的地域性，一国要使本国知识产品所有人对其创造性智力成果所享有的权利在他国受到保护，就必须争取同他国进行法律协调与合作。因此，国际知识产权法的形成是知识产权制度国际化发展的历史必然。在人类已经进入信息时代的今天，知识生产的地域界线已被消除，知识传播的时空限制也被突破，世界各国人民共同参与知识的生产并分享成果，已成为全球经济一体化的基本特征。这一发展趋势，必将加快知识产权保护国际协调的步伐，促进国际知识产权法的变革与完善。同时,作为调整知识产权领域国际关系的国际知识产权法,因为促进了世界范围内的知识产权保护,加速了知识的创新与传播,也必将成为推动知识经济发展和经济全球化的一种重要法律力量。

第十五章
从体制转换到体制协调：TRIPS 的矫正之路

　　关贸总协定乌拉圭回合谈判达成的 TRIPS，不仅在 WIPO 管理的知识产权条约的基础上提高了知识产权保护水平，而且通过引入贸易机制极大地增强了 TRIPS 的执行效力，其确立的知识产权制度，在当代国际知识产权法律秩序中居于核心地位。然而，对于这样一项堪称"知识产权法典"的协定，自其正式实施以来，却受到了国际社会，特别是发展中国家、众多政府间和非政府间组织的诸多非议，并由此兴起了一场针对 TRIPS 的国际知识产权制度变革运动。首先在人权、公共健康、生物多样性等众多国际体制中展开针对 TRIPS 的知识产权造法活动，然后利用 TRIPS 的修正机制，推动在世界贸易组织（简称 WTO）新一轮多边贸易谈判即多哈回合谈判中，将上述国际体制中制定的知识产权规范合并到 TRIPS 的知识产权制度之中。这是一个从"体制转换"到"体制协调"的过程，也是国际社会在知识产权领域的新一轮利益博弈，其结果不仅决定着未来国际知识产权制度发展的走向,而且影响着各个国家和地区的知识产权制度建设。因此,全面揭示它的过程特点,理性判断它的未来前景,其学术价值和现实意义不言而喻。

一、体制转换:WTO 体制外的知识产权造法活动

体制转换(regime shifting)是一种国际造法策略。按照美国学者劳伦斯・R.赫尔夫(Laurence R. Helfer)所下的定义,它是指"通过将条约谈判、立法提案或标准设定等活动从一个国际体制转移到另一个国际体制而改变原来状况的尝试"[①]。这里的"国际体制",按照现代国际关系理论的说法,是指国际关系特定领域中的国际机构与国际制度的结合体,包括问题域、组织形式和实体规范等三个方面。其中,问题域,即国际体制所涉议题,是指国际关系某一特定领域所涉及的问题汇集。组织形式是指行为体用来创设原则、规则和制度的合作性安排,主要有两种形式:一种是正式的政府间国际组织,它们有着自身的一套制度特征、议题权限和决策程序,在这些安排中,参与者能通过谈判找出减少交易成本和增加信息流动的最有效方式;另一种是非政府间组织,它们主要负责国家间的信息交换和协调国家间的政策。实体规范,主要是指国际体制的原则、规则和制度,也就是行为体通过合作性安排达成的原则、规则和制度,既包括具有强制约束力的硬法规范,也包括不具有强制约束力的软法规范。因此,体制转换作为国际体制变迁的一种重要形式,一般具有以下三个特征:

其一,体制转换一般发生在议题不同的两个或两个以上的国际体

[①] Laurence R. Helfer, Regime Shifting: The TRIPs Agreement and New Dynamics of International Intellectual Property Lawmaking, *Yale Journal of International Law*, Vol. 29, 2004, p. 14.

制之间。任何一种国际体制都是为了应对某个具体国际事务而产生的，有着自己特定的议题，具有"专题自主"的立法倾向。但是，每一个国际体制所处理的特定议题，并非都是孤立的问题，客观上，国际体制之间彼此关联，相互制约，存在着大量的"交叉议题"。在缺乏协调的情况下，它们之间难免产生冲突。因此，将一个体制的议题与另一个体制的议题挂钩，不仅可以发现和利用体制之间的冲突，还可以为将立法活动从一个国际体制转移到另一个国际体制提供正当性的根据。

其二，体制转换的核心是立法场所的选择和转移。不同的国际体制在成员资格、立法方式、实施机制等方面具有不同的制度特征。这些不同的制度特征决定了不同的国家和非国家行为体在不同国际体制中的谈判影响力大小和利益实现的难易程度，也为国家和非国家行为体创设反体制规范提供了许多可供选择的立法场所。当在原有体制内改变其原则、规则和制度暂时遇到困难的情况下，国家和非国家行为体可以将立法场所转移到其他对其有利的国际体制中。

其三，体制转换的目的是改变原有体制的法律秩序，它包括但不限于以下三个方面：（1）创设一种新的复合体制，以便取代原有体制或降低原有体制的影响力；（2）制定新的原则和规则，以便将其合并到原有体制中；（3）创造反体制规范以便制造冲突，并为在原有体制中重新就能更准确反映它们利益的原则、规则和制度进行谈判提供动力和讨价还价的筹码。

就知识产权领域而言，体制转换最成功的一次实践，是发达国家主导的关贸总协定乌拉圭回合关于知识产权问题的谈判。知识产权保护和国际贸易原本属于 WIPO 和 GATT 分别处理的国际事务。但是，当发达国家在 WIPO 体制内推行高标准知识产权保护政策不见成效的情况下，它们便竭力将知识产权保护议题纳入 GATT/WTO 的谈判范围，最后通过 TRIPS 成功地实现了国际知识产权保护体制从 WIPO 向 WTO 的转移。

TRIPS 的谈判和达成,不仅给发展中国家带来了始料不及的恶果,同时也使它们意识到体制转换是一种巧妙的立法策略。因此,TRIPS 正式实施之后,发展中国家开始将针对 TRIPS 的知识产权造法活动从 WTO 转移到以与知识产权有关的人权、公共健康、生物多样性等为特定议题的国际体制中。

(一)影响国际知识产权体制转换的因素

发展中国家之所以选择上述国际体制作为针对 TRIPS 的知识产权造法场所,原因是多方面的,概括起来主要有:

1.TRIPS 在实体制度安排上所存在的利益失衡问题,与 TRIPS 对上述国际体制的目标和制度的冲击具有一致性。质言之,发展中国家试图解决的因 TRIPS 实施而引发的社会问题,正是这些国际体制需要处理的因 TRIPS 的实施而影响其政策目标实现的问题。因此,将国际知识产权造法场所从 WTO 转移到这些国际体制中来,既是发展中国家的需要,也是这些国际体制自身的要求,二者在诉求上的耦合,无疑为发展中国家的体制转换提供了前提。

例如,TRIPS 在传统资源保护方面的制度缺失所引发的"生物剽窃"行为,就是对生物多样性国际体制目标的冲击。正是这种冲击,使发展中国家可以将知识产权保护与生物多样性保护的议题挂钩,进而在生物多样性体制中展开针对 TRIPS 的知识产权造法活动。

2.相对于有"经济联合国"之称的 WTO 来说,上述国际体制所处理的议题基本上是人权、环境、发展等方面的社会议题,更有利于发展中国家谈判与上述社会议题有关的知识产权问题。因为:(1)这些国际体制所处理的议题多是发展中国家的利益关切,而且与贸易利益没有多少关联,从而使发达成员的科技、经济实力失去了影响其议题谈判进程和结果的决定性作用,发展中国家可以在规则的制定方面取得实质上平等的话语权。(2)这些国际体制的立法多为报告、建议和决议等软法形式,其规范不具有法律约束力,即使制定了具有法律约束力的硬法规范,也由于缺乏像 WTO 那样的强力实施机制而难以有效实施。(3)在这些国际体制中,发展中国家可以通过非政府间组织等非国家行为体影响谈判进程和结果,因为这些国际体制一般允许与之有关的非政府间组织参与,从而给非政府间组织提供了出席会议、向专家组或工作组提交议案、在谈判场所与政府官员交流的机会。

3.在上述国际体制中谈判与人权、环境、发展等社会议题有关的知识产权问题,既可以使发展中国家缓解其国内抵制 TRIPS 实施和要求在 WTO 内采取行动的压力,从而起到"安全阀"的作用,也可以减轻发达国家拒绝对 TRIPS 采取行动的阻力,从而起到"减震器"的作用。TRIPS 作为按照发达国家的做法所作的一种新的制度安排,在很多方面超过了发展中国家的经济和社会发展水平,从而使发展中国家及其政府面临着实施 TRIPS 的巨大压力。但是,作为 WTO 的成员,它们又深知在 WTO 内改变 TRIPS 的困难。因此,将 WTO 之外的其他国际体制作为处理知识产权问题的谈判场所,就成为它们安抚国内受损民众和企业的无奈选择。因为这起码表明政府对于其国内民众和企业的利益关切作出必要的回应。不仅如此,在上述国际体制中谈判与人权、环境、发展等社会议题有关的知识产权问题,还可以获得发达国家的默许和同意。因为,发达国家也面临着国内非知识产权利益集团反对强力保护知识产权的压力,而且,即使没有这些压力,它们也会认为,这些体制所产生的没有约束力的决议和建议,对 WTO 的知识产权规则不会产生威胁。

可见,发展中国家选择体制转换的知识产权立法策略,是各种因素综合作用的结果。实践证明,这种选择是明智的。

(二)众多国际体制下的知识产权造法活动

1.联合国人权体制下的知识产权造法活动。发展中国家在联合国人权体制中展开的知识产权造法活动，主要涉及两个方面。

一是促使联合国人权委员会及保护与促进人权分委员会，联合国人权高级专员，经济、社会和文化权利委员会等联合国人权机构先后发表了一系列批判和对抗 TRIPS 的声明、决议和报告。这些声明、决议和报告指出，TRIPS 与食物权、健康权等人权之间存在现实和潜在的冲突，要求 WTO 遵循人权优先性的尺度，对 TRIPS 许多条款的适用范围和含义进行澄清，并作出适当的修改，以使知识产权的保护与人权国际保护的义务相一致。①

二是促成联合国人权委员会及保护与促进人权分委员会成立了"土著民族工作组"和"土著问题常设论坛"，并先后于 1993 年和 1995 年出台了《联合国土著民族权利宣言草案》和《保护土著民族遗产的原则和指南草案》。这两份文件对土著居民的权利进行了范围广泛的界定，并确认了土著居民对其文化遗产及知识产权拥有完全的所有权、控制权和保护权，其内容显然与 TRIPS 的规定不一致。因此，联合国人权机构认识到在知识产权保护和土著及本土社区知识的保护之间存在的紧张关系，要求对现存的知识产权制度进行修改、改变和补充。②

2. 联合国公共健康体制下的知识产权造法活动。世界卫生组织（WHO）是联合国负责在公共健康方面制定政策和制度的专门机构。自 20 世纪 70 年代以来，该组织开始关注药品问题，提出了"基本药品"（essential drugs）的概念，要求各国实施"国家药品政策"，以确保

---

① UN Sub-Commission on the Prmotion and Protection of Human Rights，Intellectual Property and Human Rights，26th meeting，E/CN. 4/SUB. 2/RES/2001/21，16 August 2001.

② Carlos M. Correa：《传统知识与知识产权——与传统知识保护有关的问题与意见》，国家知识产权局条法司译，http://www. biodiv-ip. gov. cn/zsjs/ctzs/ctzsyscq/default. htm，访问日期：2005 年 10 月 20 日。

其规定的若干基本药品的有效充分供应和获取。① 但是,TRIPS 的实施使 WHO 的目标难以实现,不少发展中国家在基本药品的供应和获取方面遇到了 TRIPS 所设置的制度障碍,并由此引发了严重的公共健康危机。缘此,原来并不直接处理知识产权事务的 WHO,1996 年开始就 TRIPS 的实施可能给其成员国的公共健康带来的消极影响进行评估,②并于 1998 年制定并公布了《TRIPS 对公共健康之影响指南》。该指南承认 TRIPS 与 WHO 的目标和政策之间存在差距,但考虑到美国、欧盟成员国等发达国家的立场,它不主张以激烈对抗的方式解决二者之间的冲突,而是要求 WHO 的成员国更多地利用 TRIPS 中的弹性规则(包括过渡期规则、强制许可规则和平行进口规则等),尽可能地将药品专利制度对基本药品的供应与获取所带来的不利影响减少到最低程度。③ 2001 年 3 月,WHO 发布了一份阐明其政策的通告,特别强调了专利药品与其他商品之间的重大区别,要求其成员国在专利实施中充分考虑公共健康的因素,并允许不具有药品生产能力的国家从那些售价比较便宜的国家平行进口专利药品。④

3.联合国生物多样性体制下的知识产权造法活动。为了重新制定能更准确反映发展中国家利益需求的知识产权保护规则,以解决 TRIPS 在遗传资源保护和利用方面引起的利益失衡问题,发展中国家

---

① 依据 WHO《关于 2000—2003 年基本药品的行动框架》,"基本药品"是指在一个设定的健康环境中维系质量、安全、有效性和成本之间最佳平衡的那些药品。参见 WHO,*WHO Medicines Strategy: Framework for Action in Essential Drugs and Medicines Policy 2000-2003*,WHO/EDM/2000,p. 7.

② WHO,Revised Drug Strategy,Res. WHA 49. 14,World Health Assembly (1996),para. 2(10).

③ Germán Velásquez & Pascale Boulet,*Globalization and Access to Drugs: Perspectives on the WTO/TRIPS Agreement*,WHO Doc. WHO/DAP/98. 9,1999.

④ WHO,Globalization,TRIPS and Access to Pharmaceuticals,*WHO Policy Perspectives on Medicines*,No. 3,WHO/EDM/2001,March 2001.

利用联合国环境规划署的《生物多样性公约》(简称 CBD)缔约国大会和联合国粮农组织的粮食和农业遗传资源委员会,谈判与生物多样性有关的知识产权问题,并取得了如下成果。

(1)1998 年 4 月,CBD 第四次缔约国大会决定成立一个"遗传资源获取和惠益分享特设工作组"。该工作组经过 3 年多的研究和谈判,于 2001 年 10 月发布了《关于获取遗传资源并公正和公平分享其利用所产生惠益的波恩准则》,并于 2002 年 4 月获得了 CBD 第六次缔约国大会的批准。按照该准则的建议,如果知识产权申请中的主题涉及遗传资源及其相关传统知识的开发和利用,各国应通过其国内法律鼓励申请人公开它们的原始来源地,并运用该来源披露机制对知识产权申请进行审查,以确定申请者在利用遗传资源及其相关传统知识之前是否已经获得这些资源提供者的事先同意并遵守了相互约定的条件。[①]

(2)在 1994 年谈判达成 TRIPS 后不久,联合国粮农组织(FAO)的粮食和农业遗传资源委员会即开始在 1983 年联合国粮农组织第 21 届大会通过的《关于植物遗传资源的国际约定》的基础上,就缔结一个新的关于粮食和农业植物遗传资源的国际条约展开谈判。7 年之后的 2001 年 11 月 3 日,联合国粮农组织第 31 届大会正式通过了《粮食和农业植物遗传资源国际条约》。该条约作为在植物遗传资源领域与 CBD 相协调的国际法律文件,确立了保护农民权利、维护国家主权和禁止对存储在国际种子库中的基因资源主张知识产权等植物基因管理体制方面的三项原则。

应当指出,以上的介绍和分析只是后 TRIPS 时代国际知识产权

---

① 秦天宝编译:《国际与外国遗传资源法选编》,法律出版社 2005 年版,第 45~59 页。

体制转换的缩影。事实上，发展中国家在联合国的其他机构，如联合国贸易和发展会议、联合国教科文组织、联合国艾滋病规划署、世界银行、国际货币基金组织、联合国开发计划署等，也展开了针对 TRIPS 的知识产权造法活动。

（三）后 TRIPS 时代国际知识产权体制转换的特点

通过对上述知识产权造法活动与 TRIPS 谈判过程的比较分析，可以发现，后 TRIPS 时代的国际知识产权体制转换具有以下特点。

第一，与发达国家在乌拉圭回合中将国际知识产权制度的立法场所从联合国的专门机构 WIPO 转移到 GATT/WTO 不同，发展中国家在后 TRIPS 时代则是将知识产权问题的立法场所从 WTO 转移到了联合国的机构。虽然在联合国各机构中进行的针对 TRIPS 的软法造法活动对 WTO 的知识产权制度不构成直接的威胁，但其政治和道德影响力，则是 WTO 不得不予以充分考虑的制度变革因素。因为联合国毕竟是当下最具普遍性和权威性的国际组织。对联合国机构知识产权造法活动及其影响的忽视，必然动摇 WTO 知识产权制度的社会基础。这是发达国家也不愿看到的结果。

第二，乌拉圭回合将知识产权问题纳入其谈判范围，是为了控制和消除知识产权保护对国际贸易可能造成的扭曲和损害，解决知识产权侵权引发的冒牌货物贸易问题。因此，它试图实现的是知识产权保护的经济价值，属于国际经济立法的范畴。与此不同，后 TRIPS 时代联合国相关机构将与人权、公共健康、生物多样性等有关的知识产权问题纳入其议题范围，则是为了协调 WTO 知识产权制度与人权体制、公共健康体制和生物多样性体制之间的冲突，解决 TRIPS 引发的公共健康危机、生物剽窃等人权、环境领域的社会问题，因此，它试图实现的是知识产权保护的社会价值，具有国际社会立法的性质。

第三，关贸总协定乌拉圭回合谈判所达成的 TRIPS 是具有法律约束力的硬法文件,它所确立的与贸易有关的知识产权制度,虽然没有取代 WIPO 的知识产权制度,但却在国际知识产权制度领域形成了"两法同施、两制并存"的格局。与此不同,后 TRIPS 时代众多国际体制制定的与人权有关、与公共健康有关和与生物多样性有关的知识产权规范,虽然多为不具有法律约束力的软法规范,但它们与 TRIPS 之间存在的不一致和冲突,却可以成为推动 WTO 知识产权制度改革的理由和动力。

可见,体制转换不仅"使得在不同的参与者之间和不同的机构之间形成了新的关系,重新定义了问题域之间的界限,使得体制之间的区别日渐模糊",更为重要的是,它"可能使政府间组织之间的竞争更加激烈,并且加剧相互对立的原则、规则和制度之间的矛盾"。[①] 所有这些,都有助于体制转换的参与者质疑和改变原有的法律秩序,推动原有体制与新体制之间的协调。

二、体制协调：WTO 多哈回合的回应与角力

体制协调(regime coordinating)是解决国际法规范间冲突的重要措施,是不同国际体制之间为预防或消除彼此实体规范间的冲突所作的一种合作性安排。这种安排可以分为两种形式:一是事先预防,即新体制在谈判制定新的实体规范时将原有体制就同一事项制定的实体规范并入自身将要制定的规范之中,以避免新体制的规范与原有体制规范相冲突;二是事后消除,即当原有体制的实体规范与新体制就同一事项制定的实体规范发生冲突时,原有体制通过自身所确立的修

---

① Laurence R. Helfer, Regime Shifting: The TRIPs Agreement and New Dynamics of International Intellectual Property Lawmaking, *Yale Journal of International Law*, Vol. 29, 2004, p. 17.

正机制来改变自身的规则,以达到与新体制规范的协调。从体制协调
与体制转换之间的关系来说,事先预防显然是体制转换"之中"的体制
协调,而事后消除则是体制转换"之后"的体制协调。

　　就知识产权领域而言,TRIPS 的谈判过程既是一个体制转换过
程,也是一个体制协调过程。二者的统一表现在:TRIPS 作为体制转
换的结果,已经把 WIPO 管理的四大公约(《巴黎公约》《伯尔尼公约》
《保护表演者、录音制品制作者与广播组织罗马公约》《关于集成电路
知识产权的华盛顿条约》)的主要实体规范并入其中,实现了 WTO 与
WIPO 两种体制规范的"累加"。因此,这是一种事先预防冲突的体制
协调。

　　与此相比,后 TRIPS 时代在人权体制、公共健康体制、生物多样
性体制等国际体制中进行的国际知识产权造法活动,却没有实现体制
协调的目的。它们为寻求知识产权与人权、公共健康、生物多样性等
社会权利的平衡之道而制定的诸多知识产权规范,作为质疑和批判
TRIPS 的产物,与 TRIPS 确立的与贸易有关的知识产权规范相冲突。
这种冲突要求 WTO 与人权体制、公共健康体制、生物多样性体制等
国际体制合作,通过自身所确立的修正机制[①]"改变或修正"TRIPS 的
实体制度,以达到与这些新知识产权规范的协调。可以说,多哈回合
有关知识产权议题谈判或审议的安排及展开,正是 WTO 对上述要求
所作出的回应,而人权体制、公共健康体制、生物多样性体制等国际体
制制定的知识产权规范,正是 TRIPS 修正机制中"可能导致 TRIPS 改

---

　　① 　按照 TRIPS 第 71 条的规定,TRIPS 的修正机制是:TRIPS 理事会可根据
"任何可能导致 TRIPS 改变或修正的新发展"进行审议,并在理事会协商一致所提建
议的基础上,依据《WTO 协定》第 10 条的规定,将修正 TRIPS 的提案提交 WTO 部
长级会议,部长级会议在规定的期限内经协商一致作出有关将拟议的修正提交各成
员接受的决定。

变或修正的新发展"。

（一）《多哈部长宣言》：体制协调的启动

发展中国家在将国际知识产权造法场所从 WTO 转移到人权体制、公共健康体制、生物多样性体制等国际体制的同时，并没有忘记它们进行体制转换的真正目的。在 WTO 多哈部长会议召开前，它们就提出了为协调 WTO 知识产权制度与其他体制知识产权规范的关系而修订 TRIPS 的建议。这些建议被 2001 年 11 月在卡塔尔首都多哈举行的 WTO 第四次部长会议所采纳，会议通过的《多哈部长宣言》将 TRIPS 与公共健康的关系、TRIPS 与 CBD、传统知识和民间文学保护的关系列为 WTO 多哈回合谈判和审议范围，[①]表明 WTO 对联合国人权体制、公共健康体制和生物多样性体制就知识产权保护所进行的国际社会立法活动作出回应，并开始与这些国际体制协调，解决 TRIPS 与这些体制所制定的知识产权规范之间的冲突。

（二）TRIPS 与公共健康：体制协调的范例

TRIPS 与公共健康的关系是 WTO 多哈回合谈判迄今取得实质性成果的议题之一。从 2001 年 11 月《关于 TRIPS 协定与公共健康的宣言》（以下简称《多哈宣言》），到 2003 年 8 月《关于实施多哈宣言第 6 段的决议》（以下简称《决议》），再到 2005 年 12 月《关于修正 TRIPS 的议定书》（以下简称《议定书》），WTO 充分吸纳联合国人权和公共健康体制为协调知识产权和健康权而制定的知识产权规范，通过澄清和修改 TRIPS 的相关条款，对缓解发展中国家，特别是最不发达国家的公

---

① Ministerial Declaration，Para. 17，19，accessed 10 June 2008，http://www.wto. org/english/thewto_e/minist_e/min01_e/mindecl_e. htm.

共健康危机作出新的制度安排，即给予发展中国家充分利用 TRIPS 弹性条款的权利，免除其依强制许可生产的专利药品不得出口的义务，从而为消除其他国际体制下的知识产权规范与 TRIPS 之间的冲突提供了范例。

首先，按照联合国人权机构发表的宣言、决议和声明，生命健康权与包括知识产权在内的财产权虽然都是国际人权法保护的人权，但按照人权优先性的尺度，前者在国际人权法中居于优先保护的地位。[①] 因此，当国家在知识产权保护方面承担的国际义务与其在生命健康权保护方面承担的国际义务发生冲突的时候，应当修改前者以使之与后者保持一致。基于这样的原则，WTO 在健康权与知识产权之间作出有利于健康权实现的选择。

其次，利用 TRIPS 中的弹性规则（包括过渡期规则、强制许可规则和平行进口规则等），尽可能地将药品专利制度对基本药品的供应与获取所带来的不利影响减少到最低程度，这是 WHO 为解决其药品政策与 TRIPS 之间的冲突而向其成员国提出的建议。2001 年 11 月 14 日，WTO 多哈部长级会议通过的《关于 TRIPS 协定与公共健康的宣言》，[②] 事实上就是以此为基础而形成的一份解决 TRIPS 与公共健康之矛盾的纲领性文件。

最后，导致公共健康危机的制度根源是 TRIPS 对专利的高水平"一体保护"，即对于专利，不论是一般商业用途的专利，还是与公共健康有关的药品专利，均应按 TRIPS 确立的规则给予一致的保护，包括

---

① 　Carlos M. Correa, *Implications of the Doha Declaration on the TRIPs Agreement and Public Health*, WHO Health, Economics, & Drugs EDM Series, No. 12, WHO Doc. WHO/EDM/PAR/2002. 3.

② 　WTO, The Doha Declaration on the TRIPS Agreement and Public Health, WT/MIN(01)/DEC/2, Adopted on 14 November 2001.

按 TRIPS 第 31 条(f)款[①]的规定，依强制许可生产的专利产品不得用于出口。为此，WHO 提出了区分基本药品与其他商品的重要建议，强调在确立专利实施制度时充分考虑公共健康的因素。根据 WHO 的上述建议，WTO 对药品专利采用了"差别保护"的模式，即将专利区分为一般商业用途的专利和与健康安全有关的药品专利两类，仅对后者给予免除 TRIPS 第 31 条(f)款规定义务的特殊待遇。

总之，WTO 多哈回合关于 TRIPS 与公共健康问题的谈判成功，是与联合国人权机构、WHO 等国际体制的知识产权造法活动分不开的。它所表现出来的与其他国际体制合作、协调知识产权领域的国际经济立法与国际社会立法的精神和态势，其意义远远超出药品专利领域，可能对后 TRIPS 时代修改、补充或重新解释 TRIPS 规则的造法运动起到激励和示范的作用。

（三）WIPO 与传统资源的保护：体制协调的桥梁

TRIPS 与 CBD、传统知识、民间文学保护之间的关系，是 WTO 与联合国人权机构、联合国粮农组织、联合国环境规划署 CBD 缔约国大会等国际机构进行协调的重要议题。在多哈回合围绕这个议题的体制协调中，WIPO 一直起着桥梁和纽带的作用。具体表现在：

1. WIPO 于 2000 年 8 月专门设立了"知识产权与传统知识、遗传资源、民间文艺政府间委员会"（简称 WIPO IGC），开始处理传统知识、遗传资源和民间文艺的知识产权保护问题，以便在将联合国人权机构、联合国环境规划署、联合国粮农组织等国际机构正在制定的知识产权规范并入 WTO 知识产权制度之前，先将它们并入 WIPO 的知识产权制度。

2. 应 CBD 第七次缔约国大会的请求，WIPO IGC 就知识产权制

---

① TRIPS 第 31 条(f)款规定："任何此种使用（未经权利持有人授权的其他使用——作者注）的授权应主要为供应授权此种使用的成员的国内市场。"

度中要求公开遗传资源及相关传统知识来源的问题进行审查,并于 2005 年 10 月向 CBD 缔约国大会提交了经 WIPO 大会批准的《关于遗传资源获取与知识产权申请中公开要求之间关系的审查报告》,[1]从而为其成员国参与 TRIPS 理事会相关议题的谈判提供了广泛的背景信息和思路。

3. WIPO IGC 自设立至 2018 年 3 月已召开 35 次会议,形成了《传统知识的保护:条款草案》《传统文化表现形式的保护:条款草案》《关于知识产权与遗传资源的合并文件(第二次修订稿)》等文件。这些文件作为国际社会达成的广泛共识,集中反映了联合国众多体制的立法成果,不仅为在 WIPO 体制内形成有法律约束力的国际文书提供了基础,更为建立 TRIPS 框架下的传统资源保护规则铺平了道路。

综上可见,在多哈回合围绕遗传资源、传统知识等传统资源的保护问题所进行的体制协调过程中,WIPO 的工作成果就像一根纽带,它的一头连接着人权体制、生物多样性体制、植物遗传资源体制等国际体制的知识产权规范,另一头连接着 WTO 的知识产权制度。在这个意义上说,WTO 与其他国际体制之间就上述议题进行的协调是否能取得实质性进展,在很大程度上取决于 WIPO 的工作成效。

之所以这样,其原因可能是多方面的,概括起来主要有:

第一,WTO、联合国人权机构、联合国环境规划署、联合国粮农组织等国际机构对知识产权保护领域的介入,虽然增加了国际知识产权立法场所,但与 WIPO 相比,它们毕竟是知识产权领域的"新兵",缺乏足够的经验、专家和信息,而且不具有国际知识产权立法的专门职能。因此,无论是 WTO 还是其他国际体制,它们在知识产权领域的作为

---

[1] The International Bureau of WIPO, *Draft Examination of Issues Regarding the Interrelation of Access to Genetic Resources and Disclosure Requirements in Intellectual Property Rights Applications*, WO/GA/32/8, Geneva, 24 August 2005.

无不需要 WIPO 的协助。

第二,遗传资源、传统知识等传统资源的知识产权保护是一个新的全球性议题,在国际层面上对此作出制度性安排,既涉及既定秩序中的重大利益关系调整,更要突破现有制度在学理基础和规范方法方面所造成的羁绊。作为在创设知识产权保护新形式方面具有专门职能和相对优势的立法机构,WIPO 对遗传资源和传统知识保护问题所作的深入研究和制度安排,既可以起到消除分歧、凝聚共识的作用,又可以构成"导致 TRIPS 改变或修正的新发展"。

第三,以欧盟及其成员为代表的发达经济体认为,WIPO 是现阶段谈判解决遗传资源和传统知识保护问题的最合适场所,因此,它们建议由世界知识产权组织与 CBD 缔约国大会合作来处理这个新议题,认为一旦模式形成,注意力将会集中到怎样和在何种程度上把遗传资源和传统知识的保护纳入 TRIPS 之中这两个问题上。[①] 它们的这一主张也得到了一些发展中国家的赞同。只不过,发展中国家同意这样做的目的与它们完全不同:前者是为了推动 WTO 对上述问题的审议和建立基于 TRIPS 框架的保护遗传资源和传统知识的规则,而后者则是为了抵制和延缓遗传资源和传统知识保护问题在 WTO 体制内的审议,阻止发展中国家提出的修订 TRIPS 的建议付诸实施。

（四）发达国家的抵制:体制协调的困难

WTO 多哈回合在知识产权领域进行的体制协调,目的在于通过

---

① Communication from the European Communities and their Member States, Review of Article 27. 3(b) of the TRIPS Agreement, and the Relationship between the TRIPS Agreement and the Convention on Biological Diversity (CBD) and the Protection of Traditional Knowledge and Folklore, WTO Doc. IP/C/W/383, Geneva, 17 October 2002, pp. 13-14.

改变 TRIPS 的现有秩序,满足发展中国家的正义要求。因此,其结果必然对发达国家以高水平知识产权保护为后盾维护其贸易优势和市场竞争力的战略构成冲击。为了减少甚至消除这种冲击,它们以各种理由和手段抵制和延缓正在进行的体制协调,从而给后 TRIPS 时代的国际知识产权制度变革增加了紧张性和不确定性因素。

1.发达国家采取"拦截"手段阻止 TRIPS 修订程序的启动。TRIPS 与其他国际体制的知识产权规范之间的确存在冲突,这是启动 TRIPS 修订程序的前提。围绕这个前提,发达国家与发展中国家展开了激烈的对抗。例如,在 TRIPS 与 CBD 的关系问题上,发展中国家指出了 TRIPS 与 CBD 之间的不协调之处,坚持通过修订 TRIPS 来消除它们之间的冲突,并提出了为解决这种冲突而修订 TRIPS 的具体建议。① 但是,以美国、日本、欧盟成员国为代表的发达国家则否认 TRIPS 与 CBD 之间的不协调之处,反对修订 TRIPS。②

2.当 TRIPS 的修订程序启动后,发达国家采用"拖延"战术延缓 TRIPS 的修订。例如,在《多哈部长宣言》将 TRIPS 与 CBD、传统知识和民间文学保护之间的关系列为多哈回合 TRIPS 理事会优先审议的议题之后,欧盟及其成员却认为 WTO 不是目前讨论该议题的适当场所,建议由 WIPO 与 CBD 缔约国大会合作来处理该议题。按照该建议,如果 WIPO 接手了该议题,发达国家就有充分理由在 WIPO 就遗

---

① Review of Article 27. 3 (b)—Communication from brazil, para. 24, WTO Doc. IP/C/W/228,24-25 November 2000.

② Review of the Provisions of Article 27. 3(b)—Japan's View, WTO Doc. IP/C/W/236,11 December 2000, p. 6; Review of the Provisions of Article 27. 3(b) of the TRIPs Agreement—Communication from the European Communities and their Member States, para. 12, WTO Doc. IP/C/W/254, 13 June 2000; Review of the Provisions of Article 27. 3(b)—Further View of the United States, WTO Doc. IP/C/W/209,3 October 2000, p. 5.

传资源、传统知识保护达成有约束力的国际文书之前反对在 WTO 内审议该议题和修订 TRIPS。

3. 面对发展中国家和众多国际组织要求修订 TRIPS 的强烈呼声，发达国家一方面在 WTO 的多边场合设置障碍，导致多哈回合谈判进展缓慢甚至出现停滞，另一方面则从多边体制转向双边领域，通过与发展中国家签署 TRIPS-plus 协定[①]，抵制和冲击多哈回合谈判进程。

首先，TRIPS-plus 协定通过最惠国待遇原则的适用，使 TRIPS-plus 标准成为后 TRIPS 时代新的更高的知识产权保护标准，从而使多哈回合针对 TRIPS 的体制协调更加困难。因为，这种新标准很可能在 WTO 下一轮谈判中被纳入 TRIPS 的框架中，从而使得多哈回合针对 TRIPS 的体制协调变得毫无意义。

其次，TRIPS-plus 协定的签署和实施，不仅压缩了发展中成员依 TRIPS 弹性条款享有的自主立法空间，而且可能导致发展中国家成员依 TRIPS 享有的"过渡期"差别待遇完全落空，从而使多哈回合已经取得的体制协调成果成为"空头支票"。

因此，对于作为 WTO 成员的发展中国家而言，当下更为重要也更为关键的任务，不是在 WTO 体制内修订 TRIPS，而是在自由贸易协定的浪潮中利用好自身的优势，以对抗发达国家超越 TRIPS 标准、超出自身国情的知识产权强保护要求。在这种情况下，发展中国家不得不跟随着发达国家的步伐，将维护自身利益的注意力从 WTO 多边体制转向双边或区域场合。

---

① TRIPS-plus 协定是 TRIPS 生效以来发达国家与发展中国家签署的、包含 TRIPS-plus 标准的各种双边或区域的自由贸易协定、投资协定、知识产权协定的统称。其中的 TRIPS-plus 标准是一种高于 TRIPS 保护水平的知识产权保护标准。

三、结论

通过对 TRIPS 矫正之路的分析，我们可以得到如下结论和启示：

(1) TRIPS 的矫正之路表明，体制转换是一种类似于"曲线救国"的国际造法策略。这种策略存在和采用的客观基础是具有不同制度特征的众多国际体制的形成和存在。这些国际体制之间的"议题交叉"和可能存在的相互冲突，不仅为发达国家，也为发展中国家提供了可供选择的造法场所和实施机制。但是，就 TRIPS 的矫正之路来说，体制转换只是在人权体制、公共健康体制、生物多样性体制等国际体制内制造了与 TRIPS 相冲突的知识产权规范，给发展中国家在 WTO 体制内变革 TRIPS 的知识产权制度形成了一种舆论压力和讨价还价的筹码，它对 TRIPS 本身并不构成直接的威胁。因此，对实现发展中国家的正义要求不具有实质性意义。如果发展中国家在国内法中实施体制转换时产生与 TRIPS 相冲突的知识产权规范，它们还将成为发达国家诉诸 WTO 争端解决机制的对象。只有通过修订 TRIPS，将众多国际体制下的知识产权规范合并到 WTO 的知识产权制度之中，才能为实现发展中国家在知识产权领域的正义诉求提供健全有效的法律秩序，同时也为保障其他国际体制的有效运作供给适当的知识产权制度资源。因此，体制转换只是策略和手段，体制协调才是目的和归宿。

(2) 在 WTO 体制内为消除 TRIPS 与其他国际体制知识产权规范之间的冲突而进行的体制协调具有局部和不完全的性质，对 TRIPS 的修订只局限于它的一些特殊方面和具体问题，其原有结构和大部分规则仍保持不变。例如，多哈回合解决 TRIPS 与公共健康问题的法律方法就是对 TRIPS 相关条款的含义进行澄清，并以增加例外条款的方式对 TRIPS 的个别条款进行修正。采用这种方法对 TRIPS 进行矫正，既可以满足发展中国家的特殊需要，又可以实现发达国家维持 TRIPS 对知识产权高水平保护的目的，更为重要的是，它可以在 TRIPS 的稳定性与可变性之间保持适当的平衡。因此，在将变革国际规则的诉求付诸实施时，发展中国家应当充分考虑变革所带来的制度成本和时空效应，采用"维持原则，设置例外；稳定整体，修订局部"的理智做法。

（3）尽管 TRIPS 的矫正只具有局部的性质，但也关乎 WTO 成员之间利益关系的重新调整。因此，它必然遭到 TRIPS 既有秩序的受益者——发达国家成员的抵制。由于发达国家在科技、经济方面所具有的优势地位，掌握着 TRIPS 谈判的话语权，因此，TRIPS 的矫正之路必然充满着艰难和曲折，甚至面临中止的危险。目前多哈回合谈判的总体失败和 TRIPS-plus 协定的大量签署，就是这种艰难、曲折和危险的最好证明。固然，发展中国家可以凭借集团的力量和国际体制的有效运作，迫使发达国家在一些问题上作出一定的让步，但这种让步往往是暂时的，发达国家从这种让步中获得的利益却可能是永久的。因此，发展中国家只有切实地发展和提高自身的综合国力，充分地发挥和利用自身的相对优势，才能取得制定国际规则的平等话语权，建立满足自身利益要求的国际体制。

第十六章
后 TRIPS 时代的国际知识产权法变革与国际关系的演变

　　知识产权保护的国际协调,兴起于 19 世纪 80 年代,经过 100 多年的发展,现已形成以 TRIPS 为核心的国际知识产权法。2001 年 11 月 9 日至 14 日,WTO 第四次部长级会议在卡塔尔首都多哈举行,会议决定启动新一轮多边贸易谈判,即多哈回合谈判。会议通过的《多哈部长宣言》列举了一系列新一轮多边贸易谈判的议题以及各分理事会应当优先审议的问题。其中,第 17 至 19 段列举的三个问题与知识产权保护有关:(1)TRIPS 与公共健康的关系;(2)地理标志的保护;(3)TRIPS 与 CBD、传统知识及民间文学保护的关系。由此,国际知识产权法进入了一个新的变革时期,学术界将这一时期称为"后 TRIPS 时代"。考察和分析这一时期国际关系与国际知识产权法的互动关系及其特点,有助于把握和认识国际知识产权法变革与发展的走向,并为我国参与知识产权领域国际规则的制定提供参考。

一、南北博弈:为缓解公共健康危机提供法律便利

知识产权保护与国家的整体利益密切相关。知识产权保护的水平越高,国家从知识创新中获得的利益越大;反之,知识产权保护水平越低,国家从知识使用中获得的利益越大。知识产权保护与国家利益之间的这种正负相关性,势必导致具有不同科技、经济和文化发展水平的国家在知识产权保护国际协调中的利益冲突和不同的制度选择。对于尚未形成自己独立创新体系的发展中国家来说,由于给它们带来利益的主要是知识的扩散使用,所以它们往往选择保护水平较低的知识产权制度。而对于在科技、经济和文化方面具有创新优势的发达国家来说,由于给它们带来利益的主要是知识创新,所以它们则总是选择保护水平较高的知识产权制度。因此,发展中国家与发达国家之间在知识产权保护领域的利益差异与博弈,一直是知识产权保护国际协调中的主要矛盾。TRIPS 作为由发达国家积极主导、发展中国家被动接受的制度安排,更多地顾及和参照了发达国家的要求和做法,忽视了发展中国家实施高标准知识产权保护在人力、财力和技术上面临的困难,从而引发了发展中国家,特别是最不发达国家的严重公共健康危机等许多新的社会问题,加剧了南北之间的矛盾。

TRIPS 与公共健康的关系是 TRIPS 实施后南北对抗的焦点。TRIPS 实施后,国际社会发生的与公共健康危机有关的三个重大国际事件,显示出发达国家与发展中国家之间在知识产权领域的尖锐对立。

(1)跨国医药公司与南非的贸易争端。深受艾滋病危机困扰的南非政府,于 1997 年通过了《药品和相关物品控制修正案》,允许通过平行进口、强制许可等措施来获得相对低廉的治疗艾滋病的药品。但此举遭到了发达国家和跨国医药公司的强烈反对。南非颁布该修正案

后不久,美国就将南非列入其"特别 301 条款"调查名单,并威胁对其实施贸易制裁。1998 年 2 月,39 家跨国医药公司联合在南非高等法院起诉南非政府,称该修正案违反了 TRIPS 和《南非宪法》。对此,国际社会十分不满,来自 130 余个国家的 30 万人签名请愿,要求跨国医药公司撤销诉讼。[①] 迫于国际舆论的压力,2000 年 5 月 10 日,时任美国总统的克林顿发表声明,表示美国不再对南非的做法以贸易制裁相威胁,2001 年 4 月,39 家医药公司决定无条件撤诉,并自发降低药品价格,捐赠相关药品。

(2)美国与巴西的贸易争端。自 20 世纪 90 年代中期以来,巴西采用药品生产本地化和通过强制许可控制药品价格等积极的药品与专利政策,极大地缓解了国内艾滋病危机。但是,巴西为保护公共健康所采取的积极措施,却受到了以美国为首的发达国家及其医药公司的强烈反对。2000 年 5 月 30 日,美国启动 WTO 争端解决程序,并于 2001 年 1 月要求 WTO 争端解决机构成立专家组,对巴西 1996 年《工业产权法》是否符合 TRIPS 和《1994 年关贸总协定》进行审查。美国通过 WTO 争端解决程序维护高水平知识产权保护的做法遭到了世界舆论和众多政府间和非政府间组织的强烈批评。在巴西积极的外交努力下,2001 年 6 月,美国与巴西达成协议,双方同意终止争端解决程序。

(3)美国、加拿大炭疽病毒危机。2001 年"9·11"事件发生后不久,美国国内又发生了用邮件等方式传播炭疽病毒的恐怖主义事件,并由此波及邻国加拿大。于是,美国和加拿大对治疗炭疽的西普罗药品的需求急剧上升,该药品的价格直线上涨,两国民众强烈要求中止

[①]　C. Schwetz, A Matter of Life & Death: The Role of Patents in Access to Essential Medicines, accessed 20 July 2006, http://www.accessmed-msf.org/dohacol.pdf.

德国跨国医药企业拜耳公司对西普罗享有的专利权。在这种情况下，如果两国政府使用强制许可和平行进口解决西普罗药品的危机问题，将有违美国和加拿大政府限制强制许可和平行进口的一贯做法。在拜耳公司的强大压力下，两国政府最后不得不牺牲其本国国民的公共健康，放弃了对拜耳公司专利权进行限制的立场。

上述三个重大国际事件表明，TRIPS 对药品专利的高水平保护，不仅对发展中国家和最不发达国家人民的公共健康造成了巨大的伤害，甚至令发达国家的人民也不能幸免。面对每年 1400 万人死于传染性疾病的全球公共健康危机，国际社会必须作出选择：是维持 TRIPS 对药品专利的高标准保护而漠视人的生命健康权，还是变革 WTO 的知识产权制度为维护公共健康提供法律便利？从 2001 年的多哈会议到 2005 年的香港会议，WTO 多哈回合经过三个阶段的谈判，明智地选择了后者。

在多哈会议上，以南非为代表的发展中国家要求重新审视 TRIPS 与公共健康关系的呼吁，得到了发达国家的善意回应。与会代表经过三天的谈判，最终达成了《多哈宣言》。《多哈宣言》承认使许多发展中国家和最不发达国家遭受痛苦的公共健康问题，尤其是艾滋病、肺结核、痢疾和其他流行性疾病引起的公共健康问题的严重性，明确了 WTO 成员政府充分利用 TRIPS 关于维护公共利益的弹性条款以维护公共健康的主权权利，包括认定何种情况构成"国家处于紧急状态及其他极端紧急的情况"的权利、决定实施强制许可和平行进口的权利，将最不发达国家在医药产品方面履行 TRIPS 有关义务的过渡期延长至 2016 年。《多哈宣言》还认识到在制药领域生产能力不足或缺乏生产能力的发展中成员方依 TRIPS 在有效实施强制许可方面所面临的困难，从而在其第 6 段责成 TRIPS 理事会寻求解决这一困难的迅速有效的方案，并于 2002 年年底前向 WTO 总理事会报告。

多哈部长会议之后，TRIPS 理事会根据《多哈宣言》第 6 段提出的要求，就迅速解决那些在制药领域生产能力不足或缺乏生产能力的发展中成员方依 TRIPS 在有效实施强制许可方面所面临困难的方案展开了谈判。谈判中，各成员方达成共识：允许缺乏药品生产能力或药品生产能力不足的国家进口其他成员方依强制许可生产的廉价药品，即为公共健康目的而依强制许可生产的药品可以豁免 TRIPS 第 31 条(f)款①项下的义务。但是，在合格药品、合格进口方和合格出口方等资格的界定上，发达国家与发展中国家之间却存在着分歧。美国、欧盟成员国等发达国家主张对享受豁免的资格作严格的限制，而发展中国家则要求对此作较宽泛的解释。因此，根据《多哈宣言》第 6 段要求所进行的谈判并没有按预定计划完成，一直拖到 2003 年 8 月 30 日，WTO 总理事会才一致通过了《关于实施多哈宣言第 6 段的决议》（以下简称《决议》）。从《决议》的内容来看，发展中国家的要求基本上得到了满足，但《决议》也顾及了发达国家的利益，对防止滥用《决议》规定将已进口的仿制药品转出口作出规定。②

　　但是，总理事会《决议》的达成并不意味着 TRIPS 与公共健康之矛盾的最终解决，它只是通向最后解决的必要程序。《决议》所建立的药品专利制度虽然为发展中国家和最不发达国家缓解其国内的公共健康危机提供了法律便利，但它与 TRIPS 现有规则之间的关系究竟以一种什么样的法律形式来实现，还是一个有待谈判解决的问题。发

---

　　①　TRIPS 第 31 条(f)款规定："任何此种使用（未经权利持有人授权的其他使用——作者注）的授权应主要为供应授权此种使用的成员的国内市场。"

　　②　Implementation of Paragraph 6 of the Doha Declaration on the TRIPS Agreement and Public Health，WT/L/540，30 August 2003，accessed 20 July 2006，http://www.wto.org.

展中国家主张把《决议》建立的药品专利强制许可制度作为 TRIPS 第 30 条①规定的"有限的例外",通过对该条款的扩大解释来建立《决议》与 TRIPS 现有规则的联系。其理由是这样做符合《多哈宣言》关于充分利用 TRIPS 弹性条款以维护公共健康的规定,因为 TRIPS 第 30 条本身就是对专利权实施限制的弹性条款,而且可以免除修改 TRIPS 的繁杂、耗时的程序,满足《多哈宣言》第 6 段规定的"迅速有效"要求。但是,美国等发达国家坚持在 TRIPS 第 31 条的框架内解决这一问题,认为如果将为公共健康目的而允许出口强制许可生产的药品作为第 30 条规定的例外,不仅会与专利权的正常行使形成不合理的冲突,更会使第 31 条规定的强制许可条件变成多余,从而破坏 TRIPS 已有的精巧平衡。经过谈判,于 2005 年 12 月 6 日,即 WTO 香港部长级会议召开前夕,总理事会终于达成《关于修正 TRIPS 的议定书》,各方同意将《决议》建立的药品专利强制许可制度以"TRIPS 第 31 条之二(Article 31bis)"的形式纳入 TRIPS,使之成为 TRIPS 第 31 条的例外条款,具有永久的法律效力。至此,国际社会为缓解公共健康危机而在 WTO 体制内所作的法律努力,终于告一段落。

　　TRIPS 的澄清和修正,是 WTO 多哈回合谈判迄今取得的实质性成果之一。这一成果取得的原因是多方面的,但从国际关系的角度看,主要有以下三点:

　　第一,发展中国家和最不发达国家总结和吸取了关贸总协定乌拉圭回合知识产权问题谈判的教训,紧密团结,立场一致,抓住了美国在南非和巴西事件中妥协的契机,为多哈回合关于 TRIPS 与公共健康问题的谈判作了充分的准备,并且利用其他政府间和非政府间组织对

---

　　① TRIPS 第 30 条规定:"各成员可对专利授予的专有权规定有限的例外,只要此种例外在兼顾第三方合法利益的情况下不会与专利的正常利用发生不合理的冲突,也不会不合理地损害专利所有人的合法利益。"

国际法:作为法律的存在和发展

公共健康危机的高度关切,积极地开展外交努力,形成强大的国际舆论,迫使发达国家改变其在知识产权保护问题上的强硬政策,从而表现了"南南联合自强"的力量与作用。

第二,通过磋商与对话,找到了南北对抗利益的中间交汇点,即对药品专利实行差别保护,从而最大限度地满足了发达国家与发展中国家的不同利益要求。TRIPS对专利的一体保护,是引发公共健康危机的重要因素。因此,解决公共健康与专利权保护之间的冲突,当然可以沿用这种一体保护的模式,采用删除 TRIPS 第 31 条(f)款的方法来取消对强制许可生产药品的出口限制。但是,这就意味着对 TRIPS 已有平衡的破坏和 TRIPS 专利制度的推倒重来。因此,采用这种方法不仅会遭到发达国家的强烈反对,导致围绕公共健康问题的谈判破裂,而且为此付出的制度成本较高,将引发"牵一发而动全身"的不利后果。相反,采用不同于一体保护的差别保护模式,仅对与健康安全有关的药品专利给予免除 TRIPS 第 31 条(f)款义务的特殊待遇,则既可以满足发展中国家解决国内公共健康危机的需要,又可以实现发达国家维持 TRIPS 对知识产权高水平保护的目的,而且还可以避免将 TRIPS 专利制度推倒重来的不利后果,促使谈判尽快取得成效。因此,在南北对抗中,只要找出兼顾各方利益的协调模式,就可以在一定程度上达成南北合作,实现南北双赢;而且,考虑到"构造国际机制的困难,尽可能地调整现有机制,而不是推倒重来,才是真正的理性行为"①。

第三,各种文化对尊重人的生命权、健康权的人本主义理念的认同,架起了达成南北共识的桥梁。人本主义是法的根本价值取向,是

---

① 〔美〕罗伯特·基欧汉:《霸权之后:世界政治经济中的合作与纷争》,苏长和等译,上海人民出版社 2001 年版,第 130 页。

衡量法的合理性的根本标准。对人的终极关怀,是法律制度"超越特定社会结构和经济结构相对性的基本价值"①。因此,当这种价值遭到法律的侵蚀甚至泯灭时,必须通过制度的调整甚至创新,促使它重新回归。TRIPS 在明确知识产权为私权的同时,也确立了知识产权保护应促进技术转让和传播、促进社会福利、促进知识产权的创造者与使用者之间的利益平衡等目标和原则,应该说,它已体现了法律的人本主义精神。遗憾的是,这些目标和原则却被 TRIPS 的具体条款所架空,在具体的制度设计上并没有兼顾公共利益与垄断利益,从而不仅对发展中国家人民的生命健康造成了损害,也对发达国家人民的生命健康构成了威胁。WTO 多哈回合对 TRIPS 的澄清和修改,实质上是对 TRIPS 已经体现但又被泯灭了的人本主义精神的重新确认。它不仅表现了知识产权保护领域国际关系的人本化趋向,而且也显示了观念对国际法律秩序的建构作用。

二、"新""旧"纷争:传统资源保护"任重道远"

如果说,在 WTO 多哈回合有关 TRIPS 与公共健康问题的谈判中,是发达国家与发展中国家各自作为一个整体处于某种程度的对抗,那么,在 WTO 多哈回合有关地理标志、遗传资源和传统知识等传统资源保护的谈判中,则出现了一种不同于南北对抗的新的更加复杂的利益格局。在这种新的利益格局中,既有美国与欧盟国家两大发达利益集团之间的矛盾,又有发展中国家之间的分歧。这是"新""旧"两类国家之间的纷争。形成这种纷争的理由,已与各国经济发展水平无

---

① 〔美〕E. 博登海默:《法理学——法律哲学与法律方法》,邓正来译,中国政法大学出版社 1999 年版,"作者致中文版前言",第 V 页。

涉,仅与各国经济发展对传统资源的依赖程度有关。

传统资源是国际社会正在讨论的一类新型的权利客体,包括遗传资源、传统知识和地理标志等对象。

遗传资源是一个与生物多样性既有关联又相互区别的专门术语。按照 CBD 的规定,遗传资源是指具有实际或潜在价值的遗传材料,包括来自植物、动物、微生物或其他来源的任何含有遗传功能单位的材料。它作为一种人类自然遗产,往往与传统部族或社区所拥有的传统知识有关,是传统部族或社区在长期的生活实践中进行培育和维系的结果,属于传统部族或社区独有的、具有稀缺性的物质资源。从生物学的角度看,遗传资源是生物多样性的物质基础,保护生物多样性实际上就是保护遗传资源。

传统知识是传统部族或社区在长期的生产、生活实践中创造出来的知识、技术、经验的总称。根据世界知识产权组织的定义,传统知识是指基于传统产生的文学、艺术或科学作品,表演,发明,科学发现,外观设计,标志、名称和符号,未披露信息,以及其他一切在工业、科学、文学或艺术领域由智力活动产生的基于传统的创新和创造。所谓基于传统,是指上述知识体系、创造、创新和文化表达,通常为特定民族或地区所固有,世代相传,并且随生存环境的变化而不断演化。按照该定义,传统知识包括农业知识,科学知识,技术知识,生态知识,医药知识,与生物多样性相关的知识,民间文学艺术表达,名称、标记及符号,以及其他未固定的文化财产,[①]其范围几乎囊括《建立世界知识产权组织公约》所规定的一切知识财产形式,包括知识产权法所保护的作品、发明、标记等各种类型。

[①] WIPO, *Intellectual Property Needs and Expectations of Traditional Knowledge Holders: WIPO Report on Fact-Finding Missions on Intellectual Property and Traditional Knowledge* (1998-1999), Geneva, April 2001, p. 25.

地理标志是识别产品来源地的商品性标记。按照 TRIPS 第 22 条的规定,它是指识别某商品来源于某一缔约方的地域或该地域的某一地区或地点的标识,并且该商品的特定质量、声誉或其他特征与该地理来源有实质上的关联。有学者认为,地理标志也是一种与现代知识有别的传统资源,因为作为地理标志核心要素的"地理名称","从其存续时间来看,是'传统'的而不是新近的","从其存在状态来看,是客观的而不是臆造的"①。

上述三类对象虽各不相同,但都与传统有关,存续期限久远,而且其主体都不是特定的自然人,属于世代相传的"非正规创新"。因此有学者将它们,尤其是遗传资源和传统知识称为知识产权的"新客体"②。重要的是,随着现代科学技术的应用,它们都已成为新的创造性成果或经营性标记赖以产生的基础,具有巨大的开发或利用价值,并给这些资源的使用者带来可成为私权对象的知识产权。但是,从现有的知识产权保护理念来说,该类传统资源的核心构成要素,"即无形要素都已处于公有领域,属于人人可以自由使用的对象"③。因此,TRIPS 虽然与 WIPO 管辖的传统知识产权条约相比,提高了知识产权保护水平,强化了知识产权实施机制,增强了知识产权保护的执行效力,但却存在着一个共同的制度缺陷,即"它有效地保护了智力创新,却忽视了保护这种创新的智力源泉"④。值得注意的是,地理标志虽然很早就被纳入知识产权保护体系,但至今尚未形成完善的保护制度。TRIPS 虽

---

①　吴汉东:《知识产权国际保护制度的变革与发展》,载《法学研究》2005 年第 3 期。

②　郑成思:《传统知识与两类知识产权的保护》,载《知识产权》2002 年第 4 期。

③　唐广良:《遗传资源、传统知识及民间文学艺术表达国际保护概述》,载《知识产权文丛》第 8 卷,中国方正出版社 2002 年版,第 15 页。

④　吴汉东:《知识产权国际保护制度的变革与发展》,载《法学研究》2005 年第 3 期。

然规定了地理标志的保护措施,但范围仅限于葡萄酒和烈性酒地理标志的特别保护,而且还规定了多项例外。① 与现有的对其他知识产权客体的保护相比,对地理标志的保护仍然是一种弱保护。这种情况导致了一些国家或地区、一些民族或种族应有权利的丧失,从而在发达国家与发展中国家之间的矛盾没有缓解反而加剧的情况下,又给国际关系增加了一个新的紧张因素,即传统资源相对贫乏的"新世界"国家与传统资源相对丰富的"旧世界"国家之间的利益矛盾。

　　在地理标志保护的问题上,美欧之间的矛盾早在关贸总协定乌拉圭回合关于 TRIPS 的谈判中就已表现出来。以欧盟国家为代表的一些历史较为悠久的发达国家,基于自身在传统产业和传统产品方面的优势,倾向于对地理标志,特别是对葡萄酒和烈性酒地理标志的严格保护,而以美国、加拿大、澳大利亚为代表的新兴发达国家,则因为在其经济发展中没有太多的传统地理和人文因素,不主张强化对地理标志的保护。因此,作为发达国家两大利益集团讨价还价的结果,TRIPS 虽然对地理标志的保护,特别是对葡萄酒和烈性酒地理标志的特别保护作出规定,但并没有解决地理标志保护的所有问题,尤其是没有解决一些缔约方已被作为通用名称使用的葡萄酒和烈性酒地理标志保护问题。在这种情况下,地理标志成为 WTO 新一轮多边贸易谈判的重要议题。根据《多哈部长宣言》第 18 段的规定,地理标志保护的谈判主要涉及两个议题:一是建立葡萄酒和白酒地理标志的多边通告与注册制度;二是扩大关于葡萄酒和白酒地理标志特别保护的适用范围。对于这两个议题,美国与欧盟的矛盾和分歧继续存在:关于第一个议题,欧盟主张建立一种对所有成员方都有约束力的国际注册制度,在发生侵权行为时,权利人可以通过诉讼途径行使其权利,而美

---

① TRIPS 第 24 条。

国、加拿大、澳大利亚等国家则不赞同建立这样一种多边注册制度,并提出即使建立这种制度也应只具有信息通报功能;关于第二个议题,欧盟主张扩大葡萄酒和白酒地理标志特别保护措施的适用范围,但美国则表示反对。与乌拉圭回合谈判不同的是,多哈回合中美欧围绕地理标志保护的争端,已不单纯是发达国家两大利益集团之间的矛盾,在它们各自的阵营里,已拥有了一批发展中国家追随者:中美及南美国家站在了美国一边,而中东欧及亚洲国家则站在了欧盟一边。由于美欧之间的严重分歧以及发展中国家的分化,各成员方关于地理标志保护问题的谈判至今没有取得实质性进展。

与地理标志的保护不同,遗传资源及传统知识的保护是 WTO 多哈回合谈判纳入的新议题。围绕着是否需要修改 TRIPS 以增加有关遗传资源及传统知识的来源披露要求这一核心问题,TRIPS 理事会的各成员方存在着很大分歧。

发展中国家普遍认为,TRIPS 与 CBD 之间存在着内在的冲突,表现在:(1)TRIPS 要求对某些遗传资源(如植物新品种)进行专利或特别法保护,并且不禁止其成员对其他遗传资源授予专利权,这实际上赋予了私人占有遗传资源的权利,与 CBD 关于遗传资源归属的主权原则不符;(2)TRIPS 关于遗传资源保护的规定没有顾及 CBD 的相关规定,尤其是关于知情同意和惠益分享的规定,从而导致 CBD 的目标无法实现。但是,对于二者之间的协调,发展中国家内却存在两种不同的意见:以印度、巴西、泰国、中国为代表的一部分发展中国家主张对 TRIPS 现有相关规定进行修改,要求专利申请人公开发明中使用的遗传资源和传统知识来源以及知情同意和利益分享的证据,并明确提出,如果违反上述公开要求,将导致专利的驳回、无效等影响专利效力的后果。而非洲国家集团则在上述主张的基础上,要求进一步全面禁止对任何生命形式(包括动物、植物和微生物)的专利保护。

美国、日本、韩国、加拿大、澳大利亚、新西兰等国则坚持认为，TRIPS 与 CBD 之间不存在任何冲突，无须修改 TRIPS。它们反对在 TRIPS 的框架内建立遗传资源和传统知识保护的国际规则，主张在国家的层面上以合同法的途径解决遗传资源和传统知识保护的问题。与上述发达国家不同，欧共体及瑞士、挪威等发达国家虽然也认为 TRIPS 与 CBD 之间不存在冲突，但同意对专利申请人公开遗传资源及其相关传统知识来源的问题加以审视，主张建立有国际约束力的机制，同时强调披露要求不能作为实体要求对专利的有效性产生影响。

可见，在遗传资源及传统知识保护的问题上，不仅欧共体及瑞士、挪威等发达国家与发展中国家之间存在分歧，而且发展中国家之间也立场有异。但这些分歧与欧共体及瑞士、挪威等国（"旧"）同美、日、加等国（"新"）之间的分歧相比，并不是根本性的。因为两者所涉及的是两个其意义不可同日而语的问题：后者事关遗传资源和传统知识保护的准入问题，而前者则是准入之后的规则建构问题。因此，在 WTO 主要由发达国家所控制的情况下，欧共体及瑞士、挪威等国同美、日、加等国之间在遗传资源和传统知识保护准入问题上的根本性分歧，才是影响遗传资源和传统知识保护谈判进程的主要矛盾。正因为这样，TRIPS 理事会有关遗传资源和传统知识保护的审议，至今也没有取得任何具有实质意义的成果。

综上不难看出，国际社会在传统资源保护方面所形成的"新""旧"利益格局，已经成为影响后 TRIPS 时代国际知识产权制度变革的主要国际关系因素。如何适应这种新的利益格局，打破目前传统资源保护谈判的僵局，这是对各国政府及其谈判专家智慧的考验。

三、WTO 与其他国际组织的合作:国际经济立法与国际社会立法的协调

在 TRIPS 诞生之前,知识产权保护与国际贸易没有多少关联,知识产权保护对国际贸易可能造成的扭曲和损害无法得到控制和消除,从而影响了《关贸总协定》目标的实现,损害了发达国家的贸易利益。乌拉圭回合谈判把知识产权保护纳入多边贸易体制的范围,不仅满足了发达国家的利益要求,也实现了国际贸易制度与国际知识产权制度之间的统一。但是,WTO 按照发达国家的标准和做法对知识产权保护所作的新的制度安排,虽然解决了知识产权侵权所引发的冒牌货物贸易问题,实现了知识产权保护的经济价值,但却引发了公共健康危机和生物剽窃行为等人权和环境领域的一系列新的社会问题,形成了对国际人权法、CBD 等社会领域国际立法的严重冲击,从而引起了与知识产权保护有关的人权、文化、贸易、粮农、土著权利、劳工标准、环境以及生物多样性等方面的众多国际组织的关切与质疑。

例如,联合国人权委员会促进与保护人权分委员会指出:"由于 TRIPS 的履行没有充分反映所有人权的基本性质和整体性,包括人人享有获得科学进步及其产生利益的权利、享受卫生保健的权利、享受食物的权利和自我决策的权利,所以,作为一方的 TRIPS 中的知识产权制度与作为另一方的国际人权法之间存在着明显的冲突。"[①]这种冲突的突出表现就是药品创造者的专利权与药品消费者的健康权之间的冲突。健康权是有生命的主体依法享有健康的权利,是国际人权公

---

① UN Commission in Human Rights, *Intellectual Property and Human Rights*, E/CN. 4/Sub. 2/2000/7,2000.

约承认的一项普遍人权。1966 年的《经济、社会和文化权利国际公约》第 12 条承认人人有权享有能达到的最高标准的身体和心理健康,同时规定了缔约方为实现此项权利而应采取的目标措施。然而实践表明,TRIPS 对知识产权尤其是对药品专利的高水平保护,却对健康权的实现带来了消极影响,甚至已经成为发展中国家严重公共健康危机的制度根源:第一,由于 TRIPS 第 27 条将药品纳入专利一体保护的范围,导致药品的价格大大提高,发展中国家的贫穷患者面对艾滋病等传染病对生命的威胁,根本无力购买发达国家生产并出口的昂贵药物。如果此类药物的生产不受专利保护,其价格将下降很多。根据联合国的报告,印度不对治疗艾滋病的药物进行专利保护,在当地生产 150 毫克的药品只需要 55 美元,而在受专利保护的马来西亚和菲律宾则分别是 697 美元和 817 美元。[①] 第二,由于 TRIPS 第 31 条(f)款规定获强制许可生产的专利药品只限于国内市场销售,而不能销往国外,从而导致那些不具有药品生产能力的国家不能从其他国家低价进口获强制许可生产的药品,致使这些国家的大量患者因为缺医少药而死亡。因此,联合国人权机构要求 WTO 就 TRIPS 的某些条款的含义和范围进行澄清,并作出适当的修改,以使那些贫穷国家拥有获取和使用专利药品的机会,使知识产权保护与人权保护的义务相一致。[②]

又如,为了保护遗传资源和生物多样性,制裁"生物剽窃"行为,联合国环境规划署于 1992 年主持缔结了 CBD。CBD 规定,各缔约国对其自然资源拥有主权权利,可否取得遗传资源的决定权属于各缔约国

---

①　　Alan O. Sykes，TRIPS，Pharmaceuticals，Developing Countries，and the Doha "Solution"，*Chicago Journal of International Law*，Vol. 3，No. 1，2002，pp. 47-48.

②　　UN Sub-Commission on The Promotion and Protection of Human Rights，Intellectual Property and Human Rights，26th meeting，E/CN. 4/SUB. 2/RES/2001/21，16 August 2001.

政府;遗传资源的取得须经提供这种资源的缔约国事先知情同意;缔约国在研究、开发和利用遗传资源时,应按照共同商定的条件,与提供此种资源的缔约国公平分享此种研究和开发的成果及此种利用所获的利益。CBD 还要求各缔约国依照国家立法,尊重、保存和维持土著和地方社区体现传统生活方式、与生物多样性的保护和持续利用相关的知识、创新和实践,促进其在此等知识、创新和实践的拥有者的认可和参与下的广泛应用,鼓励公平地分享因利用此等知识、创新和实践而获得的惠益。然而,1995 年 1 月 1 日才开始生效的 TRIPS 却没有对 CBD 确立的上述目标和原则作出应有的回应,遗传资源及相关传统知识仍被视为一种处于公共领域的信息而被排除在它的保护范围之外。因此,2000 年 5 月,CBD 第五次缔约方大会作出决定,要求WTO 认可 CBD 的相关条款,关注 CBD 与 TRIPS 之间的相互关系。

可见,正如美国学者赫尔夫所指出的那样,美欧为 TRIPS 辩护的各种理由已经开始遭到质疑,诸多政府间组织和非政府组织开始将火力集中对准 TRIPS 以及比 TRIPS 所确立的知识产权保护标准更高的双边知识产权协议。[①]面对其他国际组织的严重关切和舆论压力,WTO 开始将注意力转向知识产权保护所引起的社会问题,并在多哈回合中表现出与其他国际组织合作,协调知识产权领域的国际经济立法与国际社会立法的态势,这种态势主要表现在以下三个方面。

首先,按照国际法上的"预约谈判原则"作出法律努力。表现在:其一,对联合国人权机构要求修改 TRIPS 以使那些贫穷国家拥有获取和使用专利药品机会的呼吁作出善意回应,并且通过谈判达成了修正 TRIPS 的决定,实现了知识产权与健康权的协调;其二,响应 CBD

缔约方大会的决定,使"TRIPS 与 CBD 及传统知识保护之间的关系"成为多哈回合 TRIPS 理事会优先审议的议题,并就 CBD 缔约方大会提出的关于在专利申请中增加公开遗传资源及相关传统知识来源义务的方案,开展了磋商和协调。

其次,在协调中采用"法益衡量原则"。法律是平衡各种利益的制度安排。当法律承认和保护的各种利益发生冲突时,人们往往通过对各种利益的重要性评价和位序安排来进行利益的协调。美国著名法学家博登海默说:"生命的利益是保护其他利益(尤其是所有的个人利益)的正当前提条件,因此它就应当被宣称为高于财产方面的利益。"[①] WTO 遵循人权优先性的尺度,通过 TRIPS 的修正,为公共健康权的实现提供了法律便利。这表明,法益衡量是协调国际经济立法与国际社会立法的重要原则和方法。

最后,与 WIPO 合作,着手探讨建立关于遗传资源与传统知识保护的国际规则。WTO 的许多成员(主要是欧盟成员)建议,有关遗传资源与传统知识保护的制度安排,应首先由 WIPO 作出,然后再考虑如何以及在何种程度上将其纳入 TRIPS 的问题。[②] 目前,WIPO 已形成了《传统知识的保护:条款草案》《传统文化表现形式的保护:条款草案》及《关于知识产权与遗传资源的合并文件》(第二次修订稿)等文件,为未来国际社会缔结保护遗传资源与传统知识的国际条约奠定了基础。

---

① [美]E.博登海默:《法理学:法律哲学与法律方法》,邓正来译,中国政法大学出版社 2004 年版,第 415 页。
② Carlos M. Correa:《传统知识与知识产权——与传统知识保护有关的问题与意见》,国家知识产权局条法司译,http://www. biodiv-ip. gov. cn/zsjs/ctzs/ctzsyzscq/default. htm,访问日期:2005 年 10 月 20 日。

四、结语

　　后 TRIPS 时代的国际知识产权法变革,是一个各种国际力量在知识产权领域进行角力的过程。其中,不仅有发达国家与发展中国家之间的南北对抗与博弈,还有"新世界"国家与"旧世界"国家之间的"新""旧"矛盾与纷争,更有众多国际组织在知识产权领域的冲突与参与。因此,与关贸总协定乌拉圭回合谈判相比,它将是一个更加复杂、更加漫长的过程。虽然在解决公共健康危机方面取得了修改 TRIPS 的局部成果,但从整体上说,全面实现《多哈部长宣言》所规定的各项议题的谈判目标,仍然任重而道远。

第十七章
TRIPS 框架下的传统知识保护

TRIPS 和传统知识保护的关系,不仅是WTO 多哈回合谈判中 TRIPS 理事会优先审议的议题之一,也是当前法学界,特别是知识产权法学界的研究热点之一。虽然 TRIPS 理事会围绕该议题的谈判至今尚未取得实质性进展,但学界就该议题展开的深入而细致的研究,必将促进该议题的谈判,并为其提供相应的理论支持。

TRIPS 与传统知识保护的关系,概括起来,主要包括两个方面的问题:一是 TRIPS 框架下保护传统知识的正当性和相容性问题,涉及的是 TRIPS 框架下保护传统知识的法理基础;二是 TRIPS 框架下保护传统知识的路径、规则和步骤问题,涉及的是 TRIPS 框架下保护传统知识的制度建构。二者的关系是:前者是实现后者的前提,后者是探索前者的目的。

一、TRIPS框架下传统知识保护的法理基础

（一）传统知识知识产权保护的正当性

传统知识是否可以作为知识产权的客体获得保护，即传统知识是否具有可知识产权性，这是将传统知识纳入TRIPS框架下保护的理论前提。对此，不仅在国际上存在着分歧，在我国学术界也存在着不同的见解。[①]概括起来，目前反对或认为难以对传统知识提供知识产权保护的理由，主要集中在以下三个方面：一是认为传统知识的本质特征是它的传统性，不符合知识产权保护的"创新性"标准；二是认为传统知识的权利是一种集体权利，不具有知识产权保护的"私权"特征；三是认为传统知识已经处于公有领域，不属于知识产权保护的"专有"知识。因此，论证传统知识知识产权保护是否具有正当性，非常必要。

1. 超越传统：传统知识的创新特质

从法律意义上来说，知识产权中的"知识"指的是具有创造性的智力成果，"产权"指的是权利人依法支配其财产的权利，其他任何人未经权利人许可均不得对该财产行使权利。因此，知识产权是指人们就其创造性的智力成果所依法享有的专有权利。由此，我们可以说，智力创造是知识产权产生的内在根据，法律规定是知识产权产生的外部

[①]　韦之、凌桦：《遗传资源、传统知识与民间文学艺术在研究什么——传统知识保护的思路》，载《中国知识产权报》2002年6月28日第3版；李明德：《TRIPS协议与〈生物多样性公约〉、传统知识和民间文学的关系》，载《贵州师范大学学报（社会科学版）》2005年第1期；张今：《民间文学艺术保护的法律思考》，载《法律适用》2003年第11期。

条件,二者的结合构成知识产权产生的基础,智力成果的创造性与专有权利的法定性之间的统一是知识产权的本质特征。如果按照约翰·洛克(John Locke)的自然权利理论来解释作为财产的知识产权,把知识产权仅仅看成是智力创造产生的一种自然权利,那么,这种知识产权就不可能具有排斥他人行使该权利的不可侵犯性,因而也就不可能成为一项专有权利;同样,如果按照让-雅克·卢梭(Jean-Jacques Rousseau)的社会契约理论(或称社会公认理论)来解释知识产权,把知识产权仅仅看成是法律授予的结果,那么,这种知识产权就不是"知识"的产权,法律授予这种产权也就缺乏实在的基础。① 知识之所以能够成为产权的对象,其内在根据就在于它的创造性以及这种创造性所具有的价值。知识产权制度作为激励创新的一种制度安排,将创新性视为一切智力成果依法获得知识产权保护的正当性前提。在现有的知识产权制度中,这种创新性在专利领域表现为发明的新颖性、创造性和实用性,在著作权领域表现为作品的独创性,在商标权领域表现为标记或标记组合的显著性。这些不同领域的智力成果所具有的不同创新性,构成了它们依法享有不同专有权利的内在根据。因此,传统知识要获得知识产权意义上的保护,也必须具有与已经获得知识产权保护的智力成果一样的创新性。

对于反对或者认为难以对传统知识提供知识产权保护的国家或人来说,传统知识也许是一些缺乏创新性的历史久远的知识,否则,它就不是传统的了。但是,事实并非如此。根据 WIPO 的定义,传统知识是指基于传统产生的文学、艺术或科学作品,表演,发明,科学发现,外观设计,标志、名称和符号,未披露信息,以及其他一切在工业、科

---

① 关于洛克的自然权利理论和卢梭的社会契约理论的介绍与评论,参见曲三强:《知识产权法原理》,中国检察出版社 2004 年版,第 19~24 页。

学、文学或艺术领域由智力活动产生的基于传统的创新和创造。所谓基于传统,意思是说上述知识体系、创造、创新和文化表达,通常为特定民族或地区所固有,世代相传,并且随生存环境的变化而不断演化。按照该定义,传统知识包括农业知识,科学知识,技术知识,生态知识,医药知识,与生物多样性相关的知识,民间文学艺术表达,名称、标记及符号,以及其他未固定的文化财产,[①]其范围几乎囊括《建立世界知识产权组织公约》所规定的一切知识财产形式,包括知识产权法所保护的作品、发明、标记等各种类型。除多了"基于传统"几个字外,WIPO 关于传统知识的定义与《建立世界知识产权组织公约》关于知识产权的界定[②]几乎完全一致。这表明 WIPO 认为,至少上述定义中涉及的传统知识和已经获得知识产权法保护的知识财产形式一样,都是人类智力劳动的创造性成果。

传统知识是相对于现代知识的另一类知识,传统性是它区别于现代知识的根本特征。但是,传统知识并非是古老的知识或者一成不变的知识。传统知识概念中的所谓"传统"仅仅意味着该知识的获得与使用方式属于特定民族或地区文化传统的一部分。它们基于传统的信仰、准则和实践,历经了数世纪的以家族为单位的尝试和谬误、成功和失败,并通过口授而被世代相传下来,具有传统群体的文化特质,反映了特定群体的传统生活方式。传统知识作为特定民族或地区文化

---

① WIPO, *Intellectual Property Needs and Expectations of Traditional Knowledge Holders: WIPO Report on Fact-Finding Missions on Intellectual Property and Traditional Knowledge*(1998-1999),Geneva,April 2001,p. 25.

② 《建立世界知识产权组织公约》第 2 条规定,"'知识产权'包括有关下列项目的权利:文学、艺术和科学作品,表演艺术家的表演以及唱片和广播节目,人类一切活动领域内的发明,科学发现,工业品外观设计,商标、服务标记以及商业名称和标志,制止不正当竞争,以及在工业、科学、文学或艺术领域内由于智力活动而产生的一切其他权利。"

传统的一个组成部分,在特有的自然与社会环境中产生,同时又在特有的自然与社会环境中发展,具有很强的适应性。当传统知识由一代传给另一代的时候,并不意味着每一代就是墨守成规地继承上一代所传递的知识;为了应对日新月异的生存环境,传统知识在传统群体的不断调适和创造过程中,改变着自己的内容和形态。"中国、印度、日本和韩国的传统古老的保健系统虽然是以古代文本为基础的,但这些体系在继续发展,很多现代的革新在不断发生。中国大量地对传统药方的改良授予专利,就证实了这一点。"①因此,传统知识可能发源于遥远的过去,但它却顺应时代而发展,适应环境而变更。它源于传统,同时又是对传统的超越,它是一种基于传统的创新。从这个意义上说,传统知识也是当代知识。② 它与建立在西方科学、哲学和社会经济制度之上的具有普遍性的现代知识相比,除获得方式和文化特征不同外,在创新性及其所具有的价值方面并不存在本质上的区别。

当然,具有创新性的智力成果并非都可以成为知识产权保护的对象。例如《建立世界知识产权组织公约》关于知识产权的定义中所列举的"科学发现",目前世界上就没有多少国家的知识产权法对其予以保护。此外,一些发明可能因为不符合法律规定的授予专利的条件或不符合政策与道德的要求而被排除在专利之外,一些具有显著性的标志由于不是用于商业环境中而被排除在商标法的管辖范围之外。可见,知识产权保护客体的定义与知识产权保护的实际范围之间并不是完全对称的关系。一项具有创新性的智力成果可能属于知识产权客体定义的范围,但能否得到知识产权的保护,还取决于具体的法律规

---

① Graham Dutfield, *Intellectual Property Right*, *Trade and Biodiversity*: *Seeds and Plant Varieties*, Earthscan Publications Ltd, London, 2002, p. 95.

② International Bureau of WIPO, The Protection of Traditional Knowledge, Including Expressions of Folklore, WIPO/IPTK/MCT/02/INF. 4, p. 4.

定。但是,反过来,如果一项智力成果不具有创新性,那它就失去了被纳入知识产权保护范围的根本前提和内在根据。因此,尽管由于保护传统知识的法律正在建设之中,传统知识保护的实际范围现在还难以确定,但这并不妨碍将传统知识纳入知识产权的客体范围,并进一步探讨其获得知识产权保护的条件。因为传统知识在其动态发展中已经具备了获得知识产权保护的根本前提,那就是它的创新性。

2.群体持有:传统知识的私权特征

传统知识一般是传统群体通过一代又一代与自然息息相关的生活建立起来的知识体系,即使某些传统知识的最初创造者可能是某一特定个人,但随着自然与社会环境的历史变化,该特定个人的贡献可能被逐渐淹没,成为整个群体传统的一个部分,而且不可剥离。因此,传统知识的所有者通常是传统群体,传统知识所有者的权利通常是一种集体权利。

传统知识的这种群体属性,的确与现有的大多数知识产权客体所具有的个体特征有所不同。它表明,运用现有的以保护个人权利为主要目的的传统知识产权制度来保护传统知识可能存在着一定的困难。在反对或认为对传统知识难以提供知识产权保护的人看来,这也许构成了对传统知识提供知识产权保护的一道不可逾越的鸿沟。因为他们认为,按照 TRIPS 的规定,知识产权本质上是私权,其权利主体必须是"一个可以确认的作者、发明者或其他创作者"[1],以激励个人创新为目的的知识产权制度,不可能为传统群体所持有的传统知识提供保护。在这里,私权与个人权利被画上了等号,知识产权被归结为特定个人的财产权,因此,为传统群体所持有的传统知识难以作为知识产

---

[1]　Daniel J. Gervais, Spiritual but not Intellectual? The Protection of Sacred Intangible Traditional Knowledge, *Cardozo Journal of International & Comparative Law*, Vol. 11, 2003, p. 489.

权的客体而受到保护。然而，这种观点在理论上是站不住脚的，与知识产权保护的实际也是不符的。

首先，在理论上，私权并不等于个人化的权利。私权是一个私法意义上的概念，它与公法意义上的公权概念相对应。"私权者，私法上之权利也。"①因此，对私权和公权的界定，必须在私法和公法的语境下进行。私法和公法的划分可以追溯到孕育其产生的罗马法。自出现市民社会和政治国家的鼎立之后，便产生了两种不同的社会关系：一种是在国家意志的表达和执行过程中出现的国家与市民之间的命令服从关系；一种是市民社会中以意思自治、人格平等为基本理念的平权关系。由此便有了调整命令服从关系的公法和调整平权关系的私法这样两个不同法律部门的产生和划分。这种公法和私法的划分一直被大陆法系所沿用，成为现代法律理论和实践中最重要的划分之一。②按照这种划分，公法以国家或具有管理公共事务职能的组织为主体一方或双方，因此，公权所指的是这样一种不平等关系，它强调公共秩序需要的限制和服从，凸现的是国家带强制性因素的介入和形式多样的干预；而私法则是调整平等主体之间关系的法律，其中，国家等公权力主体也能以非特权者的身份作为这种平等关系的主体而被纳入私法调整的范围，因此，私权所指的是这样一种关系，它强调主体之间的平等和独立，侧重于一种自由意志下的支配和处分。在这种私权关系中，权利主体可能是个人（包括法人），也可能是政府或其他公权力机关。后者作为个人的一种法律拟制，以私法上的主体资格参与平权关系的运行。在民事领域的土地制度中，土地的所有权分为国家所有和集体所有两种形态，但这种归属并没有改变土地所有权的私权属

---

① 胡长清：《中国民法总论》，中国政法大学出版社1997年版，第39页。
② ［德］马克斯·韦伯：《经济与社会》（下卷），约翰内斯·温克尔曼整理，林荣远译，商务印书馆1997年版，第641页。

性,也不改变国家在土地出让等平权关系中的私法主体身份。因此,私权作为私法意义上的权利,不仅仅是一种个人权利,它还包括集体权利。

传统知识的权利主体是传统群体,这种群体可能是一个社区、一个民族,甚至是一个国家。社区、民族或国家在行使这种权利时,只要不是出于行使职务和社会管理的需要,它们就可以作为私法上的主体,谋求传统知识的商业化利用所产生的适当利益分享和回报。因此,这些群体对传统知识所享有的权利也是一种私法意义上的私权。

其次,在实践中,知识产权并不等于特定个人的财产权。知识产权作为一种财产权,本质上是私法意义上的私权。但是,不能把这种私权仅仅理解为一种个人化的权利,群体或集体作为权利主体的现象在现有的知识产权制度中并不陌生,商标法适用于集体标记,TRIPS本身承认地理标志,就是"知识产权保护集体利益的两种类型"①。此外,在著作权领域,创作作品的作者是自然人,但著作权人可以是作者,也可以是法人或其他组织;在专利领域,"职务发明"或"雇佣发明"的法律规定意味着专利权人不一定是发明者,也有可能是雇主、法人或其他组织,甚至是国家。据统计,"美国1971—1975年批准的专利中,大约51%转让给国内企业,23%转让给外国公司和地方政府,2%转让给联邦政府,23%转让给个人发明者"②。可见,甚至政府等传统意义上的公权力机关也可以作为知识产权的权利主体行使权利。把知识产权这种私权仅仅归结为个人的财产权,即使是在现有的知识产权制度中,也是具有以偏概全的片面性的。把这种过分强调个人在知

① J. Michael Finger,Philip Schuler主编:《穷人的知识:改善发展中国家的知识产权》,全先银等译,中国财政经济出版社2004年版,第148页。
② [美]罗伯特·考特、[美]托马斯·尤伦:《法和经济学》,张军等译,上海三联书店、上海人民出版社1994年版,第186页。

识创造中的作用的个人主义价值观,强加于整个知识产权制度之上,实际上是一种"文化霸权"①,它不仅导致知识产权法不能回报那些具有丰富传统知识的传统群体,而且也会将现已纳入知识产权保护范围的某些客体,例如地理标志,排除在知识产权制度的管辖范围之外。因此,如果不是从这种文化霸权出发,就不会存在将知识产权制度适用于传统知识的任何法律和政策上的障碍,因为承认传统知识的集体权利,不要求准确地确定作者或创造者,并不与知识产权的私权本质有任何抵触,知识产权是私权的理论,并不排斥个人以外的其他主体对知识产权行使权利。事实上,许多国家已采用知识产权集体所有权体制以保护传统知识并取得了成功。例如,《1998年厄瓜多尔宪法》第84条第8款特别要求保护"集体知识产权"。《为保护与保卫土著人文化特征和传统以及制定其他法律条款而设立的关于登记土著人集体权利之特殊制度的巴拿马法》第2条对于土著人民的传统知识,包括'信仰、精神、宗教(和)宇宙观'等提供了很好的保护。相类似的保护也存在于几个拉丁美洲国家中,即玻利维亚、巴西、智利、哥伦比亚、墨西哥、尼加拉瓜"②。

3.区域公开:传统知识的专有性质

"公有知识"是与"专有知识"相对应的一个概念,指的是处于公有领域、人人可以根据自己的需要取而用之而不需要支付报酬的知识。按照现代知识产权保护的规则,除法律规定不受知识产权保护的知识外,下面三种知识属于处于公有领域的知识:(1)没有权利主体的知

---

① Daniel J. Gervais, Spiritual but not Intellectual? The Protection of Sacred Intangible Traditional Knowledge, *Cardozo Journal of International & Comparative Law*, Vol. 11, 2003, p. 487.

② Daniel J. Gervais, Spiritual but not Intellectual? The Protection of Sacred Intangible Traditional Knowledge, *Cardozo Journal of International & Comparative Law*, Vol. 11, 2003, pp. 490-491.

识,即无主知识;(2)为大众所熟知而丧失新颖性的知识;(3)法定保护期限届满的知识。由于传统知识的具体创造者无法确定,且在创造它的传统群体中是广为人知的,因此,长期以来,传统知识被认为是处于公有领域的知识,不适合运用知识产权制度加以保护。但是,实际上,即使是一项在传统群体中广为人知且无法确定其具体创造者的传统知识,也不能被简单地视为处于公有领域的知识。因为:

第一,传统知识并非都是无主的知识。如前所述,知识产权的主体并不都是作为自然人的个人,特定的集体,甚至是国家也可以作为主体行使对知识产权的权利。虽然传统知识是传统群体的集体创造,为该传统群体所共有,其所有者一般不是作为自然人的个人,但传统知识的权利主体并没有缺位,特定的传统群体作为传统知识的权利主体,同作为自然人的个人一样,也可以通过一定的方式对其创造的传统知识主张权利。在这里,"特定的"一词意味着,有资格成为一项传统知识的所有者或持有者并对其主张权利的传统群体,必须与该项传统知识有着特殊的联系。按照 WIPO 提供的官方材料,这种特殊联系是指该项传统知识"对于被承认持有该知识的本土或传统社区、民族的文化身份(cultural identity)来说是不可或缺的,持有该知识的形式可以是照管关系(custodianship)、监护关系(guardianship)、集体所有(collective ownership)或文化责任(cultural responsibility)……该关系可以正式或非正式地表现为习惯或传统的惯例、礼仪或法律"①。根据这种特殊联系确定传统知识的权利主体,可以为传统知识的知识产权保护提供法律上的前提。

第二,一项传统知识作为特定区域范围内传统群体所共有的知

---

① WIPO, *Summary of Draft Policy Objectives and Core Principles for the Protection of Traditional Knowledge*, Annex I, WIPO/GRTKF/IC/7/5, Geneva, 1-5 November 2004.

识，当然在该区域内的传统群体中是广为人知的。但是，这种共有是区域内的共有，公开也只是特定区域内的公开。只要该知识还没有在区域以外被广泛知晓，就不能认为它进入了公有领域，相对于该区域以外的主体来说，它就还是为该区域内的特定群体所持有的专有知识。而且，只要它"仍为其传统持有者所保存，仍与他们有特殊联系，并仍然是他们的集体身份的不可或缺的一部分"①，"传统持有者"就一直享有对抗不当利用其传统知识的权利。在现有的知识产权制度中，商业秘密也具有与传统知识类似的特点："处于秘密状态"并不意味着该秘密就是为某一个人所掌握，它可能在一定范围内为一群人所熟知。只是在这群人之外它还不为其他人所知晓，所以才是秘密。因此，传统知识在传统群体中的公开性和共有性并不能作为否定其新颖性的根据，以"区域性的公开"作为判断传统知识新颖性的标准，事实上已成为一些国家的法律实践。例如，秘鲁2002年制定的保护传统知识的第27811号法令第13条规定，一项传统知识，如果通过如出版等大众传播媒体，能被他人而不仅仅是土著民族所利用，或当涉及某种生物资源的性质、使用或特征时，如果这项知识在土著民族和社区以外被广泛知晓，那么它就被认为进入了公共领域。根据该条规定，传统知识被区分为进入公共领域的和未披露的两大类（其中进入公共领域的又分为不超过20年和超过20年两类），前者接受知识产权局的集体知识公共登记，后者接受知识产权局的国内秘密登记。对于进入公共领域的传统知识，该条又特别规定，被披露时间不超过20年的传统知识，应接受一种付费公共领域制度的管辖，传统知识的占有者

---

① WIPO, *Summary of Draft Policy Objectives and Core Principles for the Protection of Traditional Knowledge*, Annex I, WIPO/GRTKF/IC/7/5, Geneva, 1-5 November 2004.

没有反对第三方使用其传统知识的权利,但拥有获得报酬的权利。[①]

其实,在现有的知识产权制度中,适用于不同知识产权客体新颖性的判断标准也不是统一的。按照我国专利法的规定,对于发明或实用新型,"新颖性"是指在申请日以前没有同样的发明或实用新型在国内外出版物上公开发表过、在国内使用过或者以其他方式为公众所知,也没有同样的发明或实用新型由他人向专利局提出过申请并且记载在申请日以后公布的专利申请文件中。而对于外观设计来讲,"新颖性"仅仅指有关设计同申请日以前在国内外出版物上公开发表过或者国内公开使用过的外观设计不相同或者不近似。与上述新颖性标准更加不同的,是《国际植物新品种保护公约(1991 年)》(UPOV 1991)第 6 条所界定的新颖性标准。该条规定,"一个品种可被认为是新的,如果该品种的繁育或收获材料在申请育种者权之前,未被育种者本人或经其同意以开发利用为目的向他人销售或转让"。因此,并非所有的知识产权客体都适用于专利法中比较严格的新颖性标准。在判断传统知识的新颖性时,采用上述秘鲁提出的新颖性标准比较符合传统知识保护的实际,因而可能是一种较为合理的选择。根据这样一种新颖性判断标准,即使一项传统知识在创造它的传统群体中是广为人知的,或者由于传统的以物易物的交换活动,该知识同时为两个或更多的传统群体所了解,我们也不能断言其处于任何公有领域,[②]只有那些通过如出版等大众传播媒体能够被传统群体以外的他人所利用或者在传统社区以外被广泛知晓的传统知识才是处于公有领域的知识。

---

① WIPO, *Composite Study on the Protection of Traditional Knowledge*, WIPO/GRTKF/IC/5/8, Geneva, 7-15 July 2003, p. 38.

② WIPO, *Traditional Knowledge and the Need to Give It Adequate Intellectual Property Protection*, WIPO/GRTKF/IC/1/5, Geneva, 30 April-3 May 2001, p. 6.

综上所述,虽然传统知识与一些典型的现有知识产权客体之间可能存在着差别,运用现有的各种具体知识产权制度(如专利制度、著作权制度等)来单独保护传统知识可能存在着某些困难(如需要规定确定的保护期限)和局限性(如保护的不完整),但就其整体而言,传统知识的知识产权保护并不存在理论上的障碍,就如同分别运用专利法和著作权法来保护计算器软件都存在着一些困难和局限一样,我们不能由此说计算器软件就不能运用知识产权制度加以保护。知识产权制度不是从过去继承下来而不允许发展的一套僵硬规则,它是一个发展的法律体系。当某些既存机制不能适应新的客体时,应当创制新的机制以提供对新客体的保护,而不是固守原有的某些典型规则,将它们排除在知识产权的保护范围之外。过去,对于诸如计算器软件、植物新品种、集成电路布图设计等新的知识产权客体,人类创造了不同于发明、文字作品、商标等传统知识产权客体的保护体制。今天,面对传统知识这样的不同于现代知识的新客体,人类可以也应当持开放的态度,将其与现代知识一起纳入知识产权的保护范围,探索建立一种适用于传统知识的知识产权保护机制。

当然,这并不意味着知识产权机制可以为传统知识提供完整的保护。保护传统知识的目的是多元化的。要实现尊重、维系和保存传统知识、在传统知识持有者的同意和参与下促进其应用以及公平分享应用传统知识所得之利益这些不同的目标,还需要和其他非知识产权领域的法律或实践手段并用。例如,传统知识应用过程中的利益分享就可通过政府部门颁发许可证、被许可人支付费用和报酬,或传统知识的用户与持有者签订适当的合同的形式来实现。但是,这些非知识产权保护手段并不能确保传统知识持有者对抗第三人的权利,不能确保传统知识的应用在其持有者的许可下进行。"如果采用签订合同的方式,传统知识持有者将可能无法对不受合同约束的第三人行使权利或实现利益;如果采用支付报酬的方式,传统知识持有者可能无权制止他人的滥用。而以知识产权保护的形式通常能赋予传统知识持有者向第三人实现利益的权利,以及对受保护的传统知识授权使用或撤销授权的权利。对于有关收益的确切性质和公平分享的方式的谈判,知识产权保护机制也可以提供法律指导原则。"①因此,其他非知识产权保护手段只能作为传统知识知识产权保护的辅助工具,它们不能也无法取代传统知识的知识产权保护。

（二）建立传统知识保护国际规则的必要性

在传统知识保护的国际协调过程中,美国等发达国家不仅反对对传统知识提供知识产权保护,主张以合同法为传统知识提供保护,而且反对建立传统知识保护的国际框架,认为"一个'对各国均适用'的建议也可能是缺少对当地风俗习惯和传统的尊重",主张在合适的国家背景下审视和解决传统知识的保护问题。② 在 2005 年 6 月 6 日至10 日召开的 WIPO IGC 第八次会议上,围绕着要不要形成关于保护传统知识的有约束力的国际文件,美国等发达国家继续坚持其一贯立场,使得发展中国家建立传统知识保护国际框架的努力再一次受挫,会议无果而终。可见,在是否建立传统知识保护的国际框架这个问题上,国际社会还存在着较大的分歧。在这个问题上克服分歧,达成共识,是迈向 TRIPS 框架下保护传统知识之路的一道必须越过的"门槛"。

毫无疑问,对传统知识的保护,是以国内法或区域性立法为基础

---

① 　WIPO, *Composite Study on the Protection of Traditional Knowledge*, WIPO/GRTKF/IC/5/8, Geneva, 7-15 July 2003, p. 6.

② 　Carlos M. Correa,《传统知识与知识产权——与传统知识保护有关的问题与意见》,国家知识产权局条法司译, http://www. biodiv-ip. gov. cn/zsjs/etzs/ctzsyscq/default. htm,访问日期:2005 年 10 月 20 日。

的。因为，传统知识作为传统群体的一种集体创造，是该群体所在的国家或区域所拥有的重要资源；对本国的传统知识提供保护，调整传统知识持有者与使用者之间的关系，既是一个国家的应有权利，又是一个国家的必尽义务，属于一个国家的国内法所管辖的事项。因此，任何国家，包括美国在内的发达国家，都不存在在国家层面上建立传统知识保护制度（无论是否以知识产权为基础）的任何障碍。目前，已有不少国家的宪法和法律开始提供对传统知识的保护，其中，澳大利亚、加拿大、法国、新西兰、意大利、墨西哥、韩国、匈牙利、葡萄牙、哥斯达黎加、印度尼西亚、卡塔尔、乌拉圭、土耳其、越南、欧盟等国家和地区，运用传统知识产权机制为传统知识提供主动的或防御性的保护；巴西、巴拿马、葡萄牙和秘鲁等国则建立了专门的传统知识保护体制。①

　　但是，一个国家要对传统知识进行特别保护，仅仅以本国的法律为其设置一些权利是不够的，它必须和其他国家的保护机制形成互动。这是因为：一方面，在国家层面上对传统知识实施的保护具有地域性，本国的传统知识不能在他国主张这种权利和获得保护；另一方面，传统知识作为一种无形资产，可以从其传统环境中剥离出来，被传播和复制。没有法律保护，它可以毫无障碍地被其他国家跨越国界利用，并且其利用的成果可能在国外获得知识产权保护。因此，如何使国内法为传统知识设置的特别权利得到国际认同，如何使保护传统知识的国内法在国际法中得到有效表达，就不是国内法所能够解决的问题，而必须在国家法律的基础上，通过国家之间的平等协商，达成传统知识保护的国际规则，实现从国内保护到国际保护的跨越。

---

　　① WIPO，*Composite Study on the Protection of Traditional Knowledge*，WIPO/GRTKF/IC/5/8，Geneva，7-15 July 2003，pp. 30-40.

　　事实上,传统知识保护之所以成为国际社会关注的一个新的全球性议题,其原因在于:一方面,传统知识的商业价值日益凸现,许多以传统知识为基础的产品,如手工制品、医药产品和农产品等在国内和国际市场的销售为国家带来越来越可观的经济利益。"据统计,草药的世界交易额估计已达 430 亿美元,并且每年以 5％～15％的速度增长"[①],另据经济合作与发展组织统计,1990 年,该组织辖下的 30 多个国家与植物有关的医药销售额是 610 亿美元,其中利用传统知识资源的药品占 74％[②];另一方面,与此形成鲜明对比的却是对传统知识非授权占有的不断增加。由于传统知识保护的国际法律秩序的缺失,一些国家,特别是一些发展中国家的传统知识已被外国,特别是一些发达国家的研究者和商业企业以知识产权形式盗用享受,却未对这些知识的创造者或拥有者给予任何补偿[③]。在这样的情况下,外国的商业企业和跨国公司将获取不公平的竞争优势,相当于构筑了一道非关税贸易壁垒,使那些经济与技术水平落后但传统知识丰富的发展中国家及其传统社区处于更加不利的竞争地位,从而加大而不是缩小南北之间的贫富差距。因此,建立传统知识保护的国际法律秩序,不仅是保持世界文化多样性的需要,更是建立公平的国际贸易秩序的要求。

　　实现传统知识从国内保护到跨国(境)保护的跨越,当然可以在互惠的基础上通过双边安排来解决,也可以通过达成区域性的多边协议

　　① Carlos M. Correa:《传统知识与知识产权——与传统知识保护有关的问题与意见》,国家知识产权局条法司译,http://www. biodiv-ip. gov. cn/zsjs/etzs/ctzsyscq/default. htm,访问日期:2005 年 10 月 20 日。

　　② Graham Dutfield,Trips-Related Aspects of Traditional Knowledge,*Case Western Reserve Journal of International Law*,Vol. 33,Spring 2001.

　　③ Carlos M. Correa,《传统知识与知识产权——与传统知识保护有关的问题与意见》,国家知识产权局条法司译,http://www. biodiv-ip. gov. cn/zsjs/etzs/ctzsyscq/default. htm,访问日期:2005 年 10 月 20 日。

作出安排。但是，无论是双边的还是区域的安排，都会使如何解释和适用国民待遇和最惠国待遇成为问题。国民待遇和最惠国待遇是保障公平的国际贸易秩序的两项基本原则，其核心是反对和防止国际交往中的歧视。由于互惠待遇往往是一种非国民待遇，双边和区域安排只能在特定范围内实现有限的最惠国待遇，难以满足国民待遇和最惠国待遇的普适性要求，将给国际交往，特别是给国际贸易带来相当的不确定性和不可预见性。因为对传统知识的保护"只有在它不停止于狭隘的范围，而扩及于全人类的情形下，才是充分的"①，为了增加法律的确定性和可预见性，必须突破双边和区域的限制，建立保护传统知识的统一国际规则。

建立传统知识保护的国际规则，目的是为了协调不同国家已有的传统知识保护制度或使其示范法国际化。因此，一般来说，它应当是从建立国家层面的法律开始的。但是，从知识产权领域的已有实践来看，直接构建国际规则而为国家层面的法律提供框架的情况也是有的。《关于集成电路知识产权的华盛顿条约》就属于这种情况。该条约是在美国、欧共体及日本的要求下制定的。而且，即使是从国家层面的法律开始，也不一定要等到所有国家的法律都制定了，才去考虑国际规则的建立。传统知识的国内保护与国际保护是一种互动关系。从有限的国家保护传统知识的法律实践中提取出可以用于国际框架的一般原则，在国际协商的基础上将其形成为统一的国际规则，然后，以其指导和协调更多国家保护传统知识的法律实践，这应该是一条建立和发展传统知识保护制度的可行道路。如果像美国所主张的那样，把传统知识的保护仅仅局限于国家的背景下进行，实际上等于取消对

---

① ［奥］阿·菲德罗斯等：《国际法》（上册），李浩培译，商务印书馆 1981 年版，第 21 页。

传统知识的知识产权保护,因为"有关传统知识知识产权保护的问题一般都产生于传统知识被从其传统环境中剥离出来而转移到其他国家利用时"①。

（三）基于 TRIPS 保护传统知识的优越性

围绕着要不要在 TRIPS 框架下建立传统知识保护规则的问题,目前存在三种不同的态度:(1)非洲集团主张在 TRIPS 框架下建立传统知识的保护规则,认为"除非建立 TRIPS 框架内的国际体制,否则任何有关遗传资源和传统知识的保护措施都是无效的"②;(2)美国不仅反对建立传统知识保护的国际规则,更反对在 TRIPS 框架内处理传统知识保护问题;(3)欧洲共同体及其成员国主张首先在 WIPO 的框架内建立传统知识保护的国际规则,然后再在 TRIPS 的框架内讨论这些规则的可接受性。因此,即使是在传统知识知识产权保护的正当性和传统知识国际保护的正当性这两个问题上国际社会达成了共识,也还存在着一个在什么国际框架内建立传统知识保护规则的问题需要解决。

传统知识保护作为一个新的全球性议题,已经引起国际社会的广泛关注。继 1992 年国际社会缔结的 CBD 涉及传统知识的保护以来,世界粮农组织又在 1994 年开始谈判缔结一项有关粮食和植物遗传资源的国际条约时,提出了传统知识的定义与保护问题,并在 2001 年 11 月通过的《粮食和农业植物遗传资源国际条约》第 9 条第 2 款第 1 项中要求制定保护传统知识的措施。联合国贸发会议在 2000 年 10 月

---

① WIPO, *Composite Study on the Protection of Traditional Knowledge*, WIPO/GRTKF/IC/5/8, Geneva, 7-15 July 2003, p. 11.

② African Group, Taking Forward the Review of Article 27. 3(b) of the TRIPS Agreement, IP/C/W/404, p. 2, 26 June 2003.

30 日至 11 月 1 日召开了一个"保护传统知识、革新和实践的制度和国家经验专家会"，作为成果，会议对政府、国际社会和联合国贸发会议提出了如下建议：提高对传统知识保护的关注程度、支持当地和土著社会的创新潜力、方便传统知识的文献化、促进以传统知识为基础的产品的商业化。联合国人权委员会认识到现行的知识产权保护与土著及本土社区知识保护之间的紧张关系，要求对现行的知识产权制度进行修改、改变和补充，并授权联合国土著民族工作组制定土著人权利国际标准，将传统知识保护作为实践和复兴土著文化传统和风俗习惯这一更广义权利的组成部分包括其中。应当说，这些国际组织和国际论坛从各自角度对保护传统知识的关切，对推动传统知识知识产权保护的国际协调具有积极的意义。但是，它们并不是知识产权保护国际协调的主导机构，它们意图实现的目标和良好的法律建议还必须通过在知识产权领域负有专门责任的国际组织，才能转化为在传统知识保护领域具有权威性的国际法律秩序。

在关注传统知识保护的众多国际组织和论坛中，能够在传统知识知识产权保护国际协调中起主导作用的，主要是 WIPO 和 WTO。前者作为联合国负责知识产权制度国际协调的专门机构，一直起着在知识产权领域发展国际法的作用；后者作为"经济联合国"，以 TRIPS 推动知识产权制度的国际协调已经进入了一个新的阶段。二者作为当今世界主导知识产权制度国际协调的国际组织，在传统知识保护国际协调中的作用是其他国际组织和论坛所无法代替的。正因为如此，国际社会对传统知识保护国际框架的选择，归根到底是对 WIPO 与WTO 两种体制的比较和选择。

在 WTO 产生和 TRIPS 生效之前，WIPO 一直是世界范围内唯一进行知识产权制度国际协调的专门性国际组织，管辖着几乎全部的国际知识产权条约，在知识产权国际保护方面具有独一无二的权威性。但是，TRIPS 的生效，改变了这种局面。虽然在知识产权制度的国际协调方面,WTO 并未也不可能取代 WIPO,但 WIPO 已不再是知识产权领域独一无二的权威组织,其在知识产权制度国际协调方面的地位和作用也无法再与 WTO 相提并论①。

首先,TRIPS 在 WIPO 管辖的传统知识产权条约(《巴黎公约》《伯尔尼公约》《罗马公约》和《华盛顿条约》)所规定义务的基础上,增加了大量新的或更高的保护标准。表现在:(1)扩大了知识产权的权利范围,例如,将计算器软件和数据库作为文字作品给予保护,新增加了计算器作品、电影作品、录音制品的出租权;(2)延长了知识产权的保护期限,例如,将表演者及录音制品制作者的保护期由原来的 20 年延长到 50 年;(3)严格了知识产权的权利限制,例如,第 31 条对专利的强制许可规定了 12 项反限制措施;(4)强化了知识产权的实施程序,把民事、行政、刑事程序以及临时和边境措施等国内法规定的知识产权执法措施统一规定为协议的国际规则,从而使之成为各缔约方必须严格履行的国际义务。

其次,TRIPS 将知识产权保护纳入国际贸易体系之中,使其成为WTO 这一新的国际贸易体制的重要组成部分,从而极大地提高了协定的强制性、可执行性和约束力。在 TRIPS 诞生之前,知识产权保护与国际贸易是由两个不同的国际法律体系分别处理的国际事务。以WIPO 及其所辖公约为中心的知识产权国际保护制度,主要致力于促进世界各国对知识产权本身的尊重和保护,与国际贸易并无直接关联,WIPO 只是各国讨论和协调知识产权保护的一个国际论坛。与此不同,TRIPS 作为世界贸易组织法律体系中的一个部分,将充分、有效的知识产权保护视为"减少对国际贸易的扭曲和阻碍"、实现国际贸易

---

① 对 WIPO 与 TRIPS 协定的比较参见古祖雪:《国际知识产权法》,法律出版社 2002 年版,第 36~46 页。

公平化和自由化的非关税手段,把适用于一般货物贸易的最惠国待遇原则、透明度原则以及争端解决机制延伸到知识产权保护领域,并为这些原则和机制的有效实施引入了三项具有贸易规则色彩的专门制度:一是有条件的保留条款,规定未经其他成员同意,不得对协定的任何规定提出保留;二是"倒协商一致"的表决制度,除非争端解决机构"一致意见反对",否则争端裁决即付诸实施;三是"交叉报复"的制裁措施,即允许成员在其知识产权受到侵害而未得到妥善解决和必要补偿时,通过中止履行对其他行业产品的关税减让义务进行报复,从而使成员承诺的知识产权保护与其贸易利益联系起来,增强了履行协议义务的强制力。

　　虽然在后 TRIPS 时代,WIPO 主持缔结了《世界知识产权组织版权条约》(1996 年)、《世界知识产权组织表演与录音制品条约》(1996年)、《专利法条约》(2000 年)等新的国际知识产权条约,使其在知识产权保护的水平和范围方面与 TRIPS 达到了一致或基本一致,但WIPO 的这些自我完善和发展,并没有改变其作为单纯讨论知识产权问题的国际论坛的地位,它所管辖的所有知识产权条约(包括后TRIPS 时代缔结的条约)迄今都缺乏有效的机构和措施保证其实施。因此,即使保护知识产权的水平提高到了与 TRIPS 一致的程度,其规范也仍然是一种"较弱的法"(weaker law)。

　　可见,正如非洲集团所认为的那样,"除非建立 TRIPS 框架内的国际体制,否则任何有关遗传资源和传统知识的保护措施都是无效的"。只有在 TRIPS 框架下建立传统知识保护的国际规则,才能真正实现对传统知识的有效保护。在这种情况下,把传统知识的保护排除在 TRIPS 框架之外,不符合 TRIPS 本身的目标和原则,违反了 WTO体制中的非歧视与公平原则。

　　首先,把传统知识的保护排除在 TRIPS 框架之外,是对传统知识的歧视。如前所述,传统知识与获得 TRIPS 保护的一些典型的知识产权相比,除了在获得方式上有所不同外,并无根本的差别,它们都具有作为知识产权客体的相同特征。况且,与传统知识具有相同特点的一些知识产权客体,如地理标识,也被纳入了 TRIPS 的保护范围之内。同样都是智力劳动成果,传统知识却被排除在 TRIPS 的保护之外,这显然不符合 TRIPS 第 27 条第 1 款规定的非歧视原则。该条规定:"专利权的获得和专利权的享有不应当因发明地点、技术领域、产品是进口的还是当地生产的而受到歧视。"虽然该规定是就专利领域作出的,但将其加以推演,同样也适用于整个知识产权领域:知识产权的获得和知识产权的享有不应当因创造地点、知识领域、知识是基于传统的当地创造还是基于西方科学的创造而受到歧视。人类的一切智力成果,不论它们的获得方式如何,只要它们具有可知识产权性,都应当获得知识产权的保护。

其次,把传统知识的保护排除在 TRIPS 框架之外,是对传统知识的创造者和持有者的歧视。按照 TRIPS 第 7 条的规定,知识产权的保护和实施应"有助于技术知识的创造者和使用者之间的互利"。把传统知识的保护排除在 TRIPS 框架之外,显然违反了这一"互利"的公平要求。因为这样一来,将会产生一种极不合理的情况:那些使用传统知识的人,只要从传统知识中提取出所需要的文化素材或技术素材就可以创造出为 TRIPS 所保护的作品或发明,并从中获取相当可观的经济利益,而那些创造了传统知识的群体却因为其持有的知识不受 TRIPS 的保护而得不到任何的利益补偿。因此,合理而正当的做法似乎是:在 TRIPS 框架下建立一种传统知识的保护机制,让传统知识的创造者和持有者可以依靠这一机制主张自己的权利,由此补偿自己的创造性智力劳动。

最后,把传统知识的保护排除在 TRIPS 框架之外,是对发展中国家的歧视。TRIPS 是一种由发达国家积极主导、发展中国家被动接受的制度安排,它对知识产权的高水平保护和强力实施,反映的是发达国家在现代科学技术方面的优势和利用这种优势获取更大利益的要求,在很多方面超越了发展中国家的科技、经济和社会发展的水平。对于这样一个在国际范围内不公平的知识产权条约,发展中国家不仅在协定的谈判过程中加以了抵制,而且在协定生效之后,也一直在寻求新的利益平衡点,以缓解协定给他们带来的不利影响。传统知识的保护作为这样一个新的利益平衡点,就是在发展中国家的积极推动下被 WTO 多哈回合纳入 TRIPS 理事会应当优先审议的议题范围的。相对于发达国家,特别是美国和日本等国来说,发展中国家一般都是在传统知识方面具有优势的国家,传统知识的保护被这些国家视为解决贫穷的重要手段。在 TRIPS 的现有规则中,发展中国家被迫承担了保护发达国家具有优势的知识产权的义务,因此,美国等发达国家没有理由不在 TRIPS 的框架下承担一些保护发展中国家具有优势的传统知识的义务。非洲集团提出的在 TRIPS 框架下保护传统知识的主张,是一种正当的合理诉求。无视这种诉求,反对在 TRIPS 框架内处理传统知识保护问题,是对发展中国家权利的漠视,其结果只能使国际经济秩序更加不公正。

当然,在 TRIPS 框架下建立保护传统知识国际规则的努力,不应该排斥 WIPO 框架内保护传统知识规则的建立。建立 TRIPS 框架下的传统知识保护规则,可以直接通过 WTO 体制内的审议和修正机制独立进行,也可以在 WIPO 所取得成果的基础上,采取承认加改进的方式来实现①。考虑到 WIPO 及其所辖公约与贸易没有直接关联,保护传统知识的国际规则相对容易达成,或许欧洲共同体提出的折中方案,即首先谋求在 WIPO 的框架内建立传统知识保护规则,然后在此

---

① 这种方式也是 TRIPS 的构成方式。参见郭寿康:《TRIPS 与国际知识产权四公约》,载《上海知识产权论坛》,上海大学出版社 2002 年版,第 3~6 页。

基础上发展成 TRIPS 框架下保护传统知识的规则,是一个值得国际社会接受的可行方案。

二、TRIPS 框架下传统知识保护的制度建构

(一)基于 TRIPS 的制度目标:传统知识保护的基本思路

法律的制度目标是法律的立法意旨和价值取向。它为法律确定的恒定标准,不仅提示着对现行法律进行批判的尺度,也指引着未来法律的调整和构成。TRIPS 作为当今知识产权领域的核心法律制度,它所确立的制度目标,无疑也具有这种恒定标准的功能。

TRIPS 的制度目标是由该协定第 7 条规定的:"知识产权的保护和实施应有助于促进技术革新及技术转让和传播,有助于技术知识的创造者和使用者之间的互利,并在一定程度上有助于社会和经济福利及权利与义务的平衡。"从该规定看来,TRIPS 所确立的制度目标,包括以下三个层次上的平衡:

第一,激励创新与促进使用之间的平衡,即知识产权保护应有助于促进技术革新及技术转让和传播,并推动社会和经济福利的发展。这是对国家知识产权制度公共政策目标的承认,也是对西方国家片面追求知识产权制度激励创新功能的做法的否定。

第二,创造者利益与使用者利益之间的平衡,即知识产权保护应有助于创造者与使用者之间的互利。这是实现知识产权制度公共政策目标的具体方式,是法律的公平精神在知识产权制度中的具体体现。只有实现了创造者利益与使用者利益之间的平衡,知识的创造和知识的使用才能各自获得力量源泉。

第三,权利与义务之间的平衡,即知识产权制度必须依公平原则设置创造者与使用者各自的权利和义务,既授予知识产品专有权利,

并提供相应的法律保护,以使知识产品生产者获得一定的利益回报,又对这种专有权利施以必要的限制,赋予使用知识产品的一定自由,以保证社会公众对知识产品的合理利用。这是平衡创造者利益与使用者利益的制度安排,在法律上具体表现为权利效力与权利限制的统一。

在上述三种平衡中,利益平衡是核心:对"上",它是激励创新、促进使用的基础和动力;对"下",它是权利义务平衡的指向和内容。从这个意义上说,TRIPS 的制度目标,集中到一点,就是利益平衡的目标。[①]

应当说,TRIPS 在其规定的客体范围内,是按照利益平衡目标作出制度安排的。它通过对其规定客体专有权利的保护与必要限制,体现了法律对其规定客体所涉的权利人与作为使用者的其他平等主体和社会公众之间利益关系的认识和协调。但是,TRIPS 并没有将其确立的平衡目标和原则坚持到底,它基于平衡原则所作的制度安排,将传统知识的保护排除在外,适用范围主要限于基于现代科学技术和文化所产生的知识。其结果是:那些使用传统知识的现代商业机构和个人,只要从传统知识中提取出所需要的文化或技术素材,就可以创造出为 TRIPS 所保护的作品或发明,并从中获得相当可观的经济利益,而那些为之提供传统知识的传统社区或传统族群,却因为其持有的传统知识长期被视为一种任何人可自由获取、免费使用的公共资源而得不到任何的利益补偿。这种因制度缺失而导致的传统知识持有者与

[①] 我国知识产权法学者冯晓青教授认为:"在几百年的知识产权立法设计和司法实践中,人们逐渐发现,利益平衡原则作为一项根本的指导原则起着实质性的作用。"(冯晓青:《利益平衡论:知识产权法的理论基础》,载《知识产权》2003 年第 6 期)但是,以国际条约的形式将"利益平衡"明确规定为知识产权制度的目标,TRIPS 是首次。

使用者之间的利益失衡与冲突,不仅导致了一种新的不公平贸易秩序的形成,也给发达国家与发展中国家、现代社会与传统社会之间的关系增加了一个新的紧张因素。WTO将"TRIPS与传统知识保护的关系"列为多哈回合TRIPS理事会优先审议的议题之一,意味着国际社会对TRIPS制度缺失的承认和将TRIPS已确立的制度目标贯彻到传统知识保护领域的意图和努力。尽管这种意图和努力尚未取得实质性的进展,但这并不妨碍国际社会对传统知识保护的探索,因为TRIPS确立的制度目标,事实上已经为这种探索指明了方向、提供了路标。

基于TRIPS的制度目标,并综合国际社会目前的探索成果和立法尝试,笔者认为,构建传统知识保护制度的基本思路是:

首先,分析传统知识保护领域的利益关系。TRIPS确立的制度目标表明,知识产权制度是知识产品领域利益关系的调节器,它的创制前提和起点是认识和分析知识产品领域存在的各种利益及其关系。因此,将TRIPS的利益平衡目标贯彻到传统知识领域,首先必须认识和分析其中存在的利益关系。

传统知识领域的利益主体包括两类:一类是传统知识的持有者,他们是创造和传承传统知识的传统社区或传统族群,另一类是传统知识的利用者,他们是传播和使用传统知识的现代公民和机构。二者因传统知识的创造、传承、传播和使用所产生的利益关系,就是传统知识保护制度所调整的利益关系。这种利益关系因其主体定位的不同,可以区分为以下两种形态:

(1)当传统知识的利用者以现代知识产权主体的身份出现时,传统知识利用者与传统知识持有者之间的利益关系,是一种作为现代知识产权主体的传统知识利用者与作为传统知识提供者的其他平等主体和社会公众之间的利益关系。就其产权链接来说,这种利益关系中的传统知识持有者的权利是一种现代知识产权的在先权利。

（2）当传统知识的持有者以现代知识产权主体的身份出现时,传统知识持有者与传统知识利用者之间的利益关系,是一种作为现代知识产权主体的传统知识持有者与作为传统知识利用者的其他平等主体和社会公众之间的利益关系。在这种利益关系中,传统知识持有者的权利是一种现代意义上的知识产权。

其次,构建传统知识保护领域的利益平衡机制。认识和分析知识产品领域的利益关系,是知识产权制度的创制起点,但不是它的创制目的。构建利益平衡机制才是知识产权制度的创制关键。依据上述分析的利益关系,传统知识保护领域的利益平衡,可以通过以下途径获得实现。

其一,承认和保护传统知识的在先权利,防止他人以现代知识产权的形式对传统知识的不当占有和利用。具体来说,这种途径包括两种模式。

一是消极模式。这种模式所承认和保护的在先权利是一种消极权利,即排斥他人获得知识产权的权利,其目的在于防止他人对传统知识主张知识产权,方法是将传统知识纳入在先知识对比源中,依现行知识产权制度规定的可知识产权条件,对他人就传统知识提出的知识产权主张进行过滤审查。如果审查确认该主张未能满足法定的可知识产权条件,则可判定该主张无效。为了减少和防止对传统知识的不当授权,国际社会讨论和提出的措施包括:建立供知识产权主管机关审查使用的传统知识数据库,实现传统知识的文献化;要求权利主张人披露其使用的传统知识来源,以供知识产权主管机关对其权利主张与传统知识的关系进行判断;在上述两项措施所需要的条件不具备的情况下,传统知识持有者可依照法律规定,对他人未经其许可而就其传统知识提出的权利主张或获得的授权提出异议。但由于信息的不对称,传统知识持有者要在世界范围内监视对传统知识的知识产权盗用,实际上是很困难的,需要付出高昂的成本。

传统知识在先权利保护的消极模式,虽然可以制止他人就传统知识获得知识产权,使传统知识远离现代知识产权制度的威胁,但这种模式既无法使持有者利用其传统知识获得利益,也无法制止他人对传统知识的非知识产权盗用。在这种模式下,传统知识对于其持有者来说只是祖先遗留下来要求他们持续保存下去的"遗迹",而对于以非知识产权形式使用传统知识的人来说则是具有巨大开发利用价值的"资源"。因此,这种模式并非将 TRIPS 确立的利益平衡目标贯彻到传统知识保护领域的最佳选择。

二是积极模式。这种模式所承认和保护的在先权利是一种积极权利,即许可他人获得知识产权的权利,其目的在于确保传统知识持有者公平地分享在其许可和参与下利用其传统知识所产生的知识产权惠益。目前国际社会提出和讨论的采用这种方法保护传统知识的措施是:通过在现行知识产权制度中引入获得知识产权的承认和公开义务,建立传统知识持有者事先知情同意和惠益分享机制。这种措施要求申请人在主张传统知识的衍生知识产权时,公开披露以下内容:衍生知识产权所涉传统知识的内容及持有者、传统知识持有者的知情同意或许可使用文件、与传统知识持有者签署的惠益分享协议或合同等。

采用积极模式保护传统知识的在先权利,可以较好地解决现实存在的传统知识利用中的利益平衡问题,在一定程度上实现传统知识持有者与使用者之间的互利。但由于传统知识持有者的不确定性、传统知识持有者与使用者之间的信息不对称以及传统知识交易渠道和规则的缺乏,这种方法要求的利益分享,事实上是难以实现的。而且,即使这种利益分享能够实现,它也不能制止知识产权权利人之外的任何其他人对传统知识的不当获取和利用,因此,无法从根本上解决传统知识持有者与使用者之间的利益矛盾。

其二,承认和保护传统知识的知识产权,防止任何第三方对传统知识的不当占有和利用。这种途径又有两种不同的方法。

一是对于那些满足现行知识产权保护条件的传统知识，按现行知识产权制度提供保护。"知识产权法通常对原住民社区是不友善的，但也有办法使这些法律为原住民社区的利益服务。"①根据 WIPO 的调查，目前许多国家，包括北美和欧洲的一些发达国家，已经采用现行知识产权机制来积极保护传统知识，采用的知识产权形式包括著作权及邻接权、专利权、商标权、地理标志权、外观设计权以及商业秘密权。② 但是，满足现行知识产权保护条件的传统知识，毕竟不是传统知识的全部，有大量的传统知识都不属于现行知识产权制度保护的对象，因此，采用现行知识产权制度对传统知识提供的保护并不充分，也不具有周延性。

二是在现行知识产权制度之外为适应传统知识的本质和特点而创制一种专门的特别权利制度，并依此对传统知识提供知识产权的特别保护。现行知识产权制度框架内的传统知识保护虽然在一定程度上缓和了传统知识领域的利益冲突，但不能根本性地矫正已经失衡的利益关系。特别保护制度的提出和设计，作为补救现行知识产权制度不足的一种新的制度安排，无疑可以为传统知识提供更加全面和直接的保护，使失衡的利益关系重新获得平衡。因此，正如有的学者所指出的那样，它虽尚未成熟，但代表着知识产权制度的一种变革趋势，值得研究和探索。③

---

① ［美］达里尔·A. 波塞、［美］格雷厄姆·杜特费尔德：《超越知识产权——为原住民和当地社区争取传统资源权利》，许建初等译，陈三阳、何俊校，云南科技出版社 2003 年版，第 55 页。

② WIPO, *Composite Study on the Protection of Traditional Knowledge*, WIPO/GRTKF/IC/5/8, Geneva, 7-15 July 2003, pp. 30-31.

③ 丁丽瑛：《传统知识保护的权利设计与制度构建——以知识产权为中心》，法律出版社 2009 年版，第 293 页。

综上所述,基于 TRIPS 确立的制度目标,传统知识的保护可以有不同的途径、模式和方法。这些途径、模式和方法的探索与实践,无疑为传统知识利益的实现提供了可资选择的机制。

(二)基于 TRIPS 的规则体系:传统知识保护的制度安排

WTO 将"TRIPS 与传统知识保护的关系"列为多哈回合 TRIPS 理事会优先审议的议题之一,其意图是:通过对 TRIPS 规则体系的重新审查,确立在 TRIPS 框架内处理传统知识保护问题的可能程度和具体途径。这种审查的内容主要包括三个方面:(1)TRIPS 的哪些规则可直接用于传统知识的保护? (2)TRIPS 的哪些规则可经过改造后用于传统知识的保护? (3)需要建立哪些新的规则以补救 TRIPS 现行规则在传统知识保护上的不足? 尽管 TRIPS 理事会对上述问题尚未进行实质性的审议,但从国际社会探索提出并有一定立法尝试的传统知识保护思路来看,传统知识保护领域的利益平衡是可以通过TRIPS 规则体系的利用、改造和创新实现的。

1. TRIPS 规则的利用

当国际社会意图在 TRIPS 框架下处理传统知识保护问题时,人们首先想到的是如何利用 TRIPS 的现行规则,而不是将其推倒重来。因为正如新自由主义学派的代表——美国学者罗伯特·基欧汉(Robert Keohane)所说,"由于构造国际机制的困难,尽可能地调整现有机制,而不是推倒重来,才是真正的理性行为"[①]。

传统知识保护对 TRIPS 现行规则的利用,主要表现在以下几个方面。

---

① [美]罗伯特·基欧汉:《霸权之后:世界政治经济中的合作与纷争》,苏长和等译,上海人民出版社 2001 年版,第 130 页。

其一,TRIPS 关于知识产权获得条件和程序的规定,是防止传统知识持有者之外的他人对传统知识主张知识产权的制度屏障。防止他人对传统知识主张知识产权,必须有使传统知识作为在先知识约束其衍生知识获得知识产权的制度安排,也就是说,不仅在实体上,而且在程序上,法律必须提供传统知识排斥后续知识获得知识产权的根据和保障。TRIPS 关于知识产权获得条件和程序的规定,在一定程度上满足了传统知识保护的这种需要。

以专利制度为例,TRIPS 第 27 条规定:"专利应授予所有技术领域的任何发明,不论是产品还是方法,只要它们具有新颖性、包含发明性步骤并可供工业应用。"在这里,新颖性、创造性("包含发明性步骤")是相对于在先知识或公开知识而言的,对它们的判断通过与在先知识的对比来实现。因此,依据 TRIPS 第 27 条的上述规定,将传统知识纳入在先知识的对比源中,就能防止或减少对传统知识不当授予专利权。不仅如此,TRIPS 第 62 条还规定:作为取得或维持知识产权的条件,应遵守合理的程序和手续,这些程序和手续包括但不限于法律规定的行政撤销以及异议、撤销和无效等当事方之间的程序。依此规定,专利机关有权基于传统知识数据库对涉及传统知识的专利申请进行实质性审查,传统知识持有者也有权就他人对其传统知识提出的专利申请或获得的专利授权提出异议,而审查或异议的结果,可能导致源于传统知识的专利申请被驳回或源于传统知识的专利授权被撤销。

TRIPS 还对著作权、商标权、地理标志权、商业秘密权、外观设计权等知识产权获得的条件和程序作出规定。利用这些规定,可以相应地实现传统知识对其衍生知识获得和行使上述知识产权的约束。

其二,TRIPS 的现行知识产权机制,是传统知识持有者就其传统知识主张知识产权的重要机制。例如:第一,TRIPS 的著作权及与著作权相关的权利可用于保护传统知识中的民间文学艺术作品,使传统社区或传统族群中艺术家的艺术作品不受未经许可的复制和使用的侵害;第二,TRIPS 的发明专利权可以用于保护传统知识中的可专利性主题,将专利权授予基于传统知识从生物资源中分离、合成或开发的产品以及与这些资源的利用和开发有关的方法,其中包括传统知识持有者培育的植物新品种;第三,TRIPS 的工业设计权可用于保护家具、服装、陶瓷等传统实用制品的设计和形状;第四,TRIPS 的商标权可用于保护区别传统社区或传统族群的工匠、艺匠、技师、商贩以及代表他们的团体所制造的产品或提供的服务的标志;第五,TRIPS 的地理标志权可以用于保护识别产品地理来源的特定传统社区标记;第六,TRIPS 的未披露信息权可以用于保护传统社区或传统族群拥有的传统秘密。[①]

2. TRIPS 规则的改造

披露或公开传统知识的来源,是在 CBD 基础上发展起来的保护传统知识的重要机制,[②]也是国际社会在 WTO 体制内相对容易达成妥协的保护传统知识的重要措施。因为这种措施的建立只需要对 TRIPS 的现行规则作适当的改造,即可解决当前传统知识保护中最突出的利益冲突——传统知识的知识产权盗用问题。

就 TRIPS 与传统知识保护的关系来说,披露或公开传统知识来源的要求就像一根纽带,它一头连接着传统知识保护的利益平衡要求,另一头连接着 TRIPS 关于知识产权获取的规则。将两头连接起

[①]　[阿]卡洛斯·M. 柯莱正:《传统知识与知识产权——与传统知识保护有关的问题与意见》,国家知识产权局条法司译,http://www.biodiv-ip.gov.cn/zsjs/ctzs/ctzsyzscq/default.htm,访问日期:2005 年 10 月 20 日。

[②]　传统知识包括"与生物多样性的保护和持续利用相关的知识、创新和实践",因此,CBD 确立的三项原则,即遗传资源归属的国家主权原则、遗传资源获取的事先知情同意原则,以及遗传资源利用的利益分享原则,也在一定程度上适用于传统知识的保护。

来的制度安排，是将披露或公开传统知识来源的要求转化为就传统知识及其利用主张知识产权的义务。然而，TRIPS 关于知识产权获取的现行规则并未规定这样的义务，因此，这种转化需要通过改造 TRIPS 关于知识产权获取的现行规则方能实现。

以 TRIPS 的专利申请规则为例，该协定第 29 条第 1 款规定："各成员应要求专利申请人以足够清晰和完整的方式披露其发明，使该专业的技术人员能够实施该发明，并可要求申请人在申请之日，或在主张优先权的情况下在申请的优先权日，指明发明人所知的实施该发明的最佳方式。"第 2 款还规定："各成员可要求专利申请人提供关于申请人相应的国外申请和授予情况的信息。"在这里，"以足够清晰和完整的方式披露其发明，使该专业的技术人员能够实施该发明"是 TRIPS 规定专利申请人必须履行的义务，也是发明人获得专利授权的必要条件，而是否将披露"发明人所知的实施该发明的最佳方式"和"申请人相应的国外申请和授予情况的信息"作为专利申请人的义务，TRIPS 则授权各成员自行决定。可见，TRIPS 关于专利申请的现行披露规则，不论是它的义务性规定还是它的授权性规定，都未涉及发明的传统知识来源披露问题。因此，为了满足传统知识保护的需要，可对 TRIPS 的上述专利申请规则改造如下：

在保护传统知识在先权利的消极模式下，可在 TRIPS 原第 29 条中增加如下一款作为第 3 款："对于基于或依赖于传统知识的发明，各成员应要求专利申请人披露该传统知识的持有者及内容，使专利机关可以对该发明与传统知识的关系作出判断。"

在保护传统知识在先权利的积极模式下，可在 TRIPS 原第 29 条中增加如下一款作为第 3 款："对于基于或依赖于传统知识的发明，各成员应要求专利申请人披露该传统知识的持有者及内容、传统知识持有者的知情同意或许可使用文件以及与传统知识持有者签署的惠益分享协议或合同。"

依传统知识保护的披露来源要求对 TRIPS 知识产权获取规则的改造,同样也可以在著作权、商标权等领域进行。不过,国际社会对披露传统知识来源要求的立法尝试,目前仍主要限于 TRIPS 保护的专利权领域。

3. TRIPS 规则的创新

专门或特别的知识产权机制作为补救现行知识产权机制不足的一种制度安排,被认为是最有效的传统知识保护机制。这种机制因在传统知识之上设置了一种新的专门或特别权利而与现行知识产权制度不同,所以依此对传统知识提供的保护不是利用和改造 TRIPS 现行规则,而是需要在 TRIPS 现行规则的基础上进行制度创新。

首先,设立新的权利类型。知识产权是一种类型化的权利体系,其外延呈现出随社会需要的发展而不断扩张的趋势。TRIPS 目前规范的专利权、著作权、商标权、工业设计权、地理标志权、集成电路布图设计权、未披露信息权、合同许可中反竞争行为的控制权等 7 种知识产权类型,只是知识产权扩张的结果,而不是这种扩张的终结。因此,作为这种扩张的继续,可以在传统知识之上设置一种不同于现有知识产权类型的新的权利类型,我们将这种新的权利类型称为"传统知识权"①。

传统知识权是传统知识持有者对传统知识的获取、利用及传播所依法享有的权利,是与 TRIPS 目前规范的知识产权类型并行的特殊

---

① 国际社会目前用来表述这种权利类型的概念主要有"传统资源权""传统文化权""社区知识权"等,厦门大学法学院丁丽瑛教授在对上述表述作出比较分析后,主张用"传统知识特别权"的概念来表述这种新的权利类型(参见丁丽瑛:《传统知识保护的权利设计与制度构建——以知识产权为中心》,法律出版社 2009 年版,第293~299 页)。但笔者认为,将在传统知识之上设定的权利类型表述为"传统知识权",可能更简单和直接,还能与现有的知识产权类型相对应。虽然如此,丁丽瑛教授关于传统知识特别权保护制度的设计思路仍然对笔者具有重要的启示价值。

权利类型。根据该权利,传统知识持有者可以控制以超出传统习惯范围的方式获取、利用、传播特定的或符合条件的传统知识的行为,并以此为基础分享相应的经济利益。因此,"传统知识权"的创设不会产生对 TRIPS 现行规则体系的颠覆作用,也不会影响传统知识依 TRIPS 现有的知识产权类型所获得的保护。相反,它可以扩展 TRIPS 知识产权概念的适用空间,解决传统知识保护中制度资源供给不足的问题。

其次,确立受保护的资格和期限。传统知识权是区别于现行知识产权的权利类型,有着自己特定的权利对象。建构传统知识权特别保护制度,首先必须规定可授予传统知识权的条件。按照 WIPO 的研究结果和一些国家的立法实践,可授予传统知识权的客体须同时符合以下条件:(1)传统性,即可授予传统知识权的客体应当是基于传统的创新,并与产生它们的传统社区或传统族群保持固有联系。经过工业化等程序而失去这种固有联系的传统知识,则不再是传统知识权保护的对象。(2)本土性,即可授予传统知识权的客体应当是只在本土范围内公开的传统知识,具有特定的区域性。对于那些在本土范围之外已被广泛知晓和采用的传统知识,则不宜纳入传统知识权的对象范围。(3)实用性,即可授予传统知识权的客体应当是适合于商业性利用和实施的传统知识,具有现实的或潜在的商业性利用价值和可行性。不具有实用性的传统知识不会产生需要调整的利益关系,没有必要将其作为传统知识权的客体而纳入被保护的范围。因此,当传统知识不能同时满足上述三项条件时,它就丧失了获得法律保护的资格。易言之,传统知识权的保护期间可以持续到该传统知识符合上述受保护的标准之时。

再次,建立以集体主义主体观为核心的权利主体制度。传统知识是在保存和传承中适应新的环境而不断变异和改进的,其创造和传承的主体通常是某个(些)特定的传统社区或传统族群。构建私法意义上的传统知识权特别保护制度,必须突破现行知识产权制度框架中个人主义主体观的羁绊,建立传统知识集体主义权利主体制度,即将传统知识权归属于传统群体。基于集体主义主体观的制度安排,目前有两种做法:一是按照国家所有权的模式处理传统知识权的归属,规定国家为传统知识权的主体。采取这种做法的,一般是那些民族单一、人口较少、领土较小的国家,如非洲的埃及、突尼斯等。[①] 二是按照集体所有权的模式处理传统知识权的归属,规定传统社区或传统族群为传统知识权的主体。目前采用这种做法的国家主要有厄瓜多尔、巴拿马、玻利维亚、巴西、智利、哥伦比亚、墨西哥、尼加拉瓜等。

但是,上述做法所确定的权利主体,只是一种抽象的概括主体,它们在实践中是无法主张权利的。所以,在建构传统知识权特别保护制度时,还必须有关于传统知识权行使主体的规定。根据有些学者的概括,其代表性的立法思路有三种:一是由官方机构或半官方机构代表传统知识权的主体行使权利,例如孟加拉、巴西;二是由具有传统知识集体管理性质的协会或团体代表传统知识权的主体行使权利,例如哥斯达黎加;三是由具备一定资质和法律人格的信托公司或基金会获取和分配基于传统知识所生的利益。[②]

最后,规定权利的内容及限制。传统知识权首先是一种知识产权,它与其他知识产权类型一样,其权利内容也可以概括为财产权利和精神权利两类。但是,传统知识权又是一种特殊的知识产权,有着不同于其他知识产权类型的具体权利内容。因此,构建传统知识权特别保护制度,既要考虑传统知识权的特殊性,也要兼顾各种知识产权

---

① 唐广良、董炳和:《知识产权的国际保护》,知识产权出版社 2002 年版,第549 页。

② 丁丽瑛:《传统知识保护的权利设计与制度构建——以知识产权为中心》,法律出版社 2009 年版,第 318 页。

类型的普遍性。根据 WIPO 的研究结果,传统知识权的内容应当包括:(1)标明来源权,即传统知识的持有者有权要求在其传统习惯之外使用传统知识的人标明该传统知识的来源和起源;(2)保持完整权,即传统知识持有者有权防止其传统知识受到歪曲、篡改和贬损;(3)知情同意权,即传统知识持有者有权授予获取、传播和利用传统知识的知情同意许可;(4)分享利益权,即传统知识持有者有权公平公正地分享传统知识商业性或工业性利用所获的利益,公平公正地获得参与传统知识非商业性利用的机会并分享其成果。当这些权利受到侵犯时,传统知识持有者应当获得适当方式的救济。①

但是,传统知识权的保护不应当对传统知识的合理利用产生负面影响。在这里,"合理利用"作为侵犯传统知识权的抗辩事由,主要包括两种情形:一是传统知识持有者按照其传统习惯对传统知识进行的交换、利用和传播;二是传统知识持有者之外的其他人对传统知识进行的非商业性合理利用。传统知识权特别保护制度可以将这两种情形规定为传统知识权保护的例外,以体现法律对传统知识权的必要限制,实现传统知识保护领域中本权与他权、私益与公益之间的平衡。

综上可见,传统知识权特别保护制度在学理基础和规范方法方面,的确与 TRIPS 的现行知识产权制度不同,但这种不同只是 TRIPS 现行规则体系的发展,它的创设在理论上不存在任何障碍。因为,知识产权制度的发展历史已经告诉我们,知识产权制度从来就是一种解决利益冲突、实现利益需要的工具,不存在固定不变的制度模式和保护范围。TRIPS 虽然是迄今为止保护范围最广、保护水平最高、保护效力最强的知识产权制度,但也只是国际社会利益博弈的结果,而不

---

① WIPO, The Protection of Traditional Knowledge: Draft Articles, WIPO/GRTKF/IC/34/5, Geneva, 15 March 2017.

是知识产权制度发展的终点。因此,创设传统知识权特别保护制度并将其作为 TRIPS 的例外规则纳入 WTO 体制内予以实施,虽然不可能在近期内实现,但却是国际知识产权制度发展中值得期待的重要变革。

(三)基于 TRIPS 的修正机制:传统知识保护的实现步骤

国际法不是从过去继承下来而不允许发展的一套僵硬规则,它是一个发展的法律体系。因此,作为国际法渊源之一的条约,一般都有关于审议和修正机制的规定,以便为其日后的发展留下制度空间。TRIPS 作为知识产权领域的重要条约,也有关于审议和修正机制的规定。根据该规定,TRIPS 理事会可根据"任何可能导致 TRIPS 改变或修正的新发展"进行审议,并在理事会协商一致所提建议的基础上,依据《WTO 协定》第 10 条的规定,将修正 TRIPS 的提案提交 WTO 部长级会议,部长级会议在规定的期限内经协商一致作出有关将拟议的修正提交各成员接受的决定。[①] 可以说,WTO 将"TRIPS 与传统知识保护的关系"纳入多哈回合 TRIPS 理事会优先审议的范围,正是基于上述规定作出的谈判安排。

但是,仅有程序上的进入是不够的。传统知识保护的制度安排特别是涉及改造和创新 TRIPS 规则体系的制度安排能否在 WTO 体制内实现,仍然是一个具有不确定性的问题。原因在于,2001 年多哈会议以来,各成员方除向 TRIPS 理事会提交了表达各自立场的意见文本外,尚未就上述议题展开面对面的专门讨论。在这种情况下,国际社会,特别是一些传统知识相对丰富的国家,既要在战略上坚定目标,又要在战术上策略应对,采取循序渐进的合理步骤,积累"可能导致

---

① TRIPS 第 71 条、《WTO 协定》第 10 条。

TRIPS 改变或修正的新发展"，最终实现基于 TRIPS 框架保护传统知识的目标。

1. 从建立国家或地区层面的法律制度开始

在 TRIPS 框架下处理传统知识保护问题，目的是为了协调各 WTO 成员方的传统知识保护制度。因此，一般来说，它应当是从建立国家或地区层面的法律开始的，易言之，建构 TRIPS 框架下的传统知识保护规则，原则上是以国家或地区立法为基础的。

建立国家或地区层面的传统知识保护制度，是不存在任何法律障碍的。因为：第一，传统知识作为传统群体的一种集体创造，是该群体所在的国家或地区所拥有的重要资源。对本国或本地区的传统知识提供保护，调整传统知识持有者与使用者之间的关系，既是一个国家或地区的应有权利，又是一个国家或地区的必尽义务，属于一个国家或地区的内部法律所管辖的事项。第二，建立国家或地区层面的传统知识保护制度，不违反 TRIPS 的规则要求，相反，它是 TRIPS 赋予各 WTO 成员方的一项权利。TRIPS 第 1 条规定："各成员可以但并无义务在其法律中实施比本协定要求更广泛的保护，只要此种保护不违反本协定的规定。"按照该规定，对于不被 TRIPS 保护的传统知识，各成员有权通过立法或其他的方式对其提供保护。

因此，在 TRIPS 框架下的传统知识保护规则建立起来之前，首先通过国家或地区层面的立法将传统知识保护起来，不仅是正当的，而且也是合法的。

2. 以 WIPO 的工作成果为基础

WIPO 是联合国负责在知识产权保护领域发展国际法的专门机构，职能单一，精力集中；它是知识产权制度国际协调领域的"老兵"，具有足够的经验、专家和信息；它所管理的条约不与贸易机制直接挂钩，其成员的利益不会因为条约的实施状况而受到实质性的影响，保护传统知识的国际规则相对容易形成。正因为如此，欧盟认为，WIPO

是现阶段谈判解决传统知识保护问题的最合适场所,WTO 关于传统知识保护问题的处理方案最好建立在 WIPO 工作成果的基础上,因而建议由 WIPO 与 CBD 缔约国大会合作来处理这个新议题,认为一旦模式形成,注意力将会集中到怎样和在何种程度上把传统知识的保护纳入 TRIPS 之中。[①]

事实上,早在多哈回合启动前,即 2000 年 8 月,WIPO 就已批准设立 WIPO IGC 着手传统知识保护国际体制的研究。至 2018 年 3 月,该委员会已举行 35 次会议,形成了《传统知识的保护:条款草案》等一系列工作成果和文件。目前的进展表明,国际社会正努力在 WIPO 体制内就传统知识保护的政策目标、核心原则、实体条款以及传统知识保护与现行知识产权制度的关系等问题达成共识和形成有法律约束力的国际文书。虽然这种努力因为受到美国、日本等发达国家的阻挠而至今收效甚微,但有理由相信,随着国际社会共识的扩大和国际协调机制的有效运作,不久的将来必定会形成 WIPO 框架下的传统知识保护规则。到那时,WTO 即可采用关贸总协定乌拉圭回合中 TRIPS 的造法模式和技术[②],将 WIPO 框架下的传统知识保护规则适当地并入其新的知识产权制度之中。

3. 在多哈回合背景下可能推进的方法

国际社会致力于在 WIPO 体制内构建传统知识保护的规则并不意味着放弃在 WTO 体制内的努力,即使在 WIPO 体制内达成了保护

[①]　Communication from the European Communities and their Member States: Review of Article 27.3(b) of the TRIPS Agreement, and the Relationship between the TRIPS Agreement and the Convention on Biological Diversity (CBD) and the Protection of Traditional Knowledge and Folklore, WTO, IP/C/W/383, Geneva, 2002, pp. 13-14.

[②]　郭寿康:《TRIPS 与国际知识产权四公约》,载《上海知识产权论坛》,上海大学出版社 2002 年版,第 3～6 页。

传统知识的相关协议,它也只是"可能导致 TRIPS 改变或修正的新发展",其本身不可能代替后者的制度安排。但是,从目前的情况来看,国际社会意图通过改变或修正 TRIPS 的做法来达成一个保护传统知识的法律文本,在近期内几乎是不可能的。因为:第一,国家或地区层面的传统知识保护立法还处于不统一、不确定的阶段;第二,在 WIPO 框架内构建传统知识保护规则的工作正在进行,预计在多哈回合结束前难有实质性的进展;第三,TRIPS 只是 WTO 一揽子协定中的一个协定,对它的改变或修正必然经历一个复杂而漫长的谈判过程,即使谈判成功地达成了保护传统知识的有效方案,也不可能满足传统知识持有者的所有需求。

有鉴于此,有学者建议,即在多哈回合中通过一个关于保护传统知识的部长宣言,以作为落实 2001 年 11 月 14 日通过的《多哈部长宣言》第 19 段要求的成果和通向未来构建基于 TRIPS 框架下保护传统知识规则的桥梁。① 根据该学者的建议,这个拟议中的部长宣言,可以包括但不限于以下几个方面的内容:

(1)承认 WTO 成员保护传统知识的需要和 TRIPS 在保护传统知识方面的不充分性,指示 TRIPS 理事会继续与 WIPO 和 CBD 缔约方大会等国际组织或论坛合作,探究在 WTO 体制下保护传统知识的有效方法和形式;

(2)强调解释和实施 TRIPS 及保护现有知识产权的重要性,优先支持充分利用现有知识产权机制为传统知识提供消极的或积极的保护;

(3)承认 TRIPS 第 1 条赋予 WTO 成员的权利,各成员可在不违反 TRIPS 现有规定的前提下,自由地为传统知识提供高于或超出

① Daniel Gervais, Traditional Knowledge & Intellectual Property: A TRIPS-Compatible Approach, *Michigan State Law Review*, Spring 2005, pp. 137-166.

TRIPS 标准的保护；

（4）支持传统知识数据库的建设和开发利用，要求按照 TRIPS 第 39 条第 3 款的规定[①]为此种数据库提供保护，并鼓励在相关专利审查中以此作为工具，阻止不当专利的授权；

（5）注意到 CBD 确立的目标和原则，同意在适当的论坛中就传统知识利益分享义务的执行展开协商。

上述建议虽然没有给 WTO 成员施加严格的义务，但它充实了 2001 年《多哈部长宣言》第 19 段的内容，进一步强调了保护传统知识的重要性，指出了在 WTO 体制下将传统知识保护向前推进的可能方向，从而可能为形成 TRIPS 框架下的传统知识保护规则铺平道路，并在解决涉及传统知识保护的争端时为 WTO 争端解决机构提供解释 TRIPS 的参照。因此，在意图改变或修正 TRIPS 以为传统知识提供保护的努力难以在近期内取得成效的情况下，也许上述建议是一个目前各方可以接受的中间方案。

三、结语

基于 TRIPS 框架的传统知识保护，是后 TRIPS 时代国际知识产权制度变革和发展的重要议题。对该议题的解决，既要突破现有制度在学理基础和规范方法方面所存在的羁绊，更涉及既定秩序中的重大利益关系调整，因此，它在近期内难以取得实质性的进展。但是，这并

---

① TRIPS 第 39 条第 3 款规定："当成员要求提交未披露的实验数据或其他数据，作为批准使用新化学成分的药品或农用化学产品上市的条件时，如果这些数据的创造付出了巨大的努力，则各成员应保护该数据，以防止不正当的商业使用。此外，除非有保护公众的需要，或者已经采取措施保证该数据不被不正当地商业使用，否则，各成员应保护这些数据不被披露。"

不意味着基于 TRIPS 框架的传统知识保护是一个不可实现的构想，因为这种构想的根据事实上已经存在于 TRIPS 的制度体系中。

我国是一个传统知识相对丰富的发展中大国。在 TRIPS 的知识产权保护水平不可能降低并同时面临着美欧发达国家通过区域或双边自由贸易协定推行 TRIPS-plus 标准的情况下，中国作为 WTO 成员，应当与其他发展中成员一道，积极推动 WTO 体制下传统知识保护的国际协调，并加快保护传统知识的国内立法。

第十八章
TPP 协定的 TRIPS-plus 标准：造法根据、主要内容及实施机制

　　WTO 的 TRIPS 是由发达国家主导、发展中国家被动接受的一种制度安排，其确立的知识产权保护标准反映了发达国家以知识产权保护作后盾以维持其技术、经济优势的利益要求，在很大程度上超越了发展中国家的技术、经济及社会发展水平。因此，它的实施在给发达国家带来巨大利益的同时，也使发展中国家产生了公共健康危机等诸多严重的社会问题。然而，以美国为首的发达国家并不满足于通过 TRIPS 所获取的现有利益，在 WTO 体制内进一步提高知识产权保护水平的努力遭到发展中成员方的集体抵制后，它们转而在双边及区域体制下谈判缔结各种 TRIPS-plus 协定，以实现其在 WTO 体制下不能实现的知识产权利益。美国、日本等 12 个环太平洋 WTO 成员国①经多年谈判，于 2015 年 10 月 5 日达成、

---

　　① 另外 10 个国家是：加拿大、澳大利亚、新西兰、智利、秘鲁、新加坡、文莱、马来西亚、越南、墨西哥。

2016 年 2 月 4 日签署的《跨太平洋伙伴关系协定》(Trans-Pacific Partnership Agreement,以下简称"TPP 协定"),就是近期被广泛关注的这样一项"21 世纪的标志性协定"①。根据 2015 年 11 月 5 日公布的最终文本,该协定由 30 章构成,涵盖关税、投资、竞争政策、技术贸易壁垒、食品安全、知识产权、政府采购、国有企业以及绿色增长和劳工保护等诸多领域。其中,第 18 章关于"知识产权"的规定,由 11 节共 83 个条款和 6 个附件构成,涉及商标、国名、地理标志、专利和未披露的试验或其他数据、工业品外观设计、版权和相关权利、执法、互联网服务提供商等知识产权议题。虽然美国政府已于 2017 年 1 月 23 日正式宣布退出 TPP 协定,使其生效具有不确定性,但从该协定本身来看,它承继了后 TRIPS 时代美式自由贸易协定(FTA)在 TRIPS 基础上进一步提高知识产权保护水平的一贯做法,由此确立的 TRIPS-plus 标准,在很大程度上代表了国际知识产权制度发展的最新动态和前沿趋势。因此,客观阐释它的造法根据,系统解读它的主要内容,理性分析它的实施机制,其学术价值和现实意义不言而喻。

一、TPP 协定 TRIPS-plus 标准的造法根据

TPP 协定的知识产权条款虽然重申了 TRIPS 有关知识产权保护目标和原则的规定,②回应了 WTO 多哈回合谈判中发展中国家关切

---

① 　USTR, Summary of the Trans-Pacific Partnership Agreement, 4 October 2015, accessed 20 May 2016, https://ustr. gov/about-us/policy-offices/press-office/press-releases/2015/october/summary-trans-pacific-partnership.

② 　TPP 协定第 18.2 条、第 18.3 条和 TRIPS 第 7 条、第 8 条。

的知识产权议题，[①]并针对不同缔约方的特殊需要作出某些例外或过渡期安排，[②]从而在一定程度上照顾了发展中国家的利益诉求，但从总体上说，它是按照美国的标准和要求对知识产权保护所作的一种新的制度安排，其确立的知识产权保护标准远远超过了 TRIPS 的规定，具有显著的 TRIPS-plus 特征。这种知识产权保护标准的"不降反升"趋势，显然背离了 WTO 多哈回合为减少 TRIPS 对发展中国家带来的消极影响而作出的法律努力，并弱化了 TRIPS 标准在知识产权制度国际协调中的地位。然而，从法理角度看，这种背离和弱化并不意味着 TPP 协定的 TRIPS-plus 标准与 TRIPS 标准相排斥，相反，它为 WTO 体制所包容，其造法根据就存在于 TRIPS 的规定之中。

首先，TRIPS 关于最低保护标准原则的规定，赋予了 WTO 成员对知识产权提供比 TRIPS 要求更广泛的保护的缔约权利和国内立法自由。

最低保护标准原则作为知识产权制度国际协调的基本原则，早已

[①] WTO 多哈回合谈判的知识产权议题包括：(1)TRIPS 与公共健康的关系；(2)地理标志的保护；(3)TRIPS 与《生物多样性公约》、传统知识及民间文学保护的关系。TPP 协定对这些议题的回应，包括：(1)第 18.6 条确认缔约方在《关于 TRIPS 与公共健康的多哈宣言》中的承诺，要求所有缔约方接受《关于修正 TRIPS 的决定》，并规定该协定项下的知识产权保护义务不得妨碍 WTO "TRIPS/健康解决方案"的有效利用，如果因实施"TRIPS/健康解决方案"而违反了该协定规定的义务，缔约方应立即进行磋商，以便依照该方案调整该协定的有关规定。(2)为了减少和防止传统知识的不当专利授权，TPP 协定第 18.16 条规定，缔约方应努力开展高质量的专利审查，包括(a)在确定现有技术时，可能要考虑与遗传资源有关的传统知识相关的可公开的文献信息，(b)第三方有机会以书面形式向主管审查机关表明与可专利性有关的现有技术披露，包括与遗传资源有关的传统知识相关的现有技术披露，(c)如可适用且适当，使用包含与遗传资源有关的传统知识的数据库或数字图书馆，以及(d)在培训对与遗传资源有关的传统知识相关的专利申请进行审查的专利审查员方面进行合作。(3)第 29.8 条规定，"各缔约方在遵守其国际义务的前提下，可采取适当措施以尊重、保护和促进传统知识和传统文化表达"。

[②] TPP 协定第 18 章附件 18-A、18-B、18-C、18-D、18-E、18-F。

为一些重要的国际知识产权公约所规定。《伯尔尼公约》第 19 条规定："本公约的规定不排除作者请求给予本联盟成员国的立法可能给予的任何更广泛的保护。"依此规定，各成员国根据其立法对其他成员国的国民提供的版权保护不得低于但可以高于该公约规定的保护。也就是说，"公约规定的权利只是最基本的权利，公约中没有任何规定阻止作者在公约的某成员国主张更广泛的权利，只要这一国家的国内法规定了这种更广泛的权利"①。《巴黎公约》虽然未设专条规定最低保护标准原则，但从该公约起草和修订的历史来考察，它实际上给其成员国留下了类似于《伯尔尼公约》规定的那种立法自由，即在不损害公约所授权利的前提下，各成员国可以根据其立法"对工业产权授予比本公约的规定更为广泛的保护"②。此外，1961 年《罗马公约》第 21 条、第 22 条，以及 1971 年《录音制品公约》第 7 条，也对最低保护标准原则作出了类似于《伯尔尼公约》第 19 条那样的规定。

TRIPS 继承了《伯尔尼公约》对最低保护标准原则的规定模式。该协定第 1 条第 1 款规定："各成员应实施本协定的规定。各成员可以但并无义务在其法律中实施比本协定要求更广泛的保护，只要此种保护不违反本协定的规定。各成员可以在其各自的法律制度和实践中自行确定实施本协定规定的适当方式。"按照 TRIPS 第 63 条有关"透明度"的规定，这里的"法律"，不仅包括 WTO 成员就 TRIPS 所涉主题制定的相关法律、法规及普遍适用的司法判决和行政裁决，还包括 WTO 成员之间以及 WTO 成员与非 WTO 成员之间就 TRIPS 所涉主题缔结的协定和条约。因此，依 TRIPS 第 1 条规定，WTO 成员

---

① 刘波林译：《保护文学和艺术作品伯尔尼公约（1971 年巴黎文本）指南》，中国人民大学出版社 2002 年版，第 80 页。

② ［奥］博登浩森：《保护工业产权巴黎公约指南》，汤宗舜、段瑞林译，中国人民大学出版社 2003 年版，第 7 页。

有义务根据自身的法律制度和实践,使 TRIPS 确立的知识产权保护标准,即 TRIPS 就"知识产权的效力、范围、取得、维持、实施和防止滥用"等事项所规定的义务,在其域内得到有效实施。在此前提下,WTO 成员可以通过其域内法或缔结相关国际协定和条约,对知识产权提供比 TRIPS 要求"更广泛"的保护,只要此种保护不低于 TRIPS 规定的保护标准或不违反 TRIPS 设定的义务。可见,TRIPS 针对 7 类知识产权①规定的保护标准,只是一种最低标准,它并不妨碍 WTO 成员在 TRIPS 生效之后通过彼此之间或与其他非 WTO 成员之间订立的协定,对知识产权提供高于这一标准的保护。

其次,TRIPS 关于《巴黎公约》第 19 条和《伯尔尼公约》第 20 条适用效力的规定,赋予了 WTO 成员对知识产权(主要是工业产权和版权)提供比《巴黎公约》和《伯尔尼公约》要求更广泛的保护的缔约权利。

TRIPS 第 2 条第 1 款规定:"就本协定的第二部分、第三部分和第四部分而言,各成员应遵守《巴黎公约》(1967)第 1 条至 12 条和 19 条的规定。"该协定第 9 条第 1 款规定:"各成员应遵守《伯尔尼公约》(1971 年)第 1 条至 21 条及附录的规定,但是,对于该公约第 6 条之二授予或派生的权利,各成员不享有本协定规定的权利或义务。"上述规定表明:(1)《巴黎公约》第 1 条至 12 条所规定的保护工业产权的原则和标准与《伯尔尼公约》第 1 条至 19 条、第 21 条及附录所规定的保护版权的原则和标准(第 6 条之二规定的作品精神权利除外)已被 TRIPS 纳入其文本,成为 TRIPS 的重要组成部分。因此,就上述两项公约所涉主题而言,TRIPS 标准实际上包含着《巴黎公约》和《伯尔尼

---

① TRIPS 涉及的 7 类知识产权包括版权及相关权利、商标权、地理标志权、工业设计权、专利权、集成电路布图设计权、未披露信息权。

公约》的标准。(2)TRIPS 承认《巴黎公约》第 19 条和《伯尔尼公约》第 20 条的规定对 WTO 成员具有普遍的适用效力。因此,上述两项规定分别赋予《巴黎公约》成员国彼此之间和《伯尔尼公约》成员国彼此之间就各自所涉主题签订协定的权利,也适用于 WTO 成员。

　　《巴黎公约》第 19 条的规定早已包括在该公约 1883 年的原始文本中,此后只是在形式上对其作过稍许改动。① 该条规定:"不言而喻,本联盟国家在与本公约的规定不相抵触的范围内,保留有相互间签订关于保护工业产权协定的权利。"与《巴黎公约》第 19 条的规定一样,《伯尔尼公约》第 20 条的规定也早已包括在该公约 1886 年的原始文本中,此后只在 1908 年的柏林会议上对其作过微小改动。② 该条规定:"本联盟成员国政府保留相互之间缔结专门协定的权利;但这种协定应比本公约赋予作者更广泛的权利,或不包含其他违背本公约的规定。"按照上述规定,《巴黎公约》成员国和《伯尔尼公约》成员国均有权在各该公约之外就各该公约所涉主题彼此签订双边或多边协定,但前提是这种协定不得与各该公约的规定相抵触,即不得减损各该公约设定的义务。也就是说,这种协定必须比《巴黎公约》和《伯尔尼公约》赋予权利人更广泛的权利,或者包含它们未包含但又不与它们相抵触的内容。③ 因此,《巴黎公约》第 19 条和《伯尔尼公约》第 20 条赋予各自成员国的缔约权利,实际上是一种缔结"巴黎公约-plus"协定和"伯尔尼公约-plus"协定的权利;TRIPS 要求 WTO 成员遵守《巴黎公约》第 19 条和《伯尔尼公约》第 20 条的规定,也就相当于赋予了 WTO 成员

---

　　① 〔奥〕博登浩森:《保护工业产权巴黎公约指南》,汤宗舜、段瑞林译,中国人民大学出版社 2003 年版,第 128 页。

　　② 刘波林译:《保护文学和艺术作品伯尔尼公约(1971 年巴黎文本)指南》,中国人民大学出版社 2002 年版,第 80 页。

　　③ 刘波林译:《保护文学和艺术作品伯尔尼公约(1971 年巴黎文本)指南》,中国人民大学出版社 2002 年版,第 81 页。

在工业产权和版权领域缔结这类协定的权利。

其实,从造法技术角度来考察,TRIPS 本身就是一项工业产权领域的"巴黎公约-plus"协定和版权领域的"伯尔尼公约-plus"协定。因为 TRIPS 在并入《巴黎公约》第 1 条至第 12 条、《伯尔尼公约》第 1 条至第 19 条、第 21 条及附录(第 6 条之二除外)的基础上所增加的新规定,不仅对工业产权和版权提供了比《巴黎公约》和《伯尔尼公约》要求更广泛的保护,而且还包含了《巴黎公约》和《伯尔尼公约》未包含的内容(例如有关植物新品种的保护和知识产权的执法措施)。因此,WTO 成员之间缔结的在 TRIPS 基础上提高知识产权保护水平的 TRIPS-plus 协定,其实说到底,也是在《巴黎公约》和《伯尔尼公约》的基础上进一步提高知识产权保护水平的"巴黎公约-plus"协定和"伯尔尼公约-plus"协定。这些 TRIPS-plus 协定虽然应当遵守 TRIPS 第 2 条第 2 款的规定,即"不得减损各成员依据《巴黎公约》《伯尔尼公约》《罗马公约》和《关于集成电路知识产权条约》可能承担的相互之间的现有义务",但这并不妨碍它们对其缔约方设定超出这些"现有义务"的义务。

上述分析表明,以美国为首的 12 个 WTO 成员缔结包含 TRIPS-plus 标准的 TPP 协定,并不为 TRIPS 所禁止,相反,它是 TRIPS 赋予这些成员的权利。因此,根据《维也纳条约法公约》第 41 条的规定,[①]TPP 协定对 TRIPS-plus 标准的确立,不仅具有正当性,而且具有合法性。

---

① 1969 年《维也纳条约法公约》第 41 条规定,"多边条约两个以上当事国得于下列情形下缔结协定仅在彼此间修改条约:(甲)条约内规定有作此种修改之可能者;或(乙)有关之修改非为条约所禁止,且:(一)不影响其他当事国享有条约上之权利或履行其义务者;(二)不关涉任何如予损抑即与有效实行整个条约之目的及宗旨不合之规定者"。

二、TPP 协定 TRIPS-plus 标准的主要内容

所谓 TRIPS-plus 标准,是指超过 TRIPS 规定的知识产权保护标准,其内容既包括旨在提高知识产权保护水平的、超过 TRIPS 标准的那些要求和条件,也涵盖旨在缩小知识产权限制和例外范围或压缩 TRIPS 弹性条款适用空间的一切措施。[①] 根据与 TRIPS 的关系,这些要求和措施所涉及的义务大致可以分为两类:一是在 TRIPS 标准之上确立的更高义务;二是在 TRIPS 标准之外确立的附加义务。比较分析 TRIPS 与 TPP 协定第 18 章有关知识产权的规定,可以发现,TPP 协定的 TRIPS-plus 标准包括但不限于以下几个方面的内容。

1. 知识产权保护客体的扩大。主要表现在:(1)在商标法领域,扩充了"可注册为商标的标记类型"。TPP 协定第18.18条规定:"缔约方均不得将标记可被视觉感知作为注册条件,也不得因该标记仅由声音组成而拒绝商标注册。此外,各缔约方应尽最大努力注册气味商标。"依此规定,不仅 TRIPS 第 15 条赋予 WTO 成员"将标记可被视觉感知作为注册条件"的权利被取消,而且声音、气味等 TRIPS 未曾规定的商标构成要素也被强制性地纳入可注册商标的标记类型。此外,根据 TPP 协定第 18.28 条、第 18.29 条的规定,TRIPS 未曾涉及的"域名"和"国名"亦被纳入商标法保护的范围。(2)在专利法领域,扩大了可授予专利的客体范围。TPP 协定第 18.37 条在维持 TRIPS 第 27 条第 1 款规定的基础上,增加了第 2 款的新规定,即"各缔约方确认以下

---

① S. F. Musungu & G. Dutfield, Multilateral Agreements and a TRIPS-plus World: The World Intellectual Property Organization(WIPO), QUNO/QIAP, 2003, p. 3, accessed 20 August 2017, http://www.iprsonline.org/ictsd/docs/WIPO_Musungu_Dutfield.pdf.

至少一种类型主张的发明可授予专利:已知产品的新用途,使用已知产品的新方法,或者使用已知产品的新工序"。根据新规定,一项专利产品,特别是专利药品,即使已经或将要进入公有领域,只要在其用途或使用方法上稍作改进,即可轻而易举地重新获得专利权,从而使之成为"常青专利"。此外,该条第 4 款对 TRIPS 第 27 条第 3 款作出重大修改,规定:"各缔约方可拒绝授予微生物以外的植物以专利权,但各缔约方应确保源于植物的发明可获得专利。"依此规定,不仅 TRIPS 第 27 条第 3 款所规定的植物品种可授予专利权,而且,从植物中提取的化学物质、植物基因或 DNA 片段以及植物细胞、组织和器官等所有"源于植物的发明",均可获得专利保护。(3)在版权法领域,增加了"技术措施""权利管理信息"等受保护的客体。TPP 协定第 18.68 条规定:作者、表演者和录音制品制作者有权为行使其权利及限制对其作品、表演和录音制品的未经授权行为而采取有效的技术措施,各缔约方应制止对这种技术措施的规避,规定这种规避行为应承担的责任,并采取协定规定的民事、行政及刑事程序进行有效的法律救济。第 18.69 条规定:各缔约方应为保护权利管理信息提供充分而有效的法律救济,对诱使、促成、便利或包庇侵犯作者、表演者或录音制品制作者的版权或相关权利的下列行为规定应承担的责任,并采取协定规定的民事、行政或刑事措施。这些行为包括:故意去除或改变任何权利管理信息;明知权利管理信息未经授权已被改变而故意分销或以分销为目的进口权利管理信息;明知未经许可权利管理信息已被去除或改变而故意分销、以分销为目的进口、广播、传播或向公众提供作品、表演或录音制品的复制件。

2.知识产权保护力度的提高。例如:(1)将未注册驰名商标的保护从同类保护延伸至跨类保护。根据 TRIPS 第 16 条第 3 款的规定，①驰名商标的"跨类保护"限于已注册的驰名商标，对未注册的驰名商标，一般适用"同类保护"。与上述规定不同，TPP 协定第 18.22 条第 2 款规定："《保护工业产权巴黎公约(1967)》第 6 条之二在细节上作必要修改后，应适用于与驰名商标所标识的货物或服务不相同(或不相似)的货物或服务，不论该驰名商标注册与否，只要在此类商品或服务上使用该商标会表明那些货物或服务与商标所有权人之间存在联系，且此种使用可能损害该商标所有权人的利益。"可见，在 TPP 协定中，驰名商标的跨类保护，不仅适用于已注册的驰名商标，同时也适用于未注册的驰名商标。(2)在 TRIPS 的制度设计中，药品及农业化学品的未披露试验数据或其他数据，同其他未披露信息一样，受反不正当竞争法保护，各成员保护这些数据的目的是防止其不正当的商业性利用。与 TRIPS 不同，TPP 协定对药品及农业化学品的未披露试验数据或其他数据，规定了一种类似于专利权的保护模式。针对农业化学品的未披露试验数据或其他数据的保护，协定第 18.47 条规定："作为授予一种新农业化学品上市销售的条件，如果缔约方要求提交该产品与安全性和有效性相关的试验数据或其他数据，则自该产品获批上市销售之日起至少 10 年内，该缔约方不得批准第三方未经此类信息提交人同意销售相同或相似产品；作为批准一种新农业化学品上市销售的条件，

---

① TRIPS 第 16 条第 3 款规定："《保护工业产权巴黎公约(1967)》第 6 条之二在细节上作必要修改后，应适用于与已注册商标的货物或服务不相似的货物或服务，只要该商标在那些有关货物或服务上的此种使用，可表明这些货物或服务与该商标所有人之间存在联系，且该注册商标所有人的利益可能因此种使用而受到损害。"在这里，"《保护工业产权巴黎公约(1967)》第 6 条之二"是有关保护驰名商标的规定，其内容与上述规定存在三个方面的不同：(1)保护的范围只限于货物商标而不包括服务商标；(2)保护的形式只限于"同类保护"而不包括"跨类保护"；(3)对驰名商标的保护不以该商标注册与否为前提，即使是未注册的驰名商标，也可以对其进行同类保护。

如果缔约方允许权利人提交该产品先前在其他缔约方获准上市的证据，则自该产品在该缔约方获准上市销售之日起至少 10 年内,该缔约方不得批准第三方未经权利人同意销售相同或相似产品。"针对药品的未披露试验数据或其他数据的保护,协定第 18.50 条的规定与 18.47 条的规定基本相同,不同的只是将"农业化学品"换成了"药品",保护期从"10年"减少到了"5 年"。此外,协定 18.52 条还对保护新的生物制剂作出规定:"对于新的生物制剂在缔约方境内的首次上市销售许可,缔约方应比照未披露的药品试验数据的保护,给予自首次上市销售获批之日起至少8 年的市场保护。"(3)将严格约束著作权限制制度的"三步检验法"扩展适用于表演、录音制品等相关权利(邻接权)的限制。三步检验法源于《伯尔尼公约》第 9 条第 2 款的规定。根据该项规定,各成员国可以依法规定作品复制权的例外和限制,但这种例外或限制必须同时满足三个条件:一是限于"某些特定情况";二是不与作品的正常利用相冲突;三是不得不合理地损害作者的合法利益。在此基础上,1995 年 1 月 1 日开始生效的 TRIPS 第 13 条规定:"各成员对专有权规定的任何限制或例外,应限于某些特殊情况,且不得与作品的正常利用相冲突,也不得不合理地损害权利所有人的合法利益。"缘此,在《伯尔尼公约》中仅仅作为判断复制权限制和例外是否合法的三步检验法,此时已上升为对著作权限制制度进行严格约束和检验的一般原则。然而,TPP 协定并没有就此止步。该协定第 18.65 条规定:"各缔约方应将专有权的限制和例外限于某些特殊情况,且不得与作品、表演或录音制品的正常利用相冲突,也不得不合理地损害权利所有人的合法利益。"缘此,三步检验法的适用范围开始从著作权领域扩展至邻接权领域,从而提高了邻接权保护的水平。

3.知识产权保护期限的延长。主要表现在:(1)根据 TPP 协定第

18.26 条的规定,①商标的初始注册和每次续展注册的有效期,从 TRIPS 第 18 条规定的 7 年延长至 10 年。(2)根据 TPP 协定第 18.63 条的规定,②作品、表演、录音制品的保护期,从 TRIPS 第 12 条、第 14 条规定的 50 年延长至 70 年。(3)根据 TPP 协定第 18.46 条和第 18.48条的规定,如果专利授权被不合理地延迟,各缔约方应依专利权人的请求调整专利权的保护期以补偿该延迟;如果因上市销售许可程序而导致药品专利保护期的不合理缩短,各缔约方应保证调整该药品专利保护期的可能性以补偿该专利保护期的缩短。因此,尽管 TPP 协定没有直接规定专利保护期的延长,但通过上述 TRIPS 没有的规定,却为专利权人提供了延长专利保护期的最大可能性。

4.知识产权执法措施的强化。将知识产权的执法措施或程序这一原属国内法管辖的事项纳入条约规定的最低保护标准,使之成为当事方必须履行的国际义务,这是 TRIPS 的创举。TPP 协定作为后 TRIPS 时代具有标志性的 TRIPS-plus 协定,不仅沿用了 TRIPS 的上述做法,而且在 TRIPS 规定的基础上,进一步强化了知识产权执法的措施。(1)在民事措施方面,协定第 18.74 条增加了如下规定:缔约方的司法机关在确定侵权人向权利人支付因侵权所受损害的赔偿金时,应考虑权利人提交的对其所受损害所作的价值评估;在有关侵犯著作权或邻接权及假冒商标的民事司法程序中,缔约方应建立或维持一种规定法定赔偿和/或包括惩罚性赔偿在内的额外赔偿的制度。(2)在

---

① TPP 协定第 18.26 条规定:"各缔约方应规定商标的初始注册和每次续展注册的有效期不少于 10 年。"

② TPP 协定第 18.63 条规定,"各缔约方应规定,作品、表演或录音制品的保护期限计算如下:(1)以自然人生命为计算基础,保护期不得少于作者有生之年加死后 70 年;(2)不以自然人生命为计算基础,保护期应(a)自作品、表演及录音制品首次授权发行日历年年底计算,不少于 70 年,或(b)如作品、表演、录音制品自创作之日起 25 年内未授权发行,自其创作的日历年年底计算,不少于 70 年"。

临时措施方面,协定第 18.75 条虽然同 TRIPS 第 50 条一样,赋予了司法机关在不作预先通知的情况下采取临时措施的权利,但没有像 TRIPS 第 50 条那样对这种权利的行使规定必要的限制(延迟可能对权利人造成不可弥补的损害时,或存在证据被销毁的显而易见的风险时),从而给予了司法机关极大的自由裁量权。(3)在海关措施方面,协定第 18.76 条规定:各缔约方应规定申请中止放行或扣留进口到该缔约方境内的涉嫌假冒商标、混淆性相似商标或盗版的货物;各缔约方应规定,海关可依职权对进口、出口或过境的涉嫌假冒商标的货物或盗版货物启动边境措施。依此规定,适用海关措施的侵权货物种类,从 TRIPS 规定的两类(假冒商标货物和盗版货物)扩大到了三类(假冒商标货物、混淆性相似商标货物和盗版货物);海关措施的适用也从 TRIPS 规定的进口环节扩大到了进口、出口和过境等三个环节。(4)在刑事措施方面,协定第 18.77 条将商标权和著作权领域应受刑事处罚的违法行为,从 TRIPS 第 61 条规定的"具有商业规模的故意假冒商标或盗版行为",扩展到"具有商业规模的故意进口或出口假冒商标货物或盗版货物的行为""具有商业规模的故意出口或在国内使用套牌货物或服务的行为""在电影院放映未经授权的复制电影作品而在该作品的市场中对权利人造成重大损害的行为"及"帮助或教唆上述各种行为的行为",并增加了无须第三方或权利人正式指控即可由缔约方主管机关就上述五种违法行为提起法律诉讼的规定,从而为知识产权的刑事保护提供了一种新的路径;协定第 18.78 条将侵犯商业秘密行为纳入刑事措施的适用范围,要求缔约方对"未经授权且故意获取计算机系统中的商业秘密""未经授权且故意盗用商业秘密"及"欺诈性地披露商业秘密"等行为规定刑事程序和处罚,从而提高了商业秘密的保护层级。

　　5.知识产权保护义务的附加。TPP 协定不仅在 TRIPS 之上确立了以上各种更高的知识产权保护义务,也在 TRIPS 标准之外设定了不少知识产权保护的附加义务。这些附加义务主要有:(1)要求缔约方承担批准或加入 TRIPS 之外其他国际知识产权条约的义务。根据协定第 18.7 条的规定,这些条约包括《专利合作条约》《巴黎公约》《伯尔尼公约》《商标国际注册马德里协定议定书》《国际承认用于专利程序的微生物保存布达佩斯条约》《商标法新加坡条约》《保护植物新品种国际公约》《世界知识产权组织版权条约》《世界知识产权组织表演和录音制品条约》。(2)要求缔约方对载有加密节目的卫星和有线电视信号提供民事和刑事保护。协定第 18.79 条规定,对"故意制造或销售用于未经授权接收任何载有加密节目的有线电视信号的设备"和"故意接收或协助他人接收未经授权的载有加密节目的有线电视信号"等行为,各缔约方应规定刑事处罚,并对在上述行为中遭受损害的权利人提供民事救济。(3)要求缔约方规定互联网服务提供商承担保护著作权及相关权利的责任或义务。协定第 18.82 条规定:各缔约方应采取法律措施鼓励互联网服务提供商与权利人合作或采取其他行动,以阻止未经授权存储或传输受著作权及相关权利保护的材料;如果侵犯著作权及相关权利的行为不是在互联网服务提供商控制、发起或指示且通过其或代表其控制和营运的系统或网络发生,则缔约方应依法排除权利人针对互联网服务提供商寻求的金钱救济。根据该条规定,互联网服务提供商一旦获悉或意识到存在明显侵权的事实,应迅速移除或禁止访问存在于其网络或系统内的材料,并在事先或事后迅速采取合理步骤通知其材料被移除或被禁止访问的人;互联网服务提供商如果占有能够识别涉嫌侵权者的信息,应依正当程序和保护隐私的原则,向权利人提供该信息。

由上可见,TPP 协定的 TRIPS-plus 标准,既包括在 TRIPS 之上确立的更高义务,又涵盖在 TRIPS 之外确立的附加义务。缘此,作为 WTO 成员的 TPP 缔约方在 WTO 体制之外承担了远远超出 TRIPS 规定的知识产权保护义务。

三、TPP 协定 TRIPS-plus 标准的实施机制

法律的生命力在于实施。TPP 协定的 TRIPS-plus 标准虽然是对 TRIPS 标准的一种超越,但是,如果没有如 TRIPS 那样强力的实施机制保证其执行和遵守,那么,这种超越实际上不可能有多大的法律效果。因此,TPP 协定不仅对最低保护标准原则作出类似于 TRIPS 第 1 条第 1 款那样的规定,要求各缔约方履行第 18 章规定的义务,[①]而且像 WTO 那样,建立了由透明度、履约审议、争端解决等原则、机构、规则和程序构成的实施机制。

1. 透明度。根据 TPP 协定第 18.5 条的规定,各缔约方负有使其国内法律制度和实践符合协定所规定的知识产权保护标准的一般性义务。因此,考察和评估一个缔约方是否履行了这种一般性义务,前提是该缔约方的相关法律制度和实践具有透明度,即可为有关缔约方及利害关系方所知晓。基于此,TPP 协定第 18.9 条从以下三个方面规定了缔约方的透明度义务。

(1)通过互联网或其他可为缔约方及利害关系方知晓的方式,及时迅速地公布普遍适用的与知识产权保护和实施有关的法律、法规、程序及司法判决和行政裁决;如缔约方需要就知识产权的保护和实施颁布新的法律、法规和程序,或对已有的法律、法规和程序进行修改,应及时迅速地将拟议中的法规、措施或修改在其生效前的合理期限内予以公布,并在公布时对制定新法规或修改已有法规的目的和理由作出说明,以便为缔约方或利害关系方对这些拟议的法规和措施作出评议提供合理机会。

---

① TPP 协定第 18.5 条。

（2）根据本国法律，在互联网上公布有关商标、地理标志、外观设计、专利和植物新品种权的申请信息，但缔约方没有义务将相关申请的整个卷宗提供在互联网上。

（3）根据本国法律，在互联网上公布已注册或授权的商标、地理标志、外观设计、专利和植物新品种权的充分信息，使公众了解此类已注册或授予的权利。

比较分析 TRIPS 第 63 条有关透明度的规定可以发现，[①]TPP 协定规定的透明度义务不仅强调了互联网作为主要信息公开方式的地位，从而适应了互联网时代的信息公开要求，而且将商标、地理标志、外观设计、专利和植物新品种权等知识产权的申请、注册及授予信息纳入缔约方必须公开的范围，从而有助于对缔约方履行协定义务的情况作出更加全面的考察和评估。尤其值得指出的是，TPP 协定对缔约方新法规（含对旧法规的修改）生效前公布及评议的规定，使缔约方的国内立法自主权受到了限制。

2.履约审议。WTO 的贸易政策审议机制（Trade Policy Review Mechanism）是监督其成员履行 WTO 各项义务的手段和程序，为促进 WTO 成员更好地遵守多边贸易协定及诸边贸易协定的规则、纪律和承诺发挥了重要的作用。TPP 协定仿照 WTO 的做法，专门设立了旨在保障协定有效实施的"跨太平洋伙伴关系委员会"（自贸协定委员会，以下简称"TPP 委员会"）。根据 TPP 协定第 27 章的规定，TPP 委员会由缔约方的部长级代表团组成，应在协定生效 1 年内召开会议，此后的例会依缔约方的决定召开。TPP 委员会的主要职能之一是审

---

① TRIPS 第 63 条第 1 款规定："各成员就本协定主题（知识产权的效力、范围、取得、实施和防止滥用）制定的相关法律、法规及普遍适用的司法终审判决和行政裁决，均应以本国语言公布，在此种公布不可行时，则应使之可公开获得，以使政府和权利持有人知晓。"

议与协定实施有关的事项,并对协定的实施作出安排。为此,第 27.7
条规定:在 TPP 委员会的每次例会上,各缔约方应报告其履行相关义
务的方案和进展,并应根据任何一个缔约方的请求,提交有关实施进
展情况额外信息的报告。委员会及根据协定设立的下属机构应对缔
约方提交的报告进行审议,并根据第 27.3 条的规定,采用协商一致原
则作出决定。如出席会议的缔约方未对拟议决定提出异议,则委员会
或下属机构应视该决定系协商一致作出。因此,根据上述规定,各缔
约方有义务向 TPP 委员会报告其实施协定 TRIPS-plus 标准的情况;
TPP 委员会有权对各缔约方实施协定 TRIPS-plus 标准的情况进行审
议,并根据协商一致原则作出决定,对缔约方提出实施协定 TRIPS-
plus 标准的要求和建议。这种要求和建议虽然没有法律约束力,但可
以对缔约方造成一种舆论和道德压力,促使缔约方遵守协定的知识产
权规定。

3. 争端解决。将贸易争端解决机制引入知识产权领域,是 WTO
提高 TRIPS 标准执行力的重要举措。TPP 协定借鉴 WTO 的做法,
将第 18 章(知识产权)项下的争端纳入其争端解决条款的适用范围,
从而为其 TRIPS-plus 标准的有效实施提供了强有力的制度保障。根
据协定第 28 章有关"争端解决"的规定,可适用于第 18 章(知识产权)
项下的 TPP 争端解决机制主要由以下规则和程序构成。

(1)适用范围。TPP 争端解决条款适用于第 18 章(知识产权)的
争端,包括:(i)缔约方之间就协定的解释和适用发生的争端;(ii)一个
缔约方认为另一个缔约方未能履行协定项下的义务,或者一个缔约方
认为另一个缔约方的实际措施或拟议措施与本协定规定的义务不一
致;(iii)两个或两个以上的缔约方达成的与本协定的缔结有关的法律
文件,不为其他缔约方所接受且影响了其他缔约方在本协定项下的权
利和义务。至于缔约方因实施了一项与本协定规定相一致的措施而
导致其他缔约方根据第 18 章所享有的利益正在丧失或减损的争端

（"非违法之诉"），各缔约方应在 WTO 成员有权按照 TRIPS 第 64 条的规定提起非违法之诉之日起的 6 个月内进行审议，以决定是否将其纳入 TPP 争端解决条款的适用范围。因此，在该决定作出之前，缔约方不得就第 18 章（知识产权）规定的事项提起非违法之诉。

（2）磋商。任何缔约方可就上述争端所涉任何事项，以书面形式向其他任何缔约方提出磋商请求，并应在请求中说明提出磋商请求的原因和法律根据；被请求的缔约方应自收到请求之日后 7 日内以书面形式答复。请求方的请求和被请求方的答复均应送达所有缔约方；如请求方或被请求方以外的缔约方认为其对磋商事项具有实质利益，可在磋商请求递交之日起 7 日内通过书面形式通知其他缔约方参加磋商；磋商各方应秉承善意在协定规定的期限内（一般情况下，自收到请求之日后 30 日；在涉及易腐货物的情况下，自收到请求之日后 15 日）进行磋商，并尽力就磋商事项达成相互满意的解决方案。

（3）斡旋、调解和调停。各缔约方可在任何时候同意自愿采取斡旋、调解和调停等程序作为解决争端的替代方式，但此类程序应保密，且不得损害各缔约方在其他任何程序中的权利；参加此类程序的各缔约方可随时中止或终止该程序。

（4）专家组。如磋商各方未能在协定规定的期限内（一般情况下，自收到请求之日后 60 日；在涉及易腐货物的情况下，自收到请求之日后 30 日）通过磋商解决争端，应在请求方（起诉方）向被请求方（被诉方）提出设立专家组的请求之日起设立专家组。专家组由 3 人组成，其职能是对起诉方提交的事项进行客观评估，包括对案件事实、本协定的适用性及争议事项与本协定的一致性的审查，并根据其职权范围，以协商一致的方式或在未能达成一致的情况下以多数票的方式，对争议作出认定、决定和建议。专家组应通过听证会为各争端方及第三方提供充分陈述的机会，并基于协定的相关条款、各争端方的陈述和辩论以及从有关个人或机构寻求的信息和建议，起草有关争端的初步报告,并将该报告在最后一名专家组成员任命后的 150 日内向各争端方提交。初步报告应就案件事实进行认定,对争议的措施是否与协定规定的义务不一致、被诉方是否未履行协定规定的义务等事项作出决定,还应依各争端方的联合请求,提出解决争端的建议,并说明作出上述认定、决定和建议的理由。各争端方可在收到初步报告之日起 15 日内,或在各争端方同意的时限内,向专家组提交其对该报告的书面评论。专家组在考虑各争端方的评论后,可对初步报告作出修改,并在初步报告提交之日起 30 日内向各争端方提交最终报告。

(5)专家组最终报告的执行。如专家组的最终报告裁定被诉方败诉,被诉方应立即执行该裁定。如立即执行不可行,各争端方应通过谈判确立一个执行的合理期限;如各争端方未能在专家组最终报告提交起 45 日内就执行的合理期限达成一致,则争端任何一方可在专家组最终报告提交起的 60 日内将该事项提交专家组主席,由专家组通过仲裁来确定执行的合理期限。在上述的合理期限内,如果被诉方未能或不执行专家组的裁定,则被诉方应在收到起诉方谈判请求后 15 日内与起诉方进行谈判,以求达成双方均可接受的补偿办法。如果在启动补偿谈判后 30 日内未能就补偿达成协议,或者起诉方认为被诉方未遵守达成的补偿协议,则起诉方可随时采取报复措施,即中止被诉方在争议事项下的利益;如果此种报复措施不可行或无效果,且情况足够严重,起诉方还可实施"交叉报复"措施,即中止被诉方在其他与争议事项不同的事项下的利益。不过,应当指出的是,补偿、报复及交叉报复只是一种手段和临时措施,其目的是促使被诉方消除与协定规定不符的措施,履行协定规定的义务。因此,起诉方的报复措施应与被诉方的违法程度相一致,并在专家组裁定被诉方已经消除不符之处或利益减损的条件下,尽快中止上述报复措施。

综合上述分析可以发现,TPP 争端解决机制虽然与 WTO 的争端解决机制具有许多共同之处,但也存在着一些重要的差别。例如,上诉程序是 WTO 争端解决机制中的重要程序,相当于赋予了争端方一次"重审"的权利,而 TPP 协定则没有上诉程序的规定。又如,在 WTO 争端解决机制中,起诉方对被诉方实施报复措施需要获得争端解决机构(DSB)的授权,而在 TPP 协定的规定中,起诉方不需要获得任何授权即可直接对被诉方实施报复措施。TPP 协定不同于 WTO 争端解决机制的上述规定,赋予了专家组和起诉方更大的权利,在一定程度上弥补了 WTO 体制下争端解决效率低下的缺陷,但也给专家组和起诉方提供了滥用权利的机会。因此,如何在效率与公平两种价值之间保持适当的平衡,仍然是 TPP 协定各缔约方在未来争端解决中必须考虑解决的重要问题。

四、结语

毋庸置疑,TPP 协定是迄今覆盖地域最广、保护标准最高、实施机制最强的 TRIPS-plus 协定。可以预见,协定一旦生效,必将推动各缔约方知识产权保护水平的全面提高,并对知识产权制度的国际协调产生示范和引领作用,从而使协定确立的 TRIPS-plus 标准可能成为未来 WTO 等多边体制下的知识产权保护标准。① 因此,如何应对 TPP 协定在国际知识产权制度发展中的这种"刺轮效应",将是我国在知识产权领域参与未来国际规则制定面临的一个重大课题。从这个意义上说,加强对 TPP 协定 TRIPS-plus 标准的研究,不仅有重要的学术价值,更具有很强的现实针对性。

---

① Gaëlle P. Krikorian & Dorota M. Szymkowiak, Intellectual Property Right in the Making: The Evolution of Intellectual Property Provisions in US Free Trade Agreements and Access to Medicine, *Journal of World Intellectual Property*, Vol. 10, No. 5, 2007, pp. 388-418.